FEE CZISCH

KINDER KÖNNEN MEHR

ANDERS LERNEN IN DER GRUNDSCHULE

Büchergilde Gutenberg

Für meinen Sohn David †

INHALT

EINLEITUNG

Grundschullehrerin wollte ich eigentlich nicht werden. Weder eigene Erfahrungen noch Vorbilder lockten mich dahin zurück, wo ich nie gerne gewesen war.

Dann war ich 25 Jahre lang Lehrerin – und 25 Jahre lang nicht einverstanden mit der öffentlichen Schule. Weil sie an allen Kindern scheiterte und scheitert – an denen, die Mühe haben beim Lernen, an begabten und hochbegabten. Dabei konnte und wollte ich nicht mitmachen; deshalb entwickelte ich meinen persönlichen Unterrichtsstil.

Die Ergebnisse der PISA-Studie konnten nicht überraschen – die Gründe für das Scheitern der deutschen Schule sind aufmerksamen Beobachtern seit mindestens 25 Jahren bekannt. Aber eine notwendig radikale Umkehr ist weniger denn je in Sicht.

Die öffentliche Schule scheitert an allen Kindern:

- weil sie auf Auslese setzt und Kinder dadurch unter Druck geraten. Druck aber erzeugt Angst, und die erzeugt Gewalt. Gewalt aber macht hart und gefühllos. Angst macht dumm.
- weil sie auf Vereinzelung und Konkurrenz setzt statt auf individuelle Entfaltung und Gemeinschaft; weil sie damit Kindern soziales und emotionales Lernen vorenthält, ihnen die Zuversicht nimmt.
- weil sie auf Belehrung setzt statt auf Erfahrung: Es langweilt Kinder, wenn sie nichts zu denken haben; Langeweile aber macht böse, erzeugt Widerstand und Verweigerung. Pauken nützt ihnen nichts. Denken, Wissen und Können speisen sich aus sinnlichen Erfahrungen in der prallen Wirklichkeit.
- weil sie auf Frontalunterricht und Gleichschritt setzt: Das macht Kinder hilflos, unselbstständig und wütend, erzeugt zu viele Versager. Heute mehr denn je sind sie auf aktive Teilnahme, Selbstständigkeit und den Erwerb persönlicher Strategien angewiesen.

Diese Grundschule wird Kindern nicht gerecht, die vor Neugier, Fantasie und Tatendrang strotzen, vor Lust an aktiver Mitgestaltung, Witz und Humor; die an jedem Ort das für sie Geeignete herausfinden und alles bewohnbar machen können. Kinder haben einen anderen Horizont als wir; sie entziehen sich unserer pingeligen Punktezählerei, sind nicht zu vermessen; jeder Vergleich hinkt. Nur mit sich selbst kann man sie vergleichen. Die Schule aber will Kinder wie eh und je zu »Input-Output-Maschinen« machen und entlässt lauter Erschöpfte, »Sieger« wie »Verlierer«. Spätestens die PISA-Studie weist uns drastisch darauf hin, dass diese Schule nicht erfolgreich sein kann.

Kinder können mehr als wir ahnen, wahrnehmen, wissen und ihnen zutrauen …

Deshalb brauchen sie eine andere Schule, die den Schatz ihrer Fähigkeiten und Möglichkeiten heben will!

Das genau wollte ich, und so vollzog ich in meinem Klassenzimmer über Jahre hinweg meine ganz persönliche Schulreform, begleitet von mutigen Eltern, interessierten Kolleginnen und einem wohlwollenden Rektor. Ich wollte der kindlichen Lust am Lernen mehr bieten, als mit den üblichen Methoden vorgesehen war. Im Rahmen und unter dem Dach der Regelschule installierte ich deshalb eine bunte Welt aus Pflanzen, Fischen und Vögeln; aus Büchern, Sofas und runden Teppichen; aus Übungskarteien, Regalen voller Arbeitsmaterialien; aus runden Tischen und Teerunden; aus Gesprächen, Tänzen und Theaterstücken, aus Kommunikation und Gastlichkeit, Freundschaft, Fairness, Hilfsbereitschaft und Fantasie … und großer Meisterschaft!

Kinder brauchen keine fertigen Antworten auf Fragen, die sie nicht gestellt haben. Meine Kinder organisierten ihre Arbeit selbstständig, taten sich zu Gruppen zusammen und erforschten die Umgebung der Schule, die Natur in unserem Englischen Garten und die Stadt. Sie lernten spielend, was sie sollten, und dazu vieles, was sie wollten. Kinder – klug, wie sie sind – können mehr! Sie können stundenlang an Aufgaben tüfteln, freiwillig tagelang diszipliniert und konzentriert üben, bis sie das Einmaleins können; alle Kinder können lesen und Gedichte auswendig lernen, wunderbar vortragen und schön schreiben, können Lernstrategien entwickeln, für sich und andere, können helfen und sich helfen lassen; können mathematische Grundsatzfragen diskutieren. Kinder können kluge Streitgespräche führen, sich klar ausdrücken, anderen zuhören und sich einigen, können Tänze und Theaterstücke inszenieren und aufführen, rauschende Feste organisieren und feiern, Fische und Vögel versorgen, Verantwortung übernehmen, allein und zu zweit exzellente Aufsätze schreiben; sie können umsichtig forschen und ihre Ergebnisse souverän präsentieren. Aktiv und kreativ mischen sie mit, handeln, arbeiten und tragen tatkräftig bei zu gemeinsamen Zielen; sie sind großzügig mit anderen und lassen sie ohne Vorurteile gelten; sie lassen nicht locker, können dranbleiben, haben Lust auf Anstrengung und freuen sich am Gelingen – auch der anderen. Während sie auf ihre Weise lernen, arbeiten und üben, können Kinder einfühlsam und liebevoll, selbstbewusst und stark, höflich und hilfsbereit werden …

Sie können auch ihre Lehrerinnen so in ihren Bann ziehen, dass die selbst wieder neugierig und wissbegierig werden, fantasievoll und kompetent.

Zehn Jahre lang warb ich als Vorsitzende der »Aktion Humane Schule Bayern« bei Eltern und Lehrerinnen für eine Methode, das Lernen mit Kindern zu feiern, statt eine Mühsal daraus zu machen; für Gemeinsamkeit statt Konkurrenz, für Dialog statt Leistungskontrolle, Erfahrung statt Belehrung, für Förderung und Forderung, für Meisterschaft! Viele Eltern und Lehrerinnen konnten wir erreichen.

Mittlerweile ist wieder ein Jahrzehnt ins Land gegangen, und ich bin Lehrbeauftragte am Lehrstuhl für Grundschulpädagogik und -didaktik in München. Auch die Schulzeit meiner Studentinnen war von Leistungsdruck und Angst geprägt, auch ihr Lernen hatte zu viel mit Last und zu wenig mit Lust zu tun. In ihren Praktika sehen sie kaum etwas anderes als Frontalunterricht – trotz aller Erfahrungen und Erkenntnisse, die eine Umkehr dringend nahe legen. Künftige Lehrerinnen aber müssen erfahren, welches Glück Lernen sein kann, was Kinder motiviert, anregt und begeistert lernen lässt und was sie behindert, verletzt und zum Scheitern führen kann. Ihnen gebe ich Einblicke in einen anderen Unterricht, sie hören von begeisterten Kindern und ihren Erfolgen; auch sie bekommen dann Lust auf einen attraktiveren Unterricht und ein schöneres Leben als Lehrerinnen.

Eltern haben viel Macht, die Dinge zu verändern, wenn sie sich zusammentun und für ihre Kinder kämpfen. Aber sie müssen Bescheid wissen. Und nichts lohnt sich für uns alle so sehr!

1 DIE SCHULE

SEIN UND HABEN

Vor einiger Zeit lockte ein Film die Menschen in Scharen ins Kino, rührte sie zu Tränen, ging ihnen zu Herzen, erntete Lobeshymnen wie sonst nur Oscar-gekrönte Spielfilme: ein Dokumentarfilm über eine kleine Dorfschule in Frankreich, einen Lehrer und seine Schülerinnen und Schüler. Man schaute ihn mehrmals an, konnte sich nicht satt sehen. »Sein und Haben« – »Être et Avoir« heißt der Film, und er war wunderbar. Nichts Spektakuläres, über zwei Stunden einfach nur eine kleine Dorfschule, ein Lehrer, Kinder und was da geschieht während der Vormittage.

In der kleinen Dorfschule leben und lernen die Großen und die Kleinen, die Schnellen und die Langsamen, französische und fremde Kinder; allein und gemeinsam werden sie von einem Lehrer unterrichtet, der sich den Einzelnen aufmerksam zuwendet und ihnen hilft, die Dinge zu verstehen und sich in ihrer Kinder- und Dorfwelt und miteinander zurechtzufinden; der ihnen Freiheit lässt, die er durch regelmäßige Gewohnheiten eingrenzt, in einem Haus, das einfach und selbstverständlich für sie bereitsteht: ein freundlicher, sicherer, ein vertrauter Ort, der sie gastlich aufnimmt.

Die Schule ist für die Kinder da; der Lehrer ordnet sie täglich neu und sorgt für die Ruhe, Gelassenheit und heitere gegenseitige Wertschätzung, in der Kinder gedeihen können. Das genau ist es, was Kinder vor allem brauchen, überall; und deshalb fühlten sich wohl so viele Menschen so angezogen von diesem Film.

M'sieur Lopez ist das Zentrum; er ordnet die kleine Welt, er ordnet die Verwirrung in den Köpfen und untereinander, fordert das Leistbare ein, straft nicht, besteht aber auf dem Möglichen und Erreichbaren. Rituale der Höflichkeit, gegen alle kleinen Nachlässigkeiten – er lässt nicht locker. Welche Beruhigung, nicht immer wieder von neuem die Grenzen in Frage stellen zu müssen! Gelassen und bedächtig widmet sich M'sieur Lopez seinen Kindern, führt wirkliche, persönliche Gespräche mit den einen; nimmt ganz nebenbei Jojo mit auf eine Zahlenreise: »Wie weit kann man zählen?« Wenn der genug hat von der Milliarde, lenkt er ab und sagt »Jessie weint«, und es funktioniert: Er weiß, M'sieur Lopez wird sich der weinenden Jessie zuwenden.

»Sein und Haben« – wir sehen ausführlich, worum es in der Schule geht: um verlässliche Beziehungen, um die Überschaubarkeit der Pflichten, um die besondere Leistung jedes einzelnen Kindes, um gegenseitige Hilfe, um Verständigung. Es geht um die Erfüllung menschlicher Bedürfnisse – es geht ums Sein, ums Lernen im weitesten Sinn und ums Zusammenleben: Lernen und Leben als Einheit.

Verlässliche Beziehungen: ein Lehrer, dem jeder einzelne Schüler wichtig ist; der weiß, was jedes Kind gerade an Übung und Forderung braucht und dafür individuelle Pläne macht; der dennoch nicht auf seinen Plan fixiert ist, sondern Gelegenheiten wahrnimmt. Er kennt die Lebensumstände seiner Kinder, weiß, in welchen Rahmen hinein sie groß werden können. Er handelt aus seinem Wissen um sie und stützt sie damit.

Sie sind witzig und charmant, bockig und begriffsstutzig, stumm auch. Wenn man sich einlässt auf die Kinder, die eben da sind – auch wenn das manchmal die Geduld gehörig strapaziert –, sich geduldig und großzügig auf sie einlässt, wenn sie zusammen sein dürfen – dann sind Kinder eine angenehme Gesellschaft.

Die Sehnsucht muss groß sein nach der Ruhe und Gelassenheit eines M'sieur Lopez, nach dem Aufgehobensein an einem Ort, der jedem Einzelnen ein sicheres Plätzchen bietet, um das er nicht ständig kämpfen muss!

SCHULE ALS ZWANGSANSTALT

Die meisten Menschen erlebten und erleben ihre Schulzeit anders: als notwendiges Übel, als qualvolles Durchgangsstadium zum freieren Erwachsenenleben; für immer prägend, weil in Kindertagen erlitten. Und sie erleben in Variationen dasselbe wieder bei ihren eigenen Kindern. Und so fort…

Zahlreiche Schriftsteller erzählen von ihren Schulqualen. Stellvertretend Günter Grass: »So verkürzt meine Schulzeit gewesen ist [wegen des Krieges], prägend war sie allemal. […] Narben blieben, die geheilt noch juckten.[…] Und Lehrergestalten hatten sich raumgreifend in meinen Träumen breitgemacht, bis ich sie niederschrieb und in Bücher sperrte.« [1]

George Bernard Shaw (1856–1950) geht hart ins Gericht mit seiner Schule, einem englischen Internat – vor 150 Jahren:

> Zahllose Wälder und Täler und Wind und Luft und Flüsse und Fische und allerhand lehrreiche und gesunde Dinge sind in erreichbarer Nähe; Straßen und Schaufenster, Menschenmengen und Gefährte aller Art und allerlei städtische Ergötzlichkeiten sind vor der Tür. Ihr müsst dasitzen, nicht etwa in einem Zimmer, das den Versuch aufweist, bequem und ansprechend zu sein, menschenwürdig mit Möbeln ausgestattet, sondern in einem abgeteilten Pfandstall, mit einer Anzahl anderer Kinder eingepfercht. Ihr werdet geschlagen, wenn ihr sprecht, geschlagen, wenn ihr euch bewegt […] [2]

So beginnt seine wütende Abrechnung mit einer gnadenlosen Schule. Gewiss, die Zeiten haben sich geändert – es wird nicht mehr geprügelt –, aber was Shaw über Unterricht, Schulräume und Schulbücher schreibt, klingt beklemmend aktuell:

> Die Bücherregale der Welt sind voll anziehender und begeisternder Bücher, vom Himmel gesandten Mannas der Seele. Ihr Kinder aber seid gezwungen, den scheußlichen Schwindel, Schulbuch ge-

nannt, zu lesen, das von einem Manne geschrieben ist, der nicht schreiben kann, ein Buch, aus dem kein menschliches Wesen etwas lernen kann, ein Buch, das man entziffern, aber nicht fruchtbringend lesen kann, obwohl der erzwungene Versuch euch bis ans Ende des Lebens mit Hass und Ekel vor dem Anblick eines Buches erfüllt.[3]

Zeitlos scheint die Unfähigkeit, Schulbücher verständlich und anregend zu gestalten, sie zu einem verführerischen Eintrittsbillet in die Welt des Geistes zu machen, sie in einem appetitlichen Zustand anzubieten und wertzuschätzen.

Eingesperrt in kahle Räume, nicht abgelenkt vom »Draußen«, mit Drohungen, Strafen, mit List und Tücke wollte man Kinder damals zwangsweise belehren und sie so aufs Leben vorbereiten. Fragte sich irgendwer, wie das aussehen sollte?

Heute redet man vom »Rohstoff Geist«, den man fördern müsse, will die Kinder für den globalen Wettkampf »rüsten«. Bildungspolitiker kämpfen an »vorderster Front«. Kinder mit ihren speziellen Fähigkeiten und Bedürfnissen kamen dort und kommen hier nicht vor.

Ein Kardinalfehler damals wie heute! Seit Einführung der Schulpflicht lebt der fatale Irrtum fort, Kinder seien unwillige Gefäße, in die man irgendwelche »Stoffe« mit Gewalt hineinschütten müsse. Kindern aber muss nichts ausgetrieben werden, nichts hineingezwungen. Sie sind optimal ausgestattet fürs Lernen: Gehirn, Körper, Organismus, Seele – alles wartet gierig auf Anregung, auf Neues, auf Spaß, auf Forschungsobjekte, auf Menschen.

Bernard Shaws Horrorschule gibt es so nicht mehr – anderen Horror zuweilen allerdings schon. Unsere Schule soll möglichst effektiv und rationell sein, nicht zu viel kosten selbstverständlich und wird damit langweilig, stressig und mittelmäßig gleichermaßen. Sie versieht Kinder auch heute nicht mit dem notwendigen Rüstzeug für ein gutes und erfolgreiches Leben in dieser komplexen und verwirrenden Welt, für ein Leben als verantwortungsbewusste Bürger einer Demokratie. Selbstbewusstsein, profunde Kenntnisse, Denkfähigkeit, Exzellenz sind nicht ihre obersten Ziele, Wertschätzung und Anerkennung nicht oberste Prinzipien. Unter ständigem Leistungsdruck wird Wissen eingetrichtert; Kontrollen von Anfang an und dauernde Hetze behindern die freie Entfaltung aller Kräfte, zerstören die Lust am Lernen und das Selbstbewusstsein vieler Kinder. Das Eigene hat kaum eine Chance. Und wer irgendwie anders ist, wer sich nicht kampflos einreihen kann in eine imaginäre »homogene« Gruppe, wird fix abgestempelt, mit dem einen oder anderen Versager-Stempel versehen. Die Kinder werden von Anfang an sorgfältig sortiert, damit um Himmels willen die falschen nicht auf einer richtigen Schule landen.

Sie lernen auch heute als Einzelkämpfer fürs Leben, mit dem gesamten »pädagogischen« Repertoire: öffentliche Bloßstellung, Entwürdigung, Demütigung, Beschimpfung und Bestrafung auf der einen Seite, Missachtung, Respekt- und Gefühllosigkeit auf der anderen; Angst vor einander, vor der Lehrerin, vor dem Versagen, vor Ausgrenzung. Langeweile und Druck, Unterforderung und Überforderung gleichermaßen.

REFORMSCHULEN – EIN KURZER TRAUM

Im Jahre 1900 propagierte die Schwedin Ellen Key das »Jahrhundert des Kindes«. Eine »Welterziehungsbewegung« entwickelte sich; man wollte die bestehenden Erziehungs- und Lehrmethoden grundlegend verändern. Nach dem Ersten Weltkrieg war das Bedürfnis groß, Konsequenzen aus den grauenhaften Erfahrungen zu ziehen; man wollte ähnlichem sinnlosen Gemetzel durch eine humanistische und demokratische Erziehung der Jugend vorbeugen.

Gemeinsame Ziele aller Vertreter dieser Bewegung waren

- die Orientierung an den kindlichen Bedürfnissen und Fähigkeiten, die man wachsen lassen müsse
- die Bildung des »ganzen Menschen« anstelle reiner Wissensvermittlung
- die Sensibilität für die Bedeutung des frühen Kindesalters

- die Betonung von Selbstbetätigung und manueller Arbeit
- veränderte Beziehungen zwischen Kindern und Erwachsenen, Schülern und Lehrern, bestimmt durch Nähe und Distanz, Emotionalität und Rationalität, Rechte und Pflichten
- die Förderung der Erziehung durch die Gruppe
- die Öffnung der Schule für die Probleme der sie umgebenden Welt; das Lernen demokratischer Spielregeln und Normen am »Modell« von Schulgemeinde oder -parlament
- Völkerverständigung, Abbau von Vorurteilen, Erziehung zu Toleranz, zu friedlichem Denken und Handeln

Die deutschen Vertreter dieser »Reformpädagogik« wollten die bestehende Schule reformieren, während etwa Engländer und Amerikaner eine »neue«, eine »freie«, eine »progressive« Pädagogik entwickelten. Sozialisten, Sozialdemokraten und Vertreter jüdischer Organisationen kämpften um eine Schule für Arbeiterkinder, für jüdische Kinder, ohne klerikale Dominanz, für eine Schule für alle – für künftige Bürger einer Demokratie.

Selbstverständlich waren den Nationalsozialisten die Vertreter einer »freien« Erziehung höchst verdächtig. Sofort nach der »Machtergreifung« wurden die »neuen« Schulen geschlossen und deren Vertreter verfolgt. Viele der Entkommenen gründeten in ihrer jeweiligen neuen Heimat progressive Schulen, zunächst für Flüchtlingskinder; später waren sie in England, Amerika und Italien Kern der »Progressive Education«.[4]

In ihrem Buch »Zehn Millionen Kinder« schreibt Erika Mann 1938 über die deutsche Schule damals:

> Die deutschen Schulen hatten von jeher einen guten Namen in der Welt. Gründlichkeit, wissenschaftliche Genauigkeit und viel Sinn für Disziplin auf der einen – pädagogische Einsicht und Fortschrittlichkeit auf der andern Seite waren Qualitäten, die ihre Lehrer auszeichneten. Man lernte viel auf den deutschen Schulen – die Behandlung der Kinder, vor allem in den Jahren nach dem Kriege,

war human und menschenwürdig, auch in den Volksschulen. Die Gymnasien und höheren Lehranstalten standen jedermann offen.[5]

Nach der »Machtergreifung« wurde das demokratische Ideal einer humanistischen Erziehung ersetzt durch das diktatorische der Propaganda:

> Eine Organisation, bewunderungswürdig in ihrer Lückenlosigkeit, sorgte dafür, daß in sehr kurzer Zeit der Charakter der Schulen sich völlig änderte. War es bisher Ziel der Erzieher gewesen, die Kinder zu freien, gesitteten und zivilisierten Menschen zu machen, suchten sie ihre Schüler in den Wissenschaften zu fördern, um der Erkenntnis der Wahrheit zu dienen? Ließen sie der Jugend so viel persönliche Freiheit wie mit der Disziplin irgend vereinbar? Dienten Ausflüge, Theater- und Filmvorstellungen humanen, friedlich bildenden Zwecken? Wenn dem so war, dann mußte es anders werden. Denn all dies – Gesittung, Wahrheit, Freiheit, Humanität, Frieden, Bildung –, all dies waren keine Werte in den Augen des ›Führers‹, sondern Irrtümer und verweichlichende Albernheiten. Und so wurde denn aufgeräumt mit ihnen, von Grund auf und mit allen Mitteln.[6]

DIE SCHULE DER NACHKRIEGSZEIT

Nach der totalen Niederlage tilgte man Nationalsozialistisches aus den Lehrplänen; Embleme, Parolen und Rassenhetze verschwanden aus den Büchern. Doch in den deutschen Schulen gab es nicht den neuen großen Aufbruch wie am Anfang des Jahrhunderts; man knüpfte nicht an die Reformschule an. Das ganze Ausmaß der Verwüstung in Hirnen und Herzen der Menschen war wohl wenigen bewusst oder wurde verdrängt, und so war die Schule der Nachkriegszeit, wie ich sie erlebte, von »dröhnendem Schweigen« geprägt. Man hatte – auch und gerade nach dieser Katastrophe – nicht das einzelne Kind im Sinn, nicht seine persönliche Entfaltung, nicht sein Glück, nicht den künftigen Demokraten. Die »schwarze Pädagogik« war nicht abgeschafft, die auf der Grundannahme beruht, Kindern müsse das Böse, Verschlagene, das Unpassende ausgetrieben werden und das Rechte – Disziplin, Gehorsam, Fleiß – hineingezwungen.

Misstrauen und darum Kontrolle, Drohung und Strafe blieben gängige Disziplinierungsinstrumente. Ich fürchte zuweilen, in abgewandelter Form ist das bis heute so. Hinter Verhalten und Worten vieler Lehrer lauert der Grundverdacht, Kindern könne man nicht trauen, sie seien im Prinzip unerzogen, verlogen oder dumm; es gehe um Verwaltung, Kontrolle, Leistung, um Kampf. Schüler, die »es« nicht bringen, die nicht »hergehören«, werden verachtet. Und man sondert eifrig aus, von Anfang an.

In der Art und Weise, wie über Strukturen, Lehrpläne, Abschlüsse, Stunden, Stundenkürzungen, Noten und Notendurchschnitte gesprochen wird, kommen die Bedürfnisse oder Fähigkeiten, Freude oder Glück junger Menschen jedenfalls kaum vor.

Was Stefan Zweig über die Schulzeit am Ende des 19. Jahrhunderts schrieb, könnte mancher junge Mensch heute genauso schreiben, obwohl sich die Welt seither grundlegend verändert hat:

> Nicht daß unsere österreichischen Schulen an sich schlecht gewesen wären. Im Gegenteil, der sogenannte »Lehrplan» war nach hundertjähriger Erfahrung sorgsam ausgearbeitet und hätte, wenn anregend übermittelt, eine fruchtbare und ziemlich universale Bildung fundieren können. Aber eben durch die akkurate Planhaftigkeit und ihre trockene Schematisierung wurden unsere Schulstunden grauenhaft dürr und unlebendig, ein kalter Lernapparat, der sich nie an dem Individuum regulierte und nur wie ein Automat mit Ziffern wie »gut«, »genügend«, »ungenügend« aufzeigte, wie weit man den »Anforderungen« des Lehrplans entsprochen hatte. Gerade aber diese menschliche Lieblosigkeit, diese nüchterne Unpersönlichkeit und das Kasernenhafte des Umgangs war es, was uns unbewußt erbitterte. Wir hatten unser Pensum zu lernen und wurden geprüft, was wir gelernt hatten; kein Lehrer fragte ein einziges Mal in acht Jahren, was wir persönlich zu lernen be-

gehrten, und just jener fördernde Anschwung, nach dem jeder junge Mensch sich doch heimlich sehnt, blieb vollkommen aus.[7]

Aus meiner eigenen Grundschulzeit erinnere ich mich an lange Reihen starrer Bänke, in denen viele fremde Kinder saßen. Wir saßen in Reih und Glied, gingen im Gleichschritt und sollten auch so denken. Wir wurden zurechtgestutzt und mit dürftiger Kost abgespeist.

Als ich nach einem halben Jahr Dorfschule in der neuen Schule ankam, konnte ich bereits lesen und schreiben, aber niemand nahm Notiz davon – es hätte zu sehr gestört, wie es das heute immer noch tut. Ich war fremd in der kleinen Stadt und traute mich nicht, es zu sagen, ein Flüchtlingskind aus Rumänien. Ich bekam eine Tatze wegen einer fehlenden Hausaufgabe – eine Tatze für ein kleines Mädchen, das in den sieben Jahren seines Lebens so manche Gefahr, Entbehrung und Angst ausgestanden, Welten durchwandert und nebenbei Lesen und Schreiben gelernt hatte! Und eine Lehrerin, der kein Haar gekrümmt worden war, gibt ihm eine Tatze, weil es irgendeine blöde Hausaufgabe nicht gemacht hat. Anderen erging es schlimmer; die Buben wurden noch regelrecht mit dem Stock verprügelt.

Meine Eltern schickten uns selbstverständlich alle aufs Gymnasium; mein Vater war dort Lehrer. Niemand hat uns je nach unseren Erfahrungen gefragt, aber wenn wir uns gegen Kränkungen wehrten, wurde unsere »Kinderstube« – im Balkan – angezweifelt. In einem Aufsatz schrieb ich einmal von meinen Erfahrungen und Ängsten. Erstaunt schrieb der Lehrer darunter: »Sehr reife Gedanken!« Das war's. Geradezu schmerzhafte Langeweile im Unterricht, dafür Spannung, Spaß und Aufregung in den Pausen und am Nachmittag. Viele Erinnerungen an diese Zeit habe ich nicht. Aus lauter Langeweile streifte ich einmal während des Unterrichts durch die Schule, ging aufs Klo – und verschloss alle Klotüren, indem ich von einem Abteil ins andere kletterte und jeweils den Riegel vorschob. Sie kamen mir drauf, der Hausmeister verpetzte mich beim Direktor, aber der zwinkerte mir nur verständnisvoll zu.

Zur Erinnerung an den kinderfreundlichen Direktor durften meine Schüler später rausgehen, wann immer sie wollten. Sie sagten mir

Bescheid: »Ich geh raus!« Was sie draußen machten, brauchte ich nicht zu wissen. Allerdings wollten meine Kinder selten »nur« raus, denn drinnen war es interessant und angenehm.

Im Gymnasium versäumte ich dennoch kaum einen Tag. Ich wollte dabei sein. Ich wollte mitspielen. Zu Hause war alles so vollkommen anders; ich musste die Welt kennen lernen, um mich zurechtzufinden.

Die endlosen Schulstunden – auch unseren Lehrern muss schrecklich langweilig gewesen sein – ertrug ich in der Vorfreude auf die eigentlichen Attraktionen des Vormittags: Pause und Schulschluss. Die dürftigen Informationen, lauter »nackte« Tatsachen, kamen bei mir kaum an. Den mir fremden sozialen Code aber kennen zu lernen, zu wissen, wie ich mich verhalten, wie ich Freunde finden, dazugehören konnte, wie man hier sein und sprechen musste – das Allgäuer Schwäbisch –, das war eine existenzielle Notwendigkeit für mich. Im Unterricht hatte das keinen Platz, da herrschten Lehrer und »Stoff«, aber »unterirdisch«, nebenher, zwischen den Zeilen und unter den Bänken! Nach der Schule wurde mein persönlicher Lehrplan absolviert. Dann wollte ich punkten, anerkannt werden; das war das eigentliche Leben. Die Nachmittage gehörten uns. Wir hatten nichts, kein Radio, kein Fernsehen, kein Geld, und organisierten unsere Vergnügungen selbstständig: spielten Theater unter der Trauerweide, bauten Baumhäuser im Wald, hatten die Wiesen, den Weiher und die Stadt. Lebenstüchtigkeit und eine gewisse Bildung bekam ich zu Hause und »draußen« mit, frei und ohne unnötige Fesseln. Die Zwänge der Dinge selbst und der Umstände setzten uns selbstverständliche Grenzen, gegen die man nicht zu revoltieren brauchte. Der Unterricht aber behinderte mich in jeder Weise – mit ganz wenigen Ausnahmen.

Hirnforscher in Kanada haben herausgefunden, dass die grauen Zellen von Schülern während des üblichen Unterrichts bis zur Bewegungslosigkeit erstarren. Schrillt jedoch die Pausenglocke, entsteht die aufgeregte Lebendigkeit, die es eigentlich bräuchte, um zu lernen; in die grauen Zellen fährt das Leben, sie sind auf totale Aufnahme gestimmt. Schon die Erwartung von Interessantem in der Pause treibt die Aufmerksamkeit hoch.

LEHRERIN IN EINER »LERNVOLLZUGSANSTALT«

Nach sechs Semestern Germanistik und drei Semestern »Pädagogische Hochschule« fing ich 1968 als Lehrerin an, die keine Ahnung hatte, was ihr bevorstand. Sie nahmen mich, weil man Lehrer brauchte. Vorbereitet hatte man mich nicht. Zum Glück! So konnte ich frei von einengendem Wissen und starren Prinzipien mein eigenes System entwickeln.

Es war dann wie zu meiner eigenen Schulzeit: 40 bis 50 Kinder überfüllten mein Klassenzimmer. Sie saßen in langen Reihen immer noch hintereinander, an Tischen und Stühlen, und das war der ganze Unterschied. Ich sollte ihnen den Stoff eintrichtern; sie mussten vor allem brav und ruhig sein und alles hinnehmen, ohne zu mucksen. Aber das eben konnten Kinder auch damals nicht!

Ich mochte diesen Beruf nicht; es widerte mich ebenso an, Dompteur zu sein, wie ich als Kind darunter gelitten hatte, domestiziert zu werden. Genau das hatte ich ja so verabscheut: still zu sitzen, den Mund zu halten, Anordnungen auszuführen; nicht mit meiner Freundin zu sprechen oder gemeinsam zu arbeiten; zu tun, was verlangt wurde, nicht meine Gedanken zu denken, nicht meine Fragen zu fragen, nicht beteiligt zu werden, passiv alles über mich ergehen zu lassen. Ich konnte und wollte mir das nicht wieder und den jetzigen Kindern nicht auch antun.

Jeder Vormittag wurde zur Prüfung für mich; den größeren Teil der Kinder erreichte ich nicht, die anderen lernten nicht wirklich denken. Fragen oder Zweifel hatten keinen Raum. Die Kinder mussten meine Häppchen schlucken: abschreiben, aufzeichnen und einüben. Immerhin gab es damals noch keine Kopiermaschinen, so lernten sie wenigstens schreiben.

Ich suchte nach Strategien, um die Kinder nicht noch zusätzlich zur unumgänglichen Qual zu peinigen. Ich versuchte, ohne Strafen auszukommen, das Nötigste in Gesprächen zu regeln. Wichtig war mir, die einen zu schützen, die anderen zu fördern – es gelang mir in höchst bescheidenem Maße.

Mit den Noten nahm man es bei weitem nicht so genau wie heute.

Damals war das Hauptziel nicht die Sortierung der Schülerströme, denn nicht alle wollten aufs Gymnasium. Und die es wollten, schafften es meist auch. Niemand schickte seinen Rechtsanwalt. Also verteilte ich die Noten so schonend wie möglich auf die Kinderschar.

Allen Ernstes fragte ich mich, ob es für diese Kinder nicht besser wäre, überhaupt nicht in die Schule zu gehen; ob sie nicht – wie ich damals – draußen in Wald und Feld und auf der Straße mehr lernten als in dieser trostlosen Lernvollzugsanstalt. Dass dieser Unterricht den Kindern mehr schadete, als er für ihr Leben nützlich war, davon war ich überzeugt. Ich konnte nicht viel tun, wenn ein Kind nicht mitkam. Es waren einfach zu viele. Immerhin versuchte ich, gerecht zu sein und sie gut zu behandeln.

Wer trotz der miserablen Bedingungen erfolgreich war, weil er die richtigen Eltern und Voraussetzungen mitbrachte, war früh klar. Den anderen half die Schule nicht weiter; sie blieben Randfiguren. Die meisten haben sich dennoch irgendwie ein Plätzchen in der Gesellschaft ergattert. Das war damals noch möglich; man brauchte sie eigentlich alle irgendwo.

Heute funktioniert die Schule nicht anders, nach allen einschlägigen Untersuchungsberichten zu urteilen. Die deutsche Schule sortiert vor allem; den Aussortierten hilft sie nicht weiter, sie bleiben mehr oder weniger zerstört zurück. Und in keinem anderen Land ist der Status der Eltern so entscheidend für Erfolg oder Misserfolg eines Kindes.

Ein afrikanisches Gedicht traf und trifft meine eigenen Zweifel, auch ich ging damals mit dem allergrößten Widerstand in »ihre« Schule.

GEBET EINES NEGERJUNGEN
Herr, ich bin so müde.
Müde bin ich zur Welt gekommen.
Und ich bin schon weit gelaufen seit dem Hahnenschrei
und der Weg zur Schule ist so steil.
Herr, ich mag nicht mehr in ihre Schule gehen,
mach bitte, dass ich nicht mehr hingehen muss.

Ich möchte mit dem Vater in die kühlen Schluchten gehen,
solang die Nacht noch durch die Zauberwälder schwingt,
wo, bis die Dämmerung kommt, die Geister huschen.
Ich möchte barfuß diese roten Pfade gehn,
die in der Mittagsglut kochen
und dann mich schlafen legen unter dem Mangobaum.
Und ich möchte erst aufwachen,
wenn da unten die Sirene der Weißen aufheult
und die Fabrik,
ein Schiff auf dem Zuckerrohrmeer,
anlegt und seine Mannschaft
von Schwarzen ins Land hineinspeit…
Herr, ich mag nicht mehr in ihre Schule gehn,
mach bitte, dass ich nicht mehr hingehn muss.
Sie sagen zwar, ein kleiner Neger müsste hin,
damit er genauso werde
wie die Herren in der Stadt,
damit er ein richtiger Herr werde.
Ich aber, ich möchte das gar nicht werden,
ein Herr in der Stadt, oder wie sie es nennen,
ein richtiger Herr.
Ich bummle lieber an den Zuckerlagern entlang,
wo die prallen Säcke stehen
mit braunem Zucker, so braun wie meine Haut.
Ich lausche lieber, wenn der Mond
zärtlich ins Ohr der Kokosbäume flüstert,
was der Alte, der immer raucht, in der Nacht
mit gebrochener Stimme erzählt.
Die Geschichten von Samba und Meister Hase
und viele andere noch, die nicht in den Büchern stehn.
Die Neger, weißt du, Herr, haben schon viel zu viel gearbeitet,
warum auch noch aus Büchern lernen müssen
und lauter Sachen, die es hier nicht gibt?
Und dann: ihre Schule ist wirklich zu traurig,
genauso traurig wie diese Herren in der Stadt,

diese richtigen Herren,
die nicht einmal mehr nachts im Mondschein tanzen können,
die nicht einmal mehr barfuß gehen können,
die nicht einmal mehr die Geschichten erzählen können,
die man nachts an den Feuern erzählt.
Ach Herr, ich mag nicht mehr in ihre Schule gehen.
Guy Tyrolien[8]

Ihre Schule war auch nicht meine Schule. Nicht, als ich in ihr das Kind war, und nicht, als ich Lehrerin war. Der Preis für uns alle war zu hoch. Wir zahlten mit unserem Wissensdurst, unserem Selbstwertgefühl, unserer Integrität, mit unserer Lebendigkeit, Spontaneität und Neugier und mit unserer Freude aneinander. Und die Kinder lernten nicht das wirklich Wichtige. Einerseits lernten sie zu wenig, andererseits wurden sie immerzu angetrieben, weil man zu viel von dem Wenigen in sie hineinstopfen musste.

Anfang der siebziger Jahre arbeitete ich in einer der wenigen Tagesheimschulen, die vor allem die »Versager« aus anderen Schulen sammelte. Die schickten die »Unpassenden«, an denen sie gescheitert waren, einfach weiter. Ich hatte mir diese Schule ausgesucht, weil sie sich mit 30 Kindern pro Klasse begnügte. Und so machte ich meine ersten Erfahrungen mit Kindern, denen niemand gerecht geworden war. Um ihr Selbstbewusstsein zu stärken, bereitete ich mit ihnen über vier Wochen hinweg vor allem einen Bazar mit eigenen Produkten vor, um für Kinder der Sahelzone Geld zu sammeln, die während der ersten weltweit wahrgenommenen Dürrekatastrophe aufs höchste gefährdet waren. Sich für Kinder in Not einzusetzen machte sie glücklich und stolz. Der damalige Schulrat fand das überhaupt nicht in Ordnung und bedeutete mir eindringlich, ich sei Lehrerin, nicht Erzieherin. Aber ich behielt Recht. Die Kinder waren nach dieser ersten guten Erfahrung ihrer Schulzeit bereit, mit dem Lernen anzufangen.

KINDER UND SCHULE HEUTE

Schule und Kinderleben passen schon lange nicht mehr zusammen. Immer weniger Schulanfänger können wahrnehmen, was von ihnen verlangt wird; manche haben sich noch nie ein eigenes Ziel gesetzt, können sich nicht selbst disziplinieren, also zuhören und erst sprechen, wenn sie »dran« sind; sie haben nicht gelernt, sich für irgendetwas zu interessieren oder sich anzustrengen. Immer mehr Kinder können nicht richtig sprechen, kommen ohne Muttersprache zur Schule, nicht nur fremde Kinder, auch deutsche. Weil sich ihnen in den ersten Jahren niemand zugewandt, richtig mit ihnen gesprochen und ihnen vorgelesen hat. Während also ein wachsender Teil der Kinder zu Hause auch die mindeste Sorgfalt, Pflege und Anregung entbehren muss und nahezu verwahrlost und mit vielerlei Defiziten in die Schule kommt, werden andere wunderbar versorgt, begleitet und gefördert wie kaum jemals und sind dadurch bereits ausgesprochen kompetent. Wieder andere, grenzenlos verwöhnt, weichen auch der kleinsten Herausforderung aus und trauen sich überhaupt nichts zu. Und es gibt Kinder, die, auf Leistung und Konkurrenz getrimmt und emotional zu kurz gekommen, jedes andere Kind als Feind betrachten. Vielen Kindern gemeinsam ist, dass sie energielos oder hyperaktiv, hippelig und unausgeglichen sind und sich kaum konzentrieren können. Alle diese Kinder aber sollen still sitzen und gemeinsam und im Gleichschritt Anordnungen befolgen. Sie können das einfach nicht, und allzu viele scheitern so von Anfang an.

Heutige Kinder brauchen also eine Schule, die ihnen zusammen mit den ersten Lernschritten Basisfähigkeiten vermittelt: Sie müssen lernen, aufmerksam zu sein, wahrzunehmen, was um sie herum geschieht, zuzuhören, sich auszudrücken und sich wenigstens eine Weile zu konzentrieren. Das geht.

Die Schule jedoch verweigert sich diesen neuen Herausforderungen und fährt fort, Aufstiegschancen an eine kleine Schicht – 18 Prozent eines Jahrgangs machen in Bayern das Abitur – zu verteilen, wie eh und je, mit ungeheurem Aufwand. Vollkommen auf sich selbst gestellt, landen am Ende ihrer Schulzeit gleichzeitig allzu viele Jugendliche ohne Hauptschulabschluss direkt in der Arbeitslosigkeit, und immer mehr von ihnen verlassen die Schule quasi als Analphabeten – ohne Lebensperspektive.

Dass in dieser Schule zu viele zu wenig und die Besten nicht genug lernen, ficht die Schulbürokraten jedoch nicht an. Und so wird hier weder der Bedarf der Gesellschaft an Meisterschaft und Exzellenz gedeckt, noch werden die Grundbedürfnisse von Kindern erfüllt.

Aber nicht nur die Kinder sind anders geworden, auch die Komplexität der Welt erfordert ein anderes Denken, also eine andere Grundausbildung und Bildung. Eine postindustrielle, globalisierte Gesellschaft kann Handlanger kaum mehr brauchen, und auch um ein einfaches Leben als Arbeitsloser zu bewältigen, muss man lesen, schreiben und rechnen können, dauernd Entscheidungen treffen und viel Kraft aufbringen, um nicht zu resignieren.

Die Schule aber beharrt auf ihren alten Prinzipien: auf Gleichschritt statt individueller Förderung, auf Belehrung statt Erfahrung, auf Auslese statt Förderung, auf Konkurrenz statt Kooperation – und gibt dadurch gerade den Benachteiligten den Rest. Ohne auf diese unterschiedlichen Defizite angemessen einzugehen, wird ein strammes Programm durchgezogen, dabei auf rein kognitive Unterweisung gesetzt, auf Disziplinierung und »Leistung«.

Die Lehrerin* als Vermittlerin zwischen beiden Welten bekommt unter diesen Umständen den Spagat nicht mehr hin: Der Abstand ist einfach zu groß geworden, die erlernten Methoden und die Ziele der Schule passen nicht zu den Kindern, die vor ihr sitzen. Aber sie kann in der Regel nichts anderes und traut sich deshalb Neues nicht zu. Auf ihre pädagogische Freiheit kann sie sich auch nicht unbedingt berufen; die steht zwar auf dem Papier, aber niemand weiß so recht, was das eigentlich ist. Und von »Oben« wird sie unter Druck gesetzt, wer-

* Männer findet man bedauerlicherweise an Grundschulen selten, wenn überhaupt, dann vor allem als Rektoren und Hausmeister. Deshalb wähle ich für das Lehrpersonal die weibliche Form. Die wenigen Männer sind es gewohnt, in der Minderheit zu sein und werden mir hoffentlich verzeihen. Ich meine sie selbstverständlich – und besonders – immer auch.

den ihr bürokratische Fesseln angelegt; vor allem der Zwang, ständig zu zensieren, engt ihren Bewegungsspielraum zusätzlich ein.

Dabei müssten Schule und Lehrerinnen vielerlei Funktionen übernehmen, die früher die Elternhäuser erfüllten: den Kindern emotionale und soziale Grunderfahrungen bieten, die erste Sprachentwicklung sichern, ein stabiles Körpergefühl und damit ein wenig Anstrengungsbereitschaft und Durchhaltevermögen anbahnen. Ohne diese Grundlagen kann ein Kind einfach nicht sitzen und zuhören, kann sich nicht konzentrieren und nicht anstrengen. Es nützt nichts, alle diese Kinder »nach unten« auszusondern. Denn weiter unten hat man dieselben Probleme mit ihnen, nur sind die dann noch bedrängender, weil die Kinder nach den ersten schlechten Erfahrungen bereits jede Hoffnung verloren haben.

Die Schule als Ganzes muss sich also ändern; sie muss die Grundbedürfnisse der Kinder erfüllen und diese auf adäquate und vernünftige Weise lernen lassen. Aufs Belehren und Abfragen kann sie sich nicht mehr beschränken, denn ohne emotionale Sicherheit und soziale Grundkompetenz, ohne Körpergefühl und Interesse an der Welt bleibt wenig hängen. Die Behauptung, Schule könne nicht »Reparaturbetrieb der Gesellschaft« sein, entlarvt die schiere Verantwortungslosigkeit. Die Schule ist ein Teil der Gesellschaft, ist Gesellschaft im Kleinen, und sie bereitet Kinder auf die Gesellschaft vor. Ob ihr das passt oder nicht, sie muss die gegenwärtigen Lebensbedingungen der Kinder wahrnehmen und darauf reagieren. In den alten Strukturen aber und mit den alten Methoden kann das nicht gelingen.

Mittlerweile seien es »manchmal bis zu 20 Prozent der Neuen, die erhebliche Schwierigkeiten beim Lesen und Schreiben haben«, schreibt Enja Riegel, die Gründerin und langjährige Direktorin der Helene-Lange-Schule in Wiesbaden, einer Gesamtschule, die beim PISA-Test mit großem Abstand als beste deutsche Schule abgeschnitten hat. »Den Zeugnissen [der Grundschule] liegen immer öfter Gutachten bei, die eine ›Lese-Rechtschreib-Schwäche‹ attestieren, und immer mehr Kinder haben eine Odyssee hinter sich – vom Kinderarzt über den Schulpsychologen und Sprachtherapeuten bis zum privaten (und teuren) Nachhilfeinstitut.«[9]

Früher sei das ab und zu einmal ein »Ausreißer« gewesen, aber seit einiger Zeit scheint es so, als seien die Grundschulen nicht mehr in der Lage, allen Kindern Lesen, Schreiben und Rechnen beizubringen. Und das ist ihre Hauptaufgabe.

Die Präambel des neuesten Lehrplans für die Grundschulen in Bayern liest sich streckenweise viel versprechend. Aber Präambeln sind das eine – die Wirklichkeit das ganz Andere. »Grundlagen und Leitlinien« gaukeln eine moderne, demokratische Schule vor, wenn es heißt:

> Die Grundschule als erste und gemeinsame Schule ist Lernort und Lebensraum für eine Schülerschaft von großer Heterogenität in Bezug auf ihre familiäre, soziale, regionale und ethnische Herkunft sowie ihre individuellen Lern- und Leistungsdispositionen. [...] In einer Atmosphäre des Vertrauens, der Anerkennung und der Lebensfreude sollen die Kinder Selbstwertgefühl, Eigenverantwortung und eine bejahende Lebenseinstellung aufbauen und lernen, die eigene Person und die Person des anderen anzunehmen. [...] Soziales Lernen legt ein Fundament für das Zusammenleben in einer demokratischen Gesellschaft. [...]
>
> Anerkennung und Ermutigung durch Lehrer und Eltern fördern die Zufriedenheit mit eigenem Können und schaffen so einen angstfreien Zugang zu neuem Lernen und zu kreativem Erproben eigener Lösungswege. [...] Damit die Eigenverantwortung der Schüler gestärkt wird, brauchen sie Gelegenheit, selbstständig zu arbeiten und Lernwege zu erproben. Umwege und Fehler bei Lösungsversuchen können wichtige Zwischenschritte im Lernprozess sein.[10]

Alle relevanten Begriffe tauchen auf. Man weiß also, was Kinder und die Gesellschaft bräuchten. Man will oder kann das so dringend Gebrauchte aber nicht bieten, denn gleichzeitig müssen die »Schülerströme« durch ständige Leistungskontrollen in die gewollten Bahnen gelenkt werden. Das eine verkünden – demokratische Schule und Bildungsstätte zu sein –, und das andere tun: Kinder fremden Zwecken unterwerfen, sie abschotten von der Erfahrung, ihnen Wissen aufzwingen. Das ist nach Hartmut von Hentig die eigentliche Katastrophe.

DIE NOT DES FRONTALUNTERRICHTS

Man kann Kinder nicht ungestraft über einen Leisten schlagen: Unlust, Angst, Verweigerung, Langeweile sind das Ergebnis, und gravierender noch sind das Versagen von immer mehr Kindern, mittelmäßige Leistungen und die zunehmende Überforderung von Lehrerinnen. *Die* »Systemfehler« sind Auslese und Frontalunterricht – zwei Seiten einer Medaille – und die Halbtagsschule. So vollkommen unterschiedliche Kinder wie die heutigen schaffen den Gleichschritt einfach nicht – und sie sollen autonome, selbstverantwortliche Erwachsene werden! Die große Chance, ihre Unterschiedlichkeiten positiv zu nutzen, wird ohne Not vertan. Sie sind geradezu gierig nach Beziehung und brauchen den lebendigen Dialog mit den Menschen und der Welt. Das geht nicht im durchorganisierten, lehrerzentrierten Unterricht. Wir wissen das längst besser. Frontalunterricht als gängiges Instrument der Auslese gehört aus der Methodenlehre der Grundschule getilgt. Weil er die Kinder beschädigt, auf ihre Lebensbedingungen – Vereinzelung, Mangel an Sicherheit, Überwältigung durch äußere Reize, fremdbestimmt, gehetzt – nicht eingehen und ihre berechtigten Wünsche an die Schule nicht erfüllen kann, vor allem nicht ihren existenziellen Wunsch nach Beziehung. Und er treibt ihnen bereits erworbene Lernstrategien wieder aus. Wenn viel kostbare Zeit verstrichen und mancher schmerzhafte Umweg gegangen ist, bringt man ihnen später in Extrastunden wieder neu bei, wie Lernen geht: »Lernen lernen« müssen Kinder nicht, die früh – im offenen Unterricht – die Chance hatten, ihre eigenen Strategien zu entwickeln.

Frontalunterricht aber ist das Übliche, allen anderslautenden Beteuerungen zum Trotz. Eine/r steht vorn und hält alle Fäden in der Hand – viele sitzen aufgereiht hintereinander oder an hufeisenförmig angeordneten Tischen. Die »Front« verläuft zwischen diesen beiden Seiten – und das Geschehen hat viel mit Kampf zu tun. Die Lehrerinnen müssen auf Biegen und Brechen den – äußeren – Ablauf jeder Stunde bestimmen, nach einem meist detailliert vorbereiteten Plan und auf der Basis massenhaft abgezogener, industriell vorgefertigter Arbeitsblätter. Für die intellektuellen Fähigkeiten und Bedürfnisse von Kindern – und Lehrerinnen – eine Tortur!

Die Lehrerin steht im Zentrum. Von ihr geht alles aus. Sie plant alles, die Kinder führen aus. Ihr muss man zuhören. Ihr muss man glauben. Ihr muss man zeigen, dass man fleißig ist. Ihr muss man sich anpassen, ihr alles recht machen. Sie beurteilt alles und ständig. Von ihr ist man vollkommen abhängig. Ihre Anordnungen muss man befolgen, ihre Launen stumm ertragen. Ihr muss man gefallen. Ihr muss man mehr gefallen als andere. Ihr muss man auffallen. Sie muss einen gut finden. Ihr muss man also viel verheimlichen. Vor ihr hat man deshalb Angst.

Akteure sollten aber die Kinder sein. Auf sie kommt es an. Lernen können nur sie selbst. Sie müssen im Zentrum aller Aufmerksamkeit stehen und brauchen Anregung und Anerkennung, Schutz und Sicherheit, brauchen einen geschützten Raum. Stattdessen müssen sie konkurrieren um die Aufmerksamkeit und Anerkennung der Lehrerin, konkurrieren um die bessere Note, zu aller anderen Konkurrenz dazu – schon in der Grundschule. Konkurrenz aber zerstört den Zusammenhalt der Kinder, produziert »Gewinner« und »Verlierer«, macht sie zu misstrauischen, neidischen Rivalen, hält sie in ständiger Anspannung, verhindert Integration, Freundschaft und Zusammenhalt. Kooperation ist das erfolgreichere Prinzip.

Wenn Schüler ausschließlich tun müssen, was man ihnen sagt, alle im gleichen Tempo, fangen sie an zu stören. Denn sie können das nicht – und das stört. Es stört auch, wenn ein Kind schon lesen kann, wenn es in die Schule kommt. »Sie langweilen sich dann«, sagen die Lehrerinnen, »Sie stören meinen Plan« ist eigentlich gemeint. Jede Stunde verläuft nach demselben Schema: Einem Vortrag oder einer Präsentation folgt das »gelenkte« Unterrichtsgespräch, ein Frage- und Antwortspiel in Wirklichkeit, das wieder nicht zum Selberdenken verführt, denn der eigene Gedanke ist leicht »falsch«. »Geschlossene« Fragen sind so zielstrebig auf nur eine richtige Antwort ausgelegt, dass Unterricht zu einer Art Quizveranstaltung wird. Es gibt nur richtige oder falsche Antworten. Manche Kinder melden sich unentwegt, kommen aber nie dran. Schließlich geben sie auf, stören die anderen, hippeln herum oder sitzen apathisch und enttäuscht, total demotiviert oder sauer auf ihren Stühlchen; vor Unlust fallen sie beinahe runter.

Nur wenige haben die Chance, etwas zu sagen, und die Antwort muss richtig sein, sonst ist man vor der ganzen Klasse blamiert, und alle verlieren den eh schon brüchigen roten Faden wieder. Auswetzen kann man eine Scharte nicht, denn gleich ist jemand anderer »dran«, der dann hoffentlich »das Richtige« sagt. Das setzt Kinder unter einen ungeheuren Druck – und der Ertrag unter diesen Bedingungen ist dürftig. »Wir haben bei dieser Art Unterricht keine zusammenhängenden Sätze von Schülern registriert und keine Lehreräußerungen, die länger als eine Minute dauerten«, kommentiert Jürgen Baumert, der Leiter der deutschen PISA-Studie. »In unserem Unterricht stören immer zwei Arten von Schüleräußerungen: die intelligente Antwort, die vorgreift und beiseite geschoben werden muss, und der Fehler.«[11]

Und unter den Tischen, hinter dem Rücken der Lehrerin, heimlich oder offen vor aller Augen greift Mobbing um sich, schon bei den Kleinen. Die Lehrerinnen kämpfen um den Anschein von Unterricht, schauen deshalb weg und bemerken nicht, wie mancher bereits am Anfang untergeht.

Kinder in der Grundschule wollen und sollen miteinander reden und mitreden, brauchen das Gespräch und den »Ratsch«. Deshalb ist es eine Tortur, nicht dranzukommen; und die halbe Klasse sitzt unentwegt mit erhobenem Arm da: Vielleicht ergibt sich ja doch irgendwann eine Chance, dann muss ich bereit sein und sage dann halt irgendwas. Bei dreißig Schülern kann sich einer lange melden, ohne ein einziges Mal »dranzukommen«.

Erwachsene halten das nicht aus. Eine Kollegin erzählte wütend und beleidigt, der Lehrer in ihrem Griechischkurs habe sie die ganze Stunde nicht »drangenommen«, obwohl sie sich immer gemeldet habe. Sie gehe da nicht mehr hin. Kinder müssen immer hingehen; von ihnen verlangen wir ein Übermaß an Selbstverleugnung und Contenance.

Lehrerin und Kinder, alle stehen unter Druck – und viele resignieren. Die eine Lehrerin nimmt prinzipiell nur die »Guten« dran, egal, wer sich sonst meldet, dann läuft es besser; den Frust der anderen übersieht sie; eine andere nimmt nur »schlechte« Schüler dran – wobei völlig unerfindlich ist, was dabei herauskommen soll. Die »Guten« mögen bald die »Schlechten« nicht – und umgekehrt. Die »Schlechten« werden systematisch entmutigt, wenn ständig die »Guten« gelobt und herausgehoben werden. Ein idealer Boden für Resignation und Mobbing – und keiner durchschaut, warum diese Plage so um sich greift.

Manchem wird da langweilig, er fängt an zu stören, wird unruhig. Die Kinder frönen ihrem Bedürfnis nach Bewegung und Kommunikation, reden und machen Quatsch. Unruhe aber und Unaufmerksamkeit müssen unterbunden werden, sonst bricht das ganze System zusammen. Disziplin muss aufrechterhalten, wer eine Klasse in der Hand behalten will. Das geht nicht ohne Aggression. Der Ton mancher Lehrerinnen wird deshalb im Laufe der Jahre so zwingend und harsch, dass es Kindern durch Mark und Bein fahren muss ... Eine aggressive Atmosphäre ist jedoch die denkbar ungünstigste Voraussetzung fürs Lernen.

Es kann gar keine Rede davon sein, dass im so genannten Frontal- oder lehrerzentrierten Unterricht alle dasselbe hören und verstehen könnten, wenn sie nur aufpassten! Weil jeder Mensch anders hört, anders denkt, andere Assoziationen zum Gehörten hat; auch weil man während eines Vortrags oder im »fragend entwickelnden Unterricht« mal selbst eine Frage hätte, immer mal wieder mit seinen Gedanken abschweift, manches schon weiß, anderes zum ersten Mal hört – es kommt bei jedem etwas anderes an. Doch Chaos entsteht und die Dinge eskalieren, wenn die da hinten nicht genau das tun, was die da vorn sagt; wenn sie laut werden, keine Hausaufgaben mehr machen, nicht machen können, weil sie nicht wissen, wie es geht; keine Lust haben, extra stören, nichts kapieren.

Dann beginnen Lehrerinnen die Schüler zu disziplinieren, mit Drohungen, Strafen, Missachtung und Demütigung – so lange, bis sie Disziplinschwierigkeiten bekommen, Grundschulkinder bettnässen oder Fingernägel kauen, nicht mehr schlafen können oder morgens Bauchweh haben.

Zeitdruck, Lehrplan, Stoff, ständige Leistungskontrollen, Noten, Ordnung. Unter solchen Bedingungen muss eine Lehrerin eine hochbegabte Entertainerin mit stahlharten Nerven sein, um alle ruhig und aufmerksam zu halten. Einigermaßen aufmerksam und ruhig muss eine Klasse aber sein, wenn man auf diese Weise überhaupt unterrichten will. Deshalb droht man mit Strafen, deshalb straft man, deshalb diszipliniert man die Klasse, deshalb ist das so furchtbar anstrengend. Und weil trotz der großen Anstrengung nicht wirklich viel herauskommt, sind alle so frustriert.

Im Frontalunterricht gibt es außerdem für jede Aktion immer das große Publikum. Man kann sich positiv hervortun und bekommt Lob; man kann sich negativ hervortun und bekommt dann eben negative Aufmerksamkeit. Für manche Kinder ist ein Tadel immer noch besser als gar nichts. Andere allerdings verstummen aus Angst vor negativen Reaktionen. Und manche können allmählich positive nicht mehr von negativer Aufmerksamkeit unterscheiden – eine totale Verwirrung.

Kindern, die nicht in der vorgesehenen Zeit den vorgesehenen Stoff beherrschen, kann kaum geholfen werden. Die Eltern sollen weiterhelfen – und können das doch zunehmend nicht. Also sondert man Zurückbleibende möglichst früh in Sonderschulen aller Art aus, weil sie den reibungslosen Ablauf stören.

Eine Kapitulation: Man bereinigt das »Schülermaterial« um diejenigen, die nicht passen – »Passung« nennt man das –, man stutzt sie alle zurecht, in der Hoffnung auf eine zueinander passende, »homogene« Lerngruppe. Damit man nichts ändern muss, damit der fließbandähnliche Unterricht störungsfrei ablaufen kann. Was mit den Vertriebenen passiert, kümmert nicht – es wird zu ihrem Besten sein. Was mit den Bleibenden passiert, welche Botschaft sie bekommen und ob sie auf so einer Basis wirklich lernen können, kümmert erst recht nicht. Kein anderes Land habe so homogene Lerngruppen, und trotzdem seien sie uns immer noch zu inhomogen, hat Jürgen Baumert herausgefunden. Geradezu tragisch aber ist, dass unter diesen Bedingungen ein Durchschnittsangebot gemacht werden muss – und trotzdem scheitern die einen, weil es fremd oder zu schnell daherkommt; und die anderen wenden sich aus schierer Langeweile ab, weil sie sich nicht äußern dürfen, weil sie überhaupt nicht gemeint sind, weder ihr Interesse noch ihre Fantasie. Langeweile aber und Angst – beides macht aggressiv und dumm.

Nach kurzer Zeit schafft es dieser Unterricht, aus wissensdurstigen, hoch motivierten, fantasievollen und witzigen Kindern unzufriedene, missmutige, ängstliche, hoffnungslose, streitlustige zu machen, Streber, Gewalttätige oder Aussteiger, die nichts mehr erwarten als irgendwie durchzukommen …

Dann bekommen die einen – intelligente, belesene Kinder – Nachhilfeunterricht, um den Übertritt ins Gymnasium zu schaffen (20 Millionen Euro werden in Bayern pro Woche für Nachhilfe ausgegeben), während die anderen kaum lesen können. Und niemand hilft ihnen weiter.

Für all dies konnte und wollte ich kein Forum bieten.

2 AUF DER SUCHE NACH ALTERNATIVEN

REFORM IM KLASSENZIMMER

Während meines Literaturstudiums erwarb ich theoretische und ästhetische Kategorien, die meine persönliche Entwicklung prägten. Als Zaungast hatte ich mich außerdem am fächerübergreifenden Studium der Politischen Wissenschaften beteiligt, am Geschwister Scholl Institut in München, hatte mich mit Themen wie »Politische Religionen«, Ideologien und Ideologiekritik beschäftigt. Politisch denken und handeln im Sinne Platons, Verantwortung übernehmen für mich und das Ganze, die Wirklichkeit erkennen ohne ideologische Wahrnehmungs- und Sprechverbote – ich versuchte, persönliche Schlüsse zu ziehen. Intensiv beschäftigte ich mich mit dem Nationalsozialismus, nachdem ich während eines KZ-Prozesses die unfassbar zynische Prozessführung erlebt und fassungslos die Berichte überlebender Juden gehört hatte. Der Ost-West-Konflikt eskalierte, die atomare Bedrohung wuchs, die 68er-Studentenbewegung warf viele Fragen auf.

Die Bücher der Psychoanalytikerin Alice Miller, ihre Darstellung der »Schwarzen Pädagogik« und der verheerenden Folgen frühkindlichen Leidens durch »Erziehung als Verfolgung des Lebendigen« sensibilisierten mich für die Bedürfnisse von Kindern.

In große Verzweiflung stürzte mich seit seiner Geburt im Jahre 1975 die von Anfang an lebensbedrohliche Blutkrankheit meines Sohnes; eine Psychoanalyse unterstützte mich, mit dieser Herausforderung umzugehen, und stärkte meine Fähigkeit, Kindern mit Respekt und Zuwendung zu begegnen. Ich litt sehr darunter, meinen Sohn nicht besser schützen zu können; die Schule war meistens für ihn ein Horror – zusätzlich zu den Qualen, Demütigungen und Lieblosigkeiten in den verschiedenen Kliniken. Hautnah erlebte ich, was Ignoranz, Gefühllosigkeit und Pedanterie einem Kind antun und wie machtlos man als Mutter ist.

Ich wollte Kinder stärken, achten und fördern, nicht kleinlich hinter ihren Fehlern und Versäumnissen her sein. Wer wusste denn, welche Herausforderungen sie in Zukunft zu bestehen haben würden? Es war kein Tag mit Ärger, mit Angst und überflüssigem, zerstörerischem Leistungsdruck zu vertun! Mit aller Energie und Fantasie mussten wir uns und die Fülle des Lebens, die komplexe Wirklichkeit, die Schönheit der Welt feiern und dadurch vielleicht beständiger machen.

Diese Erfahrungen und Herausforderungen machten die Suche nach Alternativen für meine Arbeit als Lehrerin umso dringender.

Ich musste meinen Beruf mit meinen Wünschen und Überzeugungen in Einklang bringen, wenn ich authentisch bleiben und für Kinder hilfreich sein wollte. Sie waren aber nicht kompatibel mit dem herrschenden hierarchisch-autoritären System Schule. Hier wurde das kindliche Leben ausgesperrt und eine Scheinwelt errichtet, die Fülle kindlicher Fähigkeiten ignoriert. Das einzelne Kind war nicht gemeint, wurde nicht lebenstüchtig gemacht.

Ich begann mich neu zu orientieren, als ich nach fünfjähriger »Babypause« 1980 in einer Schwabinger Grundschule zu arbeiten begann, pirschte mich langsam an meine Idealvorstellung heran. Zugleich machte ich mich auf die Suche nach Erfahrungen, gelungenen Beispielen und neuen Ideen, um meine eigene Methode zu finden und weiterzuentwickeln. Ich lernte die Montessorimethode kennen und machte mich mit der Waldorfpädagogik vertraut. Auf eine einzige Methode konnte und wollte ich mich nicht festlegen – immer lauerten ideologische Bastionen –, deshalb übernahm ich jeweils das zu mir Passende und in meiner Klasse Praktikable und entwickelte eigene Verfahren. Vor allem aber ließ ich mich auf die Kinder ein und erfuhr das Wichtigste von ihnen selbst. Sie, mein Sohn und meine Kinder in der Schule, waren »Komplizen« und Partner auf meiner Suche nach dem besten Weg, sie mit dem Wichtigsten auszustatten. Ihre Freude, ihr Glück, ihre Erfolge ebenso wie ihre Enttäuschungen, Rückzüge und Verweigerungen haben mein Denken und Handeln am nachhaltigsten beeinflusst. Meine persönliche Schulreform war ein Ausweg, ein Akt »pädagogischer Notwehr«. Die gesamte Schule hätte neu gedacht werden müssen, aber so lange konnte ich nicht warten. Deshalb entschied ich mich für meine Reform im Klassenzimmer.

ÜBER DIE LUST AM LERNEN

Kinder sind gierig auf Neues; neugierig hantieren sie mit den Dingen, nehmen mit ihren Sinnen wahr, was sie umgibt, wollen experimentieren und sich mit der Welt auseinander setzen, um sie zu begreifen. Ein Kind beobachtet genau, was passiert, wenn es in den Lauf der Dinge eingreift, aktiv beteiligt und handelnd in der Wirklichkeit. Sinnliche Wahrnehmung hilft Kindern, Zusammenhänge herzustellen; Sinn ergibt sich aus dem Handeln. Alle Anstrengung muss einleuchten und in irgendeiner Beziehung zu diesem Sinn stehen.

Gibt man einem Kind bei Sturm einen Mantel in die Hand, wird es diesen wohl kaum brav anziehen und zuknöpfen, sondern ihn als Segel hinter sich herflattern lassen und beobachten, was der Wind mit dem Mantel macht. Es experimentiert, weil es den Dingen auf den Grund kommen will. Kinder gehen mit allem so um, wenn man sie lässt. Ein Kind wird auch mit dem Brief experimentieren, den es zum Briefkasten bringen soll. Es wird ihn in die Luft halten, um zu sehen, ob der Wind ihn bewegt; wird rennen, um auszuprobieren, ob sich dadurch etwas ändert. Dann wird es den Brief loslassen und zuschauen, wie er durch die Luft flattert. Immer wieder, ausdauernd. Fasziniert wird es beobachten, dass der Wind seinen Brief tatsächlich vom Weg abbringen kann, auch wenn der dann etwas lädiert im Briefkasten ankommt. Experimente bauen das Verständnis der Wirklichkeit auf.

Ein Mädchen in meinem Innenhof macht Drehübungen am Geländer zur Kellertreppe: sie hält sich mit einer Hand an der Stange fest und dreht sich unentwegt im Kreis um diese herum. Dabei ruft sie ständig nach ihrem Vater, der sich mit jemandem unterhält: »Papa, schau!« So lange, bis der endlich »schön« sagt. Sofort setzt sie ihre Übungen fort mit dem Ruf: »Jetzt üb ich, bis ich es ganz gut kann!« Und will immer wieder von ihrem Vater gelobt werden. Glücklich und erschöpft hüpft sie schließlich zu ihrem Fahrrad und übt Kurvenfahren. Sie entdeckt ein Übungsfeld, experimentiert, übt, braucht Anerkennung, übt weiter, bis sie »es« richtig kann.

Ich beobachte Kinder und weiß, warum ich meine Schule anders will. Diese Neugierde, Lebendigkeit und Ausdauer, dieses Interesse und diese Freude an Experiment und Meisterschaft will ich in meinem Klassenzimmer haben! Der Unterricht in den ersten Schuljahren kann sich gelassen an ihrer Lust am Lernen orientieren, an dieser Neugierde und Freude an Experiment und Spiel.

Kaum in der Schule angekommen, kämpfen Kinder mit Macht um ihre Idealvorstellungen von Schule und die Erfüllung ihrer Bedürfnisse. Sie erwarten eine Person, die sie lieben und hübsch finden wollen, komme, was da wolle. Jedes Kind möchte, dass diese neue und wichtige Person in seinem Leben sich vor allem mit ihm beschäftigt, will von ihr geliebt und verteidigt werden. Von zu Hause sind viele gewohnt, ungeteilte Aufmerksamkeit zu bekommen oder überhaupt nicht wahrgenommen zu werden. Beide Erfahrungen fordern die totale Zuwendung der Lehrerin.

Erstklässler versprechen sich – zu Recht – von der Schule eine attraktive Steigerung ihres Lebensgefühls; sie sind in der Regel wissensdurstig, mitteilungs-, bewegungs- und spielsüchtig. Sie nehmen an, dass sie, wie im Hof, auf der Wiese, in der Welt, jetzt neue Geheimnisse werden lüften können: die Geheimnisse der Schrift, der Mathematik, der Schönheit der Welt und des Kosmos. Und sie wollen den anderen zeigen, was sie schon alles können.

Die Lehrerinnen ihrerseits kämpfen einen schier aussichtslosen Kampf um ihren Anspruch an Freude im Beruf – oft gegen die Erwartungen der Kinder. Jede Lehrerin wünscht sich eine kleine Klasse, ruhige, fleißige, kluge Kinder, die ordentlich, dankbar, brav und sauber sind, die tun, was sie sagt. In Ruhe möchte sie ihren ordentlich zubereiteten »Stoff« durchnehmen, möchte, dass ihr Angebot angenommen wird. Sie fürchtet nichts mehr, als die Kontrolle zu verlieren;

die Angst der Erwachsenen vor der Lebendigkeit und dem Chaos der Kinder ist groß. Sie wünscht sich Eltern, die respektvoll zufrieden sind mit dem, was in der Schule geschieht, die sich nicht einmischen und bereitwillig die Hilfsdienste übernehmen, die man von ihnen verlangt, wie Hausaufgaben überwachen, Schulranzen ordnen, Hefte und Bücher einbinden, zum Sommerfest Kuchen backen ...

Realität aber sind meist große Klassen und – wie schon immer, seit es Schule gibt – nur ein paar Kinder, die alle Erwartungen erfüllen. Der Rest gibt ständig Anlass zu Enttäuschung, Ärger, Wut, Misstrauen, Verzweiflung, Überdruss, Hilflosigkeit – wenn ich mit einem festen Plan in die Schule gehe. Täglich kämpfe ich dann um eine Idealvorstellung, gegen die Realität an. Es kommt aber nicht auf das »Durchziehen« einer methodisch einwandfrei aufgebauten Stunde in 45 Minuten an, an deren Ende alles gesagt und nachvollzogen worden ist, was man in seinen »Vorerwägungen« vorgedacht hat. In Wirklichkeit wird von der Lehrerin verlangt, zugleich Lehrerin, Sozialpädagogin, Psychologin und mütterliche Person zu sein, kreativ, flexibel und mit viel Empathie ausgestattet, humorvoll, selbstbewusst und stark.

Nach kurzer Zeit sind beide Seiten enttäuscht, weil nichts ist wie erhofft! Die Situation eskaliert, wenn alle »mehr vom Gleichen« fordern: mehr straffe Führung, Kontrolle und Ruhe auf der einen, mehr Spaß, Freiheit und Bewegung auf der anderen Seite!

Als Lehrerin werde ich scheitern, wenn ich hier nicht innehalte. Es ist wie in allen Beziehungen: Falsche Erwartungen und Beharren auf dem eigenen Standpunkt behindern konstruktive Wege aus dem Dilemma.

Aber ich bin am Zug, denn ich bin die erwachsene Person. Also muss ich die andere Seite kennen lernen, aus der Klasse einzelne Kinder machen und mich mitten hineinbegeben. Wenn ich auf die Pirsch gehe und mir die einzelnen Kinder genau anschaue, erkenne ich ihre Besonderheiten, sind die meisten liebenswert und angenehm. Ich muss die Erwartungen der Kinder ernst nehmen; sie sind im Recht, denn um sie geht es. Und ihre Wünsche auf kreative und erfreuliche Weise erfüllen. Wenn ich mich nicht als »Amtsperson« aus dem Geschehen heraushalte, sondern als Person mitten hineingehe, sieht alles ganz anders aus. Dann stimmt es für sie und für mich. Alles Weitere wird sich finden.

Sascha zum Beispiel nervt in den ersten Tagen gewaltig, ist nur aufs Herumtoben und Quatschmachen aus. In der zweiten Woche arrangiere ich die Kindertische neu, um mehr Platz für meinen runden Teppich herauszuschlagen. Sascha hilft mir, höchst engagiert und entschlossen. Wir arbeiten zusammen, nur wir beide. Er macht Vorschläge, ich probiere aus, wir verwerfen, wir fachsimpeln, ich bedenke seine Argumente; und wir ordnen neu, schieben die Tische hin und her, bis alles stimmt. Selbstbewusst und stolz nimmt er meine Anerkennung zur Kenntnis. Offensichtlich hat er auf die Gelegenheit gewartet, mit mir persönlich in Kontakt zu treten. Und hat gewonnen. Ich nehme Sascha jetzt vollkommen anders wahr: als umsichtigen und klugen Jungen – und er nutzt seine neue Chance bei mir, ich nutze meine Chance bei ihm.

SCHULE ALS LEBENS- UND ERFAHRUNGSRAUM

Lernen und Erziehung ist ein Gesamtprozess: Neues erfahren, verstehen, anwenden, üben, Misserfolge aushalten, Freundschaften schließen, anderen helfen, Konflikte klären, sich nach einem Streit versöhnen, durchhalten oder aufgeben. Ohne emotionale und soziale Sicherheit kann das alles nicht glücken; die Fähigkeit, Erfahrungen zu machen, verkümmert. Leben und Lernen heißt Erfahrungen machen. Kinder verbringen viel Zeit in und mit der Schule, zu Hause warten oft vor allem virtuelle Welten, und die Straße gibt es für sie nicht mehr. Wenn die Schule ihren Zweck erfüllen will, dann muss sie ein starkes Gegengewicht bilden und die Fähigkeit entwickeln, Kinder so viele Erfahrungen wie möglich machen zu lassen, mit der Wirklichkeit draußen und mit der Gemeinschaft drinnen. Sie darf die Kinder nicht hintereinander setzen und ihnen den Kontakt verbieten, denn sie brauchen einen sozialen Erfahrungsraum auch als Gegengewicht gegen die soziale Leere draußen. Wenn ein Kind in einem Aufsatz schreibt: »Meine Mama und mein Papa haben die ganzen Ferien gestritten«, kann ich das nicht mit einem Achselzucken abtun. Seine bedrückende Lebenserfahrung hindert das Kind, sich einer komplizierten neuen Materie zuzuwenden. Wenn ich mich ihm zuwende – mir beim Aufräumen helfen lasse oder eine Geschichte vorlese, die es sich wünscht –, kann ich ein bisschen Sicherheit geben, die es zu Hause gerade nicht bekommt. Kinderleben findet ja auch hier statt; ich muss es wahrnehmen, um die Köpfe und Seelen meiner Kinder ein wenig zu befreien. Eine Mutter bekommt ein neues Kind, ein Kind zieht um, es ist Ramadan, dem anderen werden die Mandeln herausgenommen … abgesehen von den üblichen Freuden und Nöten und/oder scheußlichen Filmen im Fernsehen, die sie überwältigen. Wenn ich hier ihren Hunger nach dem Wahrgenommenwerden nicht stille, mich als Person genauso entziehe wie manche Eltern, wenn also Kinder hier genauso ignoriert und überwältigt werden, ist kein Platz für Neues. »Wer den brodelnden Grund mit den vorfabrizierten Betonplatten des Unterrichts zudecken will, wird weder die Sache noch das Kind voranbringen. Die Apparate haben in den heutigen Kindern einen gesteigerten Hunger nach Person erzeugt«,[12] schreibt Hartmut von Hentig, und als Lehrerin bin ich eine vorhandene Person. Erfahrungen können nicht vorher durchgeplant und dann vorgefertigt verabreicht werden. Die Kinder müssen sie selbst machen dürfen, und sie ergeben sich aus dem Leben, wenn ich dafür Gelegenheiten schaffe: Wenn sie die Wirklichkeit wann immer möglich wahrnehmen, die Evidenz der Dinge selbst nachprüfen, erfahren, riechen, schmecken, fühlen. Und als Menschen ständig miteinander zu tun haben. Durch Experimente im Team und im Spiel kosten sie ihre Kreativität – Fülle, Fantasie, Freiheit und Verantwortung – aus und lernen gleichzeitig sich selbst kennen, aufeinander zu achten, einander zu unterstützen und füreinander zu sorgen. Die Frage, ob wir Egoisten züchten oder teamfähige Menschen bilden sollen, stellt sich nicht. Begabte, schwache, fremde, störende Kinder, Außenseiter und »Überflieger« – in einer Schule, die Erfahrung an die Stelle von Belehrung setzt, können alle ihre Chance bekommen. Echte Erfahrungen allerdings sind auch nicht unbedingt immer Erfolge; oft sind sie eher frustrierend. Kinder müssen auch das lernen.

Ich würde sie gern selbst organisierte und auch erlittene Erfahrungen machen lassen. Darf ich nur bedingt – meine Aufsichtspflicht kann ich nicht an Eltern abgeben, also muss ich immer dabei sein. Neidvoll höre ich, dass sie das in einer Montessorischule vor den Toren der Stadt dürfen: Fünf Kinder planen minutiös und selbstständig einen Ausflug nach München, mit öffentlichen Verkehrsmitteln, einen Museumsbesuch, Essenspause, Besichtigungen. Damit nichts passiert, gehen Mütter/Väter mit, aber sie verhalten sich passiv. Wenn etwas schief geht, etwa eine falsche U-Bahn benutzt wird, müssen sie das klaglos ertragen. Die Kinder sollen ihren Fehler selbst bemerken und beheben. Der Ernstfall ist eine vortreffliche Schule, auch wenn er ein bisschen simuliert ist. Neben all den interessanten Informationen und neuen Eindrücken sammeln sie viele nützliche Erfahrungen: Um sich auf ein Ziel zu einigen, gemeinsam alle notwendigen Vorbereitungen zu treffen und in die Tat umzusetzen, müssen sie sich vorstellen können, was sie da planen; sie müssen bereit sein, aufeinander zu hören, sich klar ausdrücken, Informationen einholen und darüber beraten, Ausrüstung, Zeiteinteilung, Verkehrsmittel, alles vorher bedenken. In der Praxis dann viele Klippen überwinden, Verabredungen einhalten und/oder flexibel auf unvorhergesehene Herausforderungen reagieren. Und womöglich auch aushalten, dass man hier oder da gescheitert ist. Doch die eigenen Kräfte lassen sich nur so einschätzen und entfalten.

Wie sonst als durch gemeinsame Erfahrungen im gemeinsamen Leben in einer gemeinsamen Schule können Kinder außerdem demokratische Tugenden wie Gemeinsinn, Verantwortung und Verständigungsbereitschaft lernen; wo sonst können sie mit Kindern unterschiedlichster Herkunft lernen, was es an Gemeinsamem gibt, an Verbindendem, wie man mit Unterschiedlichkeiten anders als durch Streit und Ausgrenzung, Kampf und Gewalt umgehen kann. Wie man einander kennen lernen und wie einen das bereichern kann. Sie können lernen, Vorurteile als solche zu erkennen und sich davon frei zu machen. Wenn Kinder üben, ihre eigenen Angelegenheiten selbstverantwortlich zu regeln, lernen sie nebenher, durch tägliche Übung im Kleinen, was Bürger eines freien demokratischen Landes können müssen.

Heute legt man ein gebrochenes Bein nicht mehr in Gips, sondern fixiert es, und es muss benutzt werden. Der Knochen heilt durch Belastung viel schneller. Auch die Muskeln bleiben nur durch ständige Benutzung funktionstüchtig. Kinder werden tüchtig durch Bindung, Erfahrung und Übung. Wenn alle Fähigkeiten ständig gefördert und benutzt werden, wird ein erstaunliches Wachstum möglich. Verwöhnung ebenso wie Abstinenz vom Leben ist dagegen Gift für Kinder.

FREIRÄUME

Wir brauchen also Freiräume – die Kinder und ich. In meiner Schwabinger Schule begann ich bereits Anfang der achtziger Jahre, uns aus der Fessel starrer Strukturen zu befreien: Äußerste Zurückhaltung übte ich bei Noten, lobte, spornte an und unterstützte sie, ohne die Ergebnisse ihrer Anstrengungen ständig zu beurteilen oder in ein Notenschema zu pressen. Die Entwicklung der einzelnen Kinder notierte ich zwar, um zu wissen, wer von mir welche Unterstützung brauchte. Aus dem Schulalltag verschwanden Noten aber mehr und mehr – vor allem benutzte ich sie nicht als Lock- oder Druckmittel – und so allmählich auch Konkurrenz, Druck und Angst. Die Kinder lernten ohne Fibel lesen, Übungstexte suchte oder formulierte ich selbst. Ich führte ein Kurssystem für die Fertigkeitsübungen ein, täglich eine Stunde stand den Kindern dafür zur freien Verfügung. Während dieser Zeit konnten sie selbst entscheiden, womit sie sich beschäftigen wollten: Lesen, Rechtschreiben oder Rechnen. Mit nummerierten Übungsblättern bestückte Ordner stehen bereit und Bücher in der Leseecke. Die Kinder bearbeiten selbstständig und im eigenen Tempo ein Blatt nach dem anderen, korrigieren ihre Arbeit und legen sie mir zur Kontrolle vor. Am Rand sind die Ergebnisse notiert. Den knicken sie um, solange sie rechnen. Zur Kontrolle falten sie ihn auf und vergleichen ihre Ergebnisse. Wenn sie den Fehler nicht selbst beheben können, fragen sie. Erstaunlicherweise ist Schummeln weniger verlockend, als ich gedacht habe. Auf meine Frage antworten sie einmütig, Schummeln sei doch blöd, weil man ja was lernen wolle.

Alle hatten mehr Freiheit: Schnellere mussten nicht mehr auf die Langsamen warten und Langsame sich nicht mehr abhetzen. Wer fertig war, konnte seine Zeit sinnvoll nutzen: in der Leseecke lesen oder ein Bild malen. Aber, so verkünde ich am Montag, bis zum Freitag sollen sie alle Blätter bearbeitet haben. Die meisten Kinder fragen bereits am Dienstag nach neuem »Stoff«, manche versorgen sich am Freitag mit Vorrat fürs Wochenende – heimlich. Sie befürchten, man dürfe das vielleicht nicht. Sie wollen aber! Also holen sie sich die Blätter halt. Fast schäme ich mich, dass ich sie so lange habe darben lassen. Vor allem aber war ich verblüfft. Diese kleine Drehung der Schraube – und welch ein Effekt! Als ob ein Zentnergewicht von uns allen abgefallen wäre!

Im übrigen Unterricht aber – die Erklärungen, Einführungen und Besprechungen – blieb zunächst alles beim Alten. Glücklich über den kleinen Freiraum, waren die meisten Kinder kaum zu bremsen; hoch motiviert und zufrieden, arbeiteten sie ausdauernder und erfolgreicher denn je.

Zunächst allerdings schüttete ich fast das Kind mit dem Bade aus. In meinen Augen entstanden im Zusammenhang mit dem Lernen so viel Quälerei, Unlust, Unselbstständigkeit und Ärger, deshalb machte ich die Lernerei überhaupt für all den Frust verantwortlich und überließ es den Kindern anfangs allzu weitgehend, ob sie tun wollten, was sie sollten; Aufgaben, die sie nicht machten, dachte ich, waren jetzt eben nichts für sie. Zwingen konnte und wollte ich sie nicht. Dass es darauf ankommt, was ich auf welche Weise anbiete, dass Zwang unnötig ist, wenn ich sie unterstütze und begleite – erst allmählich erkannte ich, dass Lernen eines ihrer zentralen Bedürfnisse ist und meine Hauptaufgabe, dieses Bedürfnis zu befriedigen.

Meine Angebote müssen attraktiv sein, so interessant wie möglich, müssen neugierig machen, damit auch die anspruchsvollen Kinder auf ihre Kosten kommen. Angebot und Nachfrage bedingen einander auch hier – eine Herausforderung für mich!

Durch meine ersten Erfahrungen ermutigt, experimentierte ich, verwarf oder veränderte meine Strategien und Methoden. Es war sehr spannend, Neuland und unsicheres Gelände zu betreten. Und ich war durchaus nicht immer überzeugt, dass das alles so gelingen würde, wie ich es mir ausgedacht hatte. Ohne konkreten Plan, ohne Generalstrategie hatte ich keine ganz klare Vorstellung davon, wohin das alles führen würde. Aus der Praxis entwickelte ich Ideen, Strategien, Materialien und Werkzeuge – und probierte aus. Meiner persönlichen Art entspricht es, nicht lange zu zögern, wenn ich entschlossen bin, etwas zu tun. Und so zögerte ich nicht, nachdem ich gesehen hatte, wie begeistert die Kinder auf die Lockerung meiner Zügel reagierten, und lernte genau wie sie »by doing« und durch Beobachtung. Die mir fremden Prinzipien und starren Regeln aufzugeben empfand ich als große Befreiung.

Ich erkenne, dass es Kinder glücklich macht, zu verstehen und so lange an einer Aufgabe zu tüfteln, bis sie die Lösung selbst finden, und den Dingen auf den Grund zu gehen; dass sie es lieben, in der Leseecke zu sitzen, gemeinsam zu lesen, und dass es sie stolz macht, sich gegenseitig das Einmaleins abzufragen, selbst Meister zu sein.

Die Eltern sind erstaunt und registrieren rasch die positiven Veränderungen im Lernverhalten ihrer Kinder; manche brauchen eine gewisse Zeit, bis sie auch innerlich einverstanden sind, sich ohne Not nicht in die Arbeit der Kinder einzumischen. Manche Eltern sind begeistert, andere irritiert, wieder andere sorgen sich. Eine Mutter fragt mich, ob es mein Ernst sei, als Hausaufgabe am Anfang des zweiten Schuljahrs drei Gedichte lernen zu lassen. Großes Staunen löst auf dem Elternabend meine Antwort aus, dass die Kinder sich das selbst ausgedacht haben, aus Freude an den Gedichten. Später lernen manche aus eigenem Antrieb ganze Balladen auswendig, und im renommierten Maxgymnasium vermasseln sie dann dem Deutschlehrer damit ein wenig die Show.

Nach diesem Beweis für die richtige Richtung aber ertragen die Eltern bereitwillig meine anfangs eher dilettantischen Arbeitsblätter. Auf einer windigen Schreibmaschine getippt und mit einem miserablen Abzugsapparat vervielfältigt, sehen sie wirklich manchmal dürftig aus. Die Kinder merken es nicht, vertiefen sich in die Inhalte.

Und so veränderte ich ganz allmählich den Unterricht in meiner Schwabinger Schule, mit Kindern einer liberalen, eher großbürgerlichen Schicht. Ich hatte Glück. Andere Kolleginnen tanzten auch aus der Reihe, jede auf ihre Weise. Meine Kollegin Ute Andresen vor allem gab mir viele hilfreiche Hinweise. Damals bastelte sie bereits an einem Lesekurs, der alle wichtigen Elemente eines differenzierten Unterrichts enthält, und meine Erfahrungen damit waren auch für sie Inspirationen. Dem Rektor gefielen unsere Experimente, er war richtig stolz auf unsere lebendige Schule, und die Eltern waren bereit, sich auf ein Wagnis mit uns einzulassen.

Zehn Jahre später, inzwischen überzeugt vom Erfolg meiner Methode, wechselte ich die Schule, um auszuprobieren und zu beweisen, dass diese auch mit Kindern eines sozial schwachen Viertels mit hohem Ausländeranteil erfolgreich sein kann. Die wichtigsten Elemente meines differenzierten Unterrichts – konstruktive Beziehungen, gegenseitige Wertschätzung, individuelle Förderung, Kooperation, Selbstorganisation und -verantwortung, wahrnehmungs- und handlungsgeleitetes Lernen – machten auch hier die Kinder selbstbewusst; sie lernten, friedlich miteinander auszukommen, hatten Lust am Lernen und waren bereit und fähig, sich anzustrengen. Mit Ausnahme zweier Kinder lernten auch sie innerhalb des ersten Schuljahrs lesen und wurden begeisterte Leser. Keines dieser Kinder allerdings erreichte auch nur annähernd so exzellente Ergebnisse wie viele in der anderen Schule; dort gab es allerdings auch kein einziges Kind mit so ungünstigen Voraussetzungen, wie die meisten Kinder sie hier hatten. Unter besseren äußeren Bedingungen aber hätten sie gemeinsam lernen können – mit dem besten Ergebnis für jedes einzelne Kind.

Im Folgenden wird also hauptsächlich von meinen Erfahrungen in diesen beiden Schulen die Rede sein.

3 ERSTE SCHRITTE: DIFFERENZIERUNG

ÖFFNUNG IN ALLE RICHTUNGEN

Der Entschluss, meinen Unterricht komplett zu verändern, stand fest, als meine damaligen Schwabinger Schüler nach den ersten großen Ferien vor mir saßen, braungebrannt und mit dem deutlich demonstrierten Anspruch: »Nun lass dir mal was einfallen! Damit wir uns nicht langweilen!« Sie waren aus aller Herren Länder zurückgekehrt, waren verwöhnt worden und hatten viele Wünsche erfüllt bekommen. Jetzt saßen sie vor mir, und selbstverständlich sollte das so weitergehen. Manche waren während ihrer großen Reisen offensichtlich so in die Erwachsenenwelt eingetaucht, dass ich sie mit kindlichen Dingen gar nicht mehr locken konnte; cool, gelangweilt, passiv kamen sie mir vor – und immer etwas angestrengt.

Ich aber hatte keine Lust, ebenfalls eine Art Dienstbotin zu sein, und ihnen tat das auch nicht gut. Ich wollte auch keine Animateurin sein, der sie folgen, wenn ihnen danach zumute und das Spielchen spannend ist, der sie aber den Rücken kehren, sobald woanders die lustigere Musik spielt. Zur Kommandeurin eignete ich mich schon gar nicht. Ich hatte das Bedürfnis, ihnen etwas zuzumuten, sie herauszufordern, sie an ihre Grenzen stoßen zu lassen. Denn es war mir klar, dass sie auf eine andere Weise mehr lernen konnten, als es im von mir immer noch stark gelenkten Unterricht möglich war.

Außerdem war ich nicht mehr bereit, meine kostbare Zeit und Energie mit dem Austüfteln von »Unterrichtseinheiten« zu vergeuden. Der übliche Verlauf war unbefriedigend: Meine Angebote waren für die einen zu kompliziert, für die anderen zu einfach; beide Fraktionen zerstörten selbstverständlich auch meinen ausgetüfteltsten Plan – und die Mitte litt darunter.

Vor meinen nächsten Schritten allerdings hospitierte ich vorsichtshalber in einer Münchner Montessorischule und schaute mir deren Unterrichtsform genau an. Dort fielen mir vor allem die Selbstsicherheit der Kinder und ihre totale Konzentriertheit auf. Keiner tat sich hervor; mich bemerkten sie kaum. Und die Lehrerin war entspannt, hatte einen gelassenen »Kammerton«. Nachmittags durfte ich mich mit den umfangreichen Materialien beschäftigen, abends begann ich mit meinen Planungen für meinen alternativen Unterricht.

Während der *Freiarbeit* – einige Stunden pro Tag – arbeiten die Kinder selbstständig, in ihrem eigenen Tempo, ohne Kommando, mit vorhandenem Material oder ohne, nach ihrem eigenen Plan, ohne dass ein und dasselbe Ziel für alle am Ende einer Stunde oder eines Tages festgelegt ist. Das wichtigste Ziel für jedes Kind ist, persönlich weiterzukommen, die jeweiligen Aufgaben besser zu verstehen und durch Übung routinierter zu beherrschen.

Selbstständiges Arbeiten lebt von genügend Zeit und von der Möglichkeit zur Selbstkontrolle. Ich helfe weiter, wenn nötig, die Kinder entscheiden, organisieren, arbeiten und kontrollieren ansonsten selbstständig. In dieser Zeit kann ich mit einzelnen Kindern arbeiten, die schneller oder langsamer sind und deshalb Hinweise oder Hilfe brauchen.

Die Grundfertigkeiten wie Lesen, Schreiben, Rechnen müssen aus dem Gleichschritt befreit werden, denn Verstehen und Können entwickeln sich nun wirklich von Kind zu Kind unterschiedlich. Und die Übung gehört in die Schule, nicht nach Hause. Zwei Säulen eines erfolgreichen Mathematikunterrichts kommen hier außerdem zum Tragen: sinnliche Wahrnehmung und Selbsttätigkeit. Es muss viel geübt werden, und die Kinder brauchen konkrete Anschauungsmaterialien. Die Ordner mit Übungsblättern stehen bereits da, und sie bearbeiten eins nach dem anderen; rechnen, so lange sie rechnen wollen, fragen, wenn sie nicht weiterwissen. Von Blatt zu Blatt variieren die Aufgaben, werden schwieriger. Um der zweiten Säule, der Anschauung und sinnlichen Wahrnehmung, gerecht zu werden, schaffe ich nach und nach das exzellente Montessori-Anschauungsmaterial für den Mathematikunterricht an, bezahle es teils aus eigener Tasche, teils mit Unterstützung der Eltern; manches stelle ich mit ihnen gemeinsam her.

Begeistert stürzen sich meine anspruchsvollen Kinder auf die völlige Befreiung aus dem Gleichschritt, auf die Möglichkeit, sich allein oder zusammen mit anderen mit dem attraktiven Material zu beschäftigen. An manchen Tagen würden einzelne Kinder am liebsten nichts anderes tun als stundenlang zu lesen, das Einmaleins zu üben oder zu malen. Stolz erfahren sie dann, wie es ist, ein Meister zu sein. Aber in der Regel strukturiere ich den Tag und wechsle zwischen Phasen selbstständiger Arbeit, gemeinsamer Arbeit und Besprechungen mit allen oder mit Gruppen.

Kein einziges Kind will sich ausdauernd drücken, wenn meine Angebote interessant und verlockend sind. Wenn ich ihnen fünf Frühlingsgedichte vortrage, kürzere und längere zur Auswahl auf ein Blatt kopiere, lernen viele Kinder alle Gedichte auswendig und schreiben mehrere fein säuberlich ab. Weil es ihnen gefällt.

Also brauchen sie die Wahl! Sie können in ihrem eigenen Tempo arbeiten, Pausen dann machen, wenn sie das brauchen, am runden Tisch etwas essen oder trinken. Denn viele Kinder kommen ohne Frühstück, und hungrig kann man nicht lernen.

Welche Freiheit! Und es zeigt sich schnell, dass sie genau wissen, wie lange sie das Material brauchen, wann sie davon abstrahieren können – die meisten Kinder sind rasch selbstständig. Gängelei wird überflüssig.

Dann gibt es Ordner mit Rechtschreibübungen, kurze, lustige und spannende Texte für die schwächeren Schreiber, längere für die routinierteren – und auch diese Blätter bearbeiten sie voller Elan und mit großem Erfolg.

Auf den Kern selbstbestimmter Arbeit – eigene Wahl, eigene Lösungswege, eigenes Tempo und Selbstkontrolle – kommt es offensichtlich an. An den Geruch der Freiheit gewöhnt, schieben die Kinder durch ihre Wünsche nach mehr die Grenzen immer weiter hinaus: Mittags bei Schulschluss kann Vivian ihren Aufsatz noch nicht abgeben; sie will ihn morgen weiterschreiben. Das bringt mich auf die Idee, sie künftig eigene Schwerpunkte setzen zu lassen, ihnen zu erlauben, auch tagelang an einem Aufsatz zu schreiben, wobei die Hefte immer in der Schule bleiben, damit zu Hause niemand mitmischt; oder ein Thema in Mathematik auszudehnen, weil es gerade ihrem persönlichen Bedürfnis entspricht. Wieder ein Stück mehr Freiheit und Selbstbestimmung! Einzelne Kinder wollen sich tagelang mit Sachaufgaben herumschlagen. Das ist gerade »dran« bei ihnen; für die anderen wäre es eine Plage! Sie stürzen sich in die Arbeit; und manchmal geraten auch andere in diesen Sog. Ohne Zwang folgen sie voller Konzentration und Zuversicht der Spur ihres Interesses und Könnens. Die Erfahrung, dass es auf sie und ihre persönliche Meisterschaft ankommt, macht sie glücklich und gierig. Hochgereckte Arme und ein »Ach, ist das schön!«, wenn ein versunkenes Kind mit seligem Gesichtsausdruck kurz auftaucht aus seiner Arbeit, sind Glücks- und Erfolgsmomente auch für mich.

Die Quintessenz meiner ersten Erfahrungen:

- Meine Vorgaben entscheiden über den Erfolg oder das Scheitern der Kinder.
- Schaffe ich eine angenehme Atmosphäre, dann sind sie wach und aufmerksam.
- Wähle ich vielfältig interessante Gegenstände und lasse ihnen genügend Spielraum für ihre eigene Wahrnehmung, dann sind sie hochinteressiert.
- Beziehe ich sie in die Auswahl der Gegenstände ein, dann setzen sie selbstständig eigene Schwerpunkte, sind motiviert und kreativ.
- Bin ich selbst fasziniert von den Gegenständen, sind sie das auf ihre Weise auch.
- Können sie sich frei bewegen und entscheiden, vertiefen sie sich ausdauernd in die Arbeit.
- Dürfen sie zusammen sein und gemeinsam arbeiten, sind sie friedlich und kommen gut miteinander aus.
- Bin ich in gutem Kontakt zu jedem einzelnen Kind, dann mag ich sie auch und setze mich herzlich gern für sie ein.
- Gehe ich rücksichtsvoll und höflich mit ihnen um, tun sie das auch mit mir und miteinander.

- Gehen wir alle höflich und rücksichtsvoll miteinander um, sind sie in Höchstform.
- Erwarte und anerkenne ich ihre gegenseitige Hilfe, entwickeln sie Mitgefühl und Fairness.
- Können sie ihre Arbeitsabläufe selbstständig planen, erwerben sie eine souveräne persönliche Arbeitshaltung.
- Geize ich nicht mit Anerkennung, Lob und Freude an ihrer Arbeit, sind sie leistungsstark und erfolgreich.
- Kommt ihre kindliche Welt in der Schule vor, beschäftigen sie sich enthusiastisch mit der Wirklichkeit draußen.
- Können sie ihre Kräfte frei entfalten, übernehmen sie selbstverständlich verantwortliche Verpflichtungen.
- Verlange ich verbindliche Zusagen und verlasse ich mich auf sie, halten sie diese auch ein.

Ich bin der Dreh- und Angelpunkt. Auf meine Haltung, meine Methoden, meine Beziehung zu ihnen, meine Freude an ihnen kommt es an. Ich bin verantwortlich für meine Freude an meinem Beruf.

Ein Vormittag sieht dann etwa so aus: Ich begrüße jedes eintreffende Kind persönlich und wechsle ein paar Worte mit ihm. Die erste Viertelstunde beschäftigen sich die Kinder selbstständig. Wer mir etwas Wichtiges erzahlen will, kann das in dieser Zeit tun, die einen lesen, die anderen arbeiten da weiter, wo sie am Tag vorher aufgehört haben, oder unterhalten sich. Dann rufe ich sie in den Kreis, und wir setzen uns alle eng zusammen auf einen runden Teppich. Mit dem Vortrag eines neu gelernten Gedichts oder mit einem Lied beginnt der gemeinsame Teil, gefolgt von einem klärenden Gespräch über anstehende Fragen. Dann präsentiere ich ihnen meinen Tagesplan, und wir fangen an, etwa mit der Einführung in ein neues Thema in Mathematik, einem neuen Aufsatz- oder Heimat- und Sachkundethema, oder wir planen gemeinsam einen Unterrichtsgang. Wenn alles klar ist, fangen sie an, selbstständig zu arbeiten, das Neue in Mathematik zu üben, ihren Aufsatz zu schreiben oder in Gruppen für ein Sachkundethema zu recherchieren. Diese Phase endet, wenn die meisten Kinder fertig oder müde sind, wenn Fachunterricht oder Pause ist. Ab und zu muss ich auch die Arbeit der Kinder unterbrechen – »Noch nicht!«, rufen sie oft; sie sind vertieft und wollen nicht gestört werden – und sie um mich versammeln, um noch einmal Fragen zu klären, die für alle wichtig sind. Wer nicht weiterweiß, kann und soll fragen – andere Kinder oder mich.

Einführungen in neue Themen, neue Schritte, das Vorstellen von Ergebnissen, Klärung von Schwierigkeiten, Diskussionen über besondere Fragen kündige ich rechtzeitig an, damit die Kinder ihre aktuelle Aufgabe allmählich beenden oder unterbrechen können. Anfangs finden Besprechungen im Plenum statt, später auch in kleineren Gruppen: »Wer zum Thema XY noch eine Frage hat, kommt zu mir an den runden Tisch!« Auf diese Weise lernen sie, sich selbst einzuschätzen und zu entscheiden, ob sie Unterstützung brauchen oder nicht. Es dauert eine Weile, bis alle sich und den anderen eingestehen können, wenn sie etwas nicht können, bis sie erleben, dass es keine Strafe ist, zum runden Tisch zu kommen, sondern ein hilfreiches Angebot, ja ein Privileg. Zuletzt sitze ich oft mit einem oder zwei Kindern da, und wir geben nicht auf. Ich lerne die Kinder gut kennen, wo sie Schwierigkeiten haben und wie sie damit umgehen, und kann dann auch sehen, dass einige mit dem Zehnerübergang nicht zurechtkommen; offensichtlich habe ich damit zu früh begonnen. Dann gehe ich einen Schritt zurück, vertiefe die Übungen mit den Zahlen bis zehn, und nach einer Woche fragt mich einer, ob ich ihnen jetzt den Übergang noch mal erklären kann. So lernen sie allmählich, die Möglichkeiten dieses offenen Unterrichts selbstverständlich zu nutzen, und profitieren davon.

Das klingt nach Chaos, und manchmal ist es das auch: ein konstruktives, intensives und fröhliches Chaos, das mir tausendmal lieber ist als das verkniffene, verzweifelte und unfrohe Chaos am Rande oder im Zentrum des Frontalunterrichts. Die Kinder und ich müssen uns erst an unsere Freiheit gewöhnen. Schon bald aber entsteht eine große Gelassenheit und konzentrierte Ruhe. Und wenn gleichzeitig jedes Kind einen anderen Rat braucht, ist das zwar anstrengend, aber auch lebendig und aufschlussreich für mich. Manchmal ist es nicht leicht, den Überblick zu behalten: Wer hat welche Pflichtaufgaben erledigt, wer hat was noch nicht verstanden? Wo stehen die einzelnen Kinder? Aber das ist eine Frage der Routine, und totale Kontrolle wird immer unwichtiger. Da ich nah an den Kindern dran bin, erfahre ich alles Wichtige nebenbei. Und ich entwickle im Laufe der Zeit immer wieder neue Systeme, um auf dem Laufenden zu bleiben – was mir nicht leicht fällt, da ich ein spontaner Mensch bin und wenig Drang verspüre, vollständige Kontrolle auszuüben, weil systematisches Vorgehen nicht meine größte Stärke ist.

Wenn die Kinder in die unterschiedlichsten Richtungen auseinander gelaufen sind, halte ich den Lauf der Dinge an: Die einen erledigen dann Versäumtes, die anderen können sich ein oder zwei Tage ihren Lieblingsbeschäftigungen widmen. Gemeinsam – nicht im Gleichschritt – geht es dann wieder eine Weile weiter.

Die Kinder gewöhnen sich rasch daran, selbst verantwortlich zu sein, und im Allgemeinen genießen sie das. Wenn die Angebote interessant und attraktiv sind, brauche ich sie nicht künstlich zu motivieren und zu disziplinieren – die Sachen selbst und ihr Interesse daran motivieren und disziplinieren. Während dieser freien Arbeitszeit bin ich höchst präsent, für jedes Kind ansprechbar und halte dadurch das Ganze zusammen. Was sie tun, ist nicht beliebig, und das spüren sie schnell. Die Kinder bewegen sich frei und entscheiden selbst, wann sie mich brauchen. Aber nicht nur ich stehe zur Verfügung – jedes andere Kind kann und soll helfen – eine weitere Klammer, die zusammenhält. Nicht Gleichschritt auf mein Kommando und lückenlose Kontrolle, sondern Dynamik zwischen ihrem Interesse und meinen Angeboten ist mein Ziel.

Einführungen in neue Themen verändere ich allmählich, weil es mir mittlerweile sinnvoll erscheint, ganz auf Frontalunterricht im klassischen Sinn zu verzichten. Es hat sich gezeigt, dass im engen Kreis alle aufmerksamer sein können, also präsentiere ich alle neuen Themen im Kreis vor der Tafel oder auf dem runden Teppich: Sie sitzen nah beieinander und bei mir, im Gespräch nähern wir uns gemeinsam einem neuen Problem.

Ich erkläre oder demonstriere, worum es geht. Sie probieren selbst aus, was sie verstanden haben, ich schreibe vielleicht an die Tafel, die

Kinder fragen nach, ich erkläre nochmals. Von allen Seiten wird beleuchtet, was wichtig ist. Fachgespräche entwickeln sich, an denen alle beteiligt sind. Jedes Kind soll erkennen: Wenn ich etwas verstehen will, muss ich mich so lange mit meinen Fragen beschäftigen, bis es mir klar wird. Jedem kleinsten Detail wird nachgegangen. Die Botschaft ist: vor Hürden nicht zurückschrecken, nicht aufgeben, das Neue so lange befragen, von allen Seiten beleuchten, bis es nicht mehr fremd ist. Dann vergeht auch die Angst.

Wenn ein Kind verstanden hat, setzt es sich an seinen Tisch und legt Mengen, Zahlen und Rechenoperationen zum Beispiel mit den Montessoriperlen, hantiert sozusagen mit der neuen Frage, übt dann im Heft entsprechende Rechnungen. Die anderen bleiben bei mir, bis sie auch verstanden haben.

Wer will, kann an der Tafel mit Kreide – das lieben sie – die neue Rechenart ausprobieren, die anderen schauen zu und kommentieren. Neues in Mathematik etwa ist ja nicht für alle neu oder schwer, also fangen nach der ersten Runde einige schon an zu üben; sie wissen, wo und wie. Das ist schon besprochen und das Arbeitsmaterial vorbereitet. Den anderen erkläre ich alles noch mal, lasse sie selbst an der Tafel ausprobieren. Im Dialog werden Fragen geklärt, ich beantworte Verständnisfragen. Schließlich sitze ich mit einigen am runden Tisch und helfe jedem Einzelnen beim Verstehen oder Üben. Die anderen arbeiten allein. Wer immer dabei an seine Grenzen stößt, kann mich fragen – oder andere Schüler. Ein anderer Umgang mit dem Fehler, eine Übung in Selbsteinschätzung. Feinarbeit.

Bei dieser Art von Arbeit ist die Chance groß, dass Kinder sich vertiefen, dass sie durch Ausprobieren verstehen und denken lernen, auf der Basis ihrer Fragen, ihrer Einsichten, ihrer Fehler, ihres eigenen Tempos, ihres persönlichen Fortschritts. Sie entwickeln soziale Fähigkeiten und arbeiten zu zweit, im Kontakt mit anderen, mit deren Hilfe oder allein. Die Schnellen lösen mehr oder schwierigere Aufgaben, wenden sich anderen Dingen zu oder helfen. Die Langsameren können immer wieder fragen, ohne andere aufzuhalten, selbstverständlich und ohne Diskriminierung.

Die hochkonzentrierte Atmosphäre im Klassenzimmer wird manchmal von einem begeisterten Schrei unterbrochen: Ein Knoten hat sich gelöst, ein Kind hat den Durchbruch geschafft, wirft die Arme in die Luft und ruft »Ich hab's!« und vertieft sich mit roten Backen noch intensiver in seine Arbeit.

So habe ich die Gewähr, dass alle das Neue ausführlich und so oft durchgegangen sind, bis es ihnen klar ist. Wer sich zu früh gefreut und doch noch nicht genug verstanden hat, kann sich einfach wieder zu uns gesellen und seine spezielle Frage stellen. Die Sackgasse des einen hilft dem anderen vielleicht weiter. Ihre Lust an der Übung steigert sich zusehends, denn sie sind frei, sich ihren persönlichen Weg durch den Dschungel des Neuen zu suchen – und sie haben Zeit.

Die Regeln für die Freiarbeit werden besprochen und immer wieder aufgefrischt:

- Wenn ich etwas nicht kann, denke ich ausführlich nach, dann denke ich noch einmal von einer anderen Seite nach.
- Wenn ich dann immer noch nicht verstehe, frage ich ein anderes Kind.
- Wenn das Kind es nicht erklären kann, gehe ich zu Frau Czisch.
- Ich helfe anderen Kindern, wenn ich kann.
- Ich kontrolliere und korrigiere meine Aufgaben selbst.
- Ich mache zu Ende, was ich angefangen habe.

Allmählich wissen sie, was ihnen bekommt und wie sie am besten lernen. Neues führe ich ein, wenn ich meine, dass die Zeit reif ist. Allmählich erkenne ich an ihren Reaktionen, ob meine Einschätzung stimmt.

Sie stürzen sich geradezu auf den Hunderter, beschäftigen sich intensiv und ausführlich mit Perlenzählen und Zahlenschreiben, in Variationen zehn Mal die Zehn anordnen – eben mit der ganzen großen Aufmachung. Sie sind interessiert und begeistert dabei. Und dann fragt Melanie ganz ruhig, und andere stimmen ein: »Darf ich jetzt lesen«? Gestern haben sich die Freimanner Kinder zum ersten Mal Bücher im Bücherbus geholt, manche haben am Nachmittag im

Tagesheim weitergelesen. Das wollen sie jetzt, nach getaner Arbeit, unbedingt fortsetzen. Einige schmirgeln lieber kleine Klötzchen – ein Arbeitsmittel für den Hunderter. Ich muss kurz zum Kopieren gehen. Als ich nach einiger Zeit wiederkomme, schaut mich ein Kind erstaunt an und fragt: »Warst du draußen?« In ihre Tätigkeit versunken, nehmen sie kaum wahr, was um sie herum geschieht. Weil sie für sich selbst die Verantwortung übernehmen, brauchen sie sich keinem fremden Willen zu unterwerfen, müssen nicht darauf lauern, diesem Willen zu entkommen. Die Möglichkeit, sich frei im Raum zu bewegen, durch vielfältiges Material immer auch mit den Dingen zu »hantieren«, miteinander in Kontakt zu sein, macht sie zutiefst zufrieden und frei.

Einmal in Fahrt, verändere ich alles. Ich schreibe kleine Texte zum Lesen, fürs Rechtschreiben, verwende ganze Passagen aus »Madita« von Astrid Lindgren oder »Die drei Räuber« von Tomi Ungerer für die Sprachlehre; lese die Geschichten vor und locke sie, die Sprache darin zu untersuchen; sammle alles in Ordnern, die frei zugänglich in unserem Regal stehen. Die Kinder können sich die jeweils passenden Texte heraussuchen. Auf diese Weise haben sie schon eine Menge gelesen, bevor sie sich entscheiden, womit sie arbeiten wollen. Lesen wird selbstverständlicher Bestandteil des Lernens. Ich suche schöne und spannende Lesetexte zusammen, um dem Lesebuch zu entkommen. Die Lesestunde für alle, die mich immer so gequält hat, gibt es längst nicht mehr: Eine/r liest vor, recht oder schlecht, und alle müssen zuhören. Meine Kinder lesen ständig selber und lernen in der Schule lesen. Sie lesen nur vor, wenn sie das selbst wollen, wenn sie eine besonders schöne oder witzige Geschichte gefunden haben. In solchen Vorlesestunden kann, wer will, allein oder zusammen mit anderen eine besondere Geschichte vorlesen.

Ordner mit Gedichten kommen dazu, weil ich zu Gedichten eine besondere Affinität habe. Daraufhin lernen manche Kinder unentwegt Gedichte. Mit den Gedichten muss ich allerdings anders umgehen. Ich sammle die Kinder in der Leseecke, trage ihnen mehrere thematisch ähnliche Gedichte zur Auswahl vor, spreche mit ihnen über deren Aussage, die Unterschiede und ihre eigenen Assoziationen, lasse sie der Melodie zuhören oder verrate ihnen Tricks fürs Lernen. Sie ziehen sich in eine ruhige Ecke zurück – hinter den Vorhang, hinter den Schrank –, lernen es auswendig und tragen es anderen Kindern vor.

Wisper
knisper
Wurzelfee,
wer mich sucht,
dem tu ich weh:
Beiß ihn
in den großen Zeh –
werf ihn
in den Tümpelsee –
tunke ihn
ins Glibbermoor –
kneif ihn
in sein Lumpenohr –
drehe ihm
die Nase quer …
Wenn du Mut hast,
komm nur her!
Max Kruse[13]

Nach und nach erweitere ich mein Angebot – bis die Kinder schließlich mehr frei als gelenkt arbeiten, intensiv begleitet von mir, gestützt von Regeln, regelmäßigen Treffen im Plenum und meiner aufmerksamen Betreuung. Da nichts beliebig ist, da diese selbstständige Arbeit kein Zeitvertreib, sondern konzentrierte Arbeit ist, kommt viel dabei heraus: Der Ertrag ist Zuwachs an Verstehen, Können, Verantwortung und Selbstbewusstsein.

Die Öffnung meines Unterrichts für die Welt draußen ist ein weiterer Schritt in mein Klassenzimmer als Raum fürs Leben und für Erfahrung.

DER FEHLER – FEIND ODER FREUND?

Wenn du nicht irrst, kommst du nicht zu Verstand.
Willst du entstehn, entsteh auf eigne Hand.
Mephistopheles, Goethe, »Faust II«

Goethe nimmt die Erkenntnisse der neueren Hirnforschung vorweg: Der Fehler ist Teil des Denkens und Lernens, unverzichtbar auf dem Weg zu Selbsterkenntnis und persönlichem Wachstum.

Nichts jedoch ist in der Schule als Feind so präsent und mächtig wie der Fehler – ihn aufzuspüren, die erlegte Beute rot anzustreichen und dem Schüler zu präsentieren, ist die Hauptaufgabe von Lehrerinnen. An seinen Fehlern wird er dann gemessen, nicht an seinem Können.

Warum eigentlich? Wo sie doch auf dem Weg sind! Nichts spricht dafür. Lernen heißt doch, sich eine Strategie zur Lösung eines Problems ausdenken und probieren, ob sie richtig ist. Das kann nicht ohne Fehler gehen. Wenn ich meinen Fehler verstehen will, muss ich mich intensiv mit dem Problem beschäftigen und kann aus neuen Erkenntnissen meine persönliche Erfolgsstrategie entwickeln. Wenn ich Zeit habe, zuversichtlich bin, mit den Möglichkeiten spiele, die mir zur Verfügung stehen, wenn ich ermuntert werde, ist mein Fehler ein besserer Lehrmeister als eine Lehrerin, die mir ihre fertige Lösung präsentiert.

Vor ein paar Jahren fing ich wieder an, Klavier zu spielen. Beim Vorspielen stoppte mich die Lehrerin sofort bei jedem Fehler und zeigte mir, wie es richtig ging. Erst zu Hause kam ich mir drauf: Manchmal dachte ich mir die Musik anders, als sie war, wollte mich deshalb nicht an die Noten halten; manchmal kamen meine Finger nicht mit; manchmal gefiel mir die Musik nicht, und ich verweigerte mich deshalb. Wenn mir klar war, was den Fehler verursacht hatte, übte ich diese Stelle bewusst und isoliert, bis ich die Klippe – auch meine psychische – umschifft hatte. Wer auf seinem Fehler sitzen bleibt, muss ihn analysieren – man will schließlich nicht immer wieder denselben Fehler machen. Hat man den Fehler durchschaut, erkennt man die schwache Stelle und kann gezielt üben – beim Klavierspielen, beim Jonglieren mit drei Bällen oder wenn ich Englisch lerne. Eine persönliche Lernmethode kann sich entwickeln. Und das ist der optimale Weg für das Gehirn, Neues zu speichern.

Gilt der Fehler als Versagen, muss ich ihn zunächst einmal vertuschen, er muss schnell verschwinden, und ich folge blind den Lösungsvorschlägen der anderen; mein persönlicher Plan gerät durcheinander. Nebenbei erziehen wir die Kinder zu Schwindlern. Die größten Schwindler unter den Kindern haben perfektionistische Eltern! Mit den Fehlern müssen wir großzügig umgehen, denn sie sind im natürlichen »Lehrplan« vorgesehen. Die Evolution macht es uns vor: Erst wird mit vielen Möglichkeiten gespielt; aus diesem Spiel entwickelt sich allmählich die Entscheidung für einen neuen Weg. Was sich bewährt, wird übernommen, was sich als unpraktikabel herausstellt, lässt die Natur fallen – und das entscheidet sich innerhalb großer Zeiträume. Beschleunigen lässt sich das nicht, weil sich erst nach langer Versuchs- und Probierzeit herausstellt, ob das Neue wirklich ein Fortschritt ist: Wertschöpfung durch Vielfalt, Selbstorganisation und Gemächlichkeit.

Wer am Anfang eines gewaltigen Lernprozesses steht, muss einer Frage nachgehen können, diese und jene Möglichkeit ins Auge fassen und seine Fantasie entfalten. Das geht nicht, wenn er sich erst nach allen Richtungen vergewissern muss, bevor er sich für die »einzig richtige« Lösung entscheidet. Die es ja nur selten gibt.

Meine Kinder bearbeiten ihre Fehler in aller Ausführlichkeit, wir sprechen über die Hindernisse, bis der Fehler als Peiniger verschwunden ist. Am Fehler entlang entdecken wir als Säuglinge und Kleinkinder die Funktionsweise der Dinge, auch unseres eigenen Körpers, und so kann es auch in der Schule weitergehen.

DER WOCHENPLAN

Bis hierher haben die Kinder bereits viel Selbstständigkeit erworben, haben gelernt, Verantwortung zu übernehmen, und die Erfahrung gemacht, dass Lernen bei aller Anstrengung ein großes Vergnügen ist. Ja, dass auch Anstrengung vergnüglich sein kann. Also kann ich einen Schritt weitergehen und ihnen mehr Selbstständigkeit und Verantwortung übergeben.

Ich zerteile den Lehrplan in Monatspläne, und daraus mache ich Wochenpläne. Diese zerteile ich in noch kleinere Einheiten, in Tagespläne, und kopiere sie. Jedes Kind bekommt das Hauptgerüst des Plans für die Woche und füllt dieses mit seinen eigenen Plänen für jeden Tag. Im Wochenplan sind die Arbeiten aufgeführt, die die Kinder selbstständig erledigen: also Aufsätze schreiben, Lesen üben, Rechnen üben, Rechtschreiben. Alle notwendigen Angaben, wie Seitenzahlen im Buch, welche Arbeitsblätter, welches Gedicht oder welcher Übungstext fürs Rechtschreiben, sind aufgeführt. Am Montagmorgen erläutere ich detailliert diesen Wochenplan, beantworte alle Fragen dazu – und bin ja auch jederzeit ansprechbar, wenn etwas unklar geblieben ist. Die Kinder sollen überblicken können, was sie in der kommenden Woche erwartet.

Wann und wie sie dieses Grundpensum erledigen, entscheiden die Kinder selbst. Der eine legt los und bearbeitet zum Beispiel die Matheaufgaben gleich in den ersten beiden Tagen. Die andere schreibt ihren Aufsatz am Stück, bis er fertig ist. Dann macht sie eine Pause oder liest etwas in der Leseecke, sucht sich dann einen Mitarbeiter; die beiden üben gemeinsam das Einmaleins oder ein Gedicht, oder sie lesen einander ihre Aufsätze vor …

Auf diese Weise ergibt sich manchmal über Stunden hinweg eine intensive Arbeitsphase ohne Druck oder Stress. Weil jedes Kind in seinem Tempo, auf eine ihm angenehme Weise arbeitet und eine Pause einlegt, wenn es sie braucht. Weil dies alles möglich ist, sind die Kinder entspannt und friedlich, manche geradezu gelöst und erlöst.

Jan, der wirklich schwere Legastheniker, hat sich vorgenommen, seine erste Geschichte zu schreiben, und bittet mich, ihm dabei zu helfen: Er denkt sich einen Satz aus, spricht ihn mir vor, ich helfe ihm bei der Umsetzung in die Schriftsprache. Er schreibt den Satz mit Bleistift auf, kommt zu mir, und wir verändern ihn gemeinsam so lange, bis er ihm gefällt. So wollte er das haben. Ich sitze an meinem Tisch, er kommt zu mir, wir besprechen den nächsten Satz, er rennt an seinen Platz zurück, schreibt, kommt zu mir, wir besprechen und ich korrigiere, weil er das so will. Er schreibt den ganzen Satz hin. Dann kommt er wieder zu mir, wir besprechen den nächsten Satz und so weiter, bis er eine Geschichte erzählt und geschrieben hat. Mündlich hat er einen relativ großen Wortschatz und kann flüssig formulieren. Auf diese Weise hat er ein riesiges Erfolgserlebnis und erfährt, wie gut er das kann; nur mit dem Schreiben geht es noch nicht so gut. Aber das übt er ja gerade.

Paolo, der große Schwierigkeiten mit dem Lesen und Schreiben hat, legt sein Buch vom Bücherbus aufgeschlagen vor sich hin. Er hat sich selbstständig und aus freien Stücken eine Tabelle gemacht, sucht Wörter mit Doppellauten aus dem Buch heraus und trägt sie sorgfältig in die Tabelle ein, vollkommen konzentriert.

Sebastian bittet Tom, ihm seine Geschichte vorlesen zu dürfen. Tom nickt zustimmend und hört aufmerksam zu, lobt Sebastian und wendet sich wieder seiner eigenen Geschichte zu.

Michael und Daniel schauen gemeinsam ein Bilderbuch an, das Piraten-Schatzbuch. Michael kann noch nicht gut lesen, trotzdem liest er Daniel den Text vor. Der wartet, bis der andere alles mühsam herausgebracht hat, und verbessert sanft bei Bedarf. Ich beobachte sie. Beobachte, dass es Michael zu mühsam wird und er zu Daniel sagt: »Lies du, ich kann nicht.« Ich sage freundlich: »Bitte, Michael, lies du! Du brauchst es!« Beide lächeln mich an. Ich: »Du machst das prima, Michael! Und du, Daniel, auch!« Michael kämpft weiter.

Sie beschäftigen sich gern zusammen, Daniel hilft Michael gern, und sie lieben es, beieinander zu sein. Sie brauchen und genießen Geborgenheit und Anerkennung und können dabei intensiver und ausdauernder bei der Arbeit bleiben.

Zwei Kinder lösen gemeinsam Aufgaben mit dem LÜK-Kasten, einem Arbeitsmittel mit Selbstkontrolle. Ein drittes Kind schaut und hört aufmerksam zu. Vielleicht löst es die Aufgaben der anderen im Kopf mit. Traut es sich mitzumachen, wird es seine Bitte vorbringen und sich nach den Spielregeln beteiligen. Traut es sich nicht, kann es weiter zuhören und so profitieren. In jedem Fall ist es in die Gruppe eingebunden, die sich mit einer Aufgabe beschäftigt. Stört es die anderen, wird es von ihnen zurechtgewiesen und lernt die Lektion: Wenn andere arbeiten, darf man sie nicht stören. Vielleicht bekommt es Lust, auch so intensiv zu arbeiten.

Für viele Kinder, die das zu Hause nicht erleben, sind das kostbare Erfahrungen. Sie lernen einander kennen, werden miteinander vertraut, das heißt, sie trauen einander und gehören dazu. Diese Begegnungen sind nicht angeordnet, sie entstehen aus vollkommen freien Stücken, weil Kinder sich in einer so offenen Atmosphäre wohl fühlen, weil es angenehm ist, zusammen zu sein. Der permanente Versuch, Kinder zu trennen, sie zu zwingen, hintereinander zu sitzen, kostet alle viel Kraft, gerade weil man damit einem urtümlichen Drang entgegenwirkt: als ob man sie vom Essen und Trinken abhalten würde!

In regelmäßigen Abständen sammle ich sie um mich, um Altes abzuschließen, den Überblick zu behalten oder Unklares zu klären, Neues einzuführen.

Allmählich gehen in den Wochenplan auch Planungen für ein Fest ein, kann ich auch freies Malen aufnehmen, denn die meisten Kinder malen gern, auch ganz für sich. Wenn für diese Lust am Malen ein Plätzchen reserviert ist, heißt die Botschaft: Das ist wichtig!

Jedes Kind plant im ersten und zweiten Schuljahr täglich eine halbe Stunde, im dritten eine dreiviertel und im vierten Schuljahr eine Stunde für die Hausaufgabe ein. Nicht alle haben dieselbe Hausaufgabe, weil ja nicht alle dasselbe üben müssen. Sie arbeiten da weiter, wo sie in der Schule aufgehört haben, üben da, wo ihnen etwas noch schwer fällt oder woran sie besonderes Vergnügen haben: eine große Herausforderung für Selbstständigkeit und Organisation – und die Abstinenz der Eltern. Sie können sich kaum einmischen, wenn das Kind selbst entscheiden muss, was es arbeiten will. Ein Kurzzeitwecker unterstützt es, sich selbst zu organisieren und die Verantwortung zu übernehmen. Selbstverständlich könnten sie sich und mich betrügen. Sie tun es aber nicht, weil ich nicht drohe, weil ich das alles mit Humor betrachte und weil ich ihnen rate, diese Dinge doch möglichst einzuhalten, um mit dem Wochenpensum zurechtzukommen.

Sie sind auf dem Weg. Und der Übergang zum Gymnasium wird diesen Kindern nicht schwer fallen, weil sie selbstständiges Planen gewohnt sind.

ÜBEN, ÜBEN, ÜBEN ...

Babys und Kleinkinder forschen, experimentieren und üben unentwegt, bis sie dies und das können. Schulkinder tun das auch, wenn es nicht nur um ein vorgegebenes Pensum, sondern auch um ein attraktives und ihr persönliches Ziel geht. Wenn ich ihnen Zeit und Raum für ihre persönliche Übung einräume, kommen sie in den köstlichen Genuss der Meisterschaft, »Funktionslust« wird das auch genannt. Die Aussicht auf gute Noten ist für die wenigsten Grundschulkinder Anreiz genug, trägt nicht weit angesichts von Langeweile, Frust oder Angst. Freude an der Arbeit aber und Aussicht auf Erfolg treiben sie an, und die Arbeit muss interessant, Erfolg und Anerkennung müssen greifbar sein. Nur wer schon weiß, dass er scheitern wird, rappelt sich vielleicht aus Angst vor Strafen vorübergehend auf.

Ich führe ein »Bis ich es kann«-Heft für persönliche Übungen ein, die jedes Kind an einer anderen Stelle braucht, wenn es irgendwo »hakt«. Das wissen sie bald selbst am besten. In dieses Heft werden von mir angeregte und selbst verordnete Intensivübungen hineingeschrieben und mir bei Gelegenheit gezeigt. Ich spare nicht mit Lob für jeden Fortschritt und Anerkennung für den langen Atem.

Beeindruckt stelle ich fest: Ihre eigenen Wege zum selbst gesteckten Ziel sehen völlig anders aus, nehmen ganz andere Richtungen als von mir geplante und geebnete. Ein Kind setzt alles daran, das eigene Ziel auf seine eigene Weise zu erreichen.

Bei Sebastian haben alle Druckbuchstaben die gleiche Höhe, das **h** schreibt er genau so hoch wie das **a**. Trotz meiner unterschiedlichsten Bemühungen kann er sich das nicht abgewöhnen. Dann kümmere ich mich eine Weile nicht mehr darum, weil sich solche Dinge ja irgendwann von selbst erledigen; es lohnt nicht, ein Kind wegen einer so unerheblichen Marotte zu quälen. Er weiß, wie es richtig geht, ich habe es ihm immer wieder vorgeschrieben, und so wird er das schon hinbekommen. Mein Rückzug aus seinem Problem ist für ihn Anlass, sich selbst darum zu kümmern. Tagelang übt er, schreibt ein Gedicht nach dem anderen, einen Märchentext nach dem anderen ab, nimmt übers Wochenende Übungsmaterial mit nach Hause – freiwillig. Am Montag kann er es. Ich hätte ihn gern auf ein Schild gehoben und durch die Schule getragen. Einen meiner speziellen Orden für spezielle Unbeirrbarkeit bekommt er jedenfalls: ein Loblied oder einen Spruch auf einer Kunstkarte aus meinem Kästchen.

Bevor Aziza über die Ferien nach Marokko fliegt, bittet sie mich um einen Packen der »Goldenen Bücher«, sie wolle jeden Tag üben. Diese hundert ersten Büchelchen aus unserem Lesekurs sind ja nun für die ganze Klasse da, die kann ich ihr nicht mitgeben. Aber ich kopiere für sie genug Proviant für unterwegs. Zum Abschied ruft sie strahlend: »Im Flugzeug fang ich an!«

Sie hat dann alles mehrfach und den anderen vorgelesen, war der Star im Heimatdorf der Eltern und lernte auf diese Weise schließlich auch lesen.

DAS LEBENDIGE KLASSENZIMMER

Allmählich entwickelt sich unser Klassenzimmer zu einer Mischung aus Werkstatt und Studierzimmer und unterstützt so unsere Bedürfnisse nach Bewegung, Kommunikation, Aktivität und Rückzug. Was wir an Einrichtung brauchen, kostet nicht viel; ich bettle sie allmählich zusammen, kaufe selbst und bekomme manches von den Eltern. Im Laufe der Jahre entsteht ein kleiner Kosmos, der meine Handschrift trägt, meinem persönlichen Stil entspricht. Und der mich immer wieder zu verschlingen droht. Regelmäßig muss deshalb gründlich aufgeräumt werden, vor allem die Regale mit all den vielen kleinen Teilen; das Chaos breitet sich rasch aus, bis es einer ganz großen Anstrengung bedarf, wieder die notwendige Ordnung herzustellen. Ordnung aber ist notwendig. Kinder brauchen Ordnung. Es wirken so unendlich viele Eindrücke auf sie ein – die äußere Ordnung hilft ihnen, ihre innere Ordnung zu finden. Nicht Ordnung per se, nicht aus Prinzip oder als Zwangsinstrument, sondern als Unterstützung bei der Suche nach Orientierung. Manche Kinder – vor allem Mädchen – räumen gern und gut auf, und sie tun das dann auch einmal zur Entspannung, freiwillig und liebevoll. »Aufräumen« gehört außerdem zu den Diensten wie »Tafel wischen«, »Blumen gießen«, »Fische versorgen« und »Schuhregal ordnen«.

Wenn ich von meinem Podest herunter will, muss ich die Kinder auch räumlich zum Souverän machen. Also ist mein Schreibtisch keine Kommandozentrale, sondern einfach mein Tisch, auf und in dem ich meine Sachen aufbewahre, an dem ich manchmal sitze, um ihnen zuzuschauen oder mich mit Einzelnen zu beschäftigen. Meistens sitze ich bei den Kindern.

Die Tische sind als Vierer- oder Sechsertische angeordnet, stehen eng. Damit mehr Platz bleibt für Leseecke, runden Teppich und runden Tisch. Nicht alle Kinder sehen auf diese Weise zur Tafel. Aber das ist in meinem Unterricht nicht nötig, sie sind nicht nach vorn ausgerichtet, sondern zueinander. Die Tafel benutze ich, wenn ich während der Einführung eines neuen Gegenstands etwas aufzeichnen muss – sie stehen dann sowieso um mich herum. Von der Tafel müssen sie selten etwas abschreiben: Es ist anstrengend für sie und fehlerträchtig, die Augen immer wieder neu zu akkommodieren, ständig zwischen Heft und Tafel hin und her zu wechseln, an der Tafel immer wieder die richtige Stelle zu finden, um im Heft weiterzuschreiben, vor allem, wenn sie hinten sitzen. Sie finden Vorlagen für den Wochenplan entweder als Karten in Karteien, als Blätter aus Ordnern oder vom Stapel bei mir. Die Wandtafel leistet gute Dienste bei aktuellem Bedarf an Dokumentationen: Plakate zur Information, »Wandzeitungen« bei Projekten, die allgemeine Erkenntnisse oder Staunenswertes verkünden, Präsentation von Ergebnissen individueller oder gemeinsamer Aktivitäten.

Jedes Kind hat seinen Platz, den es jederzeit mit einem anderen Kind tauschen kann. Dafür gibt es klare Regeln: *Jedes betroffene Kind muss einverstanden sein, bevor ich meinen Platz tauschen kann.* Absprachen sind notwendig und Verständigung.

Wer mit mir lesen, sich mit mir unterhalten, etwas fragen oder einfach nur in meiner Nähe sein will – aus welchem Grund auch immer –, findet rechts und links neben meinem Schreibtisch ein Kinderbänkchen. Hinten steht unverzichtbar der runde Tisch, für Arbeiten und Gespräche in kleinen Gruppen – ein Extratisch.

Mein Klassenzimmer ist ein Raum für Kinder, die sich frei bewegen sollen. In den Phasen der Freiarbeit arbeiten sie allein oder zu mehreren, holen sich Unterlagen aus den Ordnern, fragen andere um Rat, zeigen einander gelungene Arbeiten, kommen zu mir, sitzen hinten in der Leseecke und können hinausgehen, nachdem sie mir ein Zeichen gemacht haben. An den Wänden stehen so viele Regale wie möglich, gekauft und erbettelt: für den Wasserkocher, für Geschirr, Besteck, Teekanne, Tischdecke, Spülutensilien; für Montessorimaterial; alle Arten von Rechen- und Schreibkarteien; Bastelmaterial, Sammlungen von Gläschen mit Gewürzen zum Riechen, Waagen, Maßbänder, Zollstock; Gläschen für Blumen; Ordner für Sprachlehreübungen, mit Texten für Rechtschreibübungen, für eine »Schreib-Los«-Kartei: Blätter mit hohem Aufforderungscharakter, zum Üben des Geschichten-Schreibens; Körbe mit Klamotten zum Verkleiden, Schminksachen, mit Bauklötzen, mit Holzeisenbahn und Legosteinen, Kasperletheater und Handpuppen; ein beleuchtbarer Globus, damit sie alles, was während des Unterrichts auftaucht, gleich auf der Welt suchen können; Dosen mit weißen Bohnen, Knöpfen, Lesestreifen …

Im Türrahmen hängt ein reich besticktes Tuch in Form eines Bogens, es macht die hohe Türe niedriger und freundlich – ein Kindereingang.

Kinder lieben es, sich zurückzuziehen, hinter einem Vorhang zu sitzen, um ein Buch zu lesen, ein Bild zu malen oder sich gegenseitig das Einmaleins abzufragen. Deshalb sind alle Ecken mit Sitzkissen ausgestattet, um für diesen Zweck gerüstet zu sein. In jeder Ecke sitzt dann jemand, wenn die Freiarbeit eingeläutet ist. Und sie arbeiten! Allerdings habe ich einen großzügigen Begriff von Arbeit: Nur »Quatsch machen« während der Arbeit und »Andere stören oder ärgern« fallen nicht darunter. Es ist die pure Freude, ihnen zuzuschauen. Niemand drückt sich – es wäre viel langweiliger!

Auf dem Gang vor der Türe, im Eck zum Fenster hin stehen auch einige Stühlchen, ein kleiner Tisch und ein kleiner Teppich zum Ausrollen. Dorthin können sich Kinder zurückziehen, die gemeinsam etwas auswendig lernen oder schreiben wollen – Gedichte, Aufsätze oder Einmaleins –, dort sind sie ungestört, unbeaufsichtigt.

Den ganz kleinen Teppich habe ich der Montessorischule abgeschaut: Er wirkt wie eine überdimensionale Lupe. Im Fokus der Aufmerksamkeit ist, was darauf liegt, vom Rest der Welt ausgesondert. Der Teppich unterstützt die konzentrierte Beschäftigung mit einer Detailfrage.

Durch großzügige Elternspenden in der einen Schule, aus meinem eigenen Geldbeutel in der anderen – allmählich sammeln sich vielerlei Vorräte an: Verschiedene Tees, Plätzchen, Gummibärchen sind immer da, falls etwas zu feiern, jemand zu loben oder zu trösten ist. Verschiedene Sorten Papier schaffe ich an, Bastelmaterial, Scheren, eine Dose mit Wachsmalstiften, Bleistifte, Patronen, Kleber, Pinsel und Farben – um immer ausgerüstet zu sein, wenn jemand etwas vergessen hat oder braucht.

Zwei große Sofas, robust überzogen, dazwischen ein volles Regal, ein großer Teppich sind das Zentrum der Leseecke. Große Zimmerpflanzen und andere Blattpflanzen vollenden die Oase. In den Regalen stehen die schönsten Bücher für Kinder; sie sind mein Eigentum, gekauft oder erbettelt in meiner Buchhandlung, von Eltern, von Freunden: Märchenbücher, Bildbände über Dinosaurier, Planeten, Raubkatzen, Motoren, Vulkane, Bisons und Indianer, Motorräder, Kinder aus aller Welt; ein Zählbuch, ein Buchstaben-Herausziehbuch, andere Buchstaben- und Zahlenbücher, Ausziehbücher: ein englisches Gruselbuch »Hounted House«, »Der Mensch und sein Körper« – eine dreidimensionale Darstellung der Körperfunktionen, ein Paddingtonbuch mit beweglichen Bildern, alle möglichen Kinderbücher und gute Comichefte: Asterix und Yakari; Kinderlexika, Ordner mit Gedichten und die »Goldenen Bücher« des Lesekurses. Was Grundschulkinder eben so alles interessiert! Kinder brauchen ab und zu den körperlichen und emotionalen Rückzug an einen geschützten Platz, um sich vor zu viel Gemeinschaft zu schützen. Dort üben sie Kopfrechnen oder lernen Gedichte, machen eine Pause, lesen, schauen sich allein oder zusammen mit anderen Lexika an oder ruhen sich aus. Diese Leseecken haben den abwertenden Begriff der »Kuschelpädagogik« geprägt. Weil Lernen wehtun muss, kann man nicht mit ansehen, dass Kinder auf dem Sofa liegend lesen oder rechnen, sich aneinander kuscheln, wenn sie einander Gedichte aufsagen. Ich verteidige meine Kuschelpädagogik, weil ich genau davon überzeugt bin: Zufriedene, entspannte, glückliche Kinder entwickeln sich emotional, sozial und intellektuell besser als gestresste. »Gelobt sei, was hart macht« hat nichts gebracht.

Es gelten Regeln, die Kinder, Pflanzen und Bücher schützen.

- In der Leseecke wird nicht getobt.
- Wer zuerst kommt, malt zuerst.
- Hier spricht man ganz leise.
- Nicht mit Schuhen auf das Sofa.
- Vorher Hände waschen.
- Bücher liebevoll behandeln.
- Bücher an ihren Platz zurückstellen.
- Pflanzen achten!

Wer sich an unsere Regeln einfach nicht halten kann, bekommt dann eben zeitweise »Hausverbot« in der Leseecke.

Ich habe die Beobachtung gemacht, dass diese eine Erfahrung mit Regeln sich schließlich auf alle Regeln ausdehnt. Typische Fehler in Mathe zum Beispiel brachten mich darauf: Kinder, die alle Regeln zunächst einmal ablehnten, konnten sie auch in der Mathematik nicht einsehen oder beim Rechtschreiben. Wer gelernt hat, die Regeln in der Leseecke, Gesprächs- und Arbeitsregeln einzuhalten, hat weniger Probleme, die Regeln der Grammatik oder der Mathematik einzusehen und zu befolgen.

Hier versammle ich die Kinder auch, um ihnen ein neues Gedicht vorzutragen; entspannt sitzen sie da, schließen die Augen, um ihre Bilder besser zu sehen, und hören zu, geduldig auch beim dritten Mal. Hier unterhalten wir uns über die unterschiedlichen Wirkungen der

Gedichte. Hier lernen sie allein oder zu zweit die Gedichte auswendig, sie üben Einmaleins oder Kopfrechnen.

Wenn ich am Ende des Schultags vorlese, sitzen alle in der Leseecke, auf den Sofas und auf dem Boden, machen es sich gemütlich, legen einander den Kopf auf die Schultern, sind ganz friedlich, hören mir aufmerksam zu oder fragen, weil etwas sie besonders interessiert; manchmal verschwindet ein Daumen im Mund ...

Ich lese aus Büchern vor, die bereits »Klassiker« sind, oder aus neuen, die mir sinnvoll erscheinen für dieses Alter. Also Märchen, Astrid Lindgren ... Gedichte aus Anthologien. Wichtig ist die anspruchsvolle Sprache, und es müssen Geheimnisse bleiben. Was nicht gesagt, aber greifbar ist, beflügelt die Fantasie, fordert sie heraus. Und es bleibt manches ungeklärt – wie das unser Leben so an sich hat. Ich möchte, dass sie vom großen Schatz unserer Literatur früh profitieren. Verschiedene Pflanzen und Tiere geben dem Raum die Ausstrahlung, die mir wichtig ist. Wenn die Kinder unter den Bäumen sitzen, fühle ich mich selbst wohl. Die Natur ist ein bisschen vorhanden, nicht völlig unsichtbar und ausgesperrt. Die Natur beobachten und erforschen wir; Liebe zur Natur kann nur wachsen, wenn sie mit ihr zu tun haben, Pflanzen und Tiere versorgen, an ihrer Schönheit und ihrer Lebendigkeit teilhaben. Die regelmäßige Pflege von Tieren und Pflanzen verpflichtet außerdem zu Verantwortung, Verlässlichkeit und Anteilnahme. Gebraucht zu werden ist ein elementares Bedürfnis.

Als wir unser Aquarium zu Hause nicht mehr brauchen konnten, stellte ich es in mein Klassenzimmer und kaufte einige Guppys. Dieses Aquarium ist ein Quell der Freude und Bewunderung, führt zu selbst ausgedachten Beobachtungsreihen mit Protokollen. Guppys sind die anspruchslosesten Fische, sehen zauberhaft aus und vermehren sich heftig. Man kann nicht aufhören, sie zu bestaunen mit ihren ausladenden bunten Schwänzen. Die regelmäßige Pflege des Wassers ist existenziell notwendig, die Fütterung erfordert Fingerspitzengefühl – und Beständigkeit.

Die Kinder sind für sauberes Wasser und regelmäßiges Putzen des Aquariums zuständig. Es gibt immer einen Aufseher über das Aquarium, für Fütterung und Pflege, der auch die anderen Kindern ranlassen muss. Sie haben ihm gegenüber dann Rechenschaft abzulegen. Ich übergebe deshalb auch besonders Bedürftigen diese Verantwortung, um sie selbstbewusst zu machen – was immer ein bisschen gelingt. Für die Pflege in den Ferien bin ich allein zuständig.

Ein Jahr lang beherbergen wir einen Kapuzenzeisig, der in der Familie eines Kindes irgendwie zu viel ist. Nach einer Weile wird vorsichtig angefragt, ob wir den anderen auch nehmen könnten; der sei allein so einsam. Also haben wir nun zwei. Am Wochenende und in den Ferien werden sie aufwändig in ihr ursprüngliches Zuhause transportiert. Wenn ihr wunderbarer Gesang ertönt, wird es immer ganz still im Klassenzimmer. Einer von beiden stimmt immer mit ein, wenn wir singen, ein Kind vorliest oder ein Gedicht vorträgt, und der andere singt dann auch noch mit. So wird der Gesang manchmal so laut, dass die Kinder beschließen, leise weiterzuarbeiten, um ihnen zuhören zu können und damit sie sich wieder beruhigen.

Die Vögel zu füttern, sie mit frischem Wasser zu versorgen, frischen Sand in den Käfig zu streuen – die Kinder reißen sich darum. Und es ist eine wichtige Erfahrung, zuständig zu sein für das Wohl eines anderen Lebewesens.

Plötzlich, während des Vormittags, liegt einer der beiden Vögel auf dem Rücken und rührt sich nicht mehr; sein Herz schlägt aber noch. Ich habe keine Ahnung von Vögeln, weiß nicht, was tun. Entsetzt fragen wir uns, was passiert sein mag. Schließlich wollen ihn zwei Mädchen dringend in die Tierklinik in der Nähe bringen. Ohne Aufsicht, ohne Begleitung lasse ich die Kinder gehen. Ich bin sicher, dass sie das können. Die beiden Mädchen sind sich ihrer Verantwortung vollkommen bewusst, werden von den anderen bewundert. Der Vogel war nicht zu retten, erfahren wir, aber zumindest haben wir uns bemüht. Wir beerdigen ihn im Schulhof.

4 MEINE QUELLEN

Ich wollte mein von der Norm abweichendes pädagogisches und methodisches Handeln jederzeit begründen können – schließlich musste ich auch die Eltern meiner Kinder überzeugen und war deshalb auf der Suche nach stichhaltigen Argumentationshilfen für meinen Ansatz.

Außerdem galt es, für meine Praxis eine theoretische Basis zu finden, um sie zu legitimieren. Dabei stieß ich auf unterschiedliche methodische Ansätze und setzte in die Praxis um, was meine Intentionen unterstützte.

Später traf ich auf die Bürgerinitiative »Aktion Humane Schule«, deren Ziel es war, vor allem Lehrerinnen und Eltern, aber auch PolitikerInnen und die interessierte Öffentlichkeit von der Notwendigkeit einer »humanen« Schule zu überzeugen, die die Bedürfnisse und Fähigkeiten von Kindern respektiert, aufgreift, entfaltet und schützt. Das waren auch meine Vorstellungen, und so schloss ich mich an. Schließlich warb ich als Vorsitzende in Vorträgen, auf Tagungen und in Rundfunkbeiträgen für unsere Idee.

Zu meiner Verblüffung reichte es nicht, aus Menschlichkeit und Mitgefühl dafür zu plädieren, Kinder nicht unter Druck zu setzen, weil sie darunter litten, verzagten, weil sie krank würden und/oder aggressiv – und weil sie versagten.

Es reichte nicht, davor zu warnen, Kinder den Vorstellungen der Erwachsenen von Leistung, Karriere und irgendwelchen Szenarien von Zukunft zu unterwerfen, weil Kinder im Augenblick leben und fremde Maßstäbe sie von sich selbst entfernen, sie einem »uneigentlichen« Leben ausliefern.

Es reichte auch nicht zu klagen, dass Kinder, die man nach »objektiven« Leistungs- und Wirtschaftlichkeitskriterien unterrichtet, die eigene Lust an Leistung nicht entwickeln können und ohne emotionales und soziales Fundament persönlich und beruflich scheitern werden.

Es reichte erst recht nicht, davor zu warnen, Kinder aus ihrer Kindheit zu jagen und zu hetzen, und zu fragen: Wozu denn diese schreckliche Eile, bei gleichzeitig ständig steigenden Herausforderungen an sie und ständig steigender Lebenserwartung?

Einem humanistischen, auf Förderung statt Auslese, auf Selbstorganisation basierenden Ansatz misstraute man aus Sorge vor ungenügender »Leistung«. Viele Lehrerinnen und Eltern konnten wir gewinnen – verantwortliche Politiker erreichten wir nicht.

Ich suchte nach der Klammer unterschiedlicher Aspekte: Was brauchen Kinder zum »Aufwachsen in Vernunft«, was müssen sie heute auf welche Weise lernen? Welche Fähigkeiten ihrer Bürger braucht eine demokratische Gesellschaft? Und was ist meine Rolle in diesem Spiel; was brauchen Kinder von mir, um zu gedeihen, um die Fülle ihrer Möglichkeiten aufzugreifen, um ihre Fähigkeiten zu erkennen, zu entfalten und zu kultivieren, Meisterschaft zu erwerben, selbstbewusst und selbstständig zu werden, fähig, Beziehungen einzugehen und konstruktiv zu gestalten; um tatkräftig ihr Geschick selbst in die Hand nehmen zu können; verantwortungsbewusst zu handeln, eine Bereicherung für die Gesellschaft zu sein?

DIE LABORSCHULE

Hartmut von Hentig gründete 1974 die »Laborschule Bielefeld«, eine »humane« Reformschule und in meinen Augen die ideale Schule. Nach den Kriterien der PISA-Studie liegt sie an der Weltspitze.

Seit 25 Jahren verfolge ich seine Anmerkungen zu wichtigen gesellschaftlichen Fragen, seine Auseinandersetzung mit dem deutschen Schulsystem, die profunde Diskussion alternativer Ansätze und ihre Umsetzung in der »Laborschule«. Man hätte in der übrigen Republik davon lernen können. Doch den meisten »Zuständigen« war der Weg wohl zu gefährlich, weil neu, zu anstrengend, weil als Prozess ständig im Fluss. Um ihn zu beschreiten, hätte man das Kind neu sehen müssen oder überhaupt endlich einmal. Man hätte, wenn auch mit dreißigjähriger Verspätung nach 1945, »Schule neu denken« müssen. Aber man zog die vermeintliche Sicherheit der jeweiligen ideologischen und bürokratischen Bastionen vor.

Die »neu gedachte« Schule ist längst etabliert und wurde mehrfach ausgezeichnet. Die Finnen haben sie zum Vorbild für ihre besonders erfolgreichen Schulen genommen. Weil sie entschieden mit der deutschen Schultradition bricht, junge Menschen in »Anstalten« von Unterrichtsbeamten instruieren zu lassen, im 45-Minuten-Takt, strikt geschieden vom gesellschaftlichen und familiären Umfeld und ganz persönlichen Lebensumständen.

»Ist die Schule ein Lebensraum«, schreibt Hentig, »muß sich der ganze Mensch entfalten können. In der neuen Schule wird darum versucht, soviel Belehrung wie möglich durch Erfahrung zu ersetzen oder doch durch Erfahrung zu ergänzen. Man lernt gleichsam auch *an* der Schule und an dem in ihr vor sich gehenden Leben, nicht nur *in* der Schule – wie man sonst sagt und denkt.«[14]

Die Ganzheit der Kinder ist bedroht durch den Verlust an sinnlicher Erfahrung, Verlust von Zusammenhang und Sinn, Verlust von Verantwortung, von Verstehen und Unmittelbarkeit. Zur Sorgfalt gegenüber dem »ganzen« Kind gehört die Einbeziehung der Bedürfnisse seines Körpers, seiner Seele und seines Geistes in sein Leben in der Schule.

Diese lebendige Vielfalt kann nicht nach einem festen Plan ablaufen, und Fehler gehören dazu.

Unterstützt wird dieser Prozess durch das Leben und Lernen in einer Gemeinschaft, wie sie sich aus den konkret anwesenden Kindern ergibt, nicht in der homogenen Gruppe. Die Unterschiedlichkeit der Kinder ist Chance, nicht Hindernis, denn so entsteht eine *polis* im Kleinen. Am Modell der Gesellschaft lernt man die Grundbedingungen des friedlichen, gerechten, geregelten und verantwortlichen Zusammenlebens: wie man mit Unterschieden lebt und dabei erfährt, dass Freiheit und Verantwortung einander bedingen.

Für viele Kinder ist die Schule der einzige Ort, an dem sie echte

Erfahrungen machen können. Kinder entwickeln ihre Fähigkeiten an Schwierigkeiten, die sie bewältigen, lernen im und am Leben, in und an der Welt, gemeinsam mit anderen. Diese Erfahrung stärkt ihre Person im Ganzen. Kindliche Bedürfnisse werden erfüllt, während sie lesen, schreiben und rechnen lernen, während sie zeichnen, vortragen und aufräumen. Sie hören zu, träumen, zeigen sich gegenseitig etwas, ziehen sich aus der Gemeinschaft zurück, kochen und essen miteinander, waschen ab, spielen, beobachten etwas und andere, feiern Feste, führen etwas vor … »Das sind ganz normale Lebensvorgänge […], die der ›Lernhaltung‹ und ›Lernordnung‹ nicht geopfert werden dürfen – schon um des Lernens willen nicht, erst recht nicht um des Aufwachsens der Kinder willen.«[15]

Ein hoher Anspruch, in der Laborschule immer wieder überprüft, erneuert, erweitert, neuen Realitäten angepasst – und weitgehend verwirklicht.

Die bundesrepublikanische Gesellschaft unternahm über Jahrzehnte dagegen nicht einmal den Versuch zu klären, was ihr beim Aufwachsen der Kinder wirklich wichtig ist, wie eine gute Schule sein könnte. Man ließ den Bürokraten freie Hand, die das Lernen in Bayern zu einem quasi standardisierten industriellen Fertigungsprozess machten.

»BASIC NEEDS«

Die »humanistische Psychologie« des amerikanischen Psychologen Abraham Maslow (1908–1970) basiert auf der Erkenntnis, dass Menschen die Voraussetzungen für die »Güte der menschlichen Natur« instinktiv mitbringen. Laut Maslow ist es möglich, »den verzweifelten Glauben zu verneinen, dass die menschliche Natur letztlich und im Grund verderbt und böse ist«.[16] Ein unersättlicher Drang, zu bekommen, was ihm fehlt, die Suche nach etwas »Wesentlichem« treibt den Menschen an. Mangel also, unerfüllte Bedürfnisse sind die Triebfedern unseres Handelns. Die Befriedigung »niedrigerer« körperlicher Bedürfnisse setzt Interesse und Energie frei für die Verfolgung »höherer« sozialer Ziele. »Der Mensch lebt vom Brot allein, wenn es ihm fehlt«, schreibt Maslow. Ist genug Nahrung vorhanden – und das ist in unserer Gesellschaft die Regel –, treten andere Bedürfnisse in den Vordergrund und bestimmen ihrerseits unser ganzes Sinnen und Trachten: der Wunsch nach Sicherheit vor Verletzung, Vernachlässigung oder körperlicher Verwahrlosung. Die Sehnsucht nach Geborgenheit und Struktur taucht auf. Kinder brauchen die Sicherheit geregelter Tagesabläufe, eine gewisse Routine und Zuverlässigkeit, brauchen die Eltern als mächtige Beschützer. Die Bedürfnisse nach Liebe, Zuneigung, Kontakt und Zugehörigkeit entstehen dann – nach einem Platz in der Familie und Gruppe.

Auf die hoch attraktive, aber eben doch auch höchst herausfordernde und beängstigende Welt kann man von der gesicherten Basisstation einer Familie mit Freunden und Nachbarn aus neugierig und mutig zugehen. Mangel an diesen Sicherheiten macht es Kindern schwer, sich für die Welt zu interessieren und auf andere einzulassen. Das nächsthöhere Bedürfnis ist das nach Achtung durch andere, nach Anerkennung und Wertschätzung. Doch nur echtes, berechtigtes Lob stärkt unsere Selbstachtung. Nur wer sich anerkannt und geachtet fühlt, kann sich selbst achten; er braucht das Gefühl, nützlich zu sein und notwendig für die Welt. Die Sicherheit in einer Gruppe von Menschen, die einen lieben, schätzen und achten, macht selbstbewusst und stark.

Die Schule geizt dermaßen mit diesem »Manna«, dass sie süchtig danach macht – auf Ersatzfeldern muss man sich's dann holen. Kinder brauchen Ermunterung und Anerkennung, brauchen viele kleine und große Erfolgserlebnisse, um den täglichen Herausforderungen ihres Lebens gewachsen zu sein.

Neugier, die Suche nach Wissen und Verstehen prägen das Kinderleben: Kindern muss man nicht beibringen, neugierig zu sein. Wenn ihre grundlegenden Bedürfnisse erfüllt wurden, sind sie von Natur aus lernbegierig. Wir müssen sie nicht antreiben, aber wir können ihnen die Neugierde austreiben und tun das mit unserem ewigen »Tu dies! Tu das nicht! Finger weg! Hör auf! Pass auf! Nein! Das geht nicht! Lass das! …«, zu Hause und in einer Schule, die alles für sie regelt, ihnen alle Ziele vorschreibt, keinen Raum für Neugier und Fantasie lässt – und auch die »niederen« Bedürfnisse und das Bedürfnis nach Denken und Verstehen ignoriert.

Die Erfüllung unserer Grundbedürfnisse dient unserem eigentlichen Ziel, ein ganzer Mensch zu werden; die kognitive Ausstattung – wie Wahrnehmungsfähigkeit, Intelligenz und Lernbereitschaft – ist das Werkzeug dazu. Maslow schwärmt:

> Menschen, die in ihren Grundbedürfnissen ihr Leben lang, besonders in jungen Jahren, befriedigt wurden, scheinen außergewöhnliche Kräfte des Widerstands gegen gegenwärtige oder künftige Frustration dieser Bedürfnisse zu entwickeln, einfach weil sie eine gesunde, starke Charakterstruktur als Folge der Grundbefriedigung aufweisen. Es handelt sich um starke Menschen, die Meinungsverschiedenheit oder Opposition leicht ertragen, die gegen den Strom der öffentlichen Meinung schwimmen und für die Wahrheit auf große persönliche Kosten geradestehen können. Es sind gerade diejenigen, die geliebt haben und wiedergeliebt wurden und die viele tiefe Freundschaften hatten, die gegen Hass, Zurückweisung oder Verfolgung ausharren.[17]

Die Schule kann und muss diese Erkenntnisse in ihrer ganzen Tragweite erkennen und berücksichtigen: Das Bedürfnis nach Sicherheit, Wertschätzung und Zugehörigkeit, nach Wissen und Verstehen spielt besonders in der Kindheit eine große Rolle. Zu wissen, dass ein Kind nicht »verstockt«, »faul« oder »dumm« ist, dass es nicht an einem der »zeitgenössischen« Syndrome leidet, sondern möglicherweise wichtige Erfahrungen nicht gemacht hat, sich vernachlässigt oder nirgendwo zugehörig fühlt, vor lauter Chaos zu Hause einfach keine Neugierde entwickeln kann – dieses Wissen gehört in meinen »Instrumentenkoffer« als Lehrerin. Aus meinem – möglichst vielfältigen – Angebot können sich Kinder mit dem versorgen, was sie womöglich bisher schmerzlich entbehren mussten.

HIRNFORSCHUNG

Anfang der achtziger Jahre veröffentlichte der Biochemiker Frederic Vester umfangreiche Untersuchungsergebnisse der Hirnforschung über die Entwicklung des Gehirns und die Bedingungen, unter denen der Mensch denkt, lernt und vergisst. Die Erkenntnisse der Hirnforschung fügten sich nahtlos und harmonisch in mein Bild vom Kind.

Inzwischen ist die Hirnforschung mit ihren sensationellen Ergebnissen populär und in aller Munde. Wissenschaftler wie Wolf Singer und Gerald Hüther erweitern unser Wissen über die Vorgänge im menschlichen Gehirn. Manfred Spitzer wirbt auf großen Veranstaltungen mit bis zu 1200 gebannt lauschenden Zuhörern für die Umsetzung der Ergebnisse im Unterricht und gründete in Ulm ein »Transferzentrum für Neurowissenschaft und Lernen«. Selbst das bayerische Kultusministerium hat jetzt Wind davon bekommen. Ausgerechnet die Hirnforschung liefert uns die wissenschaftlichen Grundlagen für eine humanistische Pädagogik, für die optimalen Voraussetzungen »artgerechten« Aufwachsens von Kindern; ausgerechnet sie bringt Verstand und Gefühl wieder zusammen, Mensch und Natur – weist sie uns doch vehement darauf hin, wie »menschlich« die Natur uns ausgestattet hat und wie sehr wir als Ganzes gedacht sind:

- Vor der Geburt entsteht der größte Teil eines Grundgerüsts von genetisch festgelegten Gehirnzellen – Neuronen – mit festen Verknüpfungen untereinander. Der Rest bildet sich individuell durch Signale aus der Umgebung.
- Auch nach der Geburt teilen und vermehren sich Neuronen noch durch einen vom Säugling initiierten komplexen Dialog mit den Menschen und Dingen, durch Sinneseindrücke – Stimmen, Geräusche, Gerüche, Temperatur, Bewegung, Berührung, Helligkeit und Dunkelheit, Zärtlichkeit, Geborgenheit, Hunger oder Sattsein – und vollenden so das Grundgerüst.
- Alle anderen Erlebnisse und Erfahrungen ordnen sich später als Synapsen auf diesem Grundgerüst ein, verfestigen sich oder verschwinden wieder, je nach Nutzung.

- Gehirnzellen und Synapsen bilden sich also je nach Umgebung bei jedem Menschen anders aus. Kein Gehirn gleicht dem anderen.
- Die Eingangskanäle zum Gehirn werden unterschiedlich gebahnt, je nachdem, welche Sinne mehr oder weniger intensiv benutzt werden: Je vielfältiger die ersten Eindrücke, desto größer die Möglichkeiten später.
- Kinder müssen mit den Dingen hantieren, sie anfassen und benutzen, um zu begreifen, das Gehirn braucht die Botschaften der Hände.
- Unterschiedliche Lerntypen entwickeln sich von Anfang an durch unterschiedliche Eindrücke. Jeder Mensch lernt anders. In der Schule sollte jedes Kind also so früh wie möglich herausfinden, wie es die Dinge am besten aufnehmen und behalten kann – und entsprechende Angebote bekommen.
- Gefühle bestimmen die Vorgänge im Organismus – positiv oder negativ. Alle Eindrücke werden gemeinsam mit den sie begleitenden Gefühlen gespeichert und auch gemeinsam wieder erinnert. Gefühl und Verstand sind keine Gegensätze, sie bedingen einander vielmehr und sind eng miteinander verknüpft:
- Durch positive Gefühle hervorgerufene Glückshormone öffnen alle Eingangskanäle und fördern damit das Denken, Lernen und Erinnern. Negative Gefühle produzieren Stresshormone, behindern das Denken und fördern das Vergessen. Angst macht also tatsächlich »dumm«, verhindert aus biologischen Gründen das Denken, Lernen und Speichern.

Lernen als lebenswichtiger Vorgang läuft in der Natur ausschließlich in den Phasen der Entspannung ab, braucht eine Atmosphäre der Vertrautheit, des Sichwohlfühlens, schreibt Vester. Wenn Kinder unbekümmert spielen und ausprobieren dürfen, wenn Lernen Freude macht, Aussicht auf Lustgefühle, Anerkennung und Erfolg besteht, gelingt es optimal. Neugier und Aufnahmefähigkeit wachsen also auf dem Boden von emotionaler Sicherheit, Erkenntnis, Erfolg und Anerkennung.[18]

Die Erkenntnisse der Neurobiologie ergänzen und bekräftigen die »humanistische Psychologie« Abraham Maslows, sind eine Absage an Belehrung im Frontalunterricht, an Disziplinierung, Konkurrenz und Leistungsdruck.

IM MITTELPUNKT: DAS KIND

David Gribble, ein Praktiker der *progressive education* in England, beschreibt die englische Variante einer humanen Schule. Seine von großer Empathie für Kinder und Jugendliche geprägten Beobachtungen und Schlussfolgerungen leuchteten mir ein – ich konnte sie aus eigener Erfahrung nachvollziehen – und motivierten mich:

Gegenseitiger Respekt ist die Seele progressiver Pädagogik.

Wenn sich Erwachsene mit Bedacht höflich verhalten, fühlen sich Kinder geschmeichelt und reagieren entsprechend ernsthaft und höflich. Die erfolgreichsten Lehrer brauchen keine Grobheiten, weil sie keine Angst vor Kindern haben. Oder sie haben keine Angst, weil sie höflich mit ihnen umgehen. Wenn es einem Kind ersichtlich nicht gut geht, auch wenn es unfreundlich oder wütend ist, sollte man ein Gespräch mit ihm anknüpfen. Um ein erfreuliches Gespräch zu führen, muss man bereit sein, dem anderen mit Anteilnahme zuzuhören. Wer schon vor dem Gespräch weiß, wie es zu verlaufen hat, macht den anderen wütend. Höflichkeit und Rücksicht sind zwei Schritte auf dem Weg zu einer wirklichen Beziehung. Der dritte und wichtigste Schritt ist Respekt; er sollte immer eine beidseitige Sache sein. Kinder lernen zu respektieren, was von anderen respektiert wird: Wie können sie lernen, sich selbst zu respektieren, wenn ihnen die älteren Menschen den Respekt versagen? Wenn Kinder merken, dass man ihnen zuhört, machen sie die Erfahrung, dass das, was sie denken, wichtig ist. Wenn sie erfahren, dass das, was sie denken, wichtig ist, fangen sie an, über wichtige Dinge ernsthaft nachzudenken. Indem sie über wichtige Dinge ernsthaft nachdenken, gelangen sie zu wichtigen Schlussfolgerungen. Kindern mit Respekt zu begegnen ist also nicht nur richtig, sondern auch vorteilhaft und zweckdienlich.[19]

Maria Montessoris Schriften sensibilisierten meine Wahrnehmung. Liebevoll und detailliert beschreibt sie die vielfältigen Fähigkeiten der Kinder, die es zu beobachten, wahrzunehmen und zu fördern gilt. Ihre Lehrmethoden und exzellenten Materialien entwickelte sie auf der Basis ihrer Beobachtung und praktischen Erfahrung mit Kindern.

Auf meine Frage, was Kinder brauchen, geben meine wichtigsten Quellen Antworten aus unterschiedlichen Forschungs- und Erfahrungsfeldern; in den unterschiedlichen Disziplinen war man letzten Endes dem grundsätzlich »Menschlichen« auf der Spur. Ihre Ergebnisse aber durchdringen und ergänzen einander und sind mir gemeinsam wichtig.

Unsere Verantwortung gegenüber der nächsten Generation, Empathie, Fantasie und Kreativität haben es nicht vermocht, eine staatliche Schule zustande zu bringen, in der Kinder ohne Druck, Hetze, Langeweile und trostlose Vereinfachung aufwachsen und lernen können. Nicht nur Erfahrung, auch wissenschaftliche Beweise gibt es in Hülle und Fülle: Leben und Lernen sind eins; eine Person kann man nicht in Gehirn hier und Körper da, in Verstand hier und Gefühle da trennen. Psychologen, Pädagogen, Philosophen sprechen seit Jahrhunderten davon.

Kindern eine im beschriebenen Sinne glückliche Kindheit zu bereiten sollte aus ureigenstem Interesse das Hauptziel einer Gesellschaft sein, die auf sich hält. Wer sich heute für eine glückliche Kindheit einsetzt, kann das tun, ohne als realitätsferner »Kuschelpädagoge« verdächtig zu werden: Neurobiologen, Psychologen, Vertreter von Kinderrechten und Reformpädagogen fordern dasselbe mit den besten Gründen. Und die PISA-Sieger machen es uns vor: Wer sich wahrgenommen und wertgeschätzt fühlt, wer glücklich ist, der lernt besser, nachhaltiger und mehr. Stundenlang hintereinander sitzend gezwungen zu werden, irgendetwas, aber vor allem dasselbe wie alle anderen, auf dieselbe Weise mühsam und unter Druck einzupauken, ist, wie die Wissenschaft beschwörend warnt, vollkommen kontraproduktiv. Das Gehirn speichert am besten Komplexes, das unter aktiver Beteiligung aller Sinne aufgenommen wird. Wobei jedes Kind am besten selbst entdeckt, wie und womit es optimal lernt. Glückshormone – Endorphine –, die ausgeschüttet werden, wenn Freude, Erfolg, Entdeckerlust und viel Kommunikation mit anderen das Kind glücklich machen, bereiten den Weg vom Ultrakurzzeitgedächtnis über das Kurzzeitgedächtnis ins Langzeitgedächtnis. Die alte Paukschule kann man getrost zum alten Eisen werfen: Glücklich, aktiv, mit Interesse, selbstständig und selbstverantwortlich lernt es sich einfach besser, nachhaltiger und erfolgreicher. Auch die Lehrerinnen brauchen keine Sorgen vor dem Burnout-Syndrom mehr zu haben. Glück steckt an.

5 DER SCHULANFANG – EIN PRÄGENDER EINSTIEG

DIE KINDER

In Neuseeland wird jedes Kind an seinem fünften Geburtstag eingeschult. Sie kommen während des ganzen Jahres hereingetröpfelt. Jede neue Ankunft in der Schule wird gefeiert; jedes Kind wird willkommen geheißen, von allen liebevoll eingeweiht in die Rituale, Regeln, Rollen, Erwartungen, Angebote. Die Hauptperson zu sein gibt das Gefühl, erwartet zu werden, dazuzugehören, wahrgenommen und wertgeschätzt zu werden. Der erste Schultag ist für jedes Kind ein großer Schritt in die Welt: Es tritt aus der Familie heraus und in die Gesellschaft ein. Wohltuend, wenn die Gesellschaft das wahrnimmt, gutheißt und feiert. Und mit der Hilfe und Unterstützung aller gewöhnt sich das neue Kind leicht an all das Neue.

Die bereits Etablierten, die Sechsjährigen also, bereiten dem Neuankömmling sicher einen großzügigen Empfang, heißt dies doch auch, dass sie bereits zum Establishment gehören – und wer mag das nicht! Eine wundervolle Idee! Die Neuseeländer werden wohl einen ähnlichen Unterricht praktizieren wie ich – im Frontalunterricht wäre das nicht möglich.

Hier kommen alle zusammen in meine Klasse, Fünf- bis Siebenjährige, neugierig und mit hohen Erwartungen, mit Ängsten und Hoffnungen, und jedes bereits mit einer individuellen Lebens- und Lerngeschichte, unterschiedlich geprägt. Ich allein kann da eigentlich gar nicht genügen.

Zwanzig bis dreißig Kinder sitzen erwartungsvoll und strahlend da und bedeuten mir: He, ich bin jetzt da! Stell dir vor, ich bin in der Schule! Da staunst du, was! Schau mich an! Schau meinen Schulranzen an! Und mein Federmäppchen! Und neue Schuhe hab ich auch! Also, ich bin jetzt da! Dass das klar ist!

In all ihrer Einmaligkeit warten sie auf mich und meine Attraktionen. Und sie sollen nicht enttäuscht werden. Denn mein Angebot meint sie als Einzelne – was sie mitbringen und wozu ich sie befähigen kann – und meint sie als Gruppe, in deren Schutz sich der Einzelne entfalten kann.

Ein wichtiger Tag. Der erste Eindruck öffnet Türen oder schließt sie. Wenn meine Botschaft an diesem und den nächsten Tagen ankommt, wenn sie sich willkommen fühlen und ahnen, dass sie hier mitmischen dürfen, ist viel gewonnen. Ich weiß, dass sie viel von mir erwarten, denn sie sind gierig nach Neuem, nach Spaß und Lernen, sind ungeheuer wissbegierig. Ich muss jedes einzelne Kind aufs Allerherzlichste an- und aufnehmen; ich werde jedes zu meinem speziellen Freund machen. Manche sind das gewohnt und rechnen fest damit, die Hauptperson zu sein. Und die es nicht gewohnt sind, sehen die Chance, jetzt aber gesehen und gefeiert zu werden!

An diesem ersten Tag sind sie in Wahrheit für mich leicht bedrohlich durch ihre Anzahl und Ansprüchlichkeit. Erst in den nächsten Tagen kann ich Einzelne wahr- und in Augenschein nehmen. Aber ich gebe auch heute schon mein Bestes! Sie sollen hier alle – Kinder wie Eltern – einen angenehmen Ort vorfinden, dem sie sich, dem sie ihr Kind anvertrauen können.

Mit den Kindern bin ich eine Stunde zusammen, ohne Eltern und Schultüten, die mittlerweile geradezu bedrohliche Ausmaße angenommen haben. Am Abend kommen dann die Eltern.

DAS ERSTE HEFT

Schöne rote Hefte mit ihren Namen liegen ausgebreitet auf einem Tisch; jedes Kind darf sich seins heraussuchen. Die meisten können ihren Namen lesen. Dieses Heft ist mein Empfangsgeschenk. Bis es voll ist, wird es das einzige Heft sein, um sie nicht zu überfordern. Ein Heft für die ersten Schritte – Buchstaben, Wörter, Zahlen und die ersten Gleichungen schreiben sie hinein; malen das Schulhaus und alles drum herum, auch den Herbst und die Kastanien …

Wenn alle einen Platz an einem der Gruppentische gefunden, ihren Schulranzen abgestellt und sich ein wenig eingerichtet haben, zeige ich ihnen, was es in unserem Klassenzimmer alles gibt, und dann setzen wir uns auf den runden Teppich in den Kreis. Dort werden wir immer sitzen, wenn wir etwas zu besprechen haben, wenn sie lesen oder spielen, oder wenn ich ihnen vorlese; wenn ich ihnen etwas erkläre. Der runde Teppich ist unser Marktplatz, unser Diskussionsforum, unser Experimentierfeld … und ihr Spielplatz. Ich zeige ihnen, was in den Regalen liegt und steht, die Leseecke mit den Sofas und Pflanzen, das Aquarium.

Jedes Kind stellt sich vor, erzählt etwas von sich: Wann es Geburtstag hat, was es besonders gut kann, worauf es sich freut oder was es sonst über sich und zu diesem Tag anmerken will. Die Besonderheiten der Kinder bleiben Thema und sind erste Lesetexte. Ich hänge jedem Kind sein rotes Namensschild um – eine Hilfe für die ersten Tage, damit ich sie mit Namen ansprechen kann. Wir anderen hören genau zu, ich frage nach, wenn ich etwas nicht verstanden habe: erste Dialoge.

Das Gespräch dauert eine Weile, bis es reicht.

Sie setzen sich wieder an den Platz, den sie sich vorher ausgesucht haben, und bekommen eine Aufgabe. Auf das erste Blatt in ihrem Heft malen sie einen Gegenstand, ein Tier oder einen Menschen: was ihnen lieb und teuer oder gerade wichtig ist, was sie mögen, haben wollen oder gerade gesehen haben; ich werde ihnen dann den gewünschten Namen drunter schreiben. Das werden sie in Zukunft lernen: Namen für die Dinge, Menschen und Tiere, für die Welt finden, schreiben und lesen. Sie haben viel zu sagen, aufgeregt und wichtig, und dann geht's los. Der gewaltige Schulranzen wird aufgemacht, das riesige Federmäppchen rausgeholt. Ungelenk und voller Scheu und Stolz öffnen sie es, und unter viel Palaver holen sie eine der vielen Farben heraus. Alles geht schwer, keinerlei Leichtigkeit und Routine. Raffinesse und Routine werden sich innerhalb der ersten Wochen in atemberaubendem Tempo entfalten.

Allmählich entstehen der Bär, der Opa, der Clown, die Katze, die Puppe, eine Maus, das Haus, die Sonne, der Roboter, der Schulranzen mit Ächzen, Stöhnen und Strahlen auf dem Blatt. Ich liebe diese Kinderzeichnungen!

Mit jedem Kind unterhalte ich mich ein bisschen, wenn ich ihnen jetzt das Wort zu ihrem Bild ins Heft schreibe.

Mit viel Gestöhne und umständlichen Fingern wird alles wieder zurückgesteckt, und dann sitzen sie da und staunen – über ihren ersten Schultag. Fast ein wenig zögerlich gehen sie dann wieder hinaus.

Am Abend sehe ich die Eltern wieder. Dann erfahren sie, wen ihre Kinder jetzt als erste Lehrerin haben, was sie mit ihnen vorhat und welchen Beitrag sie von ihnen erwartet.

DIE ELTERN

Letztes Jahr: An ihrem ersten Schultag sind die Schulanfänger und ihre Eltern, Großeltern und wer noch dazugehört in der Turnhalle versammelt; mit meinen Zweitklässlern singe ich ein Lied, und der Rektor begrüßt sie mit einer Rede. Dann liest er die Namen der Kinder vor und verteilt sie auf diese Weise an die drei aufgereihten Lehrerinnen. Während der ganzen Prozedur stöhnt hinter mir ein junger Vater; ungeniert lässt er seiner Panik freien Lauf: »Lieber Gott, lass es nicht *die* sein! O nein! Ich sag's dir, *die* isses. Das halt ich nicht durch!« »Pscht!«, mahnt seine Frau. Er: »O Gott! Eine Katastrophe!«

Für Eltern ist der erste Schultag des ersten Kindes ein gefährlicher Schritt in ungesichertes Gelände. Sie müssen das Kind in die Welt lassen und können nicht mehr bestimmen, was dort mit ihm geschieht. Was können sie tun, wenn die Lehrerin hart, streng und unfähig ist und das eigene Kind schlecht behandelt?! Plötzlich bezweifeln sie, dass ihr Kind den Herausforderungen gewachsen sein wird. Und fühlen sich wie Verräter, die ihr Kind ausliefern, ins sichere Elend stürzen. Plötzlich sind da die schlimmsten Erinnerungen an die eigene Schulzeit. Eigentlich kann es nicht gut gehen, und es gibt kein Entrinnen.

Die nicht einfache Aufgabe der Eltern ist es jetzt, das Kind freizulassen und es gleichzeitig liebevoll zu halten, sich zu freuen, wenn es seine Lehrerin liebt, und nicht eifersüchtig zu sein. Sie sind hin- und hergerissen. Einerseits freuen sie sich, dass ihr Kind nun »aus dem Gröbsten heraus« ist. Und andererseits graut es ihnen, weil sie wissen, dass die Schule heutzutage nicht einfach ein weiterer Abschnitt in der Entwicklung der Kinder ist. In unseren Grundschulen wird rasch Ernst aus dem Spiel! Die Weichen werden früh gestellt; von Anfang an wird genau geprüft, ob das Kind überhaupt »hierher« gehört. Und wenn es »rausfällt«? Und wenn es den »Übertritt« nicht schafft? O Gott!

Und manche sind an ihren Aufgaben als Eltern bereits gescheitert, haben ihren Kindern in deren ersten Jahren viel zu viel zugemutet, sie zu wenig beschützt, wissen nicht, was Kinder brauchen, machen die schrecklichsten Dinge mit ihnen. Diese Eltern brauchen eine besonders eindringliche und herzliche Einladung ins gemeinsame Boot. Sie müssen immer wieder bestärkt und unterstützt werden, müssen die Erfahrung machen, dass ich es mit ihnen und ihren Kindern gut meine, damit sie mir abnehmen, was ich ihnen für ihr Kind rate. Manche erfahren jetzt allmählich erst, was es heißt, gleichzeitig Grenzen zu setzen und dem Kind nah zu sein und viel mit ihm zu unternehmen; ahnen den Unterschied zwischen »Sein« und »Haben«. Ich erzähle ihnen gern die folgende Geschichte, damit sie besser verstehen, was ich meine.

Was ein Kind (nicht) kann, was ein Kind (nicht) braucht

Ich war beim Friseur, einem nicht gerade billigen, für seine Schnitte besonders gerühmten Friseur in Schwabing: Gute Schnitte dauern … Während ich dran war, beobachtete ich, wie sich Friseurin und Mutter abmühten, einen etwa dreijährigen Jungen mit Versprechungen und Drohungen dazu zu bringen, sich seinerseits die Haare schneiden zu lassen.

Mit Ausrufen größter Begeisterung legte ihm die Friseurin einen Umhang um, der mit Micky-Maus-Figuren bedruckt war. Dem Jungen war das egal, denn absolut überwältigt war er von den vielen

Spiegeln, die alles, was sich in diesem Raum bewegte, vielfach zurückwarfen. Er sah alles mehrfach; eine Menge Menschen hantierten, saßen, lasen … wann immer sich etwas bewegte, musterte er genau, was da los war, versuchte die Quelle jeder Bewegung zu entdecken. Also flog sein Köpfchen heftig hin und her.

Mittlerweile hatten die beiden Frauen sich ausgedacht, ihm etwas zu trinken anzubieten, um seinen Kopf ruhig zu stellen. Das war natürlich notwendig, wenn die Friseurin seine Haare schneiden wollte.

Sie bot ihm Apfelsaft, Orangensaft, Wasser, Milch zur Auswahl an; die Mutter wiederholte die Liste schon dringlicher, da er nicht reagierte. Er aber konnte sich – selbstverständlich – nicht entscheiden. Vier Alternativen für ein Getränk sind zu viel für einen Dreijährigen. Ein kluger Kinderpsychologe warnt: Biete einem Kind einen Apfel an – und es ist glücklich. Biete ihm zwei Äpfel an – und es ist unsicher. Biete ihm drei Äpfel an – und es weint.

Er reagierte nicht auf die Angebote, begriff überhaupt nicht, was man von ihm wollte, denn er war damit beschäftigt, sich in dieser verrückten Welt zurechtzufinden – was für ein gesundes Kind vollkommen normal ist.

Schließlich entschied sich die Friseurin für Apfelsaft; der wurde gebracht, gehorsam trank das Kind einen Schluck aus dem Glas und setzte seine Erforschung der Umgebung fort.

Zunächst versuchte die Friseurin, den Bewegungen des Köpfchens mit der Schere zu folgen, aber sie konnte auf diese Weise ihr Handwerk natürlich nicht professionell ausüben. Außerdem waren beide – Mutter und Friseurin – keineswegs bereit, dem Kind als Kind entgegenzukommen. Sie forderten es immer heftiger auf, den Kopf still zu halten. Das jedoch ging einfach nicht. Denn gerade war ein neuer Kunde hereingekommen – also erschienen auf den Spiegeln eine Menge neuer Leute!

Fassungslos vor Staunen drehte sich das Kind nun herum, um den echten Mann eingehend zu mustern.

Da reicht es der Mutter. Sie wollte vor der Friseurin und uns anderen schließlich nicht als Verliererin dastehen.

»Wenn du jetzt nicht sofort den Kopf still hältst, darfst du heute Nachmittag nicht zum Kindergeburtstag!«

Das Kind reagierte keineswegs entsetzt, sondern hielt kurze Zeit den Kopf ruhig, bis eine neue Kundin eintrat und sich sein Köpfchen automatisch suchend hin und her bewegte.

Jetzt ist das Maß voll. Die Mutter hält das Gesicht des Kindes fest in ihren Händen, die Friseurin schnibbelt hektisch am Hinterkopf herum, und rasch ist die Haarschneiderei vorbei – mit eher mittelmäßigem Ergebnis, aber sicher ziemlich teuer.

Was ein dreijähriges Kind nicht kann:

- Stillsitzen in dieser aufregenden Umgebung.
- Unter vier Getränken wählen.
- Das »Anstößige« seines Verhaltens erkennen, da der Drang zu schauen einfach da ist. Es ist keineswegs seine böse Absicht, die Phänomene in diesem Raum zu untersuchen.
- »Jetzt« und »heute Nachmittag« unterscheiden.

Die Mutter ist blind für das Spektakel, das ihr Kind staunen, schauen und forschen lässt. Die Natur hat es neugierig gemacht, damit es lernt; ein gesundes Kind kann nicht anders. Sie steht während des gesamten Vorgangs nicht auf der Seite des Kindes und seiner Bedürfnisse, die sie nicht versteht, verfolgt ausschließlich ihr Ziel, spielt ihr Spiel; sie suggeriert dem Kind, dass es gegen seine eigenen Interessen handelt, wenn es jetzt nicht »brav« ist – was eben nicht stimmt.

Sie stößt eine leere Drohung aus, denn höchstwahrscheinlich soll das Kind ihretwegen zur Einladung, schließlich will sie es »feinmachen«.

Was das Kind gebraucht hätte: am besten in Etappen zu Hause Haare schneiden. Da sie nun aber einmal beim Friseur waren:

- Ausführlich und im Gespräch mit der Mutter die interessante Umgebung erforschen.
- Die Entscheidung der Mutter über das Getränk.
- Abmachungen über das Vorgehen.

- Ein bisschen schneiden, schauen, wenn was Neues auftaucht, dann wieder schneiden.
- Kindergeburtstag ohne Vorleistung, die es nicht erbringen kann.

Diese Geschichte ist exemplarisch für unsere Aufgabe als Erwachsene – Lehrerin und Eltern. Kinder sind von Natur aus neugierig; Neugierde ist der Motor für ihre Lust am Lernen. Wenn wir sie ignorieren oder gar bestrafen, schaden wir den Kindern. Sie brauchen Anregung, Verständnis, Schutz und Zuwendung, aber ganz wenig »Sachen«. Sie sollten so viel wie möglich selbst entscheiden können, was sie tun wollen; zu viel Wahlmöglichkeit beim Essen oder bei den Kleidern aber überfordert und verwöhnt sie gleichzeitig. Beides tut ihnen nicht gut. Kinder leben im Augenblick; Versprechungen für später oder gar Drohungen haben keinen Sinn.

Über Freiheit und Grenzen werden wir uns oft unterhalten; ich werde ihnen immer wieder Geschichten aus der Schule erzählen; die Eltern sind Teil meines Unterrichts. Ich beziehe sie so viel wie möglich ein. Sie haben viele Fragen, weil mein Unterricht vollkommen anders ist, als sie ihn von ihrer Schulzeit her kennen, und anders als in den anderen Klassen.

Auf vielen Elternabenden informiere ich sie über meine Ziele und Methoden; ich nehme ihre Sorgen und Bedenken ernst. Weil sie kaum Vergleiche haben, weil die Kinder gern in die Schule gehen, weil es Spaß macht, sorgen sie sich, dass sie vielleicht nicht genug lernen oder nicht abgehärtet werden fürs Leben. Ich erkläre und beweise ihnen, dass sie auf meine Weise viel mehr lernen und nicht abgehärtet, sondern gestärkt werden müssen.

Ich werde sie nicht, wie das sonst üblich ist, zu Hilfslehrern machen, werde selbst die Verantwortung übernehmen für den Lernprozess ihrer Kinder. Ich werde ihnen nicht die Schuld an den Schwierigkeiten der Kinder geben, sondern gemeinsam mit ihnen nach Lösungen suchen. Sie werden die wohltuende Erfahrung machen, dass ich ihre Kinder wertschätze und mich an ihnen freue. Als Eltern haben sie andere Aufgaben, als meine Hausaufgaben zu überwachen oder das Einmaleins abzufragen. Meine Schüler werden dies selbst übernehmen und mit mir direkt verhandeln, wenn etwas nicht funktioniert. Ich weiß aus eigener Erfahrung, dass die meisten Kinder höchst ungern mit ihren Müttern lernen und umgekehrt, und dass es dabei viel Streit gibt.

Die Eltern können als Verbindung von Schule und Familie eine wichtige Rolle spielen. Für das Lernen selbst sind Lehrerin und Kinder zuständig. Wenn die Eltern sich gut mit der Lehrerin verstehen, hat das Kind den Rücken frei, muss nicht ständig Partei ergreifen. Ein Grundschulkind braucht dringend beides: eine zugewandte Lehrerin, der es vertraut, und Eltern, die es beschützen.

Deshalb möchte ich die beiden Welten miteinander verbinden. Die angenehmste Art, Menschen zusammenzubringen, sind für mich Feste; Anlässe dafür gibt es viele: Kurz vor den ersten Ferien im Herbst laden wir zu einem ersten Fest ein. Damit die Kinder den Eltern ihr Klassenzimmer und ihre neuen Freunde zeigen können. Gleichzeitig präsentieren sie ihre Werke und ihr Können: Bilder, Figuren aus Knete, die ersten selbst geschriebenen Sätze. Sie tragen ihre Gedichte vor und ihre Lieder, zeigen ihren Eltern ihre Lieblingsbücher und vieles mehr. Die Eltern bringen Speisen und Getränke mit. Wir bringen das Zimmer auf Hochglanz, schieben alle Tische zu einem großen Tisch zusammen und decken ihn festlich. Auf diesen Festen lernen sich alle besser kennen: die Eltern andere Kinder, die Kinder andere Eltern, die Eltern einander und mich, ich die Eltern. Wenn man sich von Festen kennt, kann man Probleme besser lösen. Unsere vielen Feste sind fester Bestandteil des Schuljahrs.

Im zweiten Schuljahr veranstalte ich eine Projektwoche mit den Eltern: Mütter – Hausfrau, Malerin, Krankenschwester, Schneiderin, Lehrerin – und Väter – Architekt, Mitarbeiter am Goethe-Institut – weihen die Kinder in ihre Profession, ihre Interessen, ihr Können ein: »Stegreifspiele«, »Vollkornbrot backen«, »Klassenbild malen mit selbst angerührter Farbe«, »Besuch mit Vortrag im Prähistorischen Museum«, »Der menschliche Körper«, »Bedrucken eines großen Stoffstücks für ein Tischtuch« – »Einstudieren eines Flötenquartetts«. »Physikalische Experimente«, »Zirkusspiele«. Hochgenüsse für alle. Während dieser intensiven Tage mit Eltern, die gleichzeitig Profis auf allen möglichen Gebieten sind, machen alle miteinander wichtige Erfahrungen. Und die beiden Welten kommen sich näher.

Ich lege den Eltern ans Herz, sich auch um andere Kinder zu kümmern, vor allem Kindern zu helfen, die besondere Hilfe brauchen.

ZWEITER SCHULTAG: SELBSTSTÄNDIGKEIT UND VERANTWORTUNG

Schon am zweiten Schultag beginnt das Selbstständigkeitstraining. Auf ihren Gruppentischen liegt Bastelmaterial bereit. Zum Eingewöhnen sind das anfangs Vierertische, später Sechsertische, um mehr Platz für Aktivitäten zu haben. Feste Sitzplätze werden immer unwichtiger.

Eine Schachtel mit attraktivem Bastelmaterial also auf jedem Gruppentisch: Papier, Scheren, Klebstoff, buntes Glanzpapier, kleine Perlen, Knete, Steine, Hölzchen, bunte Bänder, Glitzerstaub ... Jedem Kind erkläre ich beim Hereinkommen, dass es etwas basteln darf, bevor wir gemeinsam anfangen.

Meine Botschaft: Warte nicht, bis ich das Kommando gebe, sondern schau, dass du dich entscheidest, etwas für dich tust, etwas Interessantes, Schönes. Wer lieber nicht bastelt, kann auch gleich in die Leseecke gehen und Bücher anschauen. Wenn auch die Letzten ein wenig gebastelt oder gelesen oder miteinander geschwatzt haben, fangen wir mit dem gemeinsamen Unterricht an. Später, in einer Pause, werden die Basteleien begutachtet.

Die Botschaft vom ersten Tag an lautet: Auf dich kommt es an! Du bist die Hauptperson – ich kann den Rahmen und Gelegenheiten schaffen, dir helfen und dich anregen. Aber du bist der Herr deiner Fortschritte! Sie verstehen schnell, denn das entspricht ihrer Ausstattung, wie Hirnforscher bestätigen: Menschen lernen am nachhaltigsten, wenn sie selbst gesteckte Ziele selbstständig verfolgen. Und sie wollen das Ergebnis präsentieren dürfen, um sich der Allgemeingültigkeit ihrer Ergebnisse zu vergewissern, um Anerkennung zu bekommen. Dann »sitzt« es.

Mir ist nicht das Wichtigste, dass die Kinder so rasch wie möglich lernen, möglichst lange still zu sitzen und still zu sein, sich zu melden, auch wenn sie nicht drankommen; nicht alles Eigene zu vergessen und sich an mein Kommando zu gewöhnen. Wichtig ist mir, und das lernen sie von Anfang an, sich selbstständig und selbstbestimmt mit den Aufgaben zu beschäftigen und dabei in unsere gemeinsamen Regeln hineinzuwachsen; ihre Arbeit einzuteilen, fertigzumachen, zu korrigieren, sich helfen zu lassen. Sie lernen, Materialien und Bücher zu benutzen und wieder an ihren Platz zurückzulegen, ihre Schuhe an den richtigen Platz zu stellen, ihre Schultasche aufzuhängen. Damit sie schnell unabhängig werden.

Mit rasanter Geschwindigkeit lernen die Kleinen – nach einigen Wochen kennen sie die Struktur unseres Lesekurses, in einigen Monaten beherrschen sie die Regeln unseres Lebens in der Klasse, können lesen und schreiben, mit den ersten Zahlen umgehen, konzentriert arbeiten, planen, gemeinsam arbeiten, anderen helfen, sich ihre Zeit einteilen, Gespräche führen, um Hilfe bitten. Draußen sind wir oft gemeinsam unterwegs, und kein Kind rennt davon oder vor ein Auto. Ich kann völlig gelassen mit ihnen am Bach spielen, U-Bahn fahren und ins Museum gehen.

DAS SCHULHAUS

»Die Sachen klären und die Menschen stärken.« Mit dieser Formel umreißt Hartmut von Hentig den Auftrag der Schule, die Grundlage von Bildung: Je mehr Sachen geklärt wurden und je mehr Verständnis für einander entstanden ist, je sicherer ein Kind gemacht wird als Person und als Mitglied einer Gemeinschaft, desto selbstbewusster und erfolgreicher kann es sich der Welt zuwenden und dort seinen Beitrag leisten.

Eine Sache, die rasch geklärt werden muss, ist unsere Schule. Sie sollen diesen Ort bewusst wahrnehmen, um sich zurechtzufinden und einen komplexen Eindruck von dem zu bekommen, was »Schule« ist. Ich mache mit meinen Erstklässlern einen Rundgang durch das Haus, klopfe an jede Türe, stelle meine Kinder der öffnenden Person vor, bitte sie, uns kurz einzulassen und zu erzählen, wer sie ist und was sie tut. Alle Klassen und Lehrerinnen, den Rektor und die Sekretärin lernen sie kennen. Wir schauen in den Keller und auf den Speicher – in einer 100 Jahre alten Schule ist das immerhin ein bisschen geheimnisvoll. Wir gehen auf die Straße, einmal rundherum, und schauen uns die Schule von außen an. Ein imposantes Gebäude.

Wir suchen uns eine günstige Stelle auf dem Platz gegenüber dem Eingang, schleppen unsere Stühle dorthin, schauen uns alles an und besprechen, was wir sehen. Wenn sie den prächtigen Eingang minutiös betrachtet haben, malen sie die Schule und den Eingang. Der Haupteingang unserer Schule war ursprünglich für die Buben und Lehrer reserviert; die Mädchen mussten den Nebeneingang benutzen.

Wenn sie etwas abzeichnen, müssen sie genau hinschauen. Ich will sie das genaue Hinschauen lehren, also zeichnen sie gleich am Anfang ihre Schule ab.

Meine andere Schule, im Norden, einen Bau, der aus viel Glas und wenig Holz besteht, zeichneten die Kinder als großen Kasten und ein Fenster mit Fensterkreuz eng neben das andere, bis der Kasten voll damit war. Alle machten es so, obwohl die großen Fenster keine Fensterkreuze hatten. Offensichtlich hieß Fenster für sie »Glas mit Kreuz«.

In dieser baulich sehr aufregenden Schule hatte jemand ein vorgefertigtes Arbeitsblatt für die Anfänger abgezogen und liegen gelassen: Darauf war ein stereotypes Haus mit Giebel zu sehen – ihres hatte gar keinen Giebel; Fenster mit Fensterkreuzen – ihre hatten wie gesagt keine; drüber stand »Meine Schule«. Nur, das war nicht ihre Schule, die sah überhaupt nicht so aus. Gott sei Dank konnten sie noch nicht richtig lesen, so war der Schaden vielleicht nicht allzu groß.

Die Botschaft aber war: Trau deinen Augen nicht! Schule ist etwas anderes als das, was du siehst. Und so wird es auch bleiben. Es ist alles anders, als du es wahrnimmst. Ich bestimme, wie etwas ist, egal, wie du es siehst oder fühlst oder wie auch immer wahrnimmst. Sie haben die Schule nicht einmal angeschaut, durften dieses Gebilde auf dem Blatt aber ausmalen.

Ich brauche Zeit. Fast die drei Stunden gehen damit drauf, die sie am Anfang täglich in der Schule sind, und es ist aufreibend, diese Erstklässler mit Stühlen über die Straße zu bringen. Aber welch ein Gewinn! Sie schauen genau hin, dürfen ihren Augen trauen, ihre Wahrnehmung ernst nehmen, diese riesige Schule auf ein kleines Blatt bannen, gemeinsam da draußen sitzen. Alle Leute, die vorbeigehen, sind entzückt, loben und feuern die Kleinen an. Ein schönes Erlebnis!

MEINE PERSÖNLICHE HANDSCHRIFT

Lehrmittel müssen in sich stimmig sein, dürfen keine widersprüchlichen Botschaften aussenden: Als Lehrerin muss ich authentisch sein – darf keine widersprüchlichen Botschaften aussenden.

Klein anfangen: Was tu ich besonders gern, was kann ich besonders gut, was kann oder mag ich gar nicht? Irgendwann frage ich meine Kinder, wie das bei ihnen ist. Wir erforschen unsere Vorlieben und Abneigungen, sammeln sie und suchen uns immer wieder unsere Lieblingsdinge heraus.

Ein »Steckbrief« von jedem Kind enthält seine »besonderen Merkmale«: drei Porträts. Ein Selbstporträt, eins von einem Freund/einer Freundin gemalt und eins von einem anderen, eher fremden Kind. Interessant ist, wie ich mich sehe, wie meine Freundin, wie ein neues Kind. Wie unterschiedlich wir alle die Welt sehen! Gespräche über unterschiedliche Sehweisen folgen. Im Laufe der Zeit erweitern und ergänzen wir unser Bild: Lieblingsmusik, Lieblingstier, Daumen-, Hand- und Fußabdruck, Lieblingsklamotten ... Wovor habe ich Angst? Meine größte Freude! – Unsere persönliche Handschrift soll erkennbar sein. Die Kinder lernen auf diese Weise von Anfang an, dass wir alle verschieden sind und ein Recht darauf haben, anders als die anderen zu sein. Und dass das lustig und anregend ist.

Die Beschäftigung mit meinen besonderen Gegenständen ist erfüllt von meiner Liebe oder Leidenschaft zu ihnen. Eine Chance, dass Kinder das alles ganz anders erleben, als wenn ich irgendwelche Themen »absolviere«.

- Meine Liebe zu Blumen, zu Bäumen: Wir haben Bäumchen in der Leseecke; die Kinder bringen Samen oder Setzlinge ihrer Lieblingsblumen mit, sie versorgen und pflegen die Blumen, und wir sprechen darüber.
- Ich gönne mir täglich meine Freude am Gedeihen und der Schönheit der Pflanzen – die Kinder nehmen daran teil.
- Ich tanze gern, zu jedem einigermaßen geeigneten Rhythmus. Volkstänze können sie mit mir tanzen – bayerische genauso wie griechische, israelische, arabische, amerikanische …
- Ich koche gern, also bereiten wir ab und zu gemeinsam ein köstliches Mahl zu, decken den Tisch und bedienen uns gegenseitig. Und ich ergreife jede Gelegenheit, ein Fest zu feiern, eine große Tafel zu decken mit einer Fülle schöner Speisen.
- Gute Sprache ist ein Lebenselixier für mich, deshalb können sie die schönsten Gedichte hören und lernen, den schönsten Geschichten lauschen und sie selbst lesen – und dann schreiben sie hervorragende Aufsätze.
- Die »Sachen« zu klären macht mir Freude, wenn die Kinder dazu möglichst viel von ihrer Fantasie beitragen und wir gemeinsam in der Wirklichkeit nachforschen.
- Ich singe gern – also wird viel gesungen. Leider kann ich nicht Gitarre spielen – das beste Instrument für die Schule, weil ich nebenbei mitsingen könnte. Dafür freue ich mich über jeden, der uns mit Flöte, Geige, Cello etwas vorspielt.
- Ich liebe ihre Zeichnungen – also begrüße ich freudig jedes ihrer Produkte.
- Meine Kinder spielen ständig Theater und kleinere Stegreifspiele, weil ich das liebe.

Meine Begeisterung und Freude springen über, wenn ich authentisch bin, weil es mir Spaß macht – sie lassen sich gern mitreißen. Meine erstaunlichste und nachhaltigste Entdeckung in dieser Zeit ist, dass ich nicht »hinuntersteigen« muss zu einfältigen Kindern, dass ich mit ihnen nicht irgendwelchen »Kinderkram« auf möglichst einfache Weise behandeln muss, sondern höchst anspruchsvoll gemeinsam mit ihnen den Dingen neu auf den Grund gehen oder ein Interesse ganz neu entwickeln kann. Und dass meine Gespräche mit ihnen Hand und Fuß haben.

Mit einer Klasse besuche ich – selbst zum ersten Mal – die Uhrenausstellung im Deutschen Museum, bin fasziniert vom Thema »Die Zeit in der Geschichte der Menschheit«, und sie interessieren sich brennend für Zeit und Zeitmessung, wollen mehr wissen und beteiligen sich intensiv an den Arbeiten rund um das Thema.

Meine Gedichteschönschreibstunden sind sehr beliebt – weil ich sie liebe. Ich mochte Schönschreiben nie, weil ich es für nutzlose Zeitverschwendung hielt. Seit ich aus der Not eine Tugend mache und meine Lieblingsgedichte in angemessener Langsamkeit und Stille oder mit Musik schreibe, liebe ich diese Stunden – die Kinder auch. Aus der angenehmen gemeinsamen Erfahrung mit schönen Gedichten und Musik entstehen bei vielen von ihnen auch eine Liebe zu Gedichten, Sensibilität für Qualität und eine gute Erfahrung mit ihrer Schrift. Sie bekommen Gedichte aus meinem persönlichen Schatz und in meiner schönsten Schrift angeboten. Ich bin beeindruckt von ihrer Fähigkeit, diese Gedichte zu verstehen und vorzutragen, und sie empfinden das als etwas ganz Besonderes.

Seit meinem 16. Lebensjahr beschäftige ich mich mit dem Nationalsozialismus. Immer wieder, auch in der Grundschule, spreche ich über dieses Thema – an Jahrestagen, wenn in den Medien davon die Rede ist, angeregt durch Zeitungsartikel.

Durch diese lebendige Form von Kommunikation entsteht wirkliches Lernen, denn ich verkörpere quasi, wovon ich spreche. Und das fördert und erleichtert die Auseinandersetzung damit.

Einmal auf dieser Schiene, mache ich mir die Gegenstände zu eigen, die ich ihnen vermitteln soll, finde eigentlich alles interessant, und ich meine, ich muss das als Lehrerin. Damit erfülle ich eine wichtige Voraussetzung für das Lernen – auch und gerade im offenen Unterricht. Ich speise die Kinder nicht mit »Material« ab, lasse sie damit nicht allein, sondern stehe mit meiner Person hinter allem, womit wir uns beschäftigen, bin überzeugt, dass die Beschäftigung damit ein großes Glück, ja Privileg ist.

Nach Jahrzehnten hole ich endlich auch das mathematische Verständnis nach, das mir in der Schule durch meine Lehrer verwehrt wurde. Fasziniert von der Kraft und Unfehlbarkeit des Dezimalsystems, kann ich gar nicht genug davon bekommen, und viele Kinder kann ich auch dafür begeistern.

Noten brauche ich nicht; für Noten habe ich keine Zeit und keinen Sinn. Noten würden meine Absichten zerstören, unsere Beziehungen belasten, die Kinder verunsichern. Nein, ich kriege sie oft mittags nicht raus aus meinem Klassenzimmer. Ihre Leistungen sind großartig.

Mache ich es mir dagegen bequem und bringe nicht einmal einen Apfel mit in die Schule zum Anschauen, Anfassen oder Essen oder gar zu allem dreien, lasse ich die Kinder nicht ran an die Köstlichkeiten der Wirklichkeit, dann brauche ich mich nicht zu wundern, wenn mich alles langweilt und die Kinder, gelangweilt auch sie, freiwillig nichts tun. Dann brauche ich natürlich irgendwann die Peitsche – in dieser oder jener Form, indem ich einem Kind etwa eine rote Karte anhefte, auf der vielleicht steht: *Ich darf nicht in die Pause, weil ich geschwätzt habe.* Und diesen Satz muss das Kind dann auch noch zehn- oder zwanzigmal schreiben. Kürzlich so geschehen in einer Münchner Grundschule.

Eingehandelt habe ich mir mit all dem, dass auch meine Schultage Lebenstage sind, Leben und Gelderwerb nicht mehr getrennt sind. Ich profitiere davon mindestens genauso wie die Kinder. Früher, als ich vormittags und während meiner Vorbereitungen oder Korrekturen am Nachmittag am liebsten woanders hatte sein wollen, tausendmal lieber etwas anderes gemacht hätte, überfiel mich stets bleierne Müdigkeit – ich konnte mich kaum aufrappeln: Diese Arbeit war unter meiner Würde. Und ich schloss aus meinem Frust, man dürfe als Grundschullehrerin nicht zu intelligent sein.

Jetzt aber habe ich erreicht, dass ich meine Fantasie, meine Bildung und meine Kreativität einsetzen kann, dadurch völlig neue Beziehungen zu den Themen bekomme. Ich beschäftige mich auf meine Weise, aufgrund meines persönlichen Interesses mit den Themen und Unternehmungen in meinen Klassen. Auf einer zusätzlichen Schiene begleiten sie ständig meine Gedanken, sind mein eigenes Anliegen.

Motivierend ist, dass die Kinder mir vertraut und wichtig sind, und dass wir einander mögen; dass sie begeistert einsteigen, ihr Bestes geben, zufrieden und oft glücklich sind, mir damit eine große Freude machen und mich motivieren, meinerseits mein Bestes zu geben.

KINDER IN DER SCHULE

Wie die Gegenstände mache ich mir auch die Kinder allmählich vertraut. Ihr Wohl und Wehe, ihre Lernfortschritte sind mir sehr wichtig, und ich empfinde es als persönlichen Erfolg, wenn sie Fortschritte machen, als persönliches Scheitern, wenn sie scheitern.

Die Kinder strömen morgens aus den unterschiedlichsten Richtungen in unser Klassenzimmer. Jedes kommt aus einer anderen Welt: seiner Familie. In der Schule geht es meist vollkommen anders zu als zu Hause – oft liegen Welten dazwischen. Zwischen diesen Welten hin und her pendelnd, müssen sich Kinder ständig neu an die jeweilige Umgebung anpassen. Wenn ich die persönlichen Eigenheiten, Fähigkeiten und Prägungen von Kindern in meine Arbeit als Lehrerin einbeziehe und nutze, kann ich die oft weit auseinander driftenden Welten zusammenbringen und damit zu Beruhigung und Sicherheit beitragen.

In einem ersten Schuljahr besuchte ich jedes Kind zu Hause, um die Verbindung von Schule und Kinderwelt augenfällig werden zu lassen und zu erfahren, woher meine Kinder morgens kamen. Bei diesen Besuchen konnte ich viel über den Hintergrund der Kinder erfahren. Und ich lud sie in zwei Etappen zu mir nach Hause ein. Damit sie sehen konnten, woher ich morgens immer kam. Weil ich ihnen als Person, nicht als Amtsperson begegnen wollte. Leider ist das ein allzu großer Aufwand, ich konnte das damals nicht durchhalten.

Lauter einzelne Kinder kommen an. Die unterschiedlichsten Typen, Deutsche und Fremde aus aller Herren Länder, aus unterschiedlichsten Traditionen und Kulturen – und ohne jegliche Kultur. Auch ohne »Fremde« ist das schon eine lustige Mischung: die Schnellen, Freundlichen, Angenehmen, Sicheren, Wachen, in sich Ruhenden,

Beliebten; die Ehrgeizigen, allzu Schnellen, nicht Zentrierten, Gejagten; die Ängstlichen, Zaghaften, die erst ganz sicher sein müssen, ehe sie sich bewegen; Traumtänzer und Draufgänger, die alles gleich irgendwie anpacken, ohne lang nachzudenken, und nicht aufs Ende sehen; die Verweigerer, die sich einfach nichts zutrauen, aus welchen Gründen auch immer; die Stummen ebenso wie die Geschwätzigen; die Lustigen, Vorschnellen und Zickigen; die irgendwie anderen, die sich in gar keine Kategorie einordnen lassen; die vergnügt Heftigen, die bedrückt Aggressiven und die hilflosen Rabauken; die Unbeliebten, fast schon Welken, die grau und in sich gekehrt vor sich hin leben; Unauffällige, die bei näherer Betrachtung allerlei Auffälligkeiten preisgeben; Angeber, die nicht verlieren, keinen Fehler und keine Schwäche zugeben können; die Anschmieger, irgendwie bedürftig, darbend … und Mädchen natürlich und Buben.

Sie kommen aus Familien, die auch alle »anders« sind. In jeder Familie gelten andere »Werte«: hier starre Normen, dort Chaos … Die wenigsten Kinder wachsen eingefügt in stabile und sinnvolle, in schützende Ordnungen auf. Aber alle haben sie ein Recht auf Entfaltung, auf Sicherheit, Förderung und Wahrgenommenwerden. Weder darf ich mir die Angenehmen, die Leichtgängigen, die Offenen heraussuchen und zum Maß erheben noch die Düsteren oder die Beladenen. Alle wollen bedacht, gefördert, gebremst, angestoßen und freigelächelt werden, wollen Teil der Gemeinschaft sein.

Unter meiner aufmerksamen Begleitung, aber nur vorsichtiger Einwirkung entsteht im Laufe der Zeit eine eigene Balance von Beziehungen, immer wieder von uns allen austariert.

Wenn Katharina morgens unser Klassenzimmer betritt, begleitet sie die schmerzhafte Erfahrung der Trennung ihrer Eltern, begleitet sie die tägliche Konfrontation des Zusammenlebens mit einem neuen Freund ihrer Mutter, an den sie sich gewöhnen muss, den sie nicht mag. Am Wochenende fährt sie mit ihrem Bruder zum Vater, der auch wieder mit einer neuen Frau zusammenlebt. Das alles muss sie furchtbar verwirren.

Wenn sie montags in die Schule kommt, hat sie Erfahrungen gemacht und viele Bilder im Kopf, die unsortiert und unverstanden fortwirken. Vielleicht hat sie zusätzlich im Fernsehen drastische Bilder gesehen … Jetzt muss sie auch in der Schule noch mit neuen Erwachsenen zurechtkommen, mit der Sozialpädagogin im Hort und verschiedenen Lehrerinnen, die ihr alle fremd und zu viel sind. Manchmal kann sie das einfach nicht. Also muss ich mich ihr zuwenden, sie ins Gespräch verwickeln, ihr Vertrauen gewinnen und ihr Bedürfnis nach Rückzug respektieren.

Bernd kommt aus einem Zuhause mit seinem Vater und dem älteren Bruder. Die Mutter hat die Familie schon vor Jahren verlassen, als Bernd noch ein Baby war. Der Vater hatte versucht, eine neue Frau zu finden, aber die Kränkung saß zu tief, er war Frauen gegenüber misstrauisch, ein »echter Macho«, wie er selber sagt. Und so kam es zu keiner tragfähigen neuen Beziehung. Bernds älterer Bruder spricht viel über Mädchen, meistens in abwertendem Ton, meistens gemein. Bernd aber fühlt sich zu Mädchen hingezogen; er ist ohne Mutter aufgewachsen. Aber aus Angst davor, verletzt zu werden, ist er selbst oft verletzend. Außerdem dürfen die Buben, wenn sie bei der Oma sind, stundenlang und bis tief in die Nacht hinein fernsehen und bekommen tiefe Einblicke vor allem in die Schattenseiten des Lebens. Bernd hat große Angst davor zu versagen. Die ersten Monate schaut er mich überhaupt nicht an und zittert, wenn ich in seine Nähe komme. Ihm muss ich Sicherheit geben, nicht zu viel und nicht zu wenig von ihm verlangen.

Khadija kommt aus einer muslimischen Familie, fastet während des Ramadan, obwohl sie noch so klein ist, und muss sich dann manchmal am Vormittag hinlegen, weil sie so schlapp ist. Sie ist sehr schüchtern, aber eines Tages erzählt sie, dass in der Moschee ein Mann alle Mädchen, die kein Kopftuch trugen, geschlagen habe. Ihr Vater schlage sie, wenn sie nicht fleißig genug lerne. Wenn die Kinder sich zum Turnen umziehen, versteckt sie sich schamhaft, weil sie nicht in der Unterhose gesehen werden will. Khadija lebt durch das Hin und Her zwischen ihrer Welt zu Hause und der Welt in der Schule ständig wie auf brüchigem Eis; der Boden unter ihren Füßen gibt wenig Halt und Sicherheit. Sie braucht Zuversicht und meine Zuwendung, mein Verständnis, meinen Schutz.

Benjamin hat sich morgens von seiner Mutter verabschiedet, die gerade ihr viertes Kind erwartet. Diese Tatsache beschäftigt ihn sehr. Denn er hat als mittleres Kind die Erfahrung gemacht, weder der »Große« noch der »Kleine« zu sein, also vielleicht zu wenig wahrgenommen zu werden. Und dann irritieren ihn die blöden Sprüche, die übers »Kindermachen« unter den Buben kursieren. Er ist mit vielen Dingen beschäftigt, während er in der Schule sitzt. Nun will sich Benjamin ganz klein machen und möglichst nicht viel sagen. Aber gerade Reden wird in der Schule verlangt. Ich werde von ihm nicht mehr verlangen als eben geht.

Diese vier Kinder kommen morgens, zusammen mit zweiundzwanzig anderen, die alle bereits ängstigende Erfahrungen gemacht haben und mitschleppen, ins Klassenzimmer und müssten jetzt schnell alles wegschieben, aus Seele und Kopf verdrängen, was sich da angesammelt hat, damit sie die neuen Buchstaben und Zahlen und all die anderen neuen Dinge behalten können.

Das können sie nicht. Deshalb hat es keinen Sinn, es von ihnen zu fordern. Ich muss ihnen vielmehr helfen, neue, gute Erfahrungen zu machen, ihre Seelen besänftigen, ihr Interesse wecken, ein tragfähiges Fundament für sie alle schaffen.

Die Grundschule muss eine »Schonung« sein, wo Kinder, wie junge Bäume unter dem Schutz der alten und fest verwurzelten, sicher sind vor Verletzungen, bis sie stark genug sind, Wind und Wetter standzuhalten.

Bin ich nah an ihnen dran, fällt mir auf, dass einer wie Christian, der sich schwer tut mit dem Schreiben, ein unglaublich feines Gespür für Gerechtigkeit hat, dass er jeden Streit freundlich und großzügig schlichten kann. Wenn ich das wahrnehme, wird unwichtig, dass er nur mühsam schreiben lernt. Ich werde ihn immer wieder bitten, sich als Friedensstifter zu betätigen, und ihn herzlich anerkennen: »Ich danke dir, dass du diesen Streit geschlichtet hast.« Aus jedem Lob kann er sich wieder ein Sprungbrett basteln für den Anlauf über die nächste Hürde, von denen es so viele gibt; und ich bin beeindruckt, wie heldenhaft er täglich neu startet. Genauso muss ich wahrnehmen, wenn ein Kind von einem anderen unter Druck gesetzt wird, herausfinden, was dahinter steckt, und beiden aus ihrem Clinch heraushelfen.

Viele Kinder in der Grundschule sind gezeichnet von Erfahrungen, die zu schwer für ihre Schultern sind. Viele sind nicht geschützt vor den Nöten und Verunsicherungen der Erwachsenen, wachsen in Familien auf, die in irgendeiner Form nicht mit dem Leben zurechtkommen. Ich kann ihre Situation nicht ändern, aber unser gemeinsames Leben kann eine kleine Insel für ein bisschen Kompensation sein.

Tom, dessen Eltern getrennt leben und vorher viel gestritten hatten, malt alles in schwarzer Farbe, auch Bäume und Blumen. Und er kann sich nicht entschließen, einen Buchstaben einfach hinzuschreiben. Jeden Strich radiert er schnell wieder weg, setzt neu an und radiert aufs Neue. Auf diese Weise findet trotz allergrößter Anstrengung kein Wort den Weg aufs Papier. Er bekommt Wutanfälle, wenn ich mich neben ihn setze, um ihm zu helfen, also lobe ich ihn vor allem dann, wenn er rechnet, und unterhalte mich immer wieder mit ihm. Und dann, am Tag vor den Weihnachtsferien – er darf nachmittags mit dem Flugzeug zum Vater fliegen und freut sich seit Tagen inbrünstig –, schreibt er, dass mir fast die Tränen kommen: »*Libes Chriskind, ich wüsche mir, das maine Mama unt main Papa mich immer liphaben.*« Schön, sauber, ordentlich, ohne einmal abzusetzen oder zu radieren. Begeistert umarme ich ihn! Einen derartigen Durchbruch zu erleben ist für mich ein Großereignis.

Und ich weiß: Der beste Schutz gegen Ängste und Nöte, die beste Hilfe nach schlimmen Erfahrungen und »schlimmen Geheimnissen«, grässlichen Bildern und Vorstellungen sind gute, vertrauensvolle und tragfähige Beziehungen und die Chance, erfolgreich zu lernen. Deshalb lege ich in meinem Unterricht den allergrößten Wert auf Erfolgserlebnisse, sichere Beziehungen und friedliches Zusammenleben. Jedes Kind kann etwas; auch für den kleinsten Erfolg braucht und bekommt es Anerkennung.

Und es muss im Laufe der Zeit eine sichere Brücke von einem Kind zum anderen entstehen, die manchen Streit und manche Wut aushält, die nicht zusammenbricht unter Konkurrenz und Neid, unter Verachtung und Überheblichkeit; die auch die Vorurteile der Erwachsenen noch aushält. So eine Brücke brauche auch ich zu jedem einzelnen Kind. Meine Kinder sollen das Klassenzimmer mit der Gewissheit betreten, hier vor Verletzungen sicher zu sein. Ich möchte ihnen die Chance geben, ihre Sehnsucht nach Nähe, Sicherheit und Anerkennung hier zu stillen, ihr Bedürfnis nach dem »Dazugehören«.

Anerkennung, Achtung und Wertschätzung macht sie selbstbewusst und lässt sie gedeihen, und stets erweisen sie sich meines Lobs würdig. »Füttre uns mit Lob wie zahme Vögelchen. Die gute Tat, die ungepriesen stirbt, würgt tausend andere, die sie zeugen könnte«, sagt Hermione in Shakespeares »Wintermärchen«.

Von einer beschützenden Gemeinschaft aus, deren Strukturen und Regeln einsehbar sind, kann man auf die Welt zugehen. Es beruhigt, wenn man sich auf diese Strukturen verlassen kann. Es ist wie beim Starten zu einem Wettlauf: Wenn ein Fuß eine Stütze hinter sich hat, die verhindert, dass er nach hinten wegrutscht, bekommt der gesamte Körper Halt und die Kraft vorzuschnellen. Und der Start ist entscheidend für den Ausgang des Wettlaufs.

6 FUNDAMENTE

DIE SPRACHE

Sprechen, Lesen und Schreiben sind mehr als grundlegende Informationsmittel. Unser Bewusstsein braucht die Sprache: Von den unendlich vielen Eindrücken, die uns die Sinne vermitteln, erreicht nur ein winziger Bruchteil unsere bewusste Aufmerksamkeit. Nur was wir in Sprache – Gedanken oder Worte – fassen, wird uns bewusst. Sprache verankert uns. Sprechen, Lesen und Schreiben helfen uns, mit anderen in Kontakt zu treten. Sprache verbindet, macht die Erfahrung möglich, dazuzugehören, ist die Basis eines wie auch immer gearteten Heimatgefühls. Wer eine Sprache für seine Gefühle hat, kann sich und andere einschätzen, kann sich dem anderen erklären; eigene und fremde Gefühle wahrzunehmen und zu benennen ist die Bedingung dafür, nicht jeden Streit in Gewalt münden zu lassen. Ein bewusster Umgang mit den eigenen Gefühlen ist die Bedingung für Selbstbewusstsein, Kommunikations- und Konfliktfähigkeit.

Die PISA-Studie hat an den Tag gebracht, was man schon lange wissen kann. Viele Kinder, vor allem die fremden, lernen nie richtig Deutsch, haben deshalb kaum Chancen auf einen Schulabschluss und zu wenig Möglichkeiten, sich auszudrücken; sind deshalb gewaltbereiter. Die prompte Reaktion der Bildungspolitiker war, die Kinder auszusondern und extra in Deutsch zu unterrichten! Sie sollen Deutsch lernen unter lauter Nichtdeutschen. Das wird eine Sprach- und Integrationsleistung werden!

Auch immer mehr deutsche Kinder kommen ganz ohne Muttersprache in die Schule, weil niemand am Anfang ihres Lebens mit ihnen gesprochen oder ihnen vorgelesen hat. Sollen wir die ebenfalls alle extra »beschulen«? Oder ihre Defizite weiter ignorieren? Was wird dann aus ihnen?

Die Kinder meiner Klasse lernen voneinander und von mir sprechen und schreiben, beim gemeinsamen Spielen und Arbeiten. Sie integrieren einander, weil sie zusammen leben, während sie lernen. Fremde, fremde Deutsche und alle möglichen deutschen Kinder – alle zusammen sind in der Grundschule, um hier die Grundlagen zu erwerben. Es sind die Kinder, die es in diesem Stadtviertel eben gibt. Diese vorhandenen Kinder sollten gemeinsam groß werden, weil sie später auch miteinander zurechtkommen, gemeinsam unser Gemeinwesen betreuen und organisieren müssen. Dass sie aus verschiedenen Ländern, Schichten und Elternhäusern kommen, ist auch eine große Chance.

Als Kind saß ich im ersten Schuljahr in der Dorfschule vor einem plumpen Mädchen mit einem plumpen Gesicht – daran erinnere ich mich – und mit plumpen Beinen. Einmal meldete sie sich wie verrückt, fuchtelte wild mit den Armen und rief immer wieder: »Herr Lehro! Herr Lehro!« Und schließlich, weil sie es nicht mehr aushielt: »Herr Lehro, Tretrud – damit meinte sie mich – hot pfuzt!« Alle lachten. Ich war tief beschämt, konnte nicht fassen, was da geschehen war, schaute sie mir sicher danach genau an. Aber es fiel mir nichts auf. Und erst vor einigen Jahren wurde mir plötzlich klar, dass sie ein Kind mit Downsyndrom gewesen sein musste. Damals kam ich nicht auf die Idee, dass dieses Mädchen irgendwie anders sein könnte als die anderen. Sie machte ansonsten einfach mit den anderen mit. Die Dorfschule mit allen Altersstufen, mit aufgeweckten und desinteressierten, mit uns Flüchtlingskindern und behinderten Kindern war weiß Gott keine homogene Lerngruppe, aber ich lernte dort völlig unspektakulär in einem halben Jahr lesen und schreiben.

»Homogene Lerngruppen« sind Sehnsucht und Fantasie vieler deutscher Lehrer und vor allem Ministerialbeamter. Es gibt sie nicht, hat sie nie gegeben, es wäre langweilig, wenn es sie gäbe.

KINDER LERNEN VON KINDERN

Vor 1989 flüchtete ein tschechoslowakisches Ehepaar mit seinem sechsjährigen Filip nach München; sie wohnten zwei Monate bei einer deutschen Familie mit dem ebenfalls sechsjährigen Sohn Felix. Dann kamen beide in meine Klasse. Der tschechische Junge sprach fließend Deutsch. Er hatte in zwei Monaten im Spiel mit Felix und anderen Kindern und vom Eintauchen in die Sprache um ihn herum perfekt Deutsch sprechen gelernt. Das kann auch in meiner Klasse funktionieren: Sie sprechen viel miteinander beim Spielen, wenn sie zusammen arbeiten und während der Freiarbeit. Außerdem bin ich in ständigem Kontakt mit einzelnen Kindern.

Vor dem Fall des Eisernen Vorhangs flüchteten viele Familien aus der Ukraine und machten in München Station. Ihre Kinder besuchten vorübergehend unsere Schule in Schwabing. In einem Schuljahr kamen nacheinander vier Kinder in meine Klasse, die alle kein Wort Deutsch konnten. Innerhalb von zwei Monaten konnten sie es. Deutsche Kinder übernahmen freiwillig zeitlich begrenzte Patenschaften und unterstützten sie in allem, bis sie sich selbst helfen konnten. Mit Wort-Bild-Kärtchen übten sie mit ihnen täglich, die Dinge zu benennen; diese Karten sind zwar als Lese- und Schreibhilfe gedacht, dienten aber auch diesem Zweck.

Die deutschen Eltern bat ich, die ukrainischen Kinder so oft wie möglich einzuladen, auf Ausflüge mitzunehmen, damit sie sich einbezogen fühlten und leichter Deutsch lernten. Anderen zu helfen war auch für die deutschen Kinder eine wichtige und lehrreiche Erfahrung.

Sprechen, Lesen und Schreiben sind der Kern unserer Arbeit in der Grundschule. Alle Kinder brauchen ein solides Fundament und bekommen es gemeinsam! In der bunt gemischten Klasse ist voneinander Lernen ganz besonders wichtig. Sie erfahren so, dass sie alle in einem Boot sitzen. Alle können von allen lernen. Sie wissen und spüren das und nehmen es mit der gegenseitigen Hilfe sehr genau. Außerdem stärkt Helfen das andere und das eigene Selbstbewusstsein. Stärkt die Gemeinschaft. Und die wiederum stärkt jedes einzelne Kind.

WIE KINDER SPRECHEN LERNEN

In atemberaubendem Tempo bilden sich im Gehirn Nervenzellen, die im Lauf des Lebens immer weiter vernetzt werden – wenn, ja wenn neue Informationen ankommen! Wenn mit dem Säugling und dem Kleinkind gesprochen, gelacht, gesungen, getanzt wird, wenn mit ihm geschmust, gespielt und Quatsch gemacht wird. Wenn es dabei ist! Wenn ihm Geschichten erzählt und vorgelesen werden.

Wenn nicht – dann hat es bereits am Anfang seines Lebens Pech gehabt. Wenn ein Kind dann in die Schule kommt, ist Wichtiges bereits verpasst, manches für immer verspielt.

Doch man kann vieles nachholen, wenn man will. Wo Kinder nicht ständig still hintereinander sitzen und »brav« sein müssen, trainieren sie den ganzen Vormittag, in Tagesheimschulen den ganzen Tag. Sie dürfen – leise – während ihrer Arbeit miteinander sprechen. Ich unterhalte mich ständig mit einzelnen Kindern, erkläre und bespreche besondere Fragen in kleinen Gruppen; ich erzähle ihnen Geschichten, sie erzählen uns Geschichten; täglich lese ich ihnen vor, sie lesen einander vor; sie lernen und tragen Gedichte vor. Auch der übrige Unterricht – Heimat- und Sachkunde, Mathematik, Sport – lebt vom Gespräch, von Dialogen, von Kommunikation.

Das alles würde nicht reichen. Deshalb zapfe ich eine zusätzliche Quelle an: das Spiel. Morgens holen sie Spiele aus dem Regal, suchen Partner und fangen an zu spielen: alle möglichen Kartenspiele, Halma, Mikado, Brettspiele. Eine halbe Stunde spielen sie miteinander, lachen, streiten, vertragen sich und reden dabei unaufhörlich. Gleichzeitig lernen sie einander im Spiel gut kennen; üben, sich zu verständigen; lernen verlieren und gewinnen. Als leidenschaftliche Spieler unterbrechen sie höchst ungern das Spiel; gibt es Streit, verständigen sie sich schnell – und weiter geht's.

Das Gespräch ist unsere wichtigste Verbindung, muss kultiviert werden: Jeder hat Zeit auszureden – ich nehme mir Zeit und höre zu. Ich hoffe, sie nutzen die Möglichkeit, in aller Ruhe ihre Gedanken äußern zu können, und lernen dabei, Gespräche zu führen.

Wie wir lesen lernen, weiß in Wirklichkeit niemand. Forscher stellen immer neue Theorien dazu auf, doch es bleibt letzten Endes ein Geheimnis.

Damit sich jedes Kind möglichst vielfältig herausgefordert fühlt, halte ich mich an einen Lesekurs, der alle Elemente vereint, die mir wichtig sind; der das ganze Kind anspricht, der alle Sorten von Zugängen ermöglicht; der viel Betätigung, gemeinsame Unternehmungen und das richtige Leseangebot für alle Grade an Lesefähigkeit bereithält.

»Wort Welt wir«[20]: Ute Andresens Lesekurs trennt das reine Entziffern von Wörtern mit immer neuen Buchstaben vom Lesen kleiner Geschichten. Er kommt bewusst ohne Fibel aus; es gibt stattdessen aber 50 kleine Büchelchen mit vielen Texten zum Kinderleben. Fibeln haben die fatale Eigenschaft, die Intelligenz von Kindern gnadenlos zu unterfordern; sie bieten nur einfachste und dümmlich illustrierte Texte. Unsere pfiffigen Kinder sehen das Bild, und ohne mit der Wimper zu zucken können sie das Wort dazu sagen. Lesen müssen sie das nicht. Unser Lesekurs bietet – ohne Illustration – eine Menge Wörter zu jedem Buchstaben an. Man muss aus den Buchstaben **W – o – l – k** und **e** das Wort zusammensetzen, dem so entstandenen Klang nachlauschen und die Bedeutung erfassen. So liest der Mensch. Die Fantasie unterstützt diesen Prozess und illustriert selbst das mühsam zusammen gelesene Wort **Wolke**. Der Lohn dieser Anstrengung ist also unendlich viel größer.

Die meisten Kinder lernen damit spielend lesen, weil die Vielfachinformationen alle möglichen Eingangskanäle bedenken und alle Sinne angesprochen sind. Alle werden scharf aufs Lesen, und jedes kann es auf seine besondere Weise lernen. Nur die ersten Buchstaben mit dazugehörenden Wörtern lernen sie gemeinsam, danach kann jedes Kind in seinem Tempo weitermachen; sie brauchen nicht aufeinander zu warten. Kein Mensch kann dem anderen gleichen, sagen die Hirnforscher, und meine Erfahrung bestätigt sie tagtäglich. Die kreative Antwort ist: Jedes Kind muss selbst herausfinden, was ihm bekommt. Ich mache eine Fülle von Angeboten. Wenn es auf die eine Weise nicht klappt, dann eben auf eine andere; und wenn dabei auch nicht, dann auf wieder eine andere. Ich bin verantwortlich, ich muss ihnen helfen, ihre Strategie zu entwickeln.

Jedes Kind erklärt sich zur Patin/zum Paten eines Buchstaben. In einem feierlichen Akt werden die Patenschaften ausgehandelt und festgelegt: Bastian wählt das **B**, Charlotte das **C**, Teresa das **T**, Franziska das **F**…

Aus einem Korb mit bunten Stoffresten sucht sich jedes Kind ein Stück aus, das ihm besonders gefällt. Ich nähe die Buchstaben auf ein quadratisches Stück Stoff und schenke es dem Kind, wenn sein Buchstabe dran ist. Die Quadrate werden allmählich aneinander genäht. So entsteht eine haltbare und hübsche Dokumentation, die wir als Wandschmuck oder als Tischdecke bei unseren Tafelrunden benutzen können.

Jeden neuen Buchstaben feiern wir durch vielerlei Aktivitäten: Knete, Spiele, Lieder und Gedichte, Malen, Verkleiden – die jeweiligen Paten sind die Hauptperson und stehen im Mittelpunkt.

Am Anfang dreht sich alles ums Wort, die kleinste Sinneinheit der Sprache. Wörter sind die Namen der Dinge. Das Wort **Wort** ist unser erstes Wort, das Wort **Welt** das zweite, weil wir mit Worten die Welt beschreiben und erklären, weil alles in der Welt mit einem Wort benannt werden kann. Das Wort **wir** ist unser drittes Wort. Viele einzelne Kinder und ich, wir sind dieses **Wir. Wort**, **Welt**, **wir** und das **w**, **W**, stehen im Mittelpunkt der ersten Woche.

Andere Wörter mit **W** folgen, es wird gemalt, gesungen, geschrieben, deutlich gesprochen. Sie lernen Gedichte, singen Lieder, malen Bilder, schmücken ihre Buchstaben aus, arbeiten mit Knete: Alles hat mit diesem **W** zu tun. Wenn das **W**etter gut ist, gehen wir raus und schauen, ob es **W**olken gibt, vielleicht gar **w**eiße **W**olken oder **W**ind. Vielleicht ist es **w**arm; dann **w**andern **wir** ein Stück in den Park, an den See, schauen aufs **W**asser. Sch**w**äne sch**w**immen dort immer umher.

Wenn das Prinzip klar ist, gebe ich den Kindern den Auftrag, Dinge mitzubringen, kleine Figuren, die alle einen Namen haben; und wenn ein **w** oder **W** dabei ist, gehören sie auch in unser Spiel. Sie werden an einem besonderen Platz ausgestellt, bis der nächste Buchstabe sie verdrängt. Dann wandern sie zusammen mit immer neuen Mitbringseln in einen mit *Sachen* beschrifteten Kasten. Die Kinder sprechen den Namen jedes Objekts genau aus, um herauszuhören, welcher Buchstabe darin vorkommt.

Auto, Vogel, Clown, Rose, Katze, Nikolaus, Flasche, Flugzeug, Marienkäfer, Parfüm, Ei, Dose unterstützen später das Rechtschreiben: Figur in die Hand nehmen, begutachten, Namen sprechen, Wort schreiben, Kärtchen zuordnen, Schreibweise vergleichen und korrigieren. Oder anders herum: Wörter auf den Kärtchen entziffern, passende Figuren suchen und in die Hand nehmen, Namen aufschreiben, vergleichen, sich daran freuen.

Das ganze Kind ist beschäftigt: Die Augen sehen das niedliche Kätzchen, die Fantasie kann es sich gut »in echt« vorstellen, die Finger fassen unterschiedliche Materialien an, sanfte Gefühle für das kleine Kätzchen begleiten die Arbeit: Die Namen der Dinge ordnen sich leicht dazu, die Schreibweise kann sich – umgeben von all diesen positiven Eindrücken – leicht einprägen.

Ich lasse mir für diese ersten Buchstabenorgien viel Zeit. Die Kinder sollen begeistert und überwältigt sein und zu ahnen beginnen, was da alles auf sie zukommt! Ein komplexes Angebot von genüsslichen Erlebnissen, Bildern, Farben, Gerüchen folgt der Vorstellung jedes neuen Kandidaten. Und natürlich wird täglich vorgelesen. Ich bringe eine Menge Stofftiere mit, fürs Buchstabenlernen: einen **L**öwen fürs **L**, einen **B**ären fürs **B**, ein **H**äschen fürs **H** … Sie liegen in einem Korb im Eck, und immer mal wieder nimmt ein Kind sich eins, hält es fest in der Hand beim Schreiben, Rechnen, weil das Sicherheit gibt, beruhigt und entspannt.

Werbe- und Naturfotografien aus Zeitschriften entzünden das Interesse für neue Wörter. Die Botschaft dieser Bilder ist so eindeutig, dass der isolierte Gegenstand oder das Tier an sich als Prototyp in die Augen springt. Die Fotos hänge ich an die Tafel und schreibe darunter groß und deutlich den Namen des Gegenstands, die aktuellen Buchstaben hebe ich besonders hervor: vorn groß, sonst klein.

Also das **W**: Ich präsentiere ihnen Fotos von der **W**eltkugel, von einem **W**ollknäuel, einer **W**aage, einem **W**asserstrahl aus einem **W**asserhahn, einer **W**iese, einer **W**ippe, einem **W**aschbecken … Ich zeige ihnen konkret, was ich eben zeigen kann: **W**olle und **W**atte gebe ich ihnen in die Hand, mit dem **W**asser in einer Schüssel lasse ich sie plantschen … Die Fotos mit den Namen drunter aber brauche ich, um den Weg in die Abstraktion zu bahnen.

Das Wort **wir** müssen wir definieren. Zuerst sprechen wir darüber; sie müssen diesen Begriff umschreiben, können ihn malen: Jedes Kind malt sich. Alle auf ein großes Papier geklebt – alle zusammen, das sind **wir**. Jedes Kind könnte auf sein Bild ich schreiben: Viele Ichs sind das **Wir**. Oder jedes Kind malt seinen Nachbarn – alle zusammen sind auch **wir** … Die Namensschilder hänge ich in einen engen Kreis an die Pinnwand: In der Mitte steckt ein **wir**-Kärtchen.

Hausaufgabe: **Wir** in meiner Familie. Es gibt unendlich viele Möglichkeiten; je nach Kraft, Zeit und Ideen kann ich mich voll entfalten. Eingepackt in viele köstliche Erlebnisse und Assoziationen, haften die neuen Informationen umso besser in ihrem Gedächtnis und verbinden sich mit bereits Vorhandenem.

Sie bekommen zu jedem Buchstaben passende Buchstaben- und Wortkärtchen, die ihnen helfen, die komplexen Informationen ein wenig zu sortieren. Die Wörter können sie immer wieder lesen und abschreiben. Mit den Buchstaben können sie später Wörter zusammensetzen.

Buchstaben suchen und entdecken wird zum Fest! Alle Buchstaben bekommen ein Festtagskleid: Das **B** versinkt beinahe im Teig, den wir beim **B**äcker holen. Wir formen **B**rezen daraus; gebacken sind sie **b**raun, mit **B**utter schmeckt jeder **B**issen **b**esser. Wir machen einen Ausflug in die **Bib**liothek; alle suchen sich ein **B**uch heraus, betrachten es, und wir bleiben eine Weile dort. Wir könnten auch mit **b**unten **B**allons einen kleinen Spaziergang durch den Park machen. Manche selbst gemachte **B**reze ähnelt einem **B**usen – umso besser.

Dem **C** zuliebe veranstalten wir ein ordentliches **C**haos. **C**hamäleons sind seltene, aber außergewöhnliche Tiere, und was sie können, würde ich auch gern können. Wie **D**rachen sehen sie aus. Die Drachen werden wir uns für das **D** merken. **D**inosaurier machen ihnen Konkurrenz! Die schönsten Bilder, die ausgefallensten Ideen werden zusammengetragen.

Nudeln in Buchstabenform sortieren sie nach eigenen Kriterien; auf unserer Kochplatte kochen wir dann Buchstabensuppe, und an unserer schön gedeckten Tafel verspeisen wir einen Buchstaben nach dem anderen.

Lampions fürs **L**. Wir **l**aufen damit **l**eise über den F**l**ur, **l**auschen an jeder Türe, aus mancher K**l**asse dringt **L**ärm. Oder jedes Kind darf ein **L**os ziehen. Hauptgewinn: Wir singen alle sein **L**ieblings**l**ied. **L**aus und **L**öwe **l**aufen um die Wette – wer siegt? Da alles so **l**ustig ist, folgt eine kleine **L**acheinlage: Wir **l**achen a**ll**e aus vo**ll**em Halse.

Sechsundzwanzig Buchstabenkärtchen sammeln sie im Lauf der Zeit, lernen sie kennen und lesen, legen sie gemeinsam zu Wörtern – alles optisch, haptisch, auditiv aufs Feinste herausgeputzt! Lieder und Gedichte gehören auch zum Material des Lesekurses.

SONNE & MOND – ein Lied
O o o, der Mond scheint so
hell in mein Zimmer hinein.
O, o, o, das macht mich so
munter, ich schlafe nicht ein.

Die Sonne hoch am Himmel lacht – Arme ganz hoch
der Mond scheint einsam in der Nacht – Hände falten, Kopf traurig nach unten. Sie singen und sprechen – gleichzeitig erfahren sie, dass es offene Os gibt und geschlossene.

S & s
Pssssst!
Sei leise,
wir wollen
nicht stören.
Flüster
und schleiche,
man soll uns

nicht hören.
Pssssst!

- Die ersten Wörter stehen auf Karten, werden in einem Kuvert gesammelt, immer wieder herausgenommen und gelesen.
- Liedertexte zu jedem Buchstaben kleben sie ins Heft ein (kleben lernt man dann auch gleich), und so entsteht allmählich ein Liederheft, eigenhändig illustriert.
- Die Gedichte für jeden Buchstaben lese ich am Anfang vor, bald können sie das allein. Sie kleben sie ein, malen dazu, lernen sie quasi nebenher auswendig. Ein paarmal gehört – und schon gekonnt. Ein eigenes Gedichteheft entsteht.

Vielfach eingebettet, vertont und illustriert, farbig und drastisch, erlebt, gerochen, geschmeckt rutschen Form und Klang der Buchstaben, Bedeutung und Rhythmus der Texte, Melodie und Botschaft der Lieder, die gemeinsame Freude und neue Beziehungen in das Gedächtnis – bleiben da, verbinden sich mit Altem und machen neugierig auf Neues.

Wenn alle Buchstaben gelernt sind, im Februar des nächsten Jahres, zu Beginn des Faschings, feiern wir ein Buchstabenfest. Pauline verkleidet sich als Papagena, macht aus ihrem **P** ein Kunstwerk, das ausgestellt wird, trägt ihr **P**-Gedicht vor, und wir alle singen das **P**-Lied. Nacheinander feiern wir so alle sechsundzwanzig Buchstaben und dabei alle Kinder, die jetzt lesen und schreiben können. Die Eltern sind eingeladen; sie haben köstliche Speisen und Getränke mitgebracht; wir haben den Tisch festlich gedeckt. Alle sind froh und glücklich. Und die Eltern sind stolz auf ihr Kind. Sie haben keine Angst mehr.

Feste sind immer ein Anlass, die Eltern einzuladen und ihnen öffentlich vorzutragen, was die Kinder können: festlich gestimmt, fröhlich und stolz.

Es ist ein Grundbedürfnis zu präsentieren, was man gelernt hat, anerkannt zu werden. Und das Gelernte wird damit noch sicherer im Gedächtnis verankert.

KINDER LERNEN SCHREIBEN

Schreiben ist sich selber lesen.
Max Frisch

Sprechen, Lesen und Schreiben gehören zusammen. Kinder sprechen die Worte, die sie schreiben wollen. Sie könnten lesen lernen, ohne schreiben zu lernen. Aber schreiben können sie nicht, ohne zu lesen. Ich muss ja die Buchstaben kennen und sinnvoll aneinander reihen, um richtige Worte und Sätze zu formulieren. Ich muss das Wort denken und am Anfang langsam und deutlich sprechen, bevor ich es schreiben kann.

Die Fachleute streiten sich um Details, und sie tun das mit einem gewissen Recht. Ich höre da gern zu, zeigt es mir doch, dass wir nicht wirklich wissen, wie es funktioniert. Und das fasziniert mich! Die Erfahrungen mit meinen Kindern aber beeinflussen mich. Ich erkenne dann konkret, wie viele Möglichkeiten es für alles Lernen gibt. Und ich denke mir immer neue Strategien für die Kinder aus, die sich mehr abmühen müssen als andere.

Die Buchstaben lernen eigentlich alle Kinder ziemlich rasch. Aber wenn sie mehrere hintereinander, also ein Wort entziffern müssen, dann tauchen verschiedene Klippen auf. An dieser Stelle muss dann ausprobiert werden.

Gemeinsam schreiben alle das erste Wort, in Druckschrift, angeleitet von mir, bis es auswendig und formgerecht geht. Immer wieder wird gemeinsam geschrieben. Ich lege dabei viel Wert auf Ruhe und Konzentration, schreibe langsam und ausführlich an der Tafel vor, damit sie sehen, dass auch ich langsam schreiben muss, wenn es schön werden soll. Alleine schreiben sie bald auch Buchstaben und Wörter, wann und was sie möchten, die Schnellen natürlich schneller. Der Lesekurs mit all den unterschiedlichen Elementen bietet Raum für individuelle Arbeit.

Ich liebe die Bilder, die sie montags über ihr Wochenende malen, Illustrationen zu den Märchen, die ich ihnen vorlese, oder was ihnen sonst einfällt. Anfangs schreibe ich darunter, was sie mir sagen, bald schreiben sie selbst. Dabei sprechen sie zuerst ihr Wort, dann schreiben sie, was sie hören. Ohne Sprechen kein Schreiben. Und schon bald fangen sie an, ihre Gedanken zu schreiben – das drängt sich einfach auf. Ich behandle diese ersten Texte wie Juwele, korrigiere sie nicht. Eine Tabelle mit Buchstabe und Bild, also **E** mit Bild **E**sel, **K** mit Bild **K**ind, kann ihnen beim Schreiben helfen. Es entstehen ausführliche Schilderungen oder auch lakonische Feststellungen über Menschen oder Erlebnisse.

Anna kukd freundich zur Isabel und dan sagt die was willst du fon Mir dan fült Ana sich angegrifn und dan Schdicht Sie Isabel und dan weint Isabel.

Typisch Mädchen. Besonders Beziehungen interessieren sie von Anfang an. Jessica hat fein beobachtet, genau verstanden, wer wen wann gekränkt hat, und den komplizierten Streit genau aufgeschrieben. Ein großer Schritt, das aufzuschreiben, es mir dadurch mitzuteilen und dann darüber zu sprechen. Eine Art Zauberei, und sie ist die Zauberin!

Interesse an den Menschen ist einprogrammiert, deshalb wird genau beobachtet, was passiert. Im Spiel, gemeinsam mit anderen, selbstständig, aktiv, ohne Druck, lernen sie sich und die anderen verstehen. Gefühle spielen eine zentrale Rolle. Es geht um Nuancen in Beziehungen; sie wahrzunehmen, zu benennen und ihre Macht zu verstehen ist von großer Bedeutung – emotionale Intelligenz erwirbt man so.

LESEN MUSS SICH LOHNEN

Müht ein Kind sich ab, entziffert es mit der größten Anstrengung ein paar Wörter, um dann herauszufinden, dass die Information den Aufwand wirklich nicht gelohnt hat, so ist das eine systematische Frustrationsübung! Fibeln sind so.

Da ist der Ball. Otto holt den Ball. Fang den Ball, Otto! Au fein!

Ein Kind muss sich auf den Arm genommen fühlen, wenn es den Sinn – oder Nichtsinn – dieser dummen Sätze erfasst.

In seinem Buch »Kinder brauchen Bücher« schreibt Bruno Bettelheim:

> Die Texte in unseren Fibeln enthalten nichts, was dem Kind neu wäre, und kaum jemals etwas, wofür es sich innerlich interessiert. Selbst wenn es möglich wäre, das Kind wirklich für den Text, wie er in dem beschränkten Wortschatz ausgedrückt ist, zu interessieren, so ist doch das Denkniveau weit unter dem des durchschnittlichen Kindes, sodass der Text ihm effektiv nicht gerecht wird. All das sind Gründe, weshalb es dem Kinde nicht möglich ist, am Akt des Lesens inneren Anteil zu nehmen, außer wenn es das aus ganz persönlichen Gründen tut.[21]

Diese Pein will ich den Kindern ersparen. Und ich will ihnen echte Botschaften schicken. Wie ich sie meinem Sohn auf den kleinen Zettelchen hinterlasse, um ihn zu begrüßen, wenn ich nicht zu Hause bin:

Hallo, lieber David, bin um fünf Uhr wieder da! Eine Überraschung steht im Kühlschrank!

Bussi von deiner Mama

Wenn sie zu lesen anfangen, schreibe ich morgens vor dem Unterricht einen Satz an die Tafel, um sie zum Lesen zu motivieren. Da steht dann zum Beispiel:

Die rote Schleife in Melanies Haar ist wunderschön.

Tommy ist jetzt wieder gesund. Wie schön!

Heute Nacht hat es gedonnert! Hast du das gehört?

Gespräche entwickeln sich aus diesen kleinen Hinweisen – persönliche Gespräche, bis alle da sind. Wenn sie Lust haben, gibt es ein gemeinsames Gespräch im Kreis, damit jeder seine Geschichte dazu erzählen kann.

Eines Tages kommt Sahin hereingerannt, ruft: »Ich freu mich so!«, und hüpft mit beiden Beinen gleichzeitig in die Luft. Er dürfe »ins Training«. »Stell dir vor, wenn ich keinen Bruder hätte, könnte ich jetzt nicht ins Training«, weil der Bruder ihm Fußballschuhe, Hemd und Wadenschoner schenke. Am nächsten Tag: »Ich freu mich so! Jetzt sind es nur noch zwei Tage!« Und er erzählt mir von all seinen Plänen, von seiner Aufregung, und dass er schon gar nicht mehr schlafen könne.

Am nächsten Tag schreibe ich an die Tafel:

Sahin freut sich auf Freitag. Dann darf er Fußball spielen.

Sahin kommt herein und ruft glücklich: »Morgen! Morgen!« Dann liest er, was da steht, und strahlt. Die anderen Kinder entziffern den Satz und staunen.

Am nächsten Morgen steht an der Tafel:

Sahin kann sehr gut bolzen. Er hat schon ein Tor geschossen.

Strahlend betritt er an diesem Morgen das Klassenzimmer. Die anderen Kinder machen ihn auf die Schrift an der Tafel aufmerksam, und er liest, schon sehr routiniert; dann erzählt er uns allen, wie es gewesen ist.

In der nächsten Woche höre ich, dass sein Freund Ümit auch ins Training geht. Am nächsten Morgen steht an der Tafel:

Ümit geht auch ins Training.

Ümit kann noch nicht gut lesen, hat noch Angst davor. Deshalb geht er an der Tafel vorbei, als ob ihn das alles nichts anginge. Das machen sie alle, wenn sie noch nicht lesen können. Sie ignorieren die anderen Kinder, die vor der Tafel stehen bleiben und ihre Taschen fallen lassen, um zu entziffern, was da steht. Weil sie sowieso wissen, dass sie es nicht werden lesen können.

Die anderen Kinder machen ihn auf den Satz aufmerksam. Seinen Namen kann er lesen und lächelt, aber weiter kommt er nicht. Die anderen helfen ihm, und stolz lässt er sich bestaunen.

Wer sich lange schwer tut mit dem Lesen, kommt trotzdem immer wieder dran. Dann steht da: *Hallo, Elena!* oder *Pass auf, Andreas!* oder *Komm zu mir, Jan!*

Auf diese Weise kriege ich sie alle.

Am Freitag kommen die beiden mit ihren Fußballklamotten vom MTSV Milbertshofen in die Klasse und zeigen sich der staunenden Kinderschar. Ich fotografiere sie. Der eine groß und mollig, der andere klein und schnuckelig, beide in viel zu großen Hosen und Hemden, mit Riesenschuhen und Wadenschonern!

Mehrere Sätze über dieses wunderbare Fußballteam stehen in den nächsten Wochen an der Tafel. Bis auch Ümit kapiert, dass Lesen sich lohnt.

Ich weiß nicht wirklich, wie ein Kind lesen lernt. Täglich lerne ich von den Kindern mindestens ebenso viel wie sie von mir und durch mich. Wenn ich aber beobachte, wie der polnische Adrian zusammen mit dem serbischen Danijel dem türkischen Soner beim Lesenüben hilft, weiß ich, dass ich auf dem richtigen Weg bin.

Im Sportunterricht sind nun Sahin und Ümit eine Weile die Anführer, wenn Fußball gespielt wird. Andere Buben gehen jetzt auch in diesen Fußballverein, und sie fachsimpeln. Ihre Beziehung hat sich durch all diese gemeinsamen Erlebnisse und Leseexperimente aufs Beste entwickelt.

In den vielen Gesprächen erfahre ich von den Lieblingsbeschäftigungen der Kinder und von ihren Sehnsüchten, von ihren Freuden, ihren Sorgen und ihren Ängsten. Dann steht davon etwas an der Tafel! Jedes Kind ist einmal herausgehoben aus der Gruppe, erkennt sich und die anderen, als Kinder in der Schule. Auf diese Weise bekommen sie wichtige Impulse fürs Lesenlernen: Wenn ich entziffern kann, was da steht, macht mir das Spaß; ich erfahre etwas Neues oder bin die Hauptperson. Es lohnt sich also, einen Satz zu entziffern, weil echte Informationen oder etwas zu lachen in den fremden Zeichen warten.

Eine Attraktion sind auch die roten Dosen. Dort stecken Karten mit geheimnisvollen Aufforderungen:

Schau hinter die Tafel und sag mir dann, was du dort siehst.

Oder Rätsel : *Hoch oben am Himmel*
traben die Schimmel,
eine ganze Herde,
kommt nie auf die Erde.[22]

Und *Gestern, ich wollte nach Hause gehen,*
da blieb ich wie angewurzelt stehen:
Einen bunten Bogen hab ich gesehen –
So schön, als wäre ein Wunder geschehen.[23]

Oder Fragen: *Hast du heute schon gelacht?*

Sie können entweder etwas tun, nach der Lösung eines Rätsels suchen oder eine Frage beantworten.

Es gibt auch schriftliche Anweisungen:

Bitte deine Mutter, dir einen Euro für das Museum mitzugeben. Oder: *Du brauchst neue Hausschuhe, die alten sind zu klein geworden!*

Einmal nähert sich kichernd und zögerlich ein Kind mit einem kleinen Buch in der Hand, setzt sich aufs Stühlchen, sagt: »Hör zu!« Schließlich zeigt es mir einen Streifen, auf dem steht: *Ge zu Frau CziscH und les Sie ein Buch foa!* Und dann liest sie mir vor.

Sie haben eigene Lese- und Handlungsstreifen gemacht. Später taucht die Aufforderung auf: *Ge zu Frau Czisch und schraichel sie 2 mal!* Musste dann auch gemacht werden, zum größten Gaudium der ganzen Klasse. Ihre eigenen Sätze für die Streifen muss ich korrigieren. Die Kinder sollen das Gelesene verstehen und gleichzeitig erfahren, wie man das richtig schreibt. Jeder ganz besonders gelungene Satz darf – von mir überprüft – auf einen Streifen geschrieben und in die Dose gelegt werden.

Ich formuliere kleine Texte über die Kinder, mache daraus ein Heftchen und schenke es ihnen zu Weihnachten. Da kann jedes Kind etwas über sich und die anderen lesen.

JAN

Jan mag nicht,
wenn ein Kind
von allen anderen beschuldigt wird.
Er verteidigt es immer.
Da freut sich die Frau Czisch.

ANNA

Anna war krank.
Sie hatte Angina.
Der Hals tat ihr weh.
Sie ist wieder in der Schule.
Aber sie sieht noch
ganz blass aus.

DANIEL

Daniel kann schon
sehr gut rechnen.
Er weiß genau,
wie Memory und Domino gehen.
Darum kann er
die Rechenspiele gut erklären.
Er macht das gern.

ADRIAN

Adrian hat uns alle überrascht.
Auf einmal konnte er lesen.
Jetzt möchte er
den anderen Kindern
am liebsten alles vorlesen.

KATHARINA

Katharina übt lesen.
Sie liest das Buch
von Frau Meier
und den Äpfeln.
Sie sitzt gemütlich
auf dem Schoß
von Frau Czisch
und liest und liest.

MICHAEL

Michael kommt aus Rumänien,
er weiß viele Sachen
und interessiert sich für alles.
In Rumänien gibt es
riesige Schmetterlinge,
hat er uns erzählt.
Die würden wir auch gern sehen.

MANUEL

Manuel ist ein Wilder.
Am liebsten saust er herum.
Darum ist es für ihn schlimm,
wenn er lange stillsitzen muss.
Aber er übt und übt
und hält es immer länger aus.

MARKUS

Markus kann sich im Sport
herumkugeln wie ein Ball.
Wir haben Angst,
dass er sich wehtut.
Aber nein!
Er steht auf und rennt weiter.

Aus den Gesprächen mit den Kindern oder aus ihren ersten schriftlichen Berichten suche ich Passendes heraus und mache kleine Rechtschreibübungen daraus.

IM BAD

Ich war mit meiner Mama im Bad.
Im Bad habe ich die Elena gesehen.
Es war heiß.
Wir haben ein Eis bekommen.

BEIM SCHIFAHREN

Oben am Berg dachte ich, ich schaffe es leicht.
Aber beim ersten Huppel bin ich gleich hingeknallt.
Ich hatte die Schier meines großen Bruders an.
Die waren mir zu groß.
Meine Schuhe sind immer herausgerutscht.

Diese Geschichten haben mit ihnen selbst zu tun. Sie erkennen sich oder gemeinsame Erlebnisse wieder – und so stellt sich die innere Beziehung zum Text her. Sie strahlen, wenn sie den Text entziffert haben, und dann beschäftigen sie sich ganz anders damit, als wenn da steht:

Hans hört nicht.
Mutter findet Hans nicht. Er soll
Brot holen. Hans ist auf dem Baum
am Haus. Er liest ein Buch.

Niemand kennt einen Hans, der auf einem Baum liest. Kopiervorlagen oder Fibeltexte sehen meistens so aus.

Ab und zu machen wir kleine Rundgänge durchs Viertel, und alles wird gelesen und aufgeschrieben, was irgendwo steht. Schlagzeilen der Zeitungen bringe ich mit, wenn sie etwas damit anfangen können, und hänge sie morgens an die Tafel. Allmählich lesen sie alles, was ihnen vor die Augen kommt.

Täglich lese ich ihnen vor, vor allem die wichtigsten Märchen. Weil ich mir vorstelle, dass für diese Kinder von überall her Märchen etwas Verbindendes sein könnten, weil sie die fundamentalen Menschheitsthemen behandeln und immer gut ausgehen. Sie malen ihre liebste Szene aus diesem Märchen und schreiben ihren Satz dazu – wenn sie es noch nicht können, mache ich das.

Später schreiben sie selbst kleine Zusammenfassungen der Märchen, gemeinsam formuliert und von mir aufgeschrieben, in Hefte mit abwechselnd linierten und unlinierten Seiten: eine Seite Text, daneben Bild. Es entstehen kleine illustrierte Märchenhefte, mit Kurzfassungen der bekanntesten Märchen:

SCHNEEWITTCHEN
Es war einmal ein schönes Mädchen.
Die böse Stiefmutter fragt jeden Tag:
Spieglein, Spieglein an der Wand,
wer ist die Schönste im ganzen Land?
Schneewittchen ist die Schönste.
Bei den sieben Zwergen hat sie einen giftigen Apfel gegessen.
Schneewittchen schläft wie tot im gläsernen Sarg.

Der Königssohn küsst Schneewittchen, da wacht sie auf.
Sie feiern Hochzeit und sind glücklich bis an ihr Ende.

DORNRÖSCHEN
Es war einmal ein schönes, liebes und kluges Mädchen.
Die böse Fee verzaubert das ganze Schloss.
Alle schlafen hundert Jahre.
Da kommt ein Prinz und küsst Dornröschen wach.
Alle wachen wieder auf.
Sie heiraten und leben glücklich bis an ihr Ende.

Vielfältig muss die Beschäftigung mit Worten und Texten sein, damit für jedes Kind – mit seinen verschiedenen Eingangskanälen zum Gehirn – etwas dabei ist oder für manche eben alles, die ganze Vielfalt! Ein Kind legt seine ganze Inbrunst in die Bilder, das andere schreibt die Texte besonders schön, hat nicht so viel fürs Malen übrig, hört atemlos zu, wenn ich vorlese; manche machen alles wunderbar. Spannende und geheimnisvolle Geschichten regen die Fantasie von Kindern an, und Lesen, Schreiben und Malen machen ihnen Spaß. Auf diese Weise lernt es jeder.

DIE ERSTEN BÜCHER

Zum Lesekurs »Wort Welt wir« gehören fünfzig kleine Heftchen, die »Goldenen Bücher«, mit goldenen Nummern. Sie bestehen aus nicht mehr als zehn Seiten. Mit wenig Text, witzigen Zeichnungen oder Cartoons locken sie auch die Zaghaften. Die Texte beziehen sich allesamt auf kleine Ausschnitte aus dem Kinder- oder Tierleben. Sie sollen allmählich durchgelesen, zur Selbstkontrolle jemandem vorgelesen und ihre Nummer dann auf einer Tabelle abgehakt werden.

SONI HAT ANGST
Soni hat Angst,
weil es dunkel ist.

Soni hat Angst,
weil niemand da ist.
Soni hat Angst,
weil die Haustür klappt.
Soni hat Angst,
weil die Treppe knarrt.
Soni hat Angst,
weil es klingelt.
Soni hört Mamas Stimme:
Soni, mach auf!
Soni macht auf.
Mama steht
vor der Tür.
Sie hat
keinen Schlüssel.
Ute Andresen

Und die Serie »Neues von Paule«

RICHTIGE SCHWEINE
Du, Mama!
Heute waren wir
baden.
Im Schlammbad.
Es war herrlich!
Wir sind reingesprungen.
Wir sind doch richtige
Schweine. Oder nicht?[24]
Jutta Gabert

Ich möchte die Kinder locken, sie neugierig machen und verführen, und deshalb hängt am Regal der Klassenbibliothek groß und deutlich sichtbar ein Plakat mit einem Rätsel. Und nur, wer richtig rät, darf in die Leseecke:

Drei Wächter halten Tag und Nacht
An dieser grünen Grenze Wacht.
Und willst du rüber, stell'n sie dir
Zuerst ein Rätsel, dieses hier:
Es hat einen Deckel,
doch es ist kein Topf.
Es hat einen Rücken,
doch ohne Kopf.
Es hat viele Blätter,
doch keines ist rund.
Es steht ohne Füße,
es spricht ohne Mund –
Wer das nicht rät,
der darf nicht ins Land.
Also rat mal das Rätsel.
Du hast's in der Hand.
Robert Gernhardt[25]

Die Bücher der Klassenbibliothek erweitern den Horizont, die besten Kinderbücher für kleinere und größere Kinder.

Die Geschichten dürfen nicht so platt erzählt sein, dass für die Fantasie nichts mehr übrig bleibt; sie müssen zum Nachdenken anregen, zum Lachen, zum darüber Sprechen; die Anstrengung muss sich lohnen. Und die Illustrationen dürfen den Text nicht zunichte machen, nicht kitschig oder kindisch sein.

Seit Wochen suchen wir ein Haus,
wir müssen aus dem alten raus.
Das neue sollte nicht zu klein
und etwa so beschaffen sein:
Acht Zimmer zum Hausen,
acht Küchen zum Schmausen,
acht Wannen zum Duschen,
acht Flure zum Huschen,
acht Öfen zum Wärmen,

acht Treppen zum Lärmen,
acht Fenster zum Gucken,
acht Ecken zum Spucken,
acht Türen zum Schlagen,
acht Wände zum Nagen,
rundherum ein Riesenpark,
Preisvorstellung: Eine Mark.
Wer hilft uns aus der Wohnungsnot?
Wir warten auf Ihr Angebot!
Familie Erdmännchen
Robert Gernhardt[26]

Texte mit Sprachwitz und Sprachspiele mögen die Kinder besonders gern:

Gesetzt den Fall, ihr habt ein Schaf gekränkt –
(»Gesetzt den Fall« heißt »Nehmen wir mal an«) –,
gesetzt den Fall, es hat den Kopf gesenkt
und ist euch böse – ja, was dann?

Dann solltet ihr dem Schaf was Liebes sagen,
ihr könnt ihm auch dabei den Rücken streicheln,
ihr dürft nicht »Na? Warum so sauer?« fragen,
ihr müsst dem Schaf mit Freundlichkeiten schmeicheln.

Sagt mir jetzt nicht: »Ich wohn' doch in der Stadt,
wo soll ich da um Himmels willen Schafe kränken?«
Ich gebe zu, dass das was für sich hat,
doch bitte ich euch trotzdem zu bedenken:

Ein gutes Wort ist nie verschenkt,
nicht nur bei Schafen, sondern überall.
Auch trefft ihr Schafe öfter, als ihr denkt.
Nicht nur auf Wiesen. Und nicht nur im Stall.
(Na wo denn noch?)
Robert Gernhardt[27]

Das Beste ist für hochinteressierte Kinder gerade gut genug!

Einmal im Monat besuchen wir die städtische Bibliothek. Dort dürfen sie schmökern und einander vorlesen. Zunächst ist man ratlos, ob man die vielen Kinder aufnehmen soll, Panik ist zu sehen in den Augen des Personals, aber schließlich freut man sich, wenn wir eintreffen. Die Kinder versinken in den Büchern und stören nie. Weil wir so oft kommen, nimmt sich eine Bibliothekarin extra Zeit für sie und erklärt ihnen, wie sie die Bibliothek selbstständig benutzen können – und jedes Kind darf sich zwei Bücher ausleihen. Die anderen Kinder rennen zum Bücherbus, sobald er auftaucht. Dort sind sie Stammkunden; sie blättern in den Büchern und dürfen sich zwei ausleihen. Die lesen sie, wann immer Zeit ist.

Wer ein Buch besonders schön gefunden hat, stellt es den anderen vor, erzählt, was ihm daran besonders gefällt, und liest einen Abschnitt vor. Das ist dann das »Buch der Woche«.

SCHREIB LOS!

Ihre ersten Buchstaben und Wörter schreiben die Kinder in ein DIN-A4-Heft. Wir benutzen es im Querformat, falten die Seiten in der Mitte und das Ganze noch einmal. Die so entstandenen drei Falze dienen den Kindern zur Orientierung, sie müssen aber nicht penibel auf diese – kaum vorhandenen – Linien schreiben. Später werden die Linien immer enger, und es gibt unterschiedliche Hefte für unterschiedliche Schreibanlässe. Dazu gehört auch ein Tagebuch. Da hinein schreiben und malen sie ihre Erlebnisse: vom Wochenende, von der Schule, vom Spielen am Nachmittag. »Das korrigierst du mir nicht!«, ordnen sie an, wenn sie mir ihren ersten Eintrag in dieses Tagebuch zu lesen geben. Ich mag die »Jahreszeitenhefte« für Gedichte der Jahreszeiten, für Erlebnisse und Beobachtungen an unserem Baum; ich liebe ihre genauen Zeichnungen des Baums in seinen verschiedenen Stadien, auch die Märchen- und Geschichtenhefte. Diese ersten Texte korrigiere ich nicht, die kann man gar nicht korrigieren. Sie sind phonetisch getreu abgefasst, nach dem Gehör, und rührende »Erstlinge«.

VON JESSICA

Wir wollen um zihn
wen Wir die Wonnung Krigen dan
zihen wir dort ein und ich Krig
das Mitel gröste Zimer. und wir haben 2 Bal Konne.
Und die Kazen haben auch mer plaz.
und wen die Kazen mer plaz
haben dan Könen sie beser rum
Toben und wen mall die Kazen
sich streiten dan sollen die
Kazen auf den balkon gehnen.

Viel später korrigiere ich ihre Geschichten – wenn sie die Rechtschreibung überhaupt wahrnehmen können. Um eine eigene Geschichte erzählen zu können, muss man sich aufs Erzählen konzentrieren. Es ist mühsam genug, schriftlich so zu erzählen, dass andere einen auch verstehen. Rechtschreibübungen andererseits sind dazu da, richtig schreiben zu lernen. Dann kommt es ausschließlich auf die korrekte Schreibweise jedes Wortes an. Dabei haben sie Wortkärtchen oder einen orthografisch korrekten Text vor sich, schauen sich jedes Wort genau an, decken die Vorlage ab, schreiben, kontrollieren und korrigieren dann selbstständig und genau. Erzählen und Rechtschreiben üben – diese beiden Vorgänge trenne ich. Und Schönschreiben üben sie an gelernten Gedichten im Gedichteheft.

Meine Kinder schreiben ständig – aus den unterschiedlichsten Anlässen: eigene Texte zum Sachunterricht. Zum Thema Wasser: »In der Badewanne«, »Glatte Straßen«, »Im Schwimmbad«, »Ein Baby wird gebadet«, »Der See ist zugefroren«, »Es gießt…« In freien Texten erzählen sie von sich selbst, schreiben Gedanken und Sorgen auf. Diese Texte darf man nicht mit Rot überziehen, das sind manchmal unbewusste Botschaften, denn »schreiben heißt sich selber lesen«. Ein Kind gibt allen Helden seiner Geschichten den Namen seines schwer kranken Vaters, und mit keiner Geschichte kommt es zu Ende. Als ich das endlich verstehe, finden wir die Formel »… wie es zu Ende ging, weiß ich nicht.« Ein Mädchen schreibt in einer Geschichte: *Meine*

Mutter liebt micht. Ich weiß, dass sie überzeugt ist, ihre Mutter liebe ihren Bruder mehr als sie.

Es geht also nicht rein pragmatisch um korrekte Satzkonstruktionen und Rechtschreibung. Die Seele schreibt mit, und ihre Botschaften muss ich schützen, respektieren und vielleicht irgendwann einmal über sie sprechen.

Sie schreiben Berichte über ihr Lieblingstier im Tierpark, studieren die Tafel am Gehege, machen sich Notizen und schauen zusätzlich in Büchern nach. Beobachtungen im Alltag: »Hausfrau sein«, »Einkaufen«, »Besuch«, »Meine Straße«, »Mein Zimmer«, »Bäume«, »Bettler« … Beobachtungsprotokolle oder Gedichte; auch die Aufsatzthemen sind nicht immer für alle gleich, denn sie sollen über Erlebnisse schreiben, und die haben sie ja nur manchmal gemeinsam. Wenn ein Kind mir ein Erlebnis oder eine Beobachtung erzählt, fordere ich es manchmal auf, das für mich oder für die Klasse aufzuschreiben. Wenn ein Kind emotional beteiligt ist, wenn die Oma gerade weggefahren ist, der Bruder im Krankenhaus ist oder ein neues Auto gekauft wurde, lohnt es sich, das aufzuschreiben. Einziges wichtiges Kriterium ist, dass wir anderen verstehen, was da geschehen ist; ich helfe also mit, dieses Ziel zu erreichen. Unklare Sätze bespreche ich mit ihnen, mündlich können sie präzise formulieren, was sie erzählen wollten, dann antworte ich: »Schreibe es genau so!« Eifrig rennen sie dann los, damit es ihnen unterwegs nicht wieder verloren geht. Aus formalen Gründen nörgle ich nicht an diesen Geschichten herum.

Karola erzählt mir, wie eigenartig sich ihr Hamster benimmt, und ich bitte sie, die Geschichte aufzuschreiben. Sie hat ihn genau beobachtet, sein Verhalten aber offenbar falsch interpretiert, und das gibt ihr zu denken. Hunger hatte er offensichtlich nicht.

> *Unser Hamster*
> *Unser Hamster hat seit Morgens früh an den Giettern seines Käffigs geknabert. Wir haben ihm eine Karotte in den Käffig gelegt. Er hat eine Minute an ihr geknabert. Dann hat er wieder an seinen Giettern geknabert.*

Nach unserem Gespräch darüber schreibt sie noch einen Satz dazu: *Vileicht will er raus.*

Im Regal steht ein Ordner, die »Schreib los«-Kartei, aus der sich die Kinder Anregungen holen fürs Schreiben: Bilder, Sätze, Geschichtenanfänge regen sie an, daraus Geschichten zu machen. Es gibt Sammlungen mit Bildergeschichten zur Auswahl. Sie können auch Gelesenes nacherzählen, auch zu zweit, wenn sie es gemeinsam gelesen haben. Sie tun das sehr gern – und es kommen ausführliche, teilweise köstlich ausgeschmückte Geschichten dabei heraus. Niemals wird über ein Thema geschrieben, dem keine Erfahrung, kein Erlebnis oder keine sachliche Information zugrunde liegt. Ich halte auch nichts davon, in der späteren Aufsatzerziehung zum Beispiel theoretische Trockenübungen für die Erzeugung von Spannung zu machen. Wenn Kinder viele Geschichten gehört und gelesen haben, wenn sie viel selber erzählt haben, ist ihnen der Aufbau einer spannenden Erzählung klar – intuitiv und aus Erfahrung. Sie beginnen ihre Erzählung mit einer Einleitung, allmählich entwickelt sich von allein ein Spannungsbogen, der irgendwann den Höhepunkt erreicht – Auflösung und Schluss folgen selbstverständlich. Wenn das in vielen Geschichten praktiziert wurde, kann ich eine Theorie nachschieben. Sie werden dann sagen: »Ja klar, so mach ich das!«

Anlässe für das Verfassen eigener Geschichten bietet ihr Leben in Hülle und Fülle; ich frage danach und sensibilisiere sie dafür. Eine Erlebniserzählung ohne Erlebnis zwingt zum Schwätzen, zur Anpassung an Stil und Erwartung der Lehrerin – abgesehen davon, dass es unendlich schwierig ist, sich etwas auszudenken. Ausdenken und erfinden sollen sie Fantasiegeschichten. Aber dann bitte: Die Fantasie der Kinder, nicht die Vorgaben der Lehrerin, bestimmt Sprache und Verlauf.

Ein Mädchen musste eine Weile vor meiner Haustür im Vorgarten auf mich warten. Zur Haustür führt ein kleiner Weg, links und rechts begrenzt von einer niedrigen Mauer, dahinter Büsche und Bäume. Sie setzte sich auf die Mauer. Ausgesprochen kurzweilig gestaltete sich ihre Wartezeit, denn von ihrem Platz aus konnte sie einen kleinen Ausschnitt von Trottoir und Straße sehen: das blitzlichtartige Auftauchen und Verschwinden von Menschen, Kinderwägen, Hunden, Autos wurde ihr spannender Zeitvertreib. Später dachte sie sich die Geschichte eines kleinen Dackels aus, der mal sichtbar und mal unsichtbar war, das aber lange selbst nicht wusste. Sie schrieb seine Erlebnisse auf und schenkte mir die Geschichte. Ich griff ihre Idee auf. An einem ähnlichen Ausguckplatz holten sich meine Kinder dann Ideen für witzige und fantasievolle Geschichten.

Die Hauptaufgabe der Grundschule ist die Schulung der Wahrnehmung. Erlebnisse hat man nur, wenn man Menschen, Natur, Begebenheiten, Situationen wahrnimmt, wenn man hinschaut und zuhört:

Wir sitzen im Klassenzimmer, draußen tobt ein heftiger Sturm. Blätter fliegen wild in alle Richtungen, Äste und dünnere Stämme biegen sich hin und her, auf und ab. Große und winzig kleine Vögel jagt der Sturm wie nasse Lappen vor sich her, sie können ihre Flügel nicht mehr benutzen. Staubwolken rasen über den Himmel, Papierfetzen, ganze Zeitungen bauschen sich in wilder Bewegung und hochdramatisch mal hierhin, mal dorthin.

Atemlos hängen wir an den Fenstern, beobachten, teilen unsere Assoziationen mit den anderen, probieren aus, ob das eine oder das andere Wort besser passt.

Das ist keine vorbereitete Stunde, aber ungeheuer anregend, schöpferisch, erfolgreich, exemplarisch. Treffende Wörter drängen sich auf, wenn man etwas erlebt. Die Kinder finden heraus, dass die Vielfalt der Sprache wohl durch die Vielfalt der Erlebnisse entstanden ist. Etymologische, lautmalerische oder malerische Zusammenhänge; Bilder werden klar.

Dann wollen sie in einem Aufsatz die aufregenden Beobachtungen festhalten, und »Der Sturm« wird eine spannende kleine Geschichte voller neu entdeckter Wörter.

Am Anfang des vierten Schuljahrs kommt ein Junge mit der Note »befriedigend« in Deutsch in meine Klasse, hat einen großen und souverän benutzten Wortschatz, will und soll trotz der »gefährlichen« Note in Deutsch aufs Gymnasium gehen. In seinen Heften erkenne ich eine Lehrerin, die auf formales Schreiben Wert legt und eine Art Beamtensprache bevorzugt. Der Junge muss über Dinge schreiben, die ihm nichts bedeuten. Seine Sätze klingen hölzern, und es ist ihm selbst nicht klar, was er schreibt. Von seiner großen sprachlichen Kompetenz hat sie nichts wahrgenommen.

In einem Gespräch erfahre ich, dass er am liebsten auf dem Land lebt, auf dem Traktor mitfährt, bei der Geburt eines Kälbchens dabei gewesen ist, stundenlang mit dem Hund spielt ... Ausführlich erzählt er mir liebevolle Details über das wunderbare Leben auf dem Land. Sein Aufsatz darüber wird ähnlich lebendig wie seine Erzählung, sein Wortschatz erkennbar; abwechslungsreich und flüssig preist er seine Welt dort. Die notwendige Struktur und Spannung entstehen, weil er selbst das alles spannend findet und mit Leib und Seele damit verbunden ist.

In der Grundschule folgen Struktur und Form dem persönlichen Ausdruck eines Erlebnisses. Wer Struktur ohne Erlebnis einfordert, behindert die emotionale Beziehung des Kindes zu seiner Erzählung. Gerade die lebendigen, unkonventionellen Kinder scheitern dann an den starren formalen Vorgaben; unsinnig in diesem Alter und zerstörerisch. Sie sollen doch kein Amtsdeutsch, sondern Deutsch als persönliche Sprache in ihrer wundervollen Vielfalt lernen! Oder?

DIE ZAHLEN

ZAHLEN SIND ZEICHEN

Mitten hinein in die Buchstaben drängeln sich die Zahlen. Am Anfang kommt alles auf einmal: Buchstaben, Mengen, Bücher anschauen, Wörter, die anderen Kinder, Bilder anschauen, die Lehrerin, Zahlen, Malen, das Federmäppchen, Zählen, Singen, Lesen, Schreiben, der Schulranzen, Zahlen schreiben, das Schulhaus genau anschauen – innen und außen, der Pausenhof, beim Vorlesen zuhören, Schuhe an- und ausziehen, das Klo ...

Die Zahlen also. Es sind Zeichen. Wofür, das müssen die Kinder lernen. Deshalb brauchen auch die Zahlen fantasievolle Umgarnungen. Ihrer persönlichen Bedeutung wird nachgegangen; wieder gehen wir auf die Suche. Wo ist überall **1**? Wo tauchen immer **2** gemeinsam auf? Was ist **1** für mich? Was **2**? Die **5** und die **10**? Die Finger sind Zähl- und Kontrollinstrumente.

Märchen werden erzählt: »Das Einhorn«, »Brüderchen und Schwesterchen« oder »Hänsel und Gretel«, »Einäuglein Zweiäuglein Dreiäuglein«, »Die drei Federn«, »Die Bremer Stadtmusikanten«, »Die vier Brüder«, »Die kleine Meerjungfrau« (5 Schwestern), »Die sechs Schwäne«, »Die sieben Raben«, »Schneewittchen« (7 + 1), »Die zwölf Jäger«.

Auf vielfache und umfassende Weise schenken wir auch den Zahlen unsere ungeteilte Aufmerksamkeit.

1: Einer vorneweg – ist das der Beste? Oder ist er allein und einsam? Der König? Warum fährt einer Einrad? Januar. Wer hat Geburtstag?

2: Zu zweit ist es schöner – was ist dabei schöner? Zweierreihen: Sollten wir »zwei-und-zwei« in den Schulhof gehen? Sind wir dann Paare? Was heißt eigentlich »Paar«? Ein Paar Schuhe? Ein Paar Hände? Oder heißt das 2 Hände, 2 Füße? Welche Paare gibt es sonst noch? Die zwei können auch ganz unterschiedlich sein: ein Junge und ein Mädchen sind auch 2. Das Fahrrad hat 2 Reifen, es gibt Tandems. Februar: Wer hat Geburtstag?

3: Dreiräder – wozu 3 Räder? Kennst du einen Dreifuß? Ein Dreieck? Ein Triangel: dreieckiges Loch in der Hose, Instrument mit Stab zum Taktschlagen. Wo seid ihr zu dritt? Geschwister? Seilspringen z.B.: 2 schwingen das Seil, 1 springt. Was ist ein Trio? März: Wer hat Geburtstag?

4: Vierertische, Stühle und Tische haben 4 Beine, Quartett: Kartenspiel und Musikstück. Quadrat. Vierbeiner. April: Wer hat Geburtstag?

5: Eine Hand hat 5 Finger, der Fuß 5 Zehen. Mai: Wer hat Geburtstag?

6: Sechserpack, 6 Eier im Karton, ein halbes Dutzend. Juni: Wer hat Geburtstag?

7: Heilige Zahl, 7-armiger Leuchter, 7 Tage hat eine Woche. Im Märchen muss einer immer 7 Jahre kämpfen oder dienen. Juli: Wer hat Geburtstag?

8: August: Wer hat Geburtstag? »Heut in acht Tagen«. Achterbahn. Sommerferien. Was ist ein »Achter«?

9: Kegeln: alle Neune! September: Schulanfang; wer hat Geburtstag?

10: Zwei Hände haben 10 Finger, 10 als Basis im Dezimalsystem. Zehnerschachtel, zehn Finger, zehn Zehen. 10 x 10 = 100 etc. Oktober: Wer hat Geburtstag.

11: Was ist am 11.11. um 11.11 Uhr? Faschingsbeginn. Kartenspiel »Elferraus«. Geburtstage.

12: Ein Dutzend, 12 Monate = 1 Jahr. Geburtstage und Weihnachten …

Zahlen sind die Zeichen für Mengen. Kastanien, weiße Bohnen, Knöpfe, Perlen, Gummibärchen, Smarties, immer wieder zu Mengen zusammengetragen, in Töpfchen, Schälchen, Körbe gezählt, erleichtern das Verstehen. Jede Menge wird ausführlich besprochen, ausgestellt, ins Heft gezeichnet – und oft und oft werden die Zahlen geschrieben, ins rote Heft, mit Farben, mit Bleistift, immer auch dazu die Dinge gemalt, die drin stecken. Sie werden angefasst, auch verspeist. Beobachtungsaufgaben für zu Hause, jeden Tag.

Wir sprechen über die Zahlen; die Wörter müssen sich gemeinsam mit den Bildern einprägen, damit bei geschlossenen Augen vor dem inneren Auge bei jeder Zahl die dazugehörige konkrete Menge auftaucht; damit nicht herumjongliert wird; damit klar ist, womit sie es zu tun haben.

Sie stellen selbst Zahlen dar: Immer 1, immer 2, immer 3 usw., stellen sich eng zusammen, um das Kinderpaket herum wird ein rotes Band geschnürt; eins hält einen großen Karton mit der jeweiligen Zahl hoch, das »Nummerngirl« sozusagen. Für jeden hat jede Zahl eine andere Bedeutung – die innere Beziehung zur Zahl lässt sich pantomimisch ausdrücken.

Sie stellen Gleichungen aus Kindern dar: 2 K + 2 K = 4 K

Den Unterschied, die Differenz zwischen zwei Mengen, also das schriftliche Subtrahieren oder Ergänzen, erfahren sie körperlich, wenn sich ein kleines und ein großes Kind Rücken an Rücken aufstellen und alle Kinder sehen, wie lang die rote Schnur ist, die das fehlende Stück vom Kleinen bis zum Großen misst – oder vom Großen zum Kleinen. Sie probieren alles praktisch aus, um zu verstehen, was sie sich vorstellen müssen, wenn sie $7 + ? = 10$ rechnen. Nach ein paar Monaten streifen sie mit einem Maßband durch das Zimmer, durch die Gänge, messen draußen im Schulhof, um auch mit größeren Zahlen und Beziehungen unter den Zahlen konkrete Bilder verbinden zu können. Minusrechnen spielen sie mit kleinen Autos, von denen sie einige in die Garage fahren. Oder sie dürfen an ihrem Geburtstag beim Minusrechnen Gummibärchen essen.

Was eine Gleichung ist, können sie leicht verstehen, wenn sie mit meiner Balkenwaage mit Waagschalen und Gewichten testen, was gleich und was ungleich ist. Ein roter Strich teilt eine Waagschale: Auf die eine Seite legen sie 2 Bausteine, auf die andere 3. Sie zählen Bausteine in die andere Waagschale, bis beide gleich schwer sind. Die Gleichung $2 + 3 = 5$ schreiben sie auf. Sie fragen: Was ist gleich?, und testen mit unterschiedlichen Gegenständen: Tintenpatronen und Büroklammern, Bohnen und Kastanien; zeichnen ihre Testreihen als Gleichungen auf. Wie viele Streichhölzer wiegen genau so viel wie 3 Büroklammern? 2 Kastanien? 2 volle, 2 leere Tintenpatronen? Mit der Waage können sie alle Arten von Experimenten mit Mengen und ihren Beziehungen zueinander machen; sie steht immer da. Arbeitskarten mit Anregungen liegen bereit, die sie auf Spurensuche schicken: Wie viel Gramm wiegt ein Bleistift, ein Radiergummi, ein 5-Cent-Stück, eine Haarspange? Sie können neue Messeinheiten erfinden: 1 g = 1 Nagel; was ist 10 g schwer? Und erfinden neue Gleichungen.

Ihre Erkenntnisse aus diesen Experimenten unterstützen das mathematische Verständnis der ersten Rechenoperationen im Dezimalsystem, vor allem das Verständnis der »Gleichung«.

Ein Zählbuch steht in der Leseecke bereit: Von Seite 0 bis Seite 12 entsteht aus einer leeren weißen Landschaft im Januar, mit hellblauem Himmel, nach und nach, über die Jahreszeiten hinweg, eine pralle Landschaft voller Leben. Auf Seite 12 ist es wieder Winter; wir zählen 11 schneebedeckte Tannenbäume und einen festlich als Weihnachtsbaum geschmückten – 12 Tannenbäume. In Zweierreihen ziehen 12 Hirsche am Himmel einen Wagen, den man allerdings nicht mehr sehen kann.

Fasziniert schauen sich die Kinder dieses Buch immer wieder an, immer wieder …

MATHEMATIK ZUM BEGREIFEN: DAS MONTESSORIMATERIAL

In einer Montessorischule entdeckte ich das fantastische Anschauungsmaterial, ohne das der Mathematikunterricht der Grundschule nicht auskommen dürfte. Mit diesem Material wird der Rechenunterricht zum Mathematikunterricht, bekommt eine andere Dimension.

Das mathematische Material Montessoris entspricht den sensomotorischen Bedürfnissen von Kindern. Wenn sie – nach einer sorgfältigen Einführung – mit dem Material arbeiten, machen sie faszinierende Entdeckungen und kommen durch die vielfältig wiederholenden Übungen zu grundlegenden Einsichten. Das Material macht den Zusammenhang zwischen Arithmetik und Geometrie deutlich, der Aufbau des Dezimalsystems geht Hand in Hand mit geometrischen Formen, die Einheit der Mathematik wird greifbar und begriffen.

Maria Montessoris Material unterstützt Kinder, mit ihrem »mathematischen Geist« die Welt der Natur und Kultur in ihren mathematischen Strukturen verstehen und beherrschen zu lernen. Der menschliche Geist sei ein mathematischer Geist, sagt sie, und das zeige sich daran, dass Menschen unentwegt mathematisch vorgehen, wenn sie vergleichen, Serien bilden oder klassifizieren.

Sensorische und motorische Erfahrungen von Kindern in ihren ersten Jahren sind mathematische Grunderfahrungen: Sie vergleichen, ordnen, zählen, messen, rhythmisieren. Das Material unterstützt die optische und sensorische Wahrnehmung, die feinmotorische Entwicklung. Alle Materialien sind von hoher ästhetischer Qualität: bunte Glasperlen auf Stäbchen, Stangen, Plättchen, geometrische Formen, Zahlen aus Holz in wunderschönen Farben, glatt und glänzend lackiert, schön anzuschauen und angenehm anzufassen. Sie werden in ästhetisch schönen lackierten Holzschachteln aufbewahrt; jedes Ding passt ganz genau in diese eine Schachtel. Für den Ordnungssinn von Kindern ist auch das ein Genuss. Um »das Staunen zu bewahren«, wird das Material ordentlich, sauber und schön erhalten. Perlen und Stäbchen sind klein, sie müssen mit zwei spitzen Fingern angefasst und immer wieder ins Schächtelchen zurück geordnet werden – genussvolle Übungen für die Feinmotorik der Hand, für achtsamen Umgang mit den kostbaren Dingen. Die Proportionen, die Beziehungen zueinander unterstützen auch optisch die Einsicht in mathematische Zusammenhänge.

Zum Beispiel die blau-roten Stangen. Sie sind das erste zum Zählen benutzte Material und repräsentieren die Zahlen von 1–10. Fortlaufend werden sie um eine 10-cm-Einheit größer – die kürzeste Stange ist 10 cm lang, ist Repräsentant der Zahl 1; die Viererstange ist 40 cm lang, ist Repräsentant der Zahl 4, und so weiter … die längste Stange, 100 cm lang, ist Repräsentant der Zahl 10. Die Abschnitte von jeweils 10 cm Länge sind abwechselnd rot und blau lackiert.

Man kann 2 + 2 = 4 anschauen, zählen, anfassen und damit intellektuell erfassen: 1 Zweierstange + 1 Zweierstange = 1 Viererstange. Man könnte sie auch auf meine Waage legen, um zu prüfen, ob das Gleichheitszeichen stimmt. Lege ich die beiden Zweierstangen aneinander, daneben die Viererstange, dann sehe ich: 2 Zweierstangen sind exakt gleich lang wie eine Viererstange – 2 + 2 = 4 stimmt also.

Der Vorteil dieses Materials ist, dass jeder Zahlrepräsentant zugleich auch alle Vorgänger der Zahl mit umfasst: Ich lege die 5er-Stange, darunter die 4er-Stange, die 3er-, 2er-, 1er-Stange.

Wenn Kinder Kastanien zählen, legen sie zu jeder Kastanie immer eine dazu, also eins und eins sind zwei und noch eins sind drei … Es geht aber auch um die Eins, die Zwei, die Drei: Der 1 (o) folgt die 2 (oo), folgt die 3 (ooo) … also immer eins zu den bereits vorhandenen dazu. Wer bis 3 gekommen ist, hat schon 6 Einerstäbe, nicht 3. Das

Material repräsentiert also zugleich Kardinal- und Ordinalzahlen, eine hilfreiche Unterscheidung so früh.

Legt das Kind unterschiedliche Stangen aneinander, kann es entdecken, dass sich etwa beim Zusammensetzen der Stangen für 2 und 3 eine der Stange 5 entsprechende Länge ergibt. Sie spielen mit den Stangen, entdecken nebenbei neue Kombinationen und stoßen allmählich auf Gesetze und Zusammenhänge. Alle Operationen vermitteln über die Hand und das Auge dasselbe wie über das Zählen und die geschriebene Gleichung: So entsteht Ordnung im Kopf.

Das Montessorimaterial führt sie unbeirrbar in die Wunder der Mathematik ein. Zunächst kommen sie ausführlich in Kontakt mit den Zahlen bis 10. Wir konzentrieren uns auf die 10, sie ist der Dreh- und Angelpunkt im Dezimalsystem; alle Zahlen bis 10 werden im Laufe der Zeit in ihrer Beziehung zur 10 untersucht. Währenddessen hängt das ganze Hunderterfeld groß und farbig an der Wand, die Hunderterketten – 10 x 10 Perlen aufgereiht – von Montessori liegen immer bereit, das Hunderterbrett – ein quadratisches Holzbrett mit 10 x 10 halbkreisrunden Vertiefungen, in die man Kügelchen legen kann – ebenso; und Tausenderwürfel – hundert 10er-Ketten miteinander zu einem quadratischen Würfel verbunden – einer geometrischen Form – liegen im Regal. Das Große ist Orientierung, das Kleine »begreifen« sie jetzt. Immer wieder zeige ich ihnen, und sie sehen es selbst, dass sich dasselbe immer wiederholt, immer wieder …

Dem goldenen Perlenmaterial liegt dasselbe Prinzip zugrunde. Die ersten 9 Zahlen sind repräsentiert durch Stäbchen mit farbigen Perlen: 1: rote Perle , 2: grüne Perlen, 3: rosa Perlen, 4: gelb, 5: hellblau, 6: lila, 7: weiß, 8: braun, 9: dunkelblau. Die Kinder zählen Perlenstäbchen und legen sie in verschiedenen Formen aus oder ordnen sie nach Farbe und Größe – sie spielen zunächst. Gezielter legen sie z. B. ein lila (6) Perlenstäbchen hin und suchen zwei, die zusammen gleich lang sind, zusammen gleich viele Perlen haben wie das 6er-Stäbchen: Sie entdecken verschiedene Varianten:

Ein rotes (1) und ein hellblaues (5),
ein grünes (2) und ein gelbes (4),
ein rosa (3) und ein rosa (3).

Sie legen mehrere Perlenstäbchen wie eine Schlange hintereinander und kommen darauf, Kettenaufgaben aufzuschreiben.

Parallel zu diesen Übungen mit Menge und Zahl im kleinen Zahlenraum hantieren Kinder mit dem ganzen Dezimalsystem, mit Hilfe des goldenen Perlenmaterials. Sie erfahren damit die Mächtigkeit und Form von Einern, Zehnern, Hundertern und Tausendern:

Das 10er-Stäbchen hat 10 goldene Perlen. Einen Hunderter kann ich aus zehn aneinandergehängten Zehnerstäbchen zu einer quadratischen Platte zusammenlegen. Es gibt ihn auch als festes Quadrat, wobei jede einzelne goldene Einerperle zu sehen und zu tasten ist. Aufeinander gestapelt, ergeben 10 solcher Hunderterplatten den Tausender als Quadratwürfel. Tausenderwürfel gibt es auch fest zusammengefügt: Dezimalsystem und Geometrie gleichzeitig anschaulich, logisch, verständlich, zum Anfassen und Hantieren.

Kinder können mit dem Dezimalsystem experimentieren, aus den kleinen Einheiten die großen zusammensetzen und so erkennen, wie alles zusammenhängt. Wenn kleine Kinder früh genug solche Erfahrungen machen, werden sie mit der Mathematik genauso vertraut wie mit der Sprache und können selbstständig mit allen vorhandenen Materialien hantieren. Im Regelschulunterricht bietet man Erstklässlern monatelang die Zahlen und Operationen bis 20 an; sie rechnen, kleinteilig angeleitet, alle möglichen Rechnungen, aber wirklich in das komplexe System eingeführt werden sie nicht. Erst dann kommt die 100, im zweiten Schuljahr die 1000.

Das Montessorimaterial verführt bereits Kleinkinder, sich auch mit Tausendern zu beschäftigen. Sie bekommen und behalten früh den Blick für das Ganze und Interesse am Detail.

ANGEWANDTE MATHEMATIK: SACHAUFGABEN

Wenn es um Mathematik geht, ist am Anfang das Bedürfnis nach Anschaulichkeit überwältigend. Mathematische Zusammenhänge innerhalb des Dezimalsystems, geometrische Formen, Maßeinheiten – mathematische Operationen dürfen nicht zu früh abstrahiert werden.

Sachaufgaben als Weg in die Anwendbarkeit müssen aus der Welt der Kinder kommen, aus ihrem Alltag, damit ihre Fantasie Anhaltspunkte hat, und sie sich vorstellen und nachvollziehen können, worum es geht. Diese sorgfältigen Vorbereitungen sind notwendig, um später Abstraktionen zu bewältigen.

Es macht ihnen Spaß, wenn ich sie immer wieder mit kleinen Geschichten überrasche, in denen sie selbst vorkommen. Sachaufgaben sind dann eine Art aufregendes Knobelspiel für sie, kein langweiliger und geisttötender Zwang, wie sonst allgemein üblich. Die Fragen lasse ich meistens offen, weil sie dann noch ein bisschen mehr nachdenken müssen. Ich freue mich, wenn die Kinder die Geschichten weiterdenken, zum Beispiel bei folgender Aufgabe antworten: Sahin isst gerne und kann selbst 2 Plätzchen verspeisen.

- Sahin hat 4 köstliche Plätzchen mitgebracht. Eins schenkt er Frau Czisch und eins Frau Schöller.
- 26 Kinder gehören zur Klasse. 8 Kinder sitzen vorn im Kreis, 4 Kinder sitzen hinten in der Leseecke, 10 Kinder sind noch im Pausenhof. Wie viele fehlen heute?
- Felix rechnet gern mit Autos. 24 Autos standen auf dem Parkplatz, 4 hat er in die Garage unter das Sofa geschoben. Wie sieht die Gleichung aus?
- Frau Czisch ist erkältet. Sie braucht viele Taschentücher. Ein ganzes Päckchen – 10 Stück – hat sie schon verbraucht. Vom zweiten Päckchen hat sie schon 4 Stück verwendet. Eins hat sie Daniel abgegeben.
- Michael hat die Goldenen Bücher entdeckt. Am Montag hat er gleich 3 Bücher gelesen, am Dienstag 4, am Mittwoch 5 Bücher. Bis Freitag will er 20 Bücher lesen.
- Lena geht jeden Tag auf den Ponyhof. Sie fällt alle 6 Minuten vom Pferd. Wie oft in einer Stunde? Wann hat sie wohl genug vom Reiten?

Die Arbeit mit diesen Aufgaben macht ihnen Spaß. Sie sind in verschiedene Schwierigkeitsgrade eingeteilt, in Ordnern gesammelt und mit Lösungsblatt versehen. Wenn ein Kind die eine Sorte zu einfach findet, kann es sich an schwierigeren Aufgaben versuchen. Gewitzte Mathematiker tüfteln selbst und versorgen uns mit besonders kniffligen Aufgaben. Die Kinder rechnen und korrigieren selbstständig. Wenn sie nicht zurechtkommen, fragen sie einander oder mich.

7 SINNLICHE WAHRNEHMUNG – ERFAHRUNG – AUSDRUCK

Laufen lernen ist eine Leistung des ganzen Körpers – und eine emotionale dazu: Kleinkinder müssen ihren gesamten Körper wahrnehmen, ins Gleichgewicht bringen, keine Angst haben und zugleich die Beschaffenheit des Bodens, die Umgebung im Blick behalten. Sie müssen zuversichtlich hinnehmen, immer und immer wieder zu scheitern, sich auch wehzutun. Jeder einzelne gelungene Schritt zusammen mit einer Ermunterung aber motiviert sie neu. Und so üben sie unermüdlich, bis sie es können.

Genaues Hinhören ist nötig, Assoziieren, Hinschauen und Hinfühlen, um lesen, schreiben, rechnen zu lernen; dabei nicht den Mut verlieren, der Umgebung – Lehrerin und anderen Kindern – vertrauen; das eigene Scheitern akzeptieren und hoffen, dass die anderen das auch tun. Lernen heißt, nach jedem Fehler neu beginnen und jedes Lob für den nächsten Schritt nutzen.

Um Gedichte und Geschichten zu verstehen, um sich selbst und die anderen kennen zu lernen, benutzen Kinder ihre üppige Ausstattung mit Fantasie; ihre feingelenkigen Finger, um die zartesten Härchen einer Biene zu zeichnen oder ein Instrument zu erlernen. Auch dabei dürfen sie trotz aller Fehler den Mut nicht verlieren. Die sinnlichen Erfahrungen der Finger, die Wahrnehmung von Fehler und Erfolg bilden auch den Verstand; und wenn es ein Kätzchen streichelt, Perlen auffädelt, Knöpfe oder Bohnen zählt, Handstand übt und Bälle wirft, lernt das ganze Kind, nicht nur die Hand.

Die sensible Wahrnehmung auch der eigenen Gefühle: sich selbst verstehen und lernen, mit den eigenen Wünschen und Vorstellungen klug umzugehen; sich dem anderen verständlich machen; die Gefühle und Bedürfnisse der anderen verstehen und mit Feingefühl darauf reagieren: Emotionale Intelligenz macht fähig, viel über sich, die anderen und die Welt zu lernen und Beziehungen einzugehen, Konflikte zu klären und Streit ohne Gewalt zu lösen.

Die Schulung und Kultivierung der sinnlichen Wahrnehmung ist ein Grundprinzip »artgerechten« Aufwachsens, sollte Unterrichtsprinzip schlechthin sein. Unsere Schule käme eigentlich nicht ohne die Einbeziehung aller Sinne der Kinder aus. Aber sie merkt gar nicht, dass ihr etwas Entscheidendes fehlt.

ZUHÖREN – HINSCHAUEN

Zuhören können die wenigsten Menschen besonders gut, eigentlich wollen wir alle lieber reden – obwohl das ohne Zuhörer nicht besonders sinnvoll ist. Mit den Kindern ist das nicht anders. Alle wollen ganz viel erzählen. Zuhören müssen sie lernen. In kleinen Dosen. Mit Regeln. Und ich darf konsequent nur dann sprechen, wenn alle zuhören, was am Anfang immer mühsam und aufreibend ist. Aber da Kinder schnell lernen, lernen sie auch das schnell – wenn ich mir Mühe gebe.

Zuhörübungen ab und zu: Bevor jemand etwas sagen darf, muss er erst mit eigenen Worten wiederholen, was der andere gesagt hat. Oder: Ich erzähle eine Geschichte – einer nach dem anderen fassen sie sie Schritt für Schritt zusammen und setzen sie dann fort.

Wenn Hektik oder Chaos oder einfach ein hoher Lärmpegel uns zu überwältigen drohen, stoppe ich alle Aktivitäten. Dann setzen sie sich eine Minute ganz still hin, mit geschlossenen Augen, ohne einen Mucks, und atmen tief aus. Damit sie die Kraft der Stille wahrnehmen können.

Das muss geübt werden – damit die Kinder überhaupt wahrnehmen können, wie Zuhören geht, was Stille ist und wie wunderbar es ist, wenn andere ihnen zuhören, ohne sie zu hetzen, ohne dauernd dazwischenzureden. Ihnen einfach zuhören. Beim gegenseitigen Zuhören erfahren sie etwas über gegenseitigen Respekt.

Ihre Neugierde zu wecken ist leicht; ihre hervorstechendste Eigenschaft ist die Neugierde. Da die meisten Kinder heute zugemüllt werden mit unnützem Schrott, da sie vor allem Knöpfe betätigen und

Kassetten einschieben müssen, das wirre Chaos der Reklame-, Fernseh- und Spielewelt sie zum Wegschauen und Weghören zwingt, droht die Neugierde zu versickern, zusammen mit der Fähigkeit, hinzuschauen und die Dinge wahrzunehmen. Mit Hingabe aber zeichnen sie einen Kran mit allen Einzelheiten ab, ein Haus, einen Baum und eine Blume, wenn ich den Rahmen dafür schaffe. Dann ist sie plötzlich wieder da, die Neugierde!

Draußen weht ein starker Wind. Blätter fliegen wild herum. Schwarze Wolken rasen auf weißem Untergrund über den Himmel. Dramatische Bilder! Sogar der riesige Kran wackelt. Ich stell mich ans Fenster und schaue hinaus; sofort kommen die Kinder dazu. Alle stehen am Fenster, schauen und kommentieren. Wir beobachten, was sich auf der Straße tut, und sprechen darüber. Ein Auto hält, ein Mann steigt aus, stellt sich an einen Busch und pinkelt. Ich bin empört. In ihrem Alter ist »pinkeln«, »kacken«, »Popo« und so weiter ständiges Thema, aber heimlich, verschämt; Informationen werden hinter vorgehaltener Hand ausgetauscht, und es wird viel gekichert. Jetzt spreche ich es laut und deutlich aus: »Ja, schaut euch den mal an! Das glaubst du nicht! Stellt der sich vor uns hin und pinkelt einfach nach Herzenslust!« Sie lachen sich halb tot. Und wiederholen meine Worte. »Das tut man doch nicht! Kindern vor die Nase pinkeln!« Eine große Gaudi ist das, obwohl wir es wirklich unerhört finden. Wenn ich interessiert rausschaue, kommt das eine oder andere Kind auch an, und wir schauen gemeinsam. Wenn ein Kind etwas Spannendes beobachtet, ruft es die anderen. Es ist so viel los um uns herum! Wenn ich die Kinder sensibilisieren kann, Details auch wirklich wahrzunehmen, ist das keine Störung, sondern eine exzellente Basis fürs Lernen und fürs Leben.

Auf diese Weise schulen sie ihre Wahrnehmungsfähigkeit, das heißt, sie nehmen die Wirklichkeit voll wahr, bekommen die komplexe Welt in unendlich vielen unterschiedlichen Bildern geliefert; viele Assoziationen bilden die Basis für neue Eindrücke. Die Schule ist kein von der Welt abgetrennter Raum – sie ist mittendrin. Was immer sie tun: Sie müssen hinschauen, um zu wissen, worum es geht. Da sie selbstständig arbeiten, ich ihnen nicht alles vorkaue und vorbete und vorschreibe, üben sie das genaue Hinschauen. Das macht sie wach, aufmerksam und sensibel.

HEIMAT- UND SACHKUNDE ALS SCHULUNG DER WAHRNEHMUNG

Zur Heimat gehören unsere Schule, die Stadtteile Schwabing oder Freimann, später München; zu den Sachen die Geschichte Münchens; Sachkunde ist aber auch Biologie, Kartenlesen, physikalische Grundgesetze, Wasser, Elektrizität…

Nicht aus Lehrbüchern, Zusammenfassungen der Lehrerin, aus Arbeitsblättern, vom Overheadprojektor lernen Kinder wirklich – und seien die Lernwege auch exzellent und ausgetüftelt, schlau »aufbereitet«, der rote Teppich quasi aufs Feinste ausgerollt. Sie brauchen den direkten und lebendigen, den sinnlichen Kontakt zum Gegenstand, müssen ihn aufmerksam betrachten, ihn anfassen, riechen, schmecken, wo immer das geht, sich emotional mit ihm einlassen können und dabei Erfahrungen mit anderen Menschen machen.

Wer zur Quelle gehen kann, der gehe nicht zum Wassertopf. Leonardo da Vincis Rat ist hochaktuell. Alle Experten sagen, es habe keinen Zweck, massenhaft abstraktes Wissen anzuhäufen, das einerseits rasch veraltet, andererseits in unserem Gehirn nicht gespeichert wird, wenn es nicht mit sinnlichen Erfahrungen, durch eigene Experimente mit vielfältigen Assoziationen verknüpft wird.

Unser Gehirn ist kein Vorratsraum, in den wir möglichst viele Informationen räumen könnten, fachgerecht sortiert, gestapelt und konserviert, um sie dann zur Verfügung zu haben, wenn wir sie brauchen. Unser Gedächtnis ist, wie alles Lebendige, ein komplexer Vernetzungsprozess: Lernen ist ein Dialog zwischen unseren Sinnen, unseren Gefühlen, dem übrigen Körper und unserer Umgebung; ein intensiver Austausch zwischen den Erscheinungen der Welt, der Natur und unseren Sinnesorganen, die ungeheuer viele Informationen an unser Gehirn übermitteln. Unsere Emotionen wiederum, die eng mit sämtlichen körperlichen Vorgängen verknüpft sind, werden vom Gehirn gesteuert und steuern ihrerseits unseren Körper und die Vorgänge im Gehirn.

Was unser Gehirn speichert und an welcher Stelle, ist also ein höchst komplexer Vorgang. Doch immer noch sitzen die meisten Kinder in meist zu kleinen Klassenzimmern hintereinander und müssen den ganzen Vormittag – und am Nachmittag oft auch noch – Handlungs- und Denkanordnungen anderer befolgen. Sie werden auf diese Weise zugleich unterfordert – die Angebote bleiben weit unter ihren Möglichkeiten – und überfordert – weil sie unverstandene und uninteressante Sachen auswendig lernen müssen, um sie dann genauso wieder von sich zu geben. So zu lernen ist wahnsinnig anstrengend – und man hat nicht einmal etwas davon.

Die Wurzel für die bei uns übliche Unterrichtsmethode, bei der ganze Gehirnpartien sträflich vernachlässigt werden, liegt, so schreibt Frederic Vester, tief im Mittelalter, in der Klosterschule, in der Predigt mit ihrer Sitzordnung, in einer körperfeindlichen Grundeinstellung, die den Geist vom Fleisch getrennt sah, obwohl doch kein einziger Gedanke ohne die Tätigkeit von Körperzellen zustande kommt.

> Statt nur mit Begriffen von Dingen sollten wir auch mit den Dingen selbst arbeiten, mit ihren Wechselwirkungen, mit ihrer Beziehung zur Umwelt. Und sofort können sich auch die Begriffe im Gehirn nicht nur spärlich, sondern vielfach verankern. Sie nutzen den visuellen, den haptischen, den gefühlsmäßigen und den auditiven Kanal in gleicher Weise und bieten dadurch viel stärkere Assoziationsmöglichkeiten als bei einem realitätsfremden Eintrichtern.[28]

Vielfältige sinnliche Informationen aus den unterschiedlichsten Richtungen, aus verschiedenen Quellen und Perspektiven, vermischt mit Gefühlen, gewinnt man aber nur, wenn man sich auch mit seinem Körper in die pralle Wirklichkeit begibt. Denken ist bewusstes Erkennen, Einordnen, kreatives Zusammenfügen von komplexen Wahrnehmungen des Körpers.

Der »Rohstoff Geist« ist eben nicht ohne den Körper zu haben.

In der chemischen Industrie mit ihrer komplizierten Technologie hat man das erkannt. Auch ca. 1500 hochempfindliche Sensoren einer chemischen Produktionsanlage können das Gespür der Menschen für die Anlage nicht ersetzen.

Seit einigen Jahren lernen Lehrlinge der Wacker Chemie deshalb während ihrer Ausbildung die Maschinen persönlich kennen, schauen sie genau an, schnuppern an ihnen, horchen auf sie, zeichnen sie minutiös ab. Sie wissen dann, woraus die Maschine besteht, wie sie klingt, wie sie richtig vibriert, kennen ihren Geruch. Sie trainieren ihr Gespür für die technische Anlage, indem sie auf Geräusche von Pumpen und Leitungen horchen und die Temperaturen von Rohren ertasten; sie lernen, Unterschiede und Schwankungen wahrzunehmen. Um vor einer Störung bereits eventuelle Abweichungen vom Normalzustand zu erkennen, Störungen also zu vermeiden.

Der Sozialwissenschaftler Fritz Böhle schreibt, bei Arbeiten mit komplexen technischen Systemen seien »Materialgefühl«, »Gespür für Maschinen«, »Orientierung am Geräusch der Anlage«, Improvisation und Intuition notwendig; eine besondere Rolle spielten dabei sinnliche Wahrnehmungen. Sie richteten sich

> nicht nur auf eindeutig definierte oder messbare, sondern auch auf diffuse und vielschichtige Informationsquellen, wie Geräusche oder Farbveränderungen, die sich über sämtliche Sinne – also neben Hören und Sehen auch über Gefühl, Geschmacks- und Geruchssinn – sowie körperliche Bewegung vollzieht und die vom subjektiven Empfinden nicht abgelöst ist.[...] Sinnliche Wahrnehmungen solcher Art sind verbunden mit assoziativem und anschaulichem Denken: Denken erfolgt hier nicht nur in Begriffen, sondern vor allem in Form von Bildern, erlebten Bewegungsabläufen oder akustischen Ereignissen, die im Gedächtnis gespeichert wurden und spontan genutzt werden.[29]

Verstand und Gefühl als Einheit, Sensibilität im Umgang mit Maschinen, Einfühlungsvermögen – ausgerechnet die chemische Industrie setzt auf dialogisch-interaktive Beziehungen zwischen Mensch und Maschine.

Die Kultivierung der Gefühle ist also kein Luxus; auf menschliche Fähigkeiten wie sinnliche Wahrnehmung, Kommunikation und Intuition ist mehr Verlass als auf die ausgefeiltesten maschinellen Sensoren.

In den USA lernen Studenten an Eliteuniversitäten nicht nur exzellentes Fachwissen, es wird ihnen vielmehr nahe gelegt, lieber ein Semester zu verlieren als auf vielfältige Erfahrungen zu verzichten, schreibt die *taz* über die systematische Förderung von Wahrnehmungsvielfalt und vernetztem Denken. Sie sollten sich viel Zeit nehmen für Wanderungen zwischen den Fächern. Intensive Beschäftigung mit Musik und/oder Sport werde vorausgesetzt, Engagement in sozialen Einrichtungen sei Pflicht. Direkt erlebte Erfahrungen schätze man hoch ein: eine »Rundumerziehung des Intellekts, der sozialen Einfühlung und des Körpers«[30].

NATURBEOBACHTUNG – WAHRNEHMUNG IN ECHTZEIT

Die Kirsche von der Blüte zur Frucht ist dran.

Ich könnte ohne größeren Aufwand »zielorientiert« mit den Fotos eines Baums in voller Blüte und einer Kirsche, mit Schemazeichnungen die einzelnen Etappen der Entwicklung zur Frucht erklären, dabei ein paar Begriffe zuordnen: Eine Seite nimmt das Thema im HSK-Buch ein. Zusätzlich – aber eher selten – könnte man einen sicher spannenden Lehrfilm zeigen, der im Zeitraffer fünf Minuten braucht für einen halben Sommer. In einer Schulstunde – fünfundvierzig Minuten – ist alles gezeigt, gesagt – und nichts gelernt. Die Kinder haben ein Arbeitsblatt bunt ausgemalt, in einen Lückentext ein paar Begriffe eingetragen; wer zu schnell gearbeitet hat, malt Mandalas aus, bis die anderen endlich auch fertig sind. Das müssen Kinder oft, wenn sie zu schnell sind. Später fragt man die Begriffe ab und benotet das Gelernte. Wenig von dem Wenigen bleibt übrig.

Will ich in die Wunder der Natur einweihen, die Kinder wahrhaft über die faszinierende Metamorphose von der Blüte bis zur Frucht staunen lassen, ihre Fähigkeit schulen, die Welt um sich herum wahrzunehmen, genau hinzuschauen; will ich ihre Neugier wecken, dann muss ich es anders machen. Kurze Ausflüge zum Kirschbaum in Jakobs Garten mit Lupe und Notizblock: Solche Unterrichtsgänge sind unsere ganze Freude, immer ein wenig »Ausnahmezustand«. Das attraktive Thema und Jakobs Angebot erregen Neugierde und Fantasie. Regelmäßig informiert er uns über den Stand der Entwicklung; wir dürfen immer wieder kommen, die Veränderungen prüfen und aufzeichnen. Die Kinder müssen genau hinschauen, genau abzeichnen – und sie können es. Zur Kontrolle und zum Vergleich kann ich fotografieren. Und ganz nebenbei erfahren sie: Auch die rasanteste Entwicklung in der Natur braucht einfach ihre Zeit. Neben allen anderen Informationen auch den Faktor Zeit wahrzunehmen – seit Einstein die vierte Dimension –, trägt zur »Entschleunigung« ihres Lebens bei. Langzeitbeobachtungen bremsen außerdem den Drang, Informationen ungeprüft ins Kästchen zu packen.

Im Kirschgarten nehmen sie vielfältige Eindrücke auf: Vor dem Kirschbaum oder unter ihm liegend, schauen sie sich seinen Stamm mit Rinde, Ästen, Zweigen und Blättern genau an, zeichnen ihn ab; das Gesumme und Gebrumme aller möglichen Insekten und Bienen hören sie während des ganzen Ausflugs, mal bewusst, meistens aber unbewusst, als Begleitmusik. Sie sehen die Bienen in die Blüten eintauchen und beladen davonfliegen – und wir bemerken, dass sie zu beschäftigt sind, um uns etwas anzutun. Hier zählen wir Menschen überhaupt nicht. Das Vogelgezwitscher um uns herum nehmen wir bewusst kaum wahr, aber es trägt zum Wohlgefühl bei, das uns erfüllt. Die zarten weißen Blüten betrachten und ihre Schönheit bewundern, eine einzige abzupfen, um sie mit der Lupe näher heranzuholen, ihren Duft riechen, die Sonne auf der Haut spüren, eine Blüte genau zeichnen und später einen Blütenzweig mit Aquarellfarben so zart wie möglich malen – das ist schon ein dichtes Programm. Bereits jetzt nehmen wir den winzigen grünen Knopf wahr, der im Lauf der Zeit immer dicker werden wird; allmählich wächst die Kirsche, das Rot wird immer intensiver – bis Jakobs Vater zuletzt das Netz über die Bäume wirft, damit die Vögel nicht alle Früchte verspeisen. Eine kleine Wanderung mit der ganzen Klasse in den Garten, in euphorisierender Ausflugsatmosphäre – sinnliche Wahrnehmung pur. Viele Fragen, auf die sie später die Antworten suchen, viele Erkenntnisse gewinnen sie aus dieser komplexen Wahrnehmung. Wenn Namen und Begriffe danach erst fallen, zerstören sie nicht die Komplexität ihrer Wahrnehmung, schützen diese vielmehr – und werden danach auch leichter behalten. Abstrakte Begriffe reduzieren die Wirklichkeit, wenn sie nicht unterfüttert sind mit Erfahrungen: ohne *Wahr*nehmung keine Wirklichkeit. Kinder ihre feinen Sensorien intensiv benutzen zu lassen heißt, sie das Denken durch Erfahrung zu lehren. Das schärft ihren Verstand. Und: Wer denken kann, kann alles denken. Auf dem Rückweg von unserer letzten Exkursion machen wir einen kleinen Abstecher zum Obsthändler und kaufen eine Tüte Kirschen; sie hängen sich die Früchte übers Ohr. Am Ende gibt es Kirschenessen mit Steinewettspucken im Schulhof – oder wir backen zusammen einen Kirschkuchen für einen genüsslichen Schmaus; die Hausmeisterin schiebt ihn gern für uns in ihren Backofen.

Und das bezaubernde Gedicht von Bertolt Brecht lese ich ihnen vor, wir schreiben es und sprechen darüber. Ein Gedicht ohne Reime ist eine neue und interessante Entdeckung. Wer mag, lernt es.

DER KIRSCHDIEB

An einem frühen Morgen, lange vor Hahnenschrei
Wurde ich geweckt durch ein Pfeifen und ging zum Fenster.
Auf meinem Kirschbaum – Dämmerung füllte den Garten –
Saß ein junger Mann mit geflickter Hose
Und pflückte lustig meine Kirschen. Mich sehend
Nickte er mir zu, mit beiden Händen
Holte er die Kirschen von den Zweigen in seine Taschen.
Noch eine ganze Zeitlang, als ich wieder in meiner Bettstatt lag
Hörte ich ihn sein lustiges kleines Lied pfeifen.[31]

Unser Gespräch über dieses Gedicht wird vielerlei Dimensionen haben. Darf der das? Warum wird er nicht bestraft? Braucht oder will der Besitzer die Kirschen nicht selber? Was sind die beiden für welche? Die geflickte Hose – was heißt das? Der andere ist der Besitzer des Kirschbaums. Der eine klaut einfach so, ohne schlechtes Gewissen, der andere lässt es geschehen. Hat ihm das gepfiffene Lied gefallen?

Exemplarisch der Ausflug hinaus aufs »Feld« – eine Fülle von Informationen, sinnlich, emotional, sachlich, gemeinschaftlich; reichhaltig die eingefahrene Ernte. Sinnliche Wahrnehmung ist kein Luxus, unser Gehirn wartet auf Signale der Sinne »von draußen«, Vorfreude und Spaß versetzen das komplexe System in höchste Bereitschaft.

Vögel im Park

Die Gesamtinformation besteht aus dem ganzen Milieu. F. Vester

Die Beschäftigung mit der Natur, mit ihren Gesetzen und ihrer Schönheit soll dazu führen, sich als Teil der Natur wahrzunehmen und ihr mit Achtung und Respekt zu begegnen. Kinder sollen lernen, sorgfältig und vorsichtig mit allem Lebendigen umzugehen. Nicht um die Natur auf den Begriff zu bringen, sondern um mit ihr in einen Dialog zu treten, sollten wir Gesetze kennen lernen. Wir sollten die Natur nicht als Gegenstand in Merksätze zwingen, sondern ihre Ordnung in der Beziehung der Dinge zueinander erfahren. Und dann ist es sinnvoll, sich bescheiden und staunend zu nähern.

Ein fest geplanter Aufenthalt im Schullandheim war kurzfristig gescheitert, und weil die Kinder so furchtbar enttäuscht waren, versprach ich ihnen, einmal mit ihnen im Klassenzimmer zu übernachten. Als die »Heimischen Vögel« im Lehrplan des dritten Schuljahrs auftauchen, löse ich mein Versprechen zusammen mit der Idee ein, frühmorgens im Park die Vögel beim Aufwachen zu beobachten. Die Kinder jubeln, die Eltern haben keine Einwände, und der Rektor findet die Idee gut. Und so kommen sie am verabredeten Abend mit einer Armada von Schlaftieren in unserem Klassenzimmer an und richten sich ihr Schlafplätzchen auf Sportmatten aus der Turnhalle ein.

Auf einem Spaziergang in der Abenddämmerung rund um den See im Park horchen wir auf das immer leiser werdende Gezwitscher der Vögel. Auch die Kinder werden immer leiser, in der Dämmerung ohne

Mama im Park sind sie ein bisschen furchtsam und halten einander an den Händen fest. Es ist beinahe dunkel, als wir in die Schule zurückkommen. Leise und etwas beklommen betreten sie das große, dunkle Schulhaus. Wir ziehen unsere Schlafanzüge an, legen uns auf unsere Matten, die Kinder kuscheln sich aneinander oder an ihre Schlaftiere, ich zünde eine Kerze an und lese ihnen vor. Der Hausmeister, in Schlafanzug und Bademantel, sagt uns gute Nacht; ganz allmählich werden unsere Stimmen leiser, die Kinder schlafen ein. Hier und da höre ich noch das eine oder andere im Schlaf gesprochene Wort. Dann schlafen sie, und ich schaue mir ihre Schlafgesichter an.

In aller Herrgottsfrühe stehen wir auf und machen uns auf den Weg. Freunde von mir, Vogelkenner, erwarten uns im Park und führen uns an die richtigen Stellen. Nicht alle Vögel fangen gleichzeitig an zu singen, jede Vogelart bevorzugt bestimmte Bäume. Wir erfahren die Namen der Vögel, der Bäume, hören die unterschiedlichen Gesänge – allmählich geht die Sonne auf, die Vögel werden immer lauter, die Kinder immer leiser. Sie bekommen nasse Füße vom Tau, sind todmüde und wissen kaum, wie ihnen geschieht.

Schließlich kommen die Mütter in den Park, und nach einem gemeinsamen Frühstückspicknick nehmen sie ihre schlaftrunkenen Kinder mit nach Hause. Die haben für heute genug gelernt.

Am nächsten Tag erzählen sie, das Vorlesen bei Kerzenlicht habe ihnen am besten gefallen. Dabei lese ich ihnen täglich in der Schule vor. Ihre Lehrerin im Schlafanzug und abends bei Kerzenlicht – das war das magische Erlebnis! Schule und Kinderleben waren eins.

Unser Thema vertiefen wir mit Liedern, mit Gedichten, mit Malen, Schreiben und Vorlesen, auch mit einem Tonband voller Vogelstimmen.

Wir können uns nur annähern, können nur scheu und vorsichtig die Natur belauschen. Wenn die Beschäftigung mit dem Thema »Vögel« irgendetwas bewirken soll, dann nur durch die zugleich körperliche und emotionale Erfahrung unseres Besuchs in der Welt dieser Vögel, die bei Sonnenaufgang nicht die unsere ist. Nicht durch eindimensionale Informationen bekommen sie ein Gespür für das Ganze, sondern durch das gemeinsame Erlebnis, das ganze Drumherum dieser Erfahrung: Nahrung für Seele, Körper und Geist gemeinsam. Was haben sie nicht alles gelernt!

- Die Gemeinschaft der Kinder wird lebendig durch gemeinsame Erlebnisse, durch Erfahrungen, die frei sind von Belehrung. Das stärkt das Gefühl der Zugehörigkeit, und sie lernen einander kennen.
- Schule ist mehr als ein kahler Raum, der aus Kindern Schulkinder macht: Sie machen kindliche Erfahrungen, sind angewiesen aufs Schlaftier, haben ein bisschen Angst, hören eine Gutenachtgeschichte, in der Schule! Die Lehrerin schläft im Schlafanzug auf der Matte, der Hausmeister kommt im Bademantel herein.
- Die Erwachsenen – Lehrerin, Hausmeister, Vogelkenner, Mütter – sind freundliche, vertraute, geliebte Menschen – Garanten für ihre Sicherheit.
- Die Freundin, der Freund sind dabei, mit ihren Gefühlen, mit ihrer eigenen Scheu; sie sind auch da am Abend, wenn alle etwas ängstlich sind beim Spaziergang um den dunkler werdenden See. Die Gemeinschaft verschafft Sicherheit: Jedes Kind hat eine Hand zum Anfassen.
- Der vertraute Park wird durch die Umstände – abends in der Dämmerung; morgens im Morgengrauen – ganz neu wahrgenommen. Man betritt ihn wie ein fremdes Haus, scheu und vorsichtig. Man gehört nicht ganz dazu, der Park ist die Welt der Vögel und Bäume.
- Die Übermüdung schärft ihre intuitive Wahrnehmung; viele Eindrücke nehmen sie auch unbewusst auf.
- Mit Müttern und Frühstück schließt sich der Kreis; die Kinder sind müde und hungrig, auch weinerlich. Die Mütter nehmen sie mit nach Hause. Emotionale Geborgenheit stärkt für alle weiteren Ausflüge ins Fremde.

Ich nehme das Thema »Heimische Vögel« nicht »durch«, aber die Kinder können den »heimischen Wald«, unseren Englischen Garten, erleben, können zuhören, wenn die Vögel frühmorgens aufwachen; erfahren, was wir vom Leben in der Natur wahrnehmen können.

Die ganze Unternehmung soll gar nicht dazu führen, die Vögel benennen und ihre Stimmen voneinander unterscheiden zu können. Das lernen Kinder auch nicht, wenn sie eine Folie im Klassenzimmer sehen oder auf einem Arbeitsblatt Lücken eines informativen Textes ausfüllen. Dieses isolierte Wissen würde ihnen auch nichts nützen, sie würden es schnell wieder vergessen. Stattdessen ein Gedicht:

DIE DREI SPATZEN

In einem leeren Haselstrauch
Da sitzen drei Spatzen, Bauch an Bauch.

Der Erich rechts und links der Franz
Und mitten drin der freche Hans.

Sie haben die Augen zu, ganz zu,
Und obendrüber da schneit es, hu!

Sie rücken zusammen dicht an dicht
So warm wie der Hans hats niemand nicht.

Sie hören alle drei ihrer Herzlein Gepoch
Und wenn sie nicht weg sind, so sitzen sie noch.

Christian Morgenstern[32]

Und sie schreiben eine echte Erlebnisgeschichte. Was sie erleben, bildet ihr Wissen von der Welt; es entwickelt sich vom ersten Atemzug an durch Erfahrung.

Wenn wir Kindern, die so oft unversorgt und ohne emotionale Sicherheit aufwachsen, Fürsorge abverlangen für eine Natur, die sie nicht kennen und lieben, zäumen wir das Pferd von hinten auf. In einer Oase aber, in der sich Kinder zusammen mit Erwachsenen niederlassen können, um zu staunen, die Natur in der Natur kennen zu lernen, sich selbst wahrzunehmen und so als Teil des Ganzen zu erfahren, können Achtung und Respekt vor der Natur entstehen.

Wollen wir sie fürsorglich, müssen sie Fürsorge erfahren; wollen wir sie friedlich, müssen sie friedliche Beziehungen erleben; wollen wir sie unabhängig, müssen wir sie in ihren Eigenheiten bestärken und sie gleichzeitig die unauflösbaren Abhängigkeiten erfahren lassen, in denen Menschen leben; wollen wir sie verantwortungsbewusst, müssen zunächst wir verantwortlich handeln und sie täglich üben lassen, indem wir ihnen eigene Entscheidungen zutrauen und zumuten.

PROJEKTARBEIT HEISST: ZUSAMMENHÄNGE ERKENNEN

Der Vielwisser war oft müde von dem Vielen,
das er wieder nicht zu denken hatte.
Karl Kraus

Im Gegensatz zu kleinteiliger Unterrichtung im Frontalunterricht, in dem einzelne Themen im 45-Minuten-Takt zerstückelt als Häppchen angeboten werden, bieten Projekte die Möglichkeit, größere Zusammenhänge durch eigene Forschung, Arbeit in Gruppen und fantasievolle Präsentation der Ergebnisse zu erfahren und zu entdecken. Der neue Lehrplan erwähnt Projekte ausdrücklich, aber auch als ich meinen Unterricht vor 25 Jahren umstellte, waren sie nicht verboten. Nach wie vor aber ist diese Methode unüblich, sind Projekte nicht integrierter Bestandteil des Schulalltags, weil sie ein anderes Selbstverständnis von Schülern und Lehrerinnen voraussetzen. Denn sobald die Schüler in die verschiedenen Arbeitsmethoden eingeweiht sind, arbeiten sie weitgehend selbstbestimmt. Die Lehrerin sorgt für den äußeren Rahmen, präzisiert das Thema, organisiert Unterrichtsgänge in die Wirklichkeit, stellt Informationsquellen bereit, mischt sich aber nur bei Bedarf ein und hält sich aus dem konkreten Geschehen so weit wie möglich heraus. Erst wenn es darum geht, Schlussfolgerungen aus gewonnenen Erkenntnissen zu ziehen und auf Querverbindungen zu anderen Bereichen hinzuweisen, ist sie gefragt.

Die totale Kontrolle über die Kinderschar abzugeben, so lange sie selbst sich ständig kontrolliert fühlen, macht vielen Lehrerinnen Angst.

Wohl auch deshalb, weil Noten die Motivation, den Enthusiasmus und die Leistungsbereitschaft, die entstehen können, nicht einfangen. Es ist schwieriger, einer Gruppe für eine Gemeinschaftsarbeit »gerechte« Noten zu geben, als einzelne Kinder nach einem Punktesystem zu beurteilen, dabei die Fehler zu zählen und nach einem festen Notenschlüssel vorzugehen, was als gerecht gilt. Dass die Präsentation der Ergebnisse vor allen anderen, vielleicht auch vor den Eltern, schöner und viel befriedigender und motivierender ist als jede Note, weiß man erst, wenn man sich frei gemacht hat vom Benotungszwang.

Projekte brauchen Zeit, und immer fürchtet man, mit dem Lehrplan nicht durchzukommen.

Mein Heimat- und Sachkundeunterricht hat immer etwas von einem Projekt, weil die Kinder immer auch selbst recherchieren, weil er offen ist in dem Sinne, dass der Weg das Ziel ist und die Kinder Ergebnisse meist selbst herausfinden. Wir gehen so oft wie möglich hinaus, schauen uns das, worum es gerade geht, an Ort und Stelle an. Die Kinder bereiten sich gut vor, sammeln ihre Fragen; Beobachtungsaufträge werden verteilt, Teams gebildet. Dann schauen sie genau hin, notieren ihre Beobachtungen, befragen Experten oder Bücher, erleben komplexe Beziehungsgefüge, ziehen Schlüsse, schreiben Referate und tragen sie vor. Ihre intensiven Erfahrungen und Erlebnisse werden später geklärt, geordnet und Zusammenhänge hergestellt. Sie malen, basteln oder spielen in Rollenspielen nach, was sie erlebt haben. Am Ende wird die Quintessenz auf den Begriff gebracht.

Projekte über mehrere Tage oder auch Wochen bieten die Möglichkeit, die Wirklichkeit an exemplarischen Gegenständen zu beobachten, wahrzunehmen und ein wenig zu untersuchen. Alle Arten von Arbeitsformen werden praktiziert, alle möglichen Formen der Präsentation gewählt: in verteilten Rollen, mit Plakaten oder Bildern an der Wandtafel, durch Frage-und-Antwort-Spiele, Referate oder Demonstrationen …

Projekte leben von der Arbeit in Gruppen; auch diese Arbeiten sind im Wochenplan benannt und aufgeführt. Die einzelnen Gruppen arbeiten ihre Wochenpläne genau aus, stimmen sie aufeinander ab. Ich begleite sie, berate und helfe weiter, wenn nötig. Am Ende präsentieren alle Gruppen nacheinander die Ergebnisse ihrer Arbeit. Diese Präsentation fasst alle Teilaspekte wieder zu einem Ganzen zusammen, sodass alle Kinder den gesamten Überblick über das Thema bekommen – auf die unterschiedlichste und kreativste Weise.

Wie Menschen leben

Erstes Bildungsziel der Schule ist, sich in der Welt zurechtzufinden: in der kleinen Welt des eigenen Viertels, der ersten eigenen und selbstständigen Wege, der ersten Einkäufe und vorsichtigen Spiele auf der Straße – wobei es das kaum noch gibt. Also sollen sie zunächst diese Welt bewusst wahrnehmen, kennen lernen und sich dort bekannt machen. Einen Ort zu haben, in dem sie zu Hause sind, weil sie ihn genau kennen und man sie kennt, ist für Kinder heute besonders wichtig: Eine vertraute Umgebung, die zu einem und zu der man selbst gehört, schafft Sicherheit und Geborgenheit. Zugehörigkeit kann sich entwickeln, wenn sie zuerst einmal wahrnehmen, was es da alles gibt, wer da wohnt und arbeitet, kommt und geht. Vielfältige Informationen können die Kinder sammeln, wenn sie mit den Nachbarn Kontakt aufnehmen, in die Läden gehen und Fragen stellen.

Während der gesamten Grundschulzeit – und eigentlich noch darüber hinaus – durch ein Langzeitprojekt zu erfahren, »wie Menschen wohnen«, dabei am komplexen System Stadt vernetztes Denken zu üben – das ist eine Lieblingsidee von mir. Es soll ihnen bewusst werden, dass in einer Stadt alles mit allem zusammenhängt; sie sollen lernen, was »vernetzt« bedeutet, dass unser Handeln Spuren hinterlässt – positive oder negative – und dass wir entscheiden können, welche Spuren wir hinterlassen wollen: Demokratische Grundtugenden wie Partizipation am gemeinsamen Leben und Verantwortung für das eigene Handeln muss man lernen. Ich ziehe gern lange Linien in die Vergangenheit, um ihnen schon früh unsere Geschichtlichkeit bewusst zu machen; außerdem fasziniert mich die Dynamik der Geschichte der Stadt.

Zunächst beschäftigen wir uns mit den einfachsten Formen des Wohnens, mit Zelt, Iglu, Höhle, Hütte, schauen in Büchern nach und machen einen Besuch im Völkerkundemuseum. Während eines Vormittag »hausen« die Kinder in Höhlen, die sie aus zusammengestellten Tischen mit Decken darüber bauen, oder in mitgebrachten Igluzelten. Sie richten sich ein und rechnen, schreiben und essen dort auch. Ihre Erfahrungen und Gefühle, Angenehmes und Unangenehmes, tragen sie zusammen, und wir diskutieren die Unterschiede zum eigenen Leben.

Sie schauen sich ihr eigenes Zimmer zu Hause genau an und zeichnen es mit allem Inventar auf. Später inspizieren sie die Wohnung oder das Haus der Familie, die Straße, den Schulweg: Sie zeichnen ab und schreiben alles Erwähnenswerte auf: welche Läden es gibt, Handwerker oder Kneipen; fragen die Besitzer und berichten uns, was sie erfahren haben. Sie finden heraus, was es alles sonst noch gibt: Institutionen, Kirchen, Ärzte. Wie Fremdenführer führen uns einige Kinder auf ihrem Schulweg zu ihrem Haus und zeigen uns unterwegs ihre Attraktionen. So nehmen die Kinder ihre Straße bewusst wahr. Kinder, die mit dem Auto zur Schule gebracht werden, staunen, was ihnen da tagtäglich entgeht.

Und dann, im nächsten Schuljahr, ist »mein Viertel« dran – ein komplexes System. Wir machen einen Gang durch eine zentrale Straße des Viertels – die Leopoldstraße in Schwabing –, und sie notieren, was sie wahrnehmen:

Die Kirche am einen Ende, das Siegestor am anderen, dazwischen die verschiedenen Läden, die Post, Banken, Kneipen, Lebensmittelläden, Apotheken, Fitnesscenter, Straßencafés, Waldorfschule, Theater, McDonald's, Universität, U-Bahn, Kaufhaus. Sie gehen der Frage nach, was der Mensch unbedingt braucht, was er nicht braucht, ihm aber gefällt, was vollkommen überflüssig oder unsinnig, was schädlich ist.

Zu erfahren, was in all diesen Häusern los ist, welche Menschen da wie leben und arbeiten, wird spannend und aufschlussreich. Zu welcher Gruppe gehört meine Familie, gehöre ich? Wo würde ich gern mitmachen? Welchen Beruf möchte ich ergreifen?

Später sind dann die Geschichte Schwabings und Münchens dran und die Grundzüge einer Stadtverwaltung, auf der politischen und der Verwaltungsebene. Während einer Stadtratssitzung lernen sie Stadtrat und Oberbürgermeister kennen; sie erfahren von der gigantischen Anstrengung der Strom- und Wasserversorgung, der Abfallbeseitigung und Verkehrsregelung. Einblicke in das Funktionieren und Versagen dieses komplexen Systems fördern das Interesse an der Heimatstadt – gerade auch ausländischer Kinder – und Einsichten in die Funktionsweise demokratischer Strukturen.

Neben vielerlei »Know-how«, Fähigkeiten, Techniken und Können ist die Grundlage eines friedlichen, gesunden und nachhaltigen städtischen Lebens die Fähigkeit der Bürger, gut miteinander zu leben, ihre Kommunikations- und Konfliktfähigkeit. Jede und jeder Einzelne hat etwas beizutragen: vom Säugling mit seinem Lächeln bis zur Großmutter mit ihrer Langmut.

Alle Bewohner der Stadt leben in vielfältigen Abhängigkeiten und gegenseitigen Verpflichtungen, übernehmen Verantwortung auch für andere und/oder bekommen Hilfe und Unterstützung: Geben und Nehmen, Kooperation.

Mensch und Natur sind in der Stadt offensichtlich voneinander abhängig: Die verdrängte Natur braucht intensiven Schutz und Fürsorge, der Mensch so viel Natur wie möglich in seiner Konstruktion »Stadt«.

Menschen jeglichen Alters, aller sozialen Schichten, unterschiedlicher Kulturen leben auf engstem Raum zusammen, Tür an Tür, begegnen einander, haben Konflikte und müssen sie lösen, schaffen Probleme und müssen auch die lösen. In einer Schule ist das im Kleinen auch so. In einer Klasse – und zwischen Klassen – gibt es ähnliche soziale Konflikte wie in einer städtischen Gemeinschaft, wo es auch um »Klassen« geht. Die Kinder können von ihren eigenen Erfahrungen darauf schließen, wie es in der Stadt zugeht, und darüber nachdenken, ob ihre Konfliktstrategien auch der Stadtgesellschaft helfen würden, friedlicher miteinander auszukommen.

Die Infrastruktur einer Stadt wird immer komplexer, immer schwieriger aufrechtzuerhalten. Schüler erfahren, dass ein gutes Leben zwar mit einer gut funktionierenden Infrastruktur zusammenhängt, dass die eigentliche Lebensqualität aber darüber hinausweist – und auch wieder zurück –, von menschlichen Fähigkeiten wie Fürsorge, Meisterschaft, Disziplin, Höflichkeit, Selbstbestimmung, Arbeit, Verantwortung, Toleranz, Mitgefühl abhängt.

Die Beschäftigung mit den unterschiedlichsten Aspekten des Lebens in der existierenden Stadt – parallel dazu das Bild einer wünschenswerten, idealen Stadt – könnte sie motivieren, sich mit dem eigenen Leben in der Klasse und der Schule zu befassen, einem Lern- und Lebensort, der viele Gemeinsamkeiten hat mit den Grundstrukturen einer städtischen Gemeinschaft. Verantwortung für das Ganze der *polis* – ein Leben zu führen, das keinem anderen schadet – müssen Menschen als Kinder lernen.

Das Geflecht der Bauten unter der Erde – Leitungen, Abwasserkanäle, Tiefgaragen, U-Bahn-Schächte; auf und über der Erde – Straßen, Straßenbahn- und Eisenbahnschienen, Häuser, Fabriken, Schlote … Dazwischen Bäume und Pflanzen mit ihrem Wurzelgeflecht. Das Geflecht sozialer Beziehungen, Bedürfnisse, Pflichten, Aufgaben und Lösungsversuche – alles beeinflusst vom anderen und das andere beeinflussend, alles total vernetzt! Dazu bedarf es auf allen Ebenen, kreuz und quer, einer umfassenden Kooperation.

Attraktiv ist die Idee einer solchen Langzeitstudie, weil die Kinder ein »komplexes System« kennen lernen können. Die Aufgabe ist heute, das lineare Denken aufzugeben, denn die großen Probleme der Zukunft können nur gelöst werden, wenn wir lernen, vernetzt zu denken und auf dieser Basis zu handeln.

Mit geschärften Sinnen und größerer Aufmerksamkeit werden die Kinder sich in ihrer Stadt bewegen und ein wenig mehr bereit sein, sich verantwortlich zu fühlen – für sich und das gemeinsame Ganze.

Vom Korn zum Brot

Korn und Brot sind Menschheitsthemen. Ich möchte Kinder einweihen in diese großen Themen, sie süchtig machen nach großen Zusammenhängen. Ich setze damit ein Gegengewicht gegen die Übermacht des Modischen, Aktuellen, Beliebigen. Und wieder wird das eine Einübung in »vernetztes« Denken, das in dieser komplexen Welt immer dringender gebraucht wird. Entscheidungen, die dem »linearen« Denken entspringen, richten zunehmend immense Schäden an.

Im vor einiger Zeit veränderten Lehrplan für die Grundschulen standen früher im dritten Schuljahr das Thema «Einblick in die Arbeit eines Handwerkers, zum Beispiel des Bäckers oder Schreiners« und das Thema »Einfache Kenntnisse über Getreide, seine Verwendung, Hinweise zum Hunger …«

Ich fasse die beiden Themen zusammen und mache das Angebot, tief in ein spannendes Thema einzutauchen. Die Kultivierung der Natur, die Veredelung von Pflanzen wurde notwendig, weil die Menschen sich im Laufe der Geschichte immer wieder neuen Verhältnissen anpassen mussten. Ich möchte Einblicke geben in komplexe Zusammenhänge, vernetztes Denken anbahnen: der Kampf ums Brot als Synonym für das Überleben – und die politische Dimension dieses Kampfes, der zerstörerische Gegensatz von allzu großem Reichtum und allzu großer Armut. Einblicke in aktuelle Fragen: Fabrikation oder Handwerk? Vorteile und Nachteile. Die Kinder befassen sich während vier Wochen intensiv mit Getreide, Brot, Bäcker … Ein Intensivkurs in Deutsch gehört dazu: Es wird viel gelesen, zusammengefasst, vorgetragen, diskutiert, besprochen, geschrieben. Es wird genau hingeschaut, gemalt, gerochen und gegessen …

Wir stellen fest, dass Getreide, Brot und Bäcker wahrhaft »weltbewegende« Themen sind. Bei unserem Besuch in der Stadtbibliothek finde ich ein Buch mit dem Titel »6000 Jahre Brot« – eine Fundgrube ersten Ranges:

Die Geschichte des Getreides hat viel zu tun mit der Geschichte der Menschheit. Erst durch Sesshaftigkeit wurde das Veredeln von Pflanzen interessant und möglich.

Die Fragen der Kinder bestimmen die weiteren Schritte. Wir stellen Zusammenhänge her.

- Züchtung: Vergleich von Gräsern und Getreideähren.
- Die zufällige »Erfindung« des Sauerteigs – Versuch.
- Die Entwicklung der Burgen zu Städten hängt mit größerem

Bedarf an Getreide und dem Schutz der Ernte vor Raubrittern zusammen: zweite Mauerringe – Unterrichtsgang.

- Schlüsselrollen von Müllern und Bäckern; drastische Strafen für betrügerische Müller oder Bäcker – Erzählung.
- Revolutionen und Kriege wegen Erhöhung des Brotpreises: Französische Revolution – Bericht.
- Unser tägliches Brot gib uns heute … Der Hunger in der Geschichte der Menschheit und heute; Informationen aus Zeitungen, UNICEF etc.
- Kinder informieren sich in »ihrer« Bäckerei über Brotsorten und Preise.
- Besuch bei der – traditionellen – Bäckerei um die Ecke. Kinder interviewen den Bäcker.
- Besuch bei »Ko-Back«, einer alternativen Bäckerei im Viertel, in der ausschließlich Vollkornbrot gebacken wird, ohne chemische Zusätze. Das Korn wird dort unmittelbar vor dem Backen gemahlen. Interview.
- Film über eine Brotfabrik – Unterschiede.
- Unterschiedliche Arbeitsformen und Maschinen in der Brotfabrik und den verschiedenen Bäckereien – Vergleich der Produkte.
- Im Zuge der »Arbeitsteilung« entwickelt sich der Beruf des Bäckers. Davor backten die Hausfrauen ihr Brot selbst; die Bäuerin backte beim wöchentlichen Brotbacken immer einen kleinen Laib für einen armen Wanderer mit.
- Was tun wir für Arme? Den Reinerlös unseres nächsten Theaterstücks schicken wir an UNICEF.
- Aufmerksame Beobachtung, wie wir mit Essen umgehen.
- Verschiedene Kornsorten kennen lernen und untersuchen.
- In der »Kornkammer« lassen wir Korn für unser eigenes Brot mahlen.
- Ich lese die Geschichte von »Joseph und seinen Brüdern« vor.
- Wir setzen einen Brotteig an und backen selbst Brot – mit Hilfe einer Mutter, die Expertin ist.
- Es gibt ein gemeinsames Frühstück mit dem selbst gebackenen Brot, mit Brötchen und Müsli aus frisch geschrotetem Korn.

Am Ende ein Gedicht. Sie lernen und schreiben es.

DAS HUNGERLIED
Verehrter Herr und König,
Weißt du die schlimme Geschicht?
Am Montag aßen wir wenig,
Und am Dienstag aßen wir nicht.

Und am Mittwoch mussten wir darben,
Und am Donnerstag litten wir Not;
Und ach, am Freitag starben
Wir fast den Hungertod.

Drum lass uns am Samstag backen
Das Brot fein säuberlich;
Sonst werden wir sonntags packen
Und fressen, o König, dich!
Georg Weerth[33]

»Das Riesenspielzeug« von Adalbert von Chamisso lese ich ihnen vor – wir sprechen über die Bedeutung der Bauernarbeit damals und heute – und »Max und Moritz« von Wilhelm Busch.

Die Beschäftigung mit den Themen »Getreide« und »Bäcker« ist im Lehrplan vorgesehen. Wie und wie breit ich das mache, ist allein meine Entscheidung und hängt von der jeweiligen Situation in der Klasse ab. Dass die Beschäftigung mit Zusammenhängen in Geschichte und Gegenwart die Fähigkeit und Lust zur Wahrnehmung schult und profunde Einsichten verschafft, leuchtet ein. Der Auftrag der Grundschule, die »Grundlegung von Bildung«, wird in hohem Maße erfüllt; die unterschiedlichsten Arbeitsweisen werden eingeübt, in viele Bereiche hinein gedacht und gearbeitet, individuell und in Teams, mit selbst entwickelten Methoden und Präsentationsformen.

Sie sammeln ihre Fragen, an Ort und Stelle schauen sie zu, befragen die Experten, protokollieren deren Antworten und tragen in kleinen Referaten die Ergebnisse ihrer Recherchen vor. Sie arbeiten in

Gruppen verschiedene Themen aus und präsentieren sie gemeinsam. Es wird zugehört, gelesen, geschrieben, ein Gedicht gelernt und aufgeschrieben, Bilder werden gemalt und Aufsätze verfasst. Mit allen Sinnen nehmen sie komplexe Informationen auf, erleben die Wirklichkeit konkret, riechen, schmecken. Sie bekommen einen plastischen Eindruck von diesem komplexen Thema.

Die Zusammenfassungen der einzelnen Teams tragen alle in ihr Heft ein. Hier einige Beispiele:

DAS KORN

Die Getreidekörner sind die Früchte der Ähren.
Im Korn ruht die Keimpflanze, im Korn ist auch Mehl gespeichert. Wenn das Korn in die Erde kommt, ernährt es sich vom Mehl aus den Körnern, bis die Wurzeln der Keimpflanze groß genug sind und Nährstoffe aus dem Boden aufnehmen können. Aus Weizenmehl wird Weizenbrot gebacken. Die reifen Weizenähren haben keine Haare. Roggen ist ein Getreide mit langen Haaren. Diesen sichtbaren Unterschied haben Weizen und Roggen.

DAS BROT

In jeder Bäckerei wirst du viele verschiedene Brotarten finden. Die Farbe des Weißbrots lässt sich nur durch geschälte Körner herstellen. Vollkorn hat seine Farbe von ungeschälten Körnern. Aus Roggenmehl wird Schwarzbrot gebacken. Aus Roggen und Weizen wird Mischbrot gebacken. Dunkles Mischbrot enthält viel Roggenmehl, helles viel Weizenmehl.

SO WIRD HEUTE BROT GEBACKEN

Heute müssen die Bauern nur noch mit den Mähdreschern über das Feld fahren, und schon ist das Getreide geschnitten und gebunden: geerntet. Danach wird das Getreide auf Lastwagen verladen, die zur Handelsmühle fahren. Dort wird das Getreide gemahlen. Das gemahlene Getreide wird zur Brotfabrik gefahren. Da wird es zu Brot verarbeitet. Von dort wird es in den Supermarkt gebracht, wo wir es kaufen.

FESTE

Advent und Weihnachten

Anfang der achtziger Jahre zelebrierte ich die Adventszeit geradezu: Wir sangen die schönsten Lieder, ich las Weihnachtsgeschichten vor; der Martinstag war Anlass, übers Teilen und Schenken zu sprechen. Die Kinder studierten Krippenspiele ein und führten sie voller Hingabe auf. Allmählich aber wurde es üblich, während der Adventszeit bereits eine Weihnachtsfeier nach der anderen zu besuchen; aus dem Nikolausabend wurden Santa-Claus-Parties. Meine besinnlichen Angebote bekamen etwas Lächerliches, die Kinder gähnten, wenn ich den großen Sack mit Nüssen und Äpfeln in die Mitte des runden Teppichs schüttete und eine Nikolausgeschichte zu erzählen begann. Das war der soundsovielte Nikolausevent für sie, und Äpfel und Nüsse hingen ihnen schon zum Hals heraus. Allmählich wurde es notwendig, etwas dagegenzusetzen.

Wenn einem von Mitte November an Weihnachtslieder überall entgegendröhnen, wenn alle Regale vollgepfercht sind mit Waren, die man kaufen soll, wenn einen monatelang Haufen von Lebkuchen und Spekulatius verfolgen, dann muss die eigene Beschäftigung damit immer sparsamer werden. Deshalb weiche ich aus und beschränke mich auf Basiserfahrungen. Es wird kein Krippenspiel einstudiert – früher ein wunderbares Erlebnis für die Kinder; es werden nur die außergewöhnlichen Lieder gelernt, die einem von nirgendwoher ins Ohr plärren, und besondere Gedichte.

Ich beschränke mich dann auf Barbarazweige, weil man an ihnen das »Wunder« der Wiederkehr des Lebens so herrlich beobachten kann, weil kein »Event« damit verbunden ist – es geht nur ums Hinschauen und Wahrnehmen jeder Veränderung – und weil sie die Kinder die ganze Adventszeit hindurch neugierig und in Spannung halten.

Der grüne Adventskranz als Symbol der Hoffnung auf den wiederkehrenden Frühling und der Gemeinschaft gefällt mir – und ich setze durch seine Einfachheit ein Zeichen gegen Verkitschung und Vermarktung. Die Kerze täglich anzuzünden ist für die Kinder dann immer noch eine besondere Freude.

Wir besuchen den Gärtner in der Nachbarschaft, und er lädt uns ein, mit ihm zusammen einen riesengroßen Adventskranz zu binden. Er leitet uns an, und alle Kinder beteiligen sich, halten ihm die kleineren Zweige hin, damit er sie einbinden kann. Sie schauen zu, wie die kreisrunde Grundlage, aus mitteldicken Zweigen gebunden, allmählich durch die vielen kleinen Zweige immer dicker wird, und erleben, wie ein großer, dichter, schöner Kranz entsteht. Der Gärtner schenkt uns eine breite rote Schleife und vier große Kerzen – und sehr beeindruckt tragen sie den Kranz als Trophäe in die Schule zurück. Wir sprechen über den Kranz als Symbol für Gemeinschaft und Verbundenheit; wir sprechen über Freundschaft, Hilfsbereitschaft, über unsere Lieben, wer auch immer sie sein mögen. Und wir sprechen darüber, wie man sich fühlt, wenn man nicht »dazugehört«, wenn man außerhalb des Kreises steht.

Wir sprechen über die grünen Zweige als Symbol dafür, dass nicht alles Leben stirbt während der kalten Jahreszeit; ich zeige ihnen einen kleinen Zweig vom Ahorn vor meinem Balkon. Der hat bereits wieder Knospen gebildet fürs Frühjahr. Ich erzähle ihnen von Zeiten, als es keine Zentralheizung gab, nicht alle pelzgefütterte Schuhe und Mäntel hatten. Jeder Winter war eine große Gefahr.

Das Gedicht von Walther von der Vogelweide lese ich im Original auf Mittelhochdeutsch vor. Sie erfahren vom Wandel der Sprache über die Jahrhunderte, und dass sie sich auch heute ständig verändert. Und hören das Gedicht in verschiedenen Übersetzungen.

RAUREIF

Uns bracht der winter viel kummer und qual
heide und wald in weißem kristall
wo blieb die stimme der nachtigall
mädchen, kommt, werft an der straße den ball
lockt uns die vögel zu frohem krawall

Könnt ich verschlafen des winters leid
wach ich, so lieg ich mit ihm im streit
mit seiner macht und vermessenheit

weiß gott, der mai ist gar nimmer weit
dann brech ich blumen, wos heute noch schneit[34]

Interessiert und konzentriert hören sie zu, wenn ich von einem anderen, schwereren Leben in früheren Zeiten erzähle. Und ich zeige ihnen den Text, der ohne Satzzeichen und fast ohne Großschreibung auskommt.

Die moderne Vorweihnachtszeit gibt beim besten Willen nichts her, um Kinder nachdenklich oder festlich zu stimmen. Festlich mache ich es mit einem schön gedeckten Tisch, mit Kerzen, Liedern und Gesprächen.

Am 4. Dezember, dem Barbaratag, bringe ich einen Strauß Kirschzweige mit und stelle ihn in eine große Vase. Sie zeichnen die Zweige genau ab und bekommen den Auftrag, täglich zu beobachten, was mit ihnen geschieht. Jede Veränderung nehmen sie wahr und protokollieren sie mit einer neuen Zeichnung. Auf diese Weise entstehen viele kleine Zeichnungen, und jedes Mal sind die Knospen ein bisschen dicker. Philip macht ein »Daumenkino«, andere machen es ihm nach.

Begeisterung und Verblüffung sind groß, wenn endlich die Blüten in voller Pracht aufgegangen sind – ein paar Tage vor Weihnachten …

Auch dieses Erlebnis wird nicht ausgeschlachtet, um ihnen ein paar Begriffe um die Ohren zu hauen. Das Arbeitsblatt mit dem Zweig, mit ein paar Strichen, auf die sie Blüte, Blatt, Stängel und was weiß ich schreiben sollen, verwende ich nicht. Die unterschiedlichen Bedingungen draußen im Winter und drinnen mit Wasser und Wärme sind es, auf die ich aufmerksam mache; das ist eine wirklich wichtige Information.

Sie schreiben einen Erfahrungsbericht über die wochenlangen Beobachtungen zu ihren wunderschönen Zeichnungen und was sie sich dabei denken – und das Gedicht von Josef Guggenmos:

AM VIERTEN DEZEMBER

Geh in den Garten
Am Barbaratag.
Gehe zum kahlen
Kirschbaum und sag:

Kurz ist der Tag,
grau ist die Zeit.
Der Winter beginnt,
der Frühling ist weit.

Doch in drei Wochen,
da wird es geschehn:
Wir feiern ein Fest,
wie der Frühling so schön.

Baum, einen Zweig
gib du mir von dir.
Ist er auch kahl,
ich nehm ihn mit mir.

Und er wird blühen
in seliger Pracht
mitten im Winter
in der Heiligen Nacht.[35]

Mit den Kindern Weihnachtsplätzchen zu backen, ist ziemlich aufreibend und ein großer Spaß. Präzise nach Rezept wiegen sie die Zutaten, rühren den Teig an und stechen voller Inbrunst mit ihren Förmchen die Plätzchen aus. Das Blech tragen wir in der Schwabinger Schule zur Frau Hausmeisterin; in der anderen Schule veranstalten wir die ganze Backerei in der Hortküche. Das ist eine genüssliche Angelegenheit und hat so gar nichts von »Schule« an sich, sodass es den Kindern sehr gefällt, auch türkischen Kindern, die ja von ihren Müttern durchaus verwöhnt sind in puncto selbst gebackene Kuchen.

Aber es ist einer unserer Bräuche, die auch allmählich verloren gehen, und es lohnt sich, daran festzuhalten.

Während wir Tee trinken und die Plätzchen essen, lese ich ihnen ein paar schöne Gedichte vor – das eine oder andere auch zum Lernen – und eine Weihnachtsgeschichte. Schöne Erlebnisse, gemeinsame Erfahrungen, an die sie sich später erinnern können – auch das gehört zur Bildung. Und vielleicht wird es ja irgendwann in der Zukunft wieder etwas stiller und angenehmer in der Weihnachtszeit – dann wissen sie, wie es gehen könnte.

KINDER IN BEWEGUNG

Kinder denken, fühlen, handeln, kommunizieren mit dem ganzen Körper; in der Schule aber stört der Körper irgendwie. Man soll ihnen irgendwelche Dinge ins Hirn stopfen und diese dann wieder hervorholen, um Noten zu geben. Am liebsten würde man sie deshalb ab und zu ein bisschen knebeln und festbinden. Nur, das Gehirn lässt sich nicht füllen ohne den Rest, und unterwegs geht so viel verloren, wenn sie keine Chance haben, vielfach zu verknüpfen, was sie sich aneignen sollen. Ein lachendes oder weinendes Kleinkind wirft Arme und Beine in die Luft, bewegt den Kopf hin und her und jauchzt oder brüllt. Das ganze Kind lacht oder schreit. Bevor es laufen lernen kann, muss es mit seinem ganzen Körper unendlich viele Übungen gemacht haben. Wenn es nicht übt, sich vom Rücken auf den Bauch zu drehen und umgekehrt, wenn gar die Krabbelphase ganz wegfällt, kann es seine Glieder schlecht koordinieren, das Laufenlernen gelingt nur mühsam, und Fehlhaltungen sind vorprogrammiert. Und man stellt zunehmend fest, dass es dann nicht bei körperlichen Defiziten bleibt. Wer nie geschaukelt oder auf einem Baumstamm vorwärts und rückwärts balanciert hat, kann große Probleme mit dem Rechnen bekommen: Sie entwickeln dann keine räumliche Vorstellung, haben Schwierigkeiten mit dem Zählen, vor allem mit dem Subtrahieren.

In der Grundschule kann man viele dieser Defizite offensichtlich noch beheben. In Hamburg versuchte man das mit täglichem Schaukeln in der Turnhalle, mit Toben, Raufen, mit Rückwärtsgehen und Balancieren. Wenn sie sich als Kleinkinder zu wenig bewegt, stattdessen zu ausgiebig ferngesehen haben, kommen sie mit körperlichen, seelischen und kognitiven Koordinationsstörungen in die Schule: Sie sind hyperaktiv, aggressiv und unkonzentriert. Die Symptome mit Ermahnungen oder Medikamenten zu bekämpfen ist die dümmste Antwort. Auch früher gab es »hippelige« Kinder. Ihre Symptome legten sich, weil sie unentwegt in Bewegung sein konnten, nicht überallhin mit dem Auto gefahren wurden und nachmittags »draußen« herumtoben durften. Heutzutage macht man Krankheiten aus Symptomen, die von nicht »artgerechtem« Aufwachsen herrühren: Das ADS-Syndrom, Dyskalkulie und Legasthenie werden mit riesigem Aufwand und/oder schweren Medikamenten behandelt – aber morgens müssen sie stillsitzen, und nachmittags haben sie auch zu wenig Auslauf! Weil mir aus eigener Erfahrung immer klar war, wie wichtig Bewegung ist, dürfen meine Kinder im Klassenzimmer umhergehen, wenn sie wollen. Und das Zusammensitzen im Kreis oder während ihrer schriftlichen Übungen fällt ihnen nicht schwer, wenn sie sich sonst frei bewegen können.

Aber es geht nicht nur um Bewegung, sondern auch um das »faszinierende Organ, das an den Fingerspitzen beginnt und im Gehirn endet«, es geht auch um die Hände. Für Claude Verdan, einen bekannten Handchirurgen, der in Lausanne ein »Museum der Hände« stiftete, ist die Hand mehr als ein Werkzeug. Er beschreibt sie als Instrument der Wahrnehmung, der Erkenntnis und der Kommunikation, als ganzes Universum. Mit Hilfe der Hände erforscht der Mensch die Welt, vom großen Zeh bis zum Kirschgarten.

Über die Hände erfährt das Gehirn, welche Qualität etwas hat, welche Beschaffenheit; mit unseren Fingern und Fingerspitzen können wir die Dinge identifizieren. Im Fingerabdruck dokumentiert sich außerdem unsere Einzigartigkeit! Hände streicheln und schlagen zu – sind liebevoll und gewalttätig.

Kinder »handeln« und »begreifen« mit dem ganzen Körper. Und so gehen wir in den Park, in die Stadt, ins Museum; sie kneten mit Knete nach, was ihnen besonders gefallen hat. Ins Schwimmbad, in die Betriebe, wo sie überall auch anpacken und zufassen können. Sie spielen Theater, malen die Kulissen, bauen Requisiten, basteln Instrumente und tanzen damit, spielen Stegreiftheater, tanzen, veranstalten Konzerte. Wir machen Feste, sie kochen auch selbst, schnippeln, zupfen und schälen; gestalten Einladungskarten für die Eltern, Großeltern, Cousinen, Onkels und Tanten, decken schöne Tische, spülen und trocknen ab und räumen alles wieder ordentlich auf. Sie spielen alle Sorten von Szenen mit den Handpuppen, bauen mit Holzbausteinen Türme, bis die umstürzen, Häuser, ganze Städte als Gemeinschaftswerk.

»Handeln«: bauen, basteln, kochen, backen, Tische decken, aufräumen, kehren, spülen ... Kleine Kinder lernen durch Nachahmung; am liebsten machen sie nach, was sie bei den Erwachsenen beobachten. Maria Montessori nennt die Tätigkeit der Kinderhand »das Stammeln des arbeitenden Menschen«. Kinder be-greifen, was sie verstehen wollen; »begreifen« kommt von »greifen« wie »handeln« von »Hand«. Kleine Kinder machen sich vertraut mit den Dingen, indem sie diese in die Hand nehmen, um ihre Beschaffenheit zu erkennen. Sie nehmen alles in die Hand, was sie interessiert, um damit zu »hantieren«, und das heißt: befingern, kneten, quetschen, auseinander zupfen, drin herumbohren, drauf herumpatschen, runterfallen lassen, aufheben, schmeißen. So werden Gegenstände erkundet und entdeckt, und allmählich entsteht ein Bild von der Wirklichkeit.

Aber das haben wir nicht so gern. Unsere kostbaren Dinge, unsere kostbare Ordnung sind in Gefahr, wenn Kinder sie sich aneignen wollen. Darum verbieten wir ihnen, sich mit der Welt, in der sie leben, vertraut zu machen. Maria Montessori, die »Pionierin für sinnliche Wahrnehmung« in der Schule, schreibt dazu:

> Das Kind, das seiner Umwelt die Elemente zu entnehmen sucht, die es zu seinem geistigen Aufbau braucht, muss diese Elemente in seinen Besitz bringen können. Wenn das Kind sich also in einer konstruktiven Art benehmen soll und seine Hände zu einer Arbeit gebraucht, so muss es rings um sich Gegenstände finden, die es zu solcher Arbeit anregen.[36]

Die Erwachsenen fürchten sich aber vor diesem Händchen, weil es sich in ihre Angelegenheiten, in ihr Reich einmischt. Wenn es hochkommt, gibt man ihm Ersatzgegenstände, Spielzeug. Viel interessanter sind aber unsere Dinge, weil wir die bewunderten Herrscher über das alles sind und weil sie uns nachahmen müssen. Deshalb sind unsere Sachen so attraktiv.

Was sie mit ihren Händen alles können und wie behindert sie sind, wenn auch nur ein Finger nicht mitkann, sollten die Kinder erfahren. Ein kleines Hand-Projekt macht allen großen Spaß. Eine Woche lang formen sie aus Knete alle möglichen Figuren, später auch mit Ton, der dann gebrannt wird. Sie fädeln Perlen auf, versuchen in unterschiedlichsten Säckchen mit Sachen zu erfühlen, was drin ist. Sie ertasten mit verbundenen Augen verschieden raue Gegenstände, werfen Bälle, ziehen um die Wette am großen Seil in der Turnhalle, schreiben mit der linken und der rechten Hand, vergleichen; fühlen Kälte und Wärme, Weiches und Hartes … Beobachtungsaufgabe: Beobachtet andere Menschen: Was machen sie alles mit ihren Händen? Wie sehen die Hände von Babys aus, wie deine, wie die Hände eines Handwerkers und wie die von alten Menschen?

Ein Gedicht von Josef Guggenmos bringt das faszinierende Universum in ein paar Reime:

ICH BIN DIE HAND

Ich werfe den Ball in den Himmel hinauf,
Und warte. Und fange ihn wieder auf.
Ich mache Musik und zupfe die Saiten.
Ich halte die Zügel des Pferdes beim Reiten.
Ich schüttle den Birnbaum, schlag ans Tor und mach Krach.
Ich mache mich hohl und schöpf aus dem Bach.
Ich schwinge den Hammer. Ich schwenke das Tuch.
Ich fasse die Tasse. Ich blättre im Buch.
Ich taste, ich fühle das Runde, das Rauhe,
das Warme, das Kühle.
Ich fasse die Klinke und öffne die Tür.

Ich mach eine Faust. Willst du boxen mit mir?
Ich knete Knödel. Ich rolle den Schnee.
Ich streichle den Pudel, die Katze, das Reh.
Hallo! Ich winke dem, den ich mag.
Nimm mich! Da bin ich!
Freund, guten Tag![37]

Sie spielen nach, was der Dichter mit den Händen macht, und erfinden Neues. Sie erfahren, dass sich Menschen durch ihre Hände und ihre Sprache von den Tieren unterscheiden. Und sie schreiben Berichte über alles, was sie während eines Tages mit ihren Händen gemacht haben. Nebenbei lernen sie, warum Zeitwörter oder Verben auch Tunwörter genannt werden, und es leuchtet ihnen ein, dass sich in ihnen auch die Zeit manifestiert.

Ein anderer Sportunterricht

Alles Lernen hängt von der Beziehung ab, die wir zueinander haben. Ich fühle mich durch die Eigenheiten der Kinder bereichert und respektiere sie. Manchen bietet diese Art Schule zum ersten Mal die Möglichkeit, eigene Fähigkeiten zu entdecken, mit ihnen zu experimentieren und sie auszubauen. Für mich ist ihre hinreißende Lebendigkeit immer ein Quell der Freude. Wenn sie ihre Lebensfreude entfalten dürfen, ist das Zusammensein mit ihnen auch für mich lustvoller; es ist ein egoistischer Beweggrund, sie zu lassen. Deshalb mache ich auch einen ganz anderen Sportunterricht.

Sie ziehen sich bereits im Klassenzimmer um, um nicht so viel Zeit zu verlieren. Dann gehen sie gesittet durch die Flure – und stürmen in die Halle, wo die meisten erst einmal wilde Runden drehen. In Windeseile werden Geräte aufgebaut, Ringe oder Trapez heruntergelassen, Bälle oder Seile hereingeschleppt. Wo Hilfestellung notwendig ist, stehe ich; da müssen sie sich anstellen. In jeder Stunde kommt ein anderes Gerät dran, das ich beaufsichtige, und alle probieren die neuen Übungen aus. Was ich selbst nicht gut kann – wie zum Beispiel Radschlagen – demonstrieren Kinder, die das können, vom Sportverein oder einfach so. Begeistert genießen sie ansonsten die freie Bewegung.

Wer im Sportunterricht akkurate Ordnung erwartet, wird das chaotisch finden. Für uns ist es ein Chaos der lustvollen Art; und im Prinzip gibt es eine geheimnisvolle innere Ordnung: Interessant ist für mich, wer was mit wem macht, wer wem was abschaut; wer eine neue Idee entwickelt und erlebt, dass die anderen sie auch toll finden und nachmachen. Im Sport sind sie unentwegt dabei, neue Spiele zu erfinden und zu präsentieren. Jede Idee findet Anhänger und Mitmacher. Einer bindet sich mit einem Springseil an die Kletterwand an und sitzt dann da und wartet, bis ihn alle gesehen haben. Oder sie ziehen einander mit Gymnastikreifen, von denen keiner so recht weiß, was man damit machen soll, auf dem Rücken liegend quer durch die Turnhalle. Manchmal bilden sich richtige Sechsspänner: Sechs Kinder ziehen einen Reifen, an dem ein Kind hängt, und sausen damit kreuz und quer durch die Halle. Einer schubst einen Reifen an und gibt ihm am Ende einen kleinen Rückwärtsdrall mit, sodass er wieder zurückrollt. Stolz führt er das vor, andere machen es nach, schließlich die halbe Klasse. Immer mehr Reifen nebeneinander behandeln sie auf diese Weise. Einer springt durch einen rollenden Reifen, und andere übernehmen nun dieses Spiel. Immer mehr Reifen rollen sie gleichzeitig; andere springen durch. Zum Schluss sind es zwölf Reifen; manche springen auch da noch durch. Ein Riesenspaß!

Ich schau mir das an, sporne sie an und lache einfach herzlich, und das tut auch mir sehr gut. Wenn ich mich bewegen will, versuche ich, diese vielen Kinder zu fangen. Ich bin eine gute Läuferin, aber es fällt mir nicht leicht, vor allem die flinken Kerle zu fangen. Sie freuen sich über die Maßen, wenn es mir nicht gelingt.

Anstatt mich zu ärgern, weil sie einfach nicht in Reih und Glied stehen und warten können, bis sie endlich – für einen winzigen Moment – dran sind, lasse ich ihnen freien Lauf, und sie nutzen diese Freiheit zu ihrer und meiner Freude. Wenn etwas mit Kindern einfach nicht geht, lasse ich es. Dann weiß ich, dass es das Falsche ist. Ich ärgere mich selten über die Kinder; ich ärgere mich hauptsächlich über das, was von oben kommt, und manchmal über mich.

Im Sportunterricht kann ich Kindern die Chance geben, sich aus Begrenzungen oder Hemmungen zu befreien oder einem besonderen Bedürfnis zu folgen: Bewegung in allen Variationen ist das Ziel. Olga aus Polen kann sich am Anfang kaum bewegen, starr und ängstlich beobachtet sie nur, was die anderen machen. Sie kommt im Matrosenkleid mit Lackschühchen in die Schule; die Mutter kleidet das Kind ganz traditionell und piekfein. Mit weißen Strumpfhosen kommt sie in den Turnunterricht, kann sich kaum bewegen vor Angst, etwas falsch zu machen. Diese Olga nun entdeckt schließlich ihre Lust am Trampolin und darf so lange hüpfen, wie sie will. Die anderen müssen warten. Ich lasse nicht zu, dass man sie drängelt. Ich weiß, es ist eine große Chance für sie, dass sie das gern macht. Dann hüpft sie hingegeben auf dem Trampolin, lächelnd und glücklich. Im Lauf der Zeit wird sie immer lockerer und freier. Sie lacht schon manchmal und hüpft herum. Das ist Olgas Eigenart, die ich vor den Ansprüchen der anderen beschütze: »Das ist jetzt Olgas Spiel, also macht was anderes, das braucht sie jetzt.« Nach zehn Minuten auf dem Trampolin lässt sie erschöpft und glücklich die anderen ran.

Die Kinder können das akzeptieren, sie fühlen sich nicht ungerecht behandelt. Und der andere darf an den Ringen oder an den Seilen sein, so lange er will, wenn ich sehe, er braucht das; oder die Buben, die unentwegt raufen auf der dicken Matte, die dürfen das dann auch. Wenn sie erleben, immer mal gibt's eine Extrawurst, auch für mich – dann kann man die Extrawürste der anderen durchaus auch akzeptieren.

Schon als Schülerin litt ich unter der Enttäuschung der Kinder, die nach dem »Tip-Top-Auswahlverfahren« als letzte in die Mannschaft gewählt wurden – nicht aufgenommen, sondern hingenommen wurden, obwohl ich als sportliches Kind zu den Ersten gehörte. Zum Glück erinnerte ich mich als Lehrerin daran und überraschte meine Kinder jedes Mal mit einer neuen Auswahlmethode, um zu vermeiden, dass immer die Unsportlichen übrig bleiben und sich schämen müssen.

Das gelingt mir, aber die Kinder lernen auf diese Weise nicht, selbst fair zu sein und dafür zu sorgen, ohne Kränkung Mannschaften zu bilden. Im Gespräch darüber schlagen sie vor, einmal jeden Dritten, mal die mit rotem Pullover und/oder blauen oder schwarzen Augen oder der Größe nach aus der Reihe zu rufen. Oder spontan Kinder zu beauftragen, sich etwas auszudenken. Auf diese Weise gelingt es, die demütigende Prozedur zu umgehen und die Botschaft zu vermitteln: Keiner darf gekränkt werden, jeder darf mitspielen.

Völkerball ist sehr beliebt – bei denen, die gut mit dem Ball umgehen können. Wer nicht fangen oder nicht gut zielen kann, graust sich vor diesem Kampfspiel. Schrecklich, wenn die eigene Mannschaft verliert, weil man selbst nicht gut werfen oder fangen kann. Um diesem Dilemma zu entgehen und auch, weil die nicht so gewandten Spieler dauernd rumstehen müssen, während die anderen sich verausgaben, bilde ich zwei Leistungsgruppen. Die »Guten« spielen gegen die »Guten«, die »Schwächeren« gegen die »Schwächeren« – und alle finden es schöner so. Die Schwächeren übrigens werden auf diese Weise immer besser, weil sie eine Chance haben zu gewinnen. Auch Bälle fangen und werfen kann man lernen, wenn man eine Chance bekommt.

FANTASIE UND KREATIVITÄT

Fantasie haben Kinder, um sich die Welt vorzustellen, sich ein Bild zu machen, aus Bruchstücken ein Ganzes zu bilden und Noch-nie-Dagewesenes zu erfinden. Wie sonst könnten sie die Märchen verstehen, die ich ihnen vorlese, in denen so viele unbekannte Dinge vorkommen? Fantasie aber muss trainiert werden, wie Muskeln und Fingerfertigkeiten. Lesen trainiert sie besonders gut; ihre Lust am Spiel, am Zauber des Augenblicks unterstützt dieses Training, ist der Kern kindlichen Lebens und Lernens, was ja nahezu ein und dasselbe ist. Deshalb diese Vielfalt an Ausdrucksvermögen, deshalb diese Begeisterung, deshalb dieser Einsatz, deshalb die hohe Qualität etwa ihrer Zeichnungen! Und die unbändige Freude an Witzen und unerwarteten Wendungen in den Geschichten, an Pantomime und Slapstick! Märchen, Zauberei – ihre Fantasie verschiebt mit leichter Hand unsere allzu eng gezogenen Grenzen.

Das neugeborene Kind bringe zwar ein genetisch geprägtes Erbe mit, komme aber als Anfänger zur Welt, der das artgemäße Verhalten erst lernen müsse, schreibt Hans Saner:

> Ein Quell dieses Lernens ist die Nachahmung, ein anderer das gleichsam spielerisch Erfahrung einbringende Versuchen. Diese Fähigkeit des neugierigen und spielenden Versuchens zeigt von Anfang an eine gewisse Spontaneität, das heißt eine gewisse Ursprünglichkeit, die nur dort möglich ist, wo Freiheit wirkt. Diese Freiheit aber ist die Fantasie. Sie ist das anthropologische Tauschgeschenk für die verlorenen Instinkte. Weil das Kind, schon als Anfänger, mit Fantasie begabt ist, vermag es über die bloß wiederholende Nachahmung hinauszugehen. [...] Eben dadurch ist das Kind, so klein es auch sein mag, ein exzentrischer Erfinder und Neuerer. Solange es vorwiegend aus der Fantasie lebt, ist es dieses schöpferische, nicht berechenbare, sprengende und dissidente Wesen: kraft seiner Qualität der Grund unserer Angst.[38]

Um das Kind aus seiner natürlichen Dissidenz herauszulösen und es an die gängigen kulturellen Werte und Verhaltensweisen der jeweiligen Gesellschaft zu binden, habe man die Disziplin erfunden, und allmählich werde es »erzogen«. Erziehung aber sei die allmähliche Erstickung des Quells seiner Dissidenz: die Abtötung der über die Ränder brechenden Fantasie. »Sie erstickt die Zukunft des Kindlichen im Kind und damit die künftige Verwandlung der Gesellschaft aus dem Potenzial der Fantasie.«[39]

Ich teile Hans Saners Klage. Diesem herrlichen Tauschgeschenk räumen wir kaum ein kleines Plätzchen ein. Mit aller Macht und auch Gewalt drücken wir Kinder auf unser fantasiearmes, schwung- und herzloses Niveau herunter. Und wundern uns, dass sie unseren Vorschlägen so wenig abgewinnen können. Hundertfach vorgedacht und vorgeplant ist, was sie tun (sollen). Überschüttet mit Spielsachen, deren Kreativitätspozential bereits von ihren Erfindern ausgeschöpft wurde, werden sie ihrer eigenen Fantasie beraubt. Ihr kostbares »Mitbringsel« Fantasie dürfen sie in der Schule kaum benutzen, schrumpfen stattdessen zu Konsumenten kläglichen Ersatzes der Wirklichkeit.

»Die Schule treibt Kindern ihr Eigenes so lange aus, bis sie es nicht mehr vermissen«, hat einmal jemand gesagt. Sie stopft die Kinder voll mit Wissenshäppchen, verwehrt ihnen, mit zweifelhaften Versprechungen für später, die individuelle, eigenhändige Zubereitung der Kost. Ihre wahren Bedürfnisse lernen sie auf diese Weise kaum kennen. Viele Kinder absolvieren zusätzlich am Nachmittag ein strammes Lernpensum – eigene Gestaltungsmöglichkeiten gibt es auch hier kaum.

Die Lust am noch nicht Gezähmten, Unfertigen zeigt sich in der Begeisterung, mit der sich Kinder auf alles stürzen, was sich ihrer Gestaltung nicht entzieht. Diese Begeisterung zeugt vom Bedürfnis, die eigenen Ressourcen zu entdecken, sich auszudrücken und auf dieser persönlichen Basis Beziehungen zur Welt aufzunehmen. Der Nobelpreisträger für Physik, Gerd Binnig, erzählt, dass er sein Studium nur durchhalten konnte, weil er daneben einen Weg fand, kreativ zu sein: »Man muss als Student das Wissen aufnehmen, um es zu verarbeiten. Aber man kann ja selbst nichts dazu beitragen. Die Kreativität kommt zu kurz, und das gibt einem das Gefühl: Ich bin der dümmste Mensch der ganzen Welt. Aber irgendwie doch weiterzumachen, das braucht eine wahnsinnige Kraft. Woher soll die kommen? Ich habe in der Zeit (des Studiums) angefangen zu musizieren, zu komponieren. Da konnte ich kreativ sein, das hat mir Spaß gemacht.«[40]

Die meisten Kinder und Jugendlichen machen dieselbe Erfahrung und fühlen sich als die dümmsten Menschen, weil sie ihr eigentliches Potenzial nicht erkennen dürfen, solange sie in der Schule sind.

Kreativ sein ist kein Zeitverplempern. »Herumspielen« ist die Voraussetzung für wirkliches Verstehen, ein Abtasten der eigenen Möglichkeiten, ein Verwerfen und neuerliches Annähern. Die ganze Person ist damit befasst: Die Leidenschaft, sich auszudrücken, und die Vielfalt der Möglichkeiten führen weiter als das angestrengte Herumtapsen auf ausgetretenen Pfaden. Was Kinder mitbringen – die urtümliche Kraft, sich die Welt anders vorzustellen, enge Rahmen zu sprengen –, ist eine Chance, keine Gefahr. Die Grundschule kann ihnen diese Chance geben, ohne dass darüber das Chaos ausbricht oder die Leistungen sinken.

Theater

Beim Theaterspielen verzichte ich deshalb weitgehend auf Texte zum Auswendiglernen; sie spielen sich und ihre Sicht der Welt. Alle dürfen mitspielen, und ihre Darstellung wird authentischer und spannender, wenn sie ihre Rollen mit eigenen Dialogen spielen. Denn sie machen aus der Geschichte oder dem Märchen das, was ihre Ahnung von der Welt und ihre Fantasie sich herausdestillieren.

Märchen spielen die kleinen Kinder natürlich besonders gern; sie lieben die fantastischen Gestalten, die dramatischen Geschichten, die Zauberei und verkleiden sich gern. Im »Kalif Storch« tanzen die Buben Geistertänze, während das »Mutabor« seine Zauberwirkung entfaltet. In einer ersten Klasse spielten meine Kinder einen verrückten Schildbürgerstreich: Eine Hiobsbotschaft geht durch das Dorf, der Mond sei in den Teich gefallen. Die Bürger machen sich mit Rechen, Schaufeln, Angeln, Besen und Sieben auf den Weg, um ihn wieder herauszuangeln. Ich stecke sie in riesige Mehltüten, die ich aus einer Mühle beziehe; über ihren Kopf gestülpt, lassen sie nur ihre Beine herausschauen. Auf die Tüten malen sie Gesichter, sodass sie als riesengroße Köpfe mit dünnen Beinchen umhertapsen. Sie haben nicht viel zu tun, nur größtes Erschrecken zu mimen und besondere Dummheiten zu sagen. Ein großer Spaß und ein wunderschönes Bild. Glockenspiel, Flöten, Rasseln begleiten das Spiel.

Mit meiner letzten, einer vierten Klasse in Schwabing studierte ich zum Abschied von der Grundschule ein Friedenstanztheater ein. Eine Freundin hatte die Idee und half mir, die arabischen und israelischen Tänze einzuüben. Die auf die entsprechende Musik getanzte Geschichte vom Streit über eine Quelle im Grenzgebiet wurde zum großen Erlebnis: Mit gemeinsamen Festtänzen beginnt die Geschichte; mit kriegerischen Drohtänzen bricht das Unheil herein. Ein Kampftanz lässt auch die Buben begeistert mittanzen, auch wenn fast alle

»fallen«. Die Mädchen tanzen einen Trauertanz. Ein wenig mulmig ist ihnen dann, und sie verabscheuen den Krieg. Die sanften Versöhnungstänze, nachdem sich die Gegner auf die gemeinsame Nutzung der Wasserquelle geeinigt haben, lieben sie umso mehr.

Theaterspiele sind Höhepunkte, wichtige Erlebnisse und prägende Erfahrungen. Krieg und Frieden sind Menschheitsthemen, und die gemeinsame Arbeit an den Tänzen war eine außergewöhnliche Erfahrung für uns alle. Ich war glücklich darüber, dass ich gerade den Buben die Möglichkeit geben konnte, Kämpferisches mit Musik und Friedensgedanken zu verknüpfen.

Aber nicht nur die »große Inszenierung« zählt, zwischendrin machen sie Stegreifspiele. Die Klasse sitzt im Kreis, zwei treten in den Kreis, und einer sagt irgendeinen Satz: »Tun Sie Ihren Finger da raus!« Der andere antwortet schnell und spontan, ohne groß nachzudenken, irgendetwas: »Was kann ich dafür, dass ich Benzin so gern mag.« »Aber nicht aus meinem Tank!« »Die paar Tropfen!« »Ja, wenn jetzt lauter Leute ankommen und mein teures Benzin trinken, Sie sind gut!« Wenn ein anderer meint, den beiden fällt nichts mehr ein, tritt er in den Kreis, tippt einem der beiden Spieler an die Schulter, der sich hinsetzt, und lenkt mit einem neuen Satz das Gespräch in eine völlig neue Richtung. Kinder sind, wie kann es anders sein, gute Assoziierer. Sie spielen ihre Beobachtungen unseres Erwachsenenlebens in diesen kleinen Szenen nach, und da gibt es viel zu lachen. Manche Kinder trauen sich spontan, in den Ring zu springen, manche brauchen eine ganze Weile, bis sie sicher genug sind, auch mitzumachen, und manche machen es nie. Die Spontaneität und das Spielerische dieser Dialoge machen den Kindern Spaß, und sie entwickeln im Laufe der Zeit ein feines Gespür für die Komik dieser kleinen Rollenspiele.

Lässt man Kindern freie Hand, statt ihnen fertige Texte vorzugeben, setzen sie ganz andere Schwerpunkte als Erwachsene. »Einäuglein, Zweiäuglein, Dreiäuglein« ist ein äußerst bizarres Märchen, in dem die Zauberelemente auf die Spitze getrieben sind. Mir wurde das ganze Ausmaß an Skurrilität erst durch die Interpretation der Kinder bewusst. Da gibt es eine Mutter mit drei Töchtern: die eine mit einem, die andere mit zwei, die dritte mit drei Augen. Wie viele Augen die Mutter hat, bleibt unklar. Die Zweiäugige, also eigentlich die Normale, ist die Außenseiterin, ungeliebt und misshandelt von den anderen. Eine Zauberfee nimmt sich ihrer an und führt sie durch allerlei verrückte Episoden mit viel Zauberei zu ihrem Glück als Königin, die ihre bösen Schwestern am Ende liebevoll und gütig aufnimmt, als diese arm und siech vor ihrem Schloss betteln.

Zwei Mädchen spielen die bösen Schwestern dermaßen perfid und ekelhaft, dass ich geneigt bin, ihr Spiel auch ein wenig als Abrechnung mit ihren eigenen Geschwistern zu sehen. Sie choreografieren und texten weitgehend selbstständig, entwickeln die Rollen allmählich von Probe zu Probe weiter; immer wieder fügen sie kleine Episoden an, und das Spiel wird lebendig und spontan. Das Märchen entwickelt sich allmählich zur Groteske. Intuitiv interpretieren die Mädchen es anders als ich, plakativer und dadurch drastischer. Im Laufe der Proben verändern und verfeinern sie ihre Dialoge klug und umsichtig, gehen spontan aufeinander ein, stimmen sich untereinander ab.

Mit ihrer ganzen Person, mit Hingabe, Witz und Klugheit erschaffen sie ein beachtliches gemeinsames Kunstwerk. Ich achte darauf, dass es Rollen für alle Kinder gibt. Also spielen die Buben den Königssohn, sein Pferd, ein paar Bedienstete und den Baum mit den goldenen Äpfeln, und weil das nicht genügt, erfinden sie noch einen König mit Bediensteten dazu. Die Mädchen spielen die Ziege und die Zauberfee und erfinden eine Königin mit Zofen.

Meine Begeisterung, meine Verblüffung, mein Lachen begleiten ihre Arbeit. Ein riesiger Erfolg dann in der Schulaufführung und beim Elternfest.

Kunst

Ein Kind erschafft seine eigene innere Welt und gibt zugleich eine unglaublich eindrucksvolle Interpretation der äußeren Welt, wenn es frei zeichnen darf. Mit manchmal frappierendem Blick für das Ganze werfen Kinder mit leichter Hand kompakte Situationen in einem Strich aufs Papier. Sie greifen in ihre Farbschachtel, holen ohne Zögern einen Stift heraus, setzen an und zeichnen, holen sich die nächste

Farbe und zeichnen weiter – als folgten sie einem geheimen Plan. Mit großer Ausdruckskraft und detailgenau bannen sie Bewegungen und Beziehungen auf ihr Blatt, ohne nachzudenken. Ihre Zeichnungen erklären komplizierte Sachverhalte in einem großen Bogen, erzählen manchmal verschlüsselte, ihnen selbst nicht bewusste Geschichten. Der Elefant in der Schlange des »kleinen Prinzen« wird nur vom »Eingeweihten« erkannt; die anderen sehen einen Hut.

Durch einen Zufall, schreibt Andreas Flitner, sei Paul Klee im Oktober 1902 im Speicherraum des elterlichen Hauses auf einen Stoß Zeichnungen aus seinen Kinderjahren gestoßen:

> Dieser Fund bewegt, ja erschüttert ihn; er rechnet die Bilder sofort zum »Bedeutendsten«, was er je gemacht habe. Als er 1911 mit der Erstellung eines Œuvre-Katalogs beginnt, nimmt er darin 18 Zeichnungen auf, die zwischen seinem dritten und zehnten Lebensjahr entstanden waren. [...] In gewissem Sinne verwirklichen die Künstler schon früh eine pädagogisch-anthropologische Einsicht des 20. Jahrhunderts, nämlich dass Entwicklungsschritte und Wandel der Lebensalter nicht nur zu verstehen sind als Zunahme von Fähigkeiten und Vernunft, sondern dass sie mit Verlusten, Einengungen und Beschränkungen der Sicht einhergehen, die man durchaus auch als Verarmung an Möglichkeiten ansehen kann. Das Menschliche nicht nur als Sein der Erwachsenen (womöglich der männlichen Erwachsenheit), sondern in seiner Vielfalt aller Alters- und Lebensformen, auch des sehr jungen und sehr alten, auch des behinderten oder kranken Menschen aufzusuchen und auf diese Weise aus zivilisatorischen Sackgassen und Erschöpfungen Auswege zu finden ...[41]

Also zeichnen und malen sie oft einfach so vor sich hin, was ihnen gerade einfällt. Bevor sie schreiben können, malen sie montags Erlebnisse vom Wochenende und sagen mir einen Satz dazu, den ich unter das Bild schreibe – allererste zauberhafte Bildergeschichten. In der Ausführung sind sie ganz frei. Auch wenn ich ihnen ein Thema gebe, mache ich keine weiteren Vorgaben technischer Art, die sie einengen würden. Sie verstehen vom Malen und Zeichnen mehr als ich. Ihre intuitive Ausdruckskraft ist der meinigen weit überlegen. Ich will diese Fähigkeit nicht zerstören. Picassos Wort, er habe als Kind gezeichnet wie Raffael und sein ganzes Leben gebraucht, um zeichnen zu lernen wie ein Kind, mahnt mich zur Zurückhaltung, wenn Kinder zeichnen.

Wenn allerdings besonders begabte Zeichnerinnen in der Klasse sind, bitte ich sie, die anderen von ihrer Kunst profitieren zu lassen. Verena und Sabine sind beide ausgesprochen begabt. In dieser Beziehung und auch in manch anderer sind sie »anders«; beide familiär schwer beladen, verängstigt und aufeinander angewiesen. Sie stützen einander, sind ein Herz und eine Seele. Wunderbar können sie mit Aquarellfarben umgehen, malen die schönsten Bilder. Ich erkläre sie zu unseren Meisterinnen und bitte sie, uns bestimmte Techniken zu zeigen. Das tun sie ausdauernd, führen unermüdlich vor, wie man Farben mischt und aufträgt – und fühlen sich natürlich ausgesprochen »gebauchpinselt«, um im Bild zu bleiben. Die ganze Klasse profitiert von ihrer besonderen Begabung; sie können alle besser malen, als ich es ihnen hätte beibringen können. Und die beiden macht diese Erfahrung selbstbewusst.

Am Ende eines Projekts über das Wasser basteln die Kinder Schiffe aus Eierkartons. Mit allen möglichen Materialien staffieren sie diese Schiffe aus, schmücken sie mit bunten Wimpeln und Fähnchen, bringen Aufbauten und Teelichter an, entzünden vor der Abfahrt Wunderkerzen. Wir setzen diese entzückende Armada im nahen Bach aus und schauen stolz und wehmütig zugleich zu, wie er sie mit sich trägt. So lange es geht, laufen die Kinder mit, und am nächsten Tag berichten einige, die Schiffe seien im Wehr hängen geblieben. Es hat sie nicht losgelassen, sie mussten sehen, was mit ihnen geschehen ist.

Wir besuchen eine Ausstellung afrikanischer Masken im Haus der Kunst. Sie erfahren von der Magie von Masken, von Göttern und Dämonen und dass Menschen sich mit Masken schützen. Gegenseitig nehmen sie sich Gipsmasken von ihren Gesichtern ab, und die Kinder bemalen, verzieren und schmücken ihre Maske je nach Können und Fantasie.

Eine Ausstellung japanischer Drachen wiederum verführt sie, Drachen zu basteln und zu verzieren.

Nur Anregungen gebe ich, keine einengenden Vorgaben. Aber meine Anregungen treffen auf immenses Interesse; die Kinder steigen begeistert ein, und jedes erschafft sein eigenes Werk.

Musik

Ich singe mit meinen Kindern Volkslieder und freche Kinderlieder, alles »a capella«, ohne Begleitung, weil ich nicht Gitarre spielen kann. Das Orff-Schulwerk als rhythmische Begleitung gefällt mir nicht; der Rhythmus ist mir zu starr, hat etwas Militärisches; alle müssen sich einem Rhythmus unterwerfen, und nicht alle können mitmachen.

Wenn ich heute noch Lehrerin wäre, würde ich zusammen mit den Kindern selber Instrumente bauen, Rasseln für die Hände und Glöckchengebinde für die Knöchel kaufen, und die Kinder könnten so unseren Gesang mit ihrem ganzen Körper rhythmisch begleiten. Im Buch »Klangwerkstatt«[42] von Dorothee Kreusch-Jacob würde ich mir Anregungen holen. Sie spricht vom musikalischen »Weltwissen« der Kinder, das man entwickeln könne, wenn man sie systematisch mit den Geräuschen ihrer Umgebung vertraut machte und Alltagsgegenstände zu Begleitinstrumenten umfunktionierte.

Die Kinder können auf die Suche nach Geräuschen und Klängen gehen, die sie umgeben: Was kann ich hören, wenn man eine Streichholzschachtel schüttelt, ein Streichholz anzündet, von Stöckelschuhen auf der Straße, wenn ein Blatt Papier zusammengeknüllt wird, wenn ich auf die Butterbrotdose klopfe, ein Buch zuklappe …? mit alldem können sie unsere Gesänge begleiten.

Sie könnten alle möglichen alltäglichen Materialien sammeln, auch »müllverdächtige« Dinge aus Holz, Metall, Kunststoff, Papier, Ton, Glas, Stein, und daraus Rasseln, Trommeln und andere Schlag- und Klopfinstrumente basteln. Sie könnten sich immer neue Instrumente ausdenken und damit unsere Gesänge begleiten. Das ganze Kind ist beteiligt, wenn sie singen, sich im Rhythmus bewegen und das

Ganze mit ihren Instrumenten begleiten – eine Wohltat für Körper und Seele. Und ein Baustein zur Selbstwahrnehmung.

Diese Art, Musik zu machen, hätte gut zu unserem Leben in der Schule gepasst, weil sie gleichzeitig sinnvolle Dinge hätten basteln und benutzen können.

Gezielte Unterscheidungsübungen schärfen ihr Gehör: Zwei Streichholzschachteln oder Filmdosen, in der einen Reiskörner, in der anderen kleine Steinchen, werden abwechselnd vor dem rechten und dem linken Ohr geschüttelt, ans nächste Kind weitergegeben und so einmal um den Kreis herum, dann eine Runde je zweimal schütteln …

Zuhör- und Stilleübungen fördern die Wahrnehmungsfähigkeit, Kinder werden aufmerksam für die Geräusche – auch für Lärm – um sich herum, lernen, genau zu unterscheiden.

STILLE

Ich biete immer wieder Phasen der Stille und Konzentration an – ein »Gegengift« für gehetzte, nach Sicherheit hungernde und an »Unverdaulichem« überfressene Kinder. Nicht aufgezwungenes Stillsein, sondern aufmerksame Konzentration und Gelassenheit bringen sie in Kontakt mit ihren Gefühlen, ihrem Körper, mit ihrer Fantasie und Sprache. Der Wechsel zwischen freiem Ausdruck, Bewegung und Gespräch, zuweilen auch Geschrei und Getobe, und Stille und Aufmerksamkeit macht Kinder ruhig, lässt sie zu sich kommen.

Ess- und Kommunikationsstörungen, Lern- und Verhaltensstörungen bei Kindern nehmen dramatisch zu. Mangel an Aufmerksamkeit durch Erwachsene sei ein Hauptgrund dafür, lesen wir als Quintessenz des soundsovielten »Kinderschadensberichts«. Ich bemühe mich durch meinen Unterricht, dieses Defizit ein wenig zu lindern.

Bereitwillig nehmen sie mein Angebot an, bewusst zu schweigen und die Kraft der Stille wahrzunehmen, und genießen das als Wohltat für Seele, Geist und Körper. Allmählich können sie sich entspannen und zur Ruhe kommen.

Wenn nach zwei bis drei Stunden intensiver Beschäftigung die ersten Ermüdungserscheinungen auftreten, oder wenn ich alle Kinder für ein besonderes Thema um mich versammeln will, kündige ich ein neues Gedicht an, lese eine Geschichte oder Kinder tragen Gedichte vor.

In der Leseecke setzen sie sich eng nebeneinander auf die Sofas oder auf den Teppich; die es besonders brauchen, ganz dicht bei mir. Der Raum ist eng, sie müssen zusammenrücken.

Wenn sie bequem sitzen, schließen sie die Augen, legen ihren Kopf auf die Arme und geben sich ganz der Melodie, den Bildern und Gefühlen hin, die das Gedicht in ihnen auslöst.

SEPTEMBERMORGEN
Im Nebel ruhet noch die Welt,
Noch träumen Wald und Wiesen.
Bald siehst du, wenn der Schleier fällt,
den blauen Himmel unverstellt,
herbstkräftig die gedämpfte Welt
in warmem Golde fließen.
Eduard Mörike[43]

Die Kinder hören zu, dann ist Stille. Ich trage das Gedicht noch ein-, zweimal vor, und wieder lasse ich einige Zeit vergehen, bevor wir über die Bilder, Assoziationen, Erinnerungen, Erfahrungen sprechen, die das Gedicht bei ihnen ausgelöst hat. Welcher Schleier fällt? Herbstkräftig? Dieses Wort hat der Dichter erfunden. Was meint es? Warum erfinden Dichter neue Wörter? Und was können wir mit ihnen machen?

Zu einem so großartigen Gedicht gibt es viel zu sagen. Nur höchste Qualität lässt Raum für eigene Assoziationen und Bilder. Sind die Bilder eindeutig, gibt es nichts dazu zu sagen – weil alles schon gesagt ist.

Schließlich trage ich das Gedicht noch einmal vor, das eine oder andere Kind kann es vorlesen. Einmal lernen sie es gemeinsam, weil ich ihnen zeigen will, wie sie Gedichte leicht lernen können:

Das ganze Gedicht mehrmals lesen. Die erste Zeile lesen und auswendig lernen. Die zweite Zeile lesen und auswendig lernen. Beide nacheinander auswendig sagen, bis man es gut kann. Die dritte Zeile lesen und auswendig lernen. Die drei Zeilen auswendig sagen. So weiter, bis man das ganze Gedicht kann. Auf diese Weise lernen Kinder so ein Gedicht in ein paar Minuten und behalten es; auf jeden Fall lernen sie Gedichte schneller als ich.

Wer immer möchte, trägt vor. Dann setzen sich alle an ihre Tische, und ich schreibe den Titel langsam und bedächtig in meiner schönsten Schrift an die Tafel; die Kinder schauen zu. Dann schreiben sie. Zeile für Zeile – immer ich zuerst, dann sie. Im Zimmer entsteht eine zauberhafte Atmosphäre, und viele Kinder sagen immer wieder, wie schön das für sie ist, wie beruhigend und befreiend.

Schönschreiben mit Wörtern ohne Sinn, um des Korrekt-Schreibens willen, ist quälend, langweilig und nutzlos. Nur um den richtigen Winkel für Auf- oder Abstrich zu finden, ohne innerlich beteiligt zu sein, dafür ist der Aufwand zu groß. Ich beteilige das ganze Kind: Ohr, Auge, Hand, Fantasie, und für die Seele springt auch etwas heraus. Für Kinder mit unflexibler Hand ist das Gedicht, das sie so schön wie möglich schreiben, ein größerer Gewinn als Aufstrich-/Abstrichübungen, die sowieso nie richtig gelingen.

Und ich möchte, dass Kinder sehen und erleben: Wenn ich schön schreiben will, kommt es natürlich auf bestimmte vorgegebene Linien an, aber vor allem muss ich mich auf das konzentrieren, was ich schreibe; und ich muss schön schreiben wollen, mich bemühen. Ich muss dann ganz ruhig sein, langsam und bedächtig die Buchstaben mehr malen als schreiben.

Selten stört ein Kind. Jetzt ist Gelegenheit, sich alleine auf den Text einzulassen, auf die Atmosphäre im Raum, auf die Musik und auf die Bewegungen der Hand mit dem Füller.

Jedes Wort, das sie schreiben, hat eine Bedeutung; beim Zuhören und im Gespräch ist das deutlich geworden. Worte und Gefühle haben miteinander zu tun, das erfahren sie beim langsamen, konzentrierten, meditativen Schreiben noch einmal. Das Kind bekommt zu jedem Wort eine persönliche Beziehung. Später malen sie ein Bild dazu.

Kinder sind der Bildersprache von Gedichten näher als wir. Durch die Rationalität der Sprache noch nicht eingeschränkt, ihrer Fantasie noch mächtig, sind sie ihren Gefühlen näher als wir, sind sie Experten für nonverbale Sprache, für Bilder, Melodien und Gesten. Ihre Fantasie ist geschult, Leerstellen im Informationsfluss zu füllen.

Während die einen von ihren Bildern und Assoziationen erzählen, kann jedes Kind innerlich seine eigenen dazufügen: So entsteht eine Fülle unterschiedlichster Gedanken und Vorstellungen. Im Gespräch nähern wir uns der Geschichte. Die pure Aussage spielt eine untergeordnete Rolle, es sei denn, das eine oder andere Wort fällt uns als ein besonderes auf. Dann klären wir seine Bedeutung im Gedicht. Jedes Gedicht bleibt aber letzten Endes eine individuelle Erfahrung.

HERBSTBILD

Dies ist ein Herbsttag, wie ich keinen sah!
Die Luft ist still, als atmete man kaum,
Und dennoch fallen raschelnd, fern und nah,
Die schönsten Früchte ab von jedem Baum.

O stört sie nicht, die Feier der Natur!
Dies ist die Lese, die sie selber hält.
Denn heute löst sich von den Zweigen nur,
Was vor dem milden Strahl der Sonne fällt.

Friedrich Hebbel[44]

Sie sprechen vom Duft, hören das Gesumme, sie spüren die warme Sonne auf ihrer Haut und wissen, was gemeint ist. Sie verstehen, dass das ein feierlicher Lobgesang auf die Natur und zugleich die Ahnung vom Ende des Sommers ist – denn die schönsten Früchte fallen … Schönheit als Trost.

Und wenn sie dieses Gedicht vortragen, hören wir das alles.

Dass Gedichte der magischen Welt von Kindern nahe und sie deshalb besonders empfänglich dafür sind, möchte ich mit den beiden folgenden Gedichten zeigen. Intuitiv verstehen sie, was gemeint ist.

MANCHMAL

Manchmal geschieht es
in tiefer Nacht, dass der Wind wie ein Kind erwacht,
und er kommt die Allee allein
leise, leise ins Dorf hinein.

Und er tastet bis an den Teich,
und dann horcht er herum.
Und die Häuser sind alle bleich,
und die Eichen sind stumm …
Rainer Maria Rilke[45]

Sie haben Erfahrungen mit Windgeheul in der Nacht und mit der Angst, die das manchmal macht. Ich weiß nicht mehr als sie in den Gesprächen. Sie erzählen, ich höre zu. Ich greife auf, was von ihnen kommt, und bündle, korrigiere aber nicht.

OBEN AM BERG

Kein Baum glänzte im Abend mehr,
  alle Blätter löschten aus,
ein paar Stimmen im Feld gingen nebenher,
  sprachen vom Wetter und zogen nach Haus.

Oben am Berg, auf einem offenen Acker,
  frisch gepflügt,
stand ein Leiterwagen und war schwarz
  an den gelblichen Himmel gefügt.

Drinnen im Wagen, rot wie ein Rostklumpen,
  die Sonne als Fracht.
Ein Bauer hat mit der Peitsche laut geschlagen,
  die Deichsel hat gekracht,
zwei Gäule haben angezogen und fuhren
  die Sonne in die Nacht.
Max Dauthendey[46]

Eine fantastische Vorstellung, ein großes Vergnügen für fantasievolle Kinder. Dieses Gedicht klingt wie ein Tatsachenbericht, klingt, als ob es so wäre; man sieht das Bild genau, aber in Wirklichkeit stimmt da etwas nicht: Die Blätter löschten aus, die Stimmen gingen nebenher, die Sonne als Fracht, zwei Gäule fuhren die Sonne in die Nacht. Kinder erzählen solche fantastischen Geschichten ... Wenige von ihnen haben Erntewägen erlebt, da kann ich ein bisschen nachhelfen. Aber sie kennen Sonnenuntergänge und die Frage, wer die Sonne bewegt, wohin sie untergeht; sie schreiben das Gedicht und malen dazu ein Bild in ihr Gedichteheft. Die beiden Gedichte könnten sie auch vergleichen.

Ich schenke ihnen meine Gedichte, sie sammeln sie wie Schätze in ihrem Heft, und ich erzähle ihnen, dass ich mir vorstelle, wie sie als Großeltern ihre Gedichtehefte hervorkramen, um sie ihren Enkelkindern zu zeigen, und dabei die Gedichte immer noch auswendig können.

8 ZUSAMMEN LEBEN – GEMEINSAM LERNEN

DIE KLASSE – HEIMAT ODER BASTION?

Dazugehören zu einer Gruppe, einem Clan – Kinder brauchen einen Ort, zu dem sie unbedingt gehören, mit dem sie sich identifizieren können. An dem sie offene Arme vorfinden, egal, was war. Es ist ein Grundbedürfnis des Menschen »dazuzugehören«. Gute Beziehungen unter den Kindern fördern ihre Entwicklung, weil sie Verlässlichkeit, Freundschaft und Empathie erfahren und dadurch selbst entwickeln können. Zu einer Klasse müssen alle gehören dürfen, wenn sie diese positiven Wirkungen haben soll.

Die Gemeinschaft der Kinder, höchst unterstützend, wenn positiv, konstruktiv und freundschaftlich erfahren, kann zum Horrorszenario werden, wenn man ausgeschlossen wird. Ohne intensive Aufmerksamkeit der Lehrerin gehört der Ausschluss derer aber zum Grundritual, die als »anders« definiert und deshalb nicht als dazugehörig empfunden werden. Meine Klassen sensibilisiere ich deshalb von Anfang an für das Recht jedes Einzelnen dazuzugehören. Und wenn sich einer noch so sehr »daneben benimmt«, ich halte meine schützende Hand über ihn. Wenn ich merke, dass ein Kind ausgeschlossen werden soll, greife ich ein. Aber das muss ich nicht oft tun, denn es wird für sie selbstverständlich, alle einzubeziehen. Weil sich alle wohler fühlen, sagen sie.

Ich greife auch ein, um die Gleichheit in der Unterschiedlichkeit zu dokumentieren: zum Beispiel wenn immer nur Mädchen aufräumen oder spülen und abtrocknen. Da viel Abfall anfällt, muss immer wieder gekehrt und aufgeräumt werden, weil wir der Putzfrau nicht so viel Extraarbeit machen wollen. Buben halten das selten freiwillig für eine Aufgabe, Mädchen schon. Also frage ich hin und wieder nicht »Wer spült? Wer trocknet ab? Wer kehrt?«, sondern »Welcher Junge spült und/oder trocknet ab oder kehrt?« Dann machen sie es.

Auf diese Weise lernen sie, miteinander zurechtzukommen, und die Atmosphäre ist freundlich und freundschaftlich. Jede/r hat in der Klasse seinen sicheren Platz. Lernziel ist die Solidarität auch mit dem Schwächeren, der Ungebärdigeren, dem Unangepassten, der Zickigen, und was es für Merkmale mehr gibt.

Konkurrenzverhalten entsteht auf diesem Boden nicht – manchmal spielerisch der schönste Wettstreit, etwa um die größte Blume oder die längste Girlande aus Krepppapier für unser Abschiedsfest.

Einer Praktikantin fiel auf, dass die Kinder beim Basteln der Schiffe gar nicht auf die Idee kamen, ein Wettrennen zu veranstalten. Stattdessen halfen sie zusammen, um ihr gemeinsames Ziel zu erreichen, dass *alle* geschwommen sind.

Sie achten, respektieren, mögen und schützen einander, weil sie geachtet, respektiert, gemocht und geschützt werden. Und beziehen irgendwann andere Menschen auch in ihre Fürsorge ein. Als wir auf dem Sportplatz einer Klasse beim Wettrennen zuschauten, und alle Kinder dieser Klasse den Sieger anfeuerten, fand Felix das unfair und schrie den Namen des Verlierers dagegen.

Charlotte unterstützt besonders geduldig und gern die ukrainischen Kinder, bis sie sich einigermaßen selbst zurechtfinden. Und mein Unterricht ermöglicht es etwa Oliver, der gut lesen und gut rechnen kann, Ansprechpartner zu sein, wenn einer etwas nicht versteht im Rechnen oder beim Lesen. Dann setzt sich Sebastian, der monatelang nicht lesen lernen konnte, neben ihn irgendwo geschützt ins Eck, radebrecht seine Sätze und seine Wörter, und Oliver hört zu. Das allein schon ist ganz wichtig: dass der gute Oliver, der alles spielend lernt und der Liebling aller Kinder ist, bescheiden einfach dasitzt und zuhört und hilft. Und das andere Mal sitzt er dann mit dem Legastheniker Jan irgendwo in der Ecke, wo sie niemand stört, auf kleinen Sitzkissen. Jan kämpft auf abenteuerliche Weise um jedes Wort, und Oliver sitzt da und hört zu. Klar ist, Jan ist kein Versager, er kann nur dies eine nicht, aber er kann nichts dafür; er gehört dazu, und Lesen wird er schon noch lernen. Beeindruckt bin ich immer wieder von der sanften und unauffälligen Art, wie sie einander unterstützen und schützen, wenn sie verstanden haben, dass man das darf. Ganz selten lachen sie einander aus oder verletzen einander bewusst.

Die heilsame Erfahrung einer großzügigen und liebevollen Lern- und Lebensgemeinschaft ist unerlässlicher Teil eines guten Unterrichts. Alle profitieren davon: Hilflose ebenso wie Starke, »Gute« ebenso wie »Schlechte«. Die Buben profitieren in ganz besonderer Weise, weil sie freundlich und sanft sein dürfen; die Mädchen profitieren, weil sie die Bürde des Sozialen nicht alleine zu tragen haben.

Die Tagesheimmädchen spielten eine Weile »Vater, Mutter, Kind«, auch vormittags. Ich schaue und höre zu und erfahre dabei etwas über ihre Welt. Sie spielen, was sie tagtäglich erleben. Die Buben spielen lieber Karten oder bauen Türme mit Bauklötzen, immer im Wettstreit: »Wer kann den höchsten Turm?« Allmählich aber gesellt sich der eine oder andere zu den Mädchen und übernimmt bereitwillig die Rolle des Vaters. Zwar müssen die Mädchen immer wieder soufflieren, weil die Buben sprachlich weniger gewandt sind und sich auch in der Gefühlswelt einer Familie nicht so gut auskennen. Aber wirklich beeindruckt bin ich, wenn ein Bub das Kind spielt, den Finger im Mund, und von der Mama gestreichelt wird. Und wenn ich sehe, dass er dabei genüsslich die Augen schließt und es ungeheuer genießt.

Geborgenheit in der Kindergruppe – das zeigen mir immer wieder die Kinder selbst – ist ein Grundbedürfnis von Kindern und Bedingung fürs Lernen. Ich bin fürs Lernen zuständig, und damit auch für ihre emotionale Sicherheit.

Als Bastion böte sich eine Klasse allerdings auch an. Gegen andere Klassen könnte man immer wieder einmal sein Mütchen kühlen. Aber in dieser Hinsicht lasse ich ihnen nichts durchgehen. Ein in der Nachbarklasse unbeliebter türkischer Junge wird irgendwann zum äußeren Feind erkoren, und alle »starken Jungs« aus meiner Klasse tun sich gegen ihn zusammen, weil er sie angeblich immer provoziert. Schon zwei gegen einen ist gegen alle Regeln, erst recht vier gegen einen. Also führe ich meine vier Helden ins Nachbarklassenzimmer, bitte um einige Minuten Zeit, und sie können klären, worum es gegangen war.

Der kleine Türke erzählt natürlich eine völlig andere Geschichte. Wir ziehen uns zur Beratung zurück, meine vier sehen ein, dass er gegen vier keine Chance hatte, und entschuldigen sich per Handschlag. Mir reicht das »Tschuldigung« aber noch nicht. Wieder beratschlagen sie und bieten ihm an, in der nächsten Pause etwas mit ihm zusammen zu spielen. Strahlend willigt er ein. Für die andere Lehrerin und ihre Schüler hat unser Auftritt etwas Exemplarisches; sie sind sehr beeindruckt. Und ihr kleiner Außenseiter ist damit vielleicht ein wenig mehr in ihre Mitte gerückt.

Heimat in ganz besonderer Weise wird die Klasse, wenn Kinder auch nachmittags und am Wochenende miteinander zu tun haben.

DER VOLLE RUCKSACK: WAS KINDER MITBRINGEN

Sechs- und Siebenjährige kommen nicht »mit leeren Rucksäcken« in die Schule. Sie können schon viel: Sind gerissene Kartenspieler, aufmerksame Zuhörer, können wunderbar singen und Gedichte in Windeseile lernen; geben kluge, ja weise Kommentare ab, wenn es um die großen Fragen geht. Manche haben nebenbei lesen gelernt, wissen, wie ein Papierflieger geht, wie ein Rad geschlagen wird, haben im Deutschen Museum schon viel gesehen und behalten, geben dort die besten Führer ab. Sie haben mit all ihren Sensorien bereits eine Menge Dinge gelernt, die es wahrzunehmen, zu sammeln, zu ordnen, zu erklären gilt, damit sie zusammen mit dem Neuen irgendwie ein Ganzes ergeben.

Pauline, die schon lesen kann, entdeckt plötzlich, dass sie wochenlang übt, ohne aufzugeben, weil sie das Seilspringen unbedingt lernen will; sie entdeckt ihre Fähigkeit, wo auch immer so lange zu üben, bis sie kann, was sie können will. Sie wird in allem sehr perfekt werden. Katharina sieht und bemerkt alles, was geschieht. Sie hat den vollkommenen Überblick: über Beziehungen genauso wie über Stimmungen und Sachen. Sie findet alles, was ich suche. Der andere muss kaum üben, kann trotzdem alles richtig schreiben und müht sich gewaltig ab beim Einmaleins. Wieder ein anderer braucht Monate, ehe er bereit ist, ein Wort zu lesen; ihm kommen anfangs alle meine Angebote vollkommen »spanisch« vor. In Mathematik aber ist alles sofort sonnenklar; er erklärt mir die kompliziertesten Zusammenhänge.

Was Kinder in die Schule mitbringen an Interessen und Prägungen, an Wissen, Können und Erlebnissen, nehme ich bereitwillig auf. Das wirkliche Leben mit seinen Widersprüchen und Abenteuern soll in all seiner Komplexität auftauchen. Man braucht es für Kinder nicht zu vereinfachen. Sie interessieren sich brennend für »alles, was sich bewegt« und nehmen leidenschaftlich Anteil.

Katharinas Mutter stammt aus dem Iran. Während des iranisch-irakischen Kriegs besuchen die beiden die Großeltern in Teheran. Was sie uns nach ihrem Besuch dort berichtet, schockiert und empört die Kinder so, dass wir tagelang immer wieder darüber sprechen müssen: Sie erzählt vom Ramadan mitten im Krieg; wie in der Nacht ohrenbetäubend lautes Gebet aus dem Lautsprecher sie alle aus dem Schlaf reißt; wie die Frauen nur vollkommen verschleiert aus dem Haus gehen dürfen und immer Angst haben, nicht wieder nach Hause zurückzukommen. Dann wieder gibt es Fliegeralarm, und sie und ihre Mutter müssen sich in den Straßengraben werfen. Plötzlich ist der Krieg keine Bilderfolge im Fernsehen, sondern echt. Katharinas bedrückende Erzählung ist Anlass, uns mit Krieg und Frieden zu beschäftigen, über Freiheit und Diktatur zu sprechen.

Felix spielt ab und zu Kinderrollen in den Münchner Kammerspielen, unter anderem in einer Inszenierung von George Tabori in Büchners »Woyzek« . Am Morgen nach den Aufführungen darf er ausschlafen. Damit die anderen nicht neidisch werden und weil es mich interessiert, erzählt uns Felix dann, was er da erlebt. Er beantwortet unsere Fragen, und so haben alle etwas davon.

Hieronymus lernt früh Geige spielen; seine Mutter benutzt uns immer mal wieder als Publikum, um ihn ans Vorspielen zu gewöhnen. Gleichzeitig zeigt er uns, was er kann, und stärkt damit sein Selbstbewusstsein. Er spielt vor, wenn wir ein Fest mit den Eltern machen; sie bezahlen dafür einen Obulus ins Körbchen, für Anschaffungen in unserer Leseecke. Er darf mit seinen Eltern, die Architekten sind, eine dreiwöchige Architekturreise durch Amerika mitmachen. Ich gebe meine Einwilligung unter der Bedingung, dass er Tagebuch schreibt. Mit dem Schreiben hapert es bei ihm ein wenig. Ausführlich erzählt er uns nach seiner Rückkehr von seiner Reise, liest aus seinem hinreißenden Tagebuch vor, zeigt uns viele Fotos von großartigen Bauten. Aus einer »Extrawurst« wird ein interessanter Beitrag für die Klasse. Er ist wieder bei uns aufgenommen, und wieder haben alle etwas davon.

Zwei Mädchen lassen sich von Übungen mit Reimwörtern inspirieren. Gemeinsam füllen sie ein ganzes Heft. Sara schreibt Gedichte, Yvonne illustriert sie. Mit ihrer Lust am Reimen infizieren sie andere Kinder, und es entsteht ein Gedichte-Wettstreit:

Gestern war ich bei Yvonne,
doch leider ging ich um sechse schon.
Yvonne hat mich nach Haus begleitet,
da sind wir so nebenher geschreitet.

Der Hase weicht,
die Blätter zittern,
der Löwe schleicht,
die Rehe wittern.

Die Kinder toben in der Wiese,
da kommt der böse Riese,
er packt die Kinder mit einem mal
und – schwupsdidubs – ist weg das Tal!

Die Buben bauen Roboter – wochenlang, in jeder freien Minute, ganze Nachmittage. Bringen sie auch in die Schule mit und stiften andere an; bauen Radios zusammen, die funktionieren. Jakobs Schwester sammelt als Kunststudentin weggeworfene Sachen. Jetzt sammeln alle Kinder weggeworfene Dinge – Schuhe, Handtaschen, Fahrradklingeln, schreiben Geschichten über die Herkunft dieser Sachen, zeichnen sie ab und stellen sie aus. Sie experimentieren mit allem und jedem, ohne Anleitung, aus Interesse und Freude am Spiel.

SPIELEN = LERNEN = SPIELEN

Im Spiel sind Kinder zu Haus, Spielen ist ihre Lust und Freude – und die beste Lernmethode ist eine Art Spiel. Beim Spiel sind sie entspannt, mit anderen zusammen, aufeinander angewiesen, bereit zur Verständigung, damit das Spiel weitergeht. Außerdem lernen sie im Spiel durch Versuch und Irrtum, aus Fehlern, weil sie selbst merken, wenn sie falsch gedacht haben oder der eingeschlagene Weg nicht weiterführt. Beim Spielen haben sie viel Spaß, viel zu lachen, müssen aufeinander achten und sich so benehmen, dass sie Mitspieler finden. Manche Spiele verlangen geradezu, Mit- oder Gegenspieler genau zu beobachten, um zu gewinnen. Sie lernen Regeln und müssen sie einhalten, weil sonst das Spiel in Streit ausartet. Vielleicht das Wichtigste: Das Spiel spielen sie um des Spielens willen. Weil es Spaß macht. Im Augenblick, ohne einen unserer Zwecke erfüllen zu müssen.

Einige meiner Zwecke erfüllt das morgendliche Spiel aber ganz gewiss: Sie freuen sich auf die Schule, lernen einander kennen, sprechen miteinander, müssen sich verständigen, werden eine Gemeinschaft. Frederic Vester schreibt dazu:

> Die das Spiel ausklammernden Lebensformen unserer Schulen und Universitäten haben uns nicht nur der Wirklichkeit unseres Lebensraumes als komplexem System entfremdet, sondern auch der Wirklichkeit unserer sozialen Beziehungen. Abfragen und Zensierenmüssen hat uns zum Einzelkämpfer gemacht, der nicht helfen soll, nicht vorsagen, sich nicht helfen lassen darf. Lernen durch Spielen fördert die so sträflich vernachlässigte Fähigkeit zur Kooperation. Fehler nicht als Versagen, sondern als Orientierungshilfe. Beim Spiel darf man ruhig Fehler machen, man wird nicht durch jemand anderen bestraft, sondern erfährt die realen Konsequenzen durch den Fehler selbst: ein Feedback, an dem man sich orientieren kann.[47]

Nach den ersten guten Erfahrungen mit dem Spielen betreten sie am Morgen fröhlich und erwartungsvoll das Klassenzimmer, holen ihr bevorzugtes Spiel aus dem Regal, engagieren ihre aktuell liebsten Mitspieler, setzen sich auf den Teppich oder an Extratische und beginnen den Schultag mit Spielen, ihrer Lieblingsbeschäftigung. Kinder spielen alles, wenn sie dürfen. Sie spielen Essen, spielen Trinken, spielen Lesen, Schreiben und Rechnen, spielen Gehen, spielen Laufen, spielen auch Spielen. Und lernen so.

Wenn jedes Kind seinen Platz gefunden hat, versinken alle im Spiel. Ich setze mich irgendwo ins Eck, sehe Hefte durch, schaue und höre ihnen nebenbei zu. Dabei erfahre ich viel über sie. Ich entdecke, dass manch einer, der sich beim Lesen, Schreiben, Rechnen schwer tut, ein gewitzter Spieler ist und genau weiß, wie er die meisten Punkte gewinnen kann. Ich sehe, dass sich die Schüchternen gegen die allzu Sicheren nicht wehren können und fast immer das Nachsehen haben, dass sich das aber im Laufe der Zeit gibt. Der eine stellt immer wieder neue Regeln zu seinen Gunsten auf, die andere gibt immer wieder nach, weil sie nicht will, dass das Spiel im Streit endet. Ich greife ein, wenn mich allzu freches Schummeln stört oder wenn ich die eine oder den anderen unterstützen oder schützen möchte. Ich greife ein, wenn ein Kind nicht mitspielen darf. Meistens muss ich aber vor allem lachen, weil Kinder beim Spiel etwas Köstliches sind.

Im Laufe der Zeit gibt es Profis für dies oder das, und es zeigt sich, dass eines ganz sicher gewachsen ist: die Freundschaft unter den Kindern. Im Spiel lernen sie einander kennen, mit ihren Vorzügen und Nachteilen. Sie können einfach Kinder sein, anderen zuschauen, ihnen etwas abschauen, sich auf andere und sich selbst verlassen. Es gibt viel zu lachen, und sie ärgern sich. Sie müssen sich im Verlieren üben und im Gewinnen; als Gewinner nicht Hohn und Spott über den Verlierer auszugießen will eben auch gelernt sein. Wer beim Spiel auf Dauer akzeptiert werden will, muss fair sein. Fairness lernen sie im wahrsten Sinne des Wortes spielend. Sie gehen dann auch fair miteinander um, wenn sie miteinander arbeiten, miteinander Sport treiben, miteinander essen, miteinander im Pausenhof herumtoben – weil sie einander kennen und mögen.

Ihr Lernpensum, also Fertigkeitsübungen in der Mathematik und im Erwerb der Sprache, erledigen sie auch spielend und miteinander:

Sie würfeln sich Rechenaufgaben, spielen mit Wortkarten, mit Reimwörtern, spielen Scrabble und alle möglichen Sorten Schwarzer Peter, spielen Memory mit Zahlen und Buchstaben, rechnen mit Dominosteinen …

Lernen und Spielen sind keine Gegensätze, im Gegenteil: Je genüsslicher und spielerischer, desto besser lernen sie. Lernen ist Spielen mit der Wirklichkeit; Sinn des Lernens ist es, mit der Wirklichkeit besser zurechtzukommen. Die ist so komplex, dass wir es in der Schule immer nur mit einem Rinnsal statt mit einem breiten Strom zu tun haben. Also bietet sich an, so viel Wirklichkeit wie möglich ins Klassenzimmer zu holen und die Kinder damit spielen und experimentieren zu lassen, ohne dauernden Anspruch auf den »ultimativen« Lerngewinn. Wenn eine Reihe Gläschen mit verschiedenen Gewürzen und Kräutern im Regal steht, riechen die Kinder ab und zu und nebenbei daran, und dann macht einer daraus ein Ratespiel: Wer erkennt die meisten Düfte? Das ist eine Weile ein hochattraktives Spiel, und sie bringen noch ein paar Kräuter mehr mit. Irgendwann kommt ein Kind auf die Idee, die Kräuter als Tees aufzubrühen, dann ist das eine Weile interessant. Sie schreiben auf, ob das jeweilige Kraut als Tee schmeckt oder nicht, und schließlich fassen wir die Ergebnisse ihrer Forschungen zusammen. Das Lernziel setzten sie sich selbst durch das Spiel mit den Kräutern. Wenn wir entspannt sind und wenn uns etwas interessiert, wenn die Beschäftigung damit Freude macht oder Erfolgserlebnisse verspricht, funktioniert unser Gehirn optimal. Jeder von uns weiß das aus eigener Erfahrung, aber aus irgendeinem Grunde sind wir alle anders programmiert. Deutsche Lehrer, die derzeit in Scharen nach Finnland pilgern, trauen ihren Augen nicht, wenn sie beobachten, dass dort nicht gepaukt, sondern leicht und spielerisch mit dem Lernen und miteinander umgegangen wird. Und dass die Ergebnisse »trotzdem« besser sind als bei uns. Gerade deshalb, bekommen sie zur Antwort, und können das kaum glauben.

Nach Weihnachten erzählen die Kinder vom Fest und den Ferien. Und fast ausnahmslos schwärmen die siebenjährigen Mädchen von ihren neuen Barbiepuppen. Ich verabscheue diese anorektischen Barbiepuppen und ergreife die Gelegenheit, mein Vorurteil bestätigt zu bekommen oder aufzugeben. Am nächsten Tag sollen sie ihre Barbiepuppen mitbringen – ich will sehen, wie sie damit umgehen.

Natürlich spielen sie nicht, nicht jedenfalls in meinem Sinne. Sie unterhalten sich über Kleider und Frisuren. Mein Verdacht, dass diese schrecklichen Puppen nicht dafür gedacht und gemacht sind, um damit zu spielen, sondern um rechtzeitig Konsumwünsche zu wecken, bestätigt sich drastisch. Eine Puppe kann sprechen und schnarrt: »Bitte, Mama, kauf mir ein neues Kleid!«

Ich erzähle ihnen von meinen Spielen mit meiner Babypuppe, als ich so alt war wie sie, und wie inbrünstig ich mir gewünscht habe, dass sie lebendig wäre. Sehr interessiert hören sie mir zu und schlagen vor, morgen ihre Babypuppen mitzubringen. Aha, also Babypuppen gibt es immerhin auch. Vielleicht spielen sie mit denen heimlich, allein zu Hause. Eine Armada großer und kleiner, wonniger und abscheulicher Babypuppen erscheint am nächsten Tag; sie spielen damit, und zu ihrem allergrößten Gaudium gebe ich die Großmutter. Mir scheint, sie haben mit diesen Puppen viel mehr Spaß als mit dem An- und Ausziehen und Frisieren der Barbies.

Barbie- und Babygeschichten werden dann geschrieben; wir suchen Unterschiede zwischen den Puppensorten; die schreiben sie auf und ihre Gefühle dazu. Und es ist offensichtlich, dass die Gefühle bei den Babys sind, die Barbies aber in eine fremde, doch attraktive Welt locken.

Die Buben bringen dann ihre scheußlichen »Power Ranger«- und andere grässliche Monsterfiguren mit, und ich beobachte das männliche Gegenstück: unaufhörlich werfen sie sich die scheußlichsten Beleidigungen an den Kopf, bekämpfen und töten einander – sonst passiert nichts. Sie stimmen mir im Prinzip schon zu, dass Töten langweilig ist. Was soll man aber mit Monstern auch anderes machen?

Am nächsten Tag bringe ich ihnen einen Kasten voller Playmobil-Figuren mit, und wir spielen das Leben auf dem Land und in einer Ritterburg. Der große Unterschied: Man kümmert sich liebevoll um die Tiere, versorgt den Garten; die Bäuerin – ich – kocht das Essen und wiegt das Baby. Die Ritter kämpfen ritterlich, das heißt fair. Auf dem Bauernhof dürfen auch zarte Gefühle gezeigt werden, Streit gibt's überhaupt nicht.

Danach auch hier: Sie erzählen und schreiben Abenteuergeschichten über Ritter, Idyllisches vom Leben auf dem Land, malen Bilder, ich lese das Gedicht vom schweren Leben des Ritters Kauz vom Rabensee vor, einige schreiben und lernen es:

BALLADE VOM SCHWEREN LEBEN DES RITTERS KAUZ VOM RABENSEE

Es war einmal ein Ritter,
Herr Kauz vom Rabensee.
Wenn er nicht schlief, dann stritt er.
Er hieß der Eiserne.

Sein Mantel war aus Eisen,
Aus Eisen sein Habit.
Sein Schuh war auch aus Eisen.
Sein Schneider war der Schmied.

Ging er auf einer Brücke
Über den Rhein – pardauz!
Sie brach in tausend Stücke.
So schwer war der Herr Kauz.

Lehnt er an einer Brüstung,
Es macht sofort: pardauz!
So schwer war seine Rüstung.
So schwer war der Herr Kauz.

Und ging nach solchem Drama
Zu Bett er, müd wie Blei:
Sein eiserner Pyjama
Brach auch das Bett entzwei.

Der Winter kam mit Schnaufen,
Mit Kälte und mit Schnee.
Herr Kauz ging Schlittschuh laufen
Wohl auf dem Rabensee.

Er glitt noch eine Strecke
Aufs stille Eis hinaus.
Da brach er durch die Decke
Und in die Worte aus:

Potz Bomben und Gewitter,
Ich glaube, ich ersauf!
Dann gab der alte Ritter
Sein schweres Leben auf.
Peter Hacks[48]

»Wie die Ritter lebten« wird ein Sachthema für alle werden; wir beschäftigen uns dann mit Macaulays »Es stand einst eine Burg«. Sie basteln Ritterhelme aus einer Vorlage des Museumspädagogischen Zentrums, spielen Ritterspiele, und am Ende machen wir einen Ausflug nach Burghausen.

TEAMARBEIT

Teamarbeit entfaltet die eigene und versammelt eine Menge gemeinsamer Kompetenz; Wettstreit und Kooperation mobilisieren alle Kräfte.

Das Benutzen von Hilfsmitteln, die nur einmal im Klassenzimmer vorhanden sind, gegenseitiges Helfen und Abfragen, gemeinsames Spiel lehrt sie, die anderen immer auch in ihre Unternehmungen einzubeziehen. Sie lernen, ihre eigenen Wünsche und Vorstellungen mit denen der anderen in Einklang zu bringen. Sie arbeiten zu zweit, wann immer das möglich ist. Das liegt ihnen, und sie genießen »Großveranstaltungen«, wenn alle zusammenarbeiten.

Man kann das Thema »Stromkreis« schematisch und mit einer Skizze an der Tafel abhandeln oder so, dass es eine ganze Klasse tagelang begeistert. In der Grundschule gibt es Experimentierkoffer zum Beispiel für das Thema Elektrizität. Ich suche alle drei Koffer im Haus zusammen und stelle sie in die Mitte des runden Teppichs, ohne Kommentar. Wie Affen erst vorsichtig mit den Fingern berühren, was als Fremdkörper in ihr Revier gelangt ist, das Ding beschnuppern – so machen es auch meine Kinder.

Jakob, unser Experte auf dem Gebiet, öffnet schließlich einen Koffer, sieht die Batterien, die Drähte und die Lämpchen. Nach einem kleinen Seitenblick in meine Richtung – ob es erlaubt ist – schließt er routiniert einen Stromkreis, schraubt ein Birnchen in die Fassung, und das Lämpchen brennt. Die anderen diskutieren aufgeregt über diese Attraktion und machen nach, was Jakob ihnen vorgemacht hat. Schließlich werden alle Kinder aufmerksam; am Ende haben sie einen riesigen Stromkreis mit allen verfügbaren Lämpchen gebastelt, die alle leuchten.

Jakob ist der Meister. Er weiß, wie es geht; die anderen nehmen das selbstverständlich zur Kenntnis und lassen sich helfen. Er baut einen Schalter in einen kleinen Stromkreis ein. Alle vorhandenen Schalter werden daraufhin in einzelne Stromkreise eingebaut. Aus Bau- und Legosteinen bauen sie eine Stadt und versorgen sie mit Strom.

Ich muss nur noch darauf achten, dass danach alles wieder sorgfältig aufgeräumt wird.

Die Aufgabe, ihre Erkenntnisse auf den Begriff zu bringen, erledigen sie in Gruppen. Die Ergebnisse besprechen wir im Plenum, Bilder und Texte tragen sie ins Heft ein.

Ich verwende keine vorgefertigten Arbeitsblätter. Viel sinnvoller ist es, sie machen ihre Schaubilder und Texte selbst. Wer das nicht kann, schaut bei anderen nach. Dabei lernen sie am meisten und behalten es auch. Außerdem ist das alles so unglaublich spannend und genüsslich, eine höchst lehrreiche Gemeinschaftsleistung. Andere Themen schließen sich an, weil die Fragen kommen: Kraftwerke, Sonnen- und Windenergie, Umweltschutz …

Jakobs Radio entsteht in einer kleinen Bubengruppe; sie laden uns ein, im Bubenklo Nachrichten zu hören; da sie keinen Lautsprecher haben, brauchen sie die hallende Umgebung. Zu dritt erklären sie der staunenden Kinderschar und mir, wie das Radio zustande gekommen ist, auf Jakobs Initiative, weil es ihn interessiert hat – ich hätte das gar nicht gekonnt. Zur größten Freude aller stelle ich viele Fragen, die die Jungs routiniert beantworten können.

In einer Zeitschrift sah ich einen Längsschnitt der Erde und war fasziniert. Meine Drittklässler interessierten sich damals gerade besonders für Dinosaurier und Vulkane, für Neandertaler und den Himalaja. Also beschloss ich, ihre Interessen zu bündeln, auszuweiten und als Gemeinschaftsarbeit ein großes Bild von der Erde malen zu lassen. Wir recherchieren in einschlägigen Büchern, schauen uns einen Film an. Wir planen ausführlich, und ich teile genau ein, wer mit wem was malt. Dann malen sie zusammen ein Bild von der Erde, einen großen (1,50 Meter im Durchmesser) Kreis mit Schichten bis zum Erdmittelpunkt: auf der Oberfläche Menschen, Bäume, Pflanzen, Tiere, Berge, Häuser, Hochhäuser, Kirchen, Vögel; darüber Sonne, Mond und Sterne; unter der Oberfläche Wurzeln, Keller, die U-Bahn, Tiere, Meere und Flüsse mit Tieren; bis zu den flüssigen Erdschichten … Konsequent, über vierzehn Tage arbeiten sie in jeder freien Minute daran. Ein wirkliches Meisterwerk! Und sie erfahren dabei: Ein Team erreicht mehr, als die Summe der Beteiligten erreichen würde, weil die Idee des einen viele neue Ideen bei den anderen auslösen kann. Gegenseitige Anregungen, das »Brainstorming« um die beste Idee, lässt die Fantasie fließen. Sie machen das mit Begeisterung, und hinterher staunen alle über ihr Werk.

KONFLIKTE, STREIT UND SCHLICHTUNG

Kindergartenkinder verfügen noch über ausgesprochen erfolgreiche Strategien zur Konfliktbewältigung. Nonverbale Kommunikation ist anfangs die effektivste Form, sich mit Konfliktpartnern zu verständigen. Durch eine Rundfunksendung wurde mir bewusst, dass die verbale Sprache nur eine von den hundert Sprachen der Kinder ist: anfangs dominieren Gestik, Mimik, Körpersprache. Die Verständigung läuft in großer Schnelligkeit über körpersprachliche Formen; sie verstehen einander ohne Worte. Zustimmung oder Ablehnung sehen sie dem anderen sofort an und auch, ob es eine Möglichkeit gibt, eine Lösung auszuhandeln: Wie sich ein Kind hinstellt, ob es die Schultern fallen lässt oder nach hinten zieht, ob es die Hände sinken lässt … wenn alles verloren ist. Sie können sogar mit dem einen Auge lachen, mit dem anderen weinen, und die anderen Kinder erkennen die Ambivalenz ihrer Gefühle, fanden zwei Soziologinnen heraus, die ihre Untersuchung mit Kindergartenkindern vorstellten.[49]

Der Körper sagt alles – Worte brauchen sie nicht.

Ein Beispiel: fünf- und sechsjährige Buben spielen Fußball. Freistoß ist dran. Es war geregelt, wer ihn ausführt. Einer hat sich den Ball zurechtgelegt und Anlauf genommen. Da kommt von hinten ein anderer und will den Ball schießen. Der mit der Schiedsrichterfunktion hat das kommen sehen, ist losgeflitzt, hat sich rechtzeitig zwischen den Ball und den anderen gestellt. Sie haben nicht darüber geredet, aber sie waren sich einig über das Geschehene.

Körpersprache ist die wichtigste Verständigungsschiene, Sprache ist Zusatz. Kinder im Vorschulalter handeln zuerst; ihre Handlungsfähigkeit ist stärker ausgeprägt als ihre sprachliche Fähigkeit; Argumentieren ist nicht ihre Stärke. In der Grundschule ist das am Anfang nicht anders

Vordergründig geht es um Sachen – aber eigentlich ist der wahre Grund eines Streits immer die Beziehung. Es geht um die Fragen: Wer bin ich? Was ist mein Stellenwert hier? Mein Platz in der Gruppe? Wer darf mitmachen? Wer ist Bestimmer/in? Wer ist die beste Freundin/der beste Freund? Wer die besten Ideen hat, darf »bestimmen«.

Letzten Endes gehen Kindergartenkinder noch rücksichtsvoll miteinander um, wahren Abstand, haben Respekt voreinander. Vorsichtig und tastend versuchen sie sich zu behaupten, sind hoch sensibel im Umgang miteinander. Sogar bei heftigem Streit, wenn sie rangeln und hauen, sei das, in Zeitlupe betrachtet, wie die Choreografie eines feinen Tanzes, beobachteten die Forscherinnen. Bewegungen stimmen überein, der Zwischenraum wird gewahrt. So genau zielen sie, wenn sie etwas werfen, dass sie einander nicht treffen können.

Aber Kinder brauchen viel Raum für eigene Lösungen. Erwachsene sollten nicht zu schnell eingreifen, den Schuldigen identifizieren oder das Opfer »retten«, sondern sie unterstützen, ihre mitgebrachten Kompetenzen zu bewahren und allmählich zusätzliche, verbale Kompetenzen dazuzuerwerben.

Das kann so aussehen: Wenn es Streit gegeben hat, diktieren beide Kinder nacheinander der Lehrerin einen Beschwerdebrief, ihre Sicht des Streits. Danach ist der Streit vorbei. Mehr müssen sie nicht tun. Später geht es darum, ihnen zu helfen, ihren Gefühlen – im Streit verletzten Gefühlen – Namen zu geben, um sie beherrschen zu lernen.

Regelmäßige Übungen, ihre Gefühle zu benennen, helfen ihnen, sich selbst kennen zu lernen und zu verstehen, was während eines Streits mit ihnen – und den anderen – geschieht. Dann können sie dem anderen mitteilen, was sie geärgert, wütend oder böse gemacht hat, ohne ihn zu beschimpfen oder zu kränken. Gewaltfreie Kommunikation kann man lernen; Lernziel ist emotionale Intelligenz.

Erwachsene können länger zuschauen, ohne einzugreifen – nicht aus Gleichgültigkeit, sondern mit achtsamer Aufmerksamkeit, als Vertrauensvorschuss für kompetente Kinder. Kinder sind eigenständige Personen; sie verwenden originelle Strategien. Erwachsene sortieren zu schnell. Das verstellt die eigentlichen Intentionen der Kinder. Die sind vor allem, irgendwie Frieden zu halten und weiterzuspielen.

Eigene Lösungen

Elena und Claudia streiten am Anfang unentwegt. Irgendwann frage ich erschöpft: »Was habt ihr denn dauernd miteinander?« Sie lachen und antworten: »Ach, das machen wir zu Hause auch« – sie wohnen im gleichen Haus –, »aber wenn wir uns gestritten haben, dann verkleiden wir uns und tanzen miteinander, und dann ist es wieder gut.« Ich schlage ihnen vor, morgen doch mal ihre Tanzklamotten mitzubringen und uns zu zeigen, wie sie das machen. Am nächsten Tag bringen sie wunderbare golddurchwirkte Tanzkleider und eine Kassette mit. »Diese Kassette verwenden wir dann immer«, lachen sie und legen sie ein. Und dann erklingt türkische Musik, und alle türkischen Kinder verdrehen gleich die Augen und lächeln sich wissend zu, bewegen ihre Arme im Rhythmus, und die beiden Mädchen spielen uns ihr Ritual vor. Auf Kommando wird das aber nichts mit dem Streiten, dann sollen sie eben ohne Streit tanzen. Beim ersten Schritt fangen sie wirklich zu streiten an, weil jede einen anderen Schritt macht. Sie schreien einander an, und wir lachen und können sehen, wie diese Streitereien aussehen. Entzückend ist dann ihr Tanz. Unser Gespräch über dieses Erlebnis wird für alle sehr aufschlussreich. Aus einem Streit kommt man nur raus, wenn man aufhört und was Schönes macht, meinen die einen. Die anderen finden Streit eigentlich unnötig, weil alle doch viel lieber miteinander spielen. Es ist seltsam, aber danach streiten die beiden seltener.

Komplexe – konstruktive – Erfahrungen sind das, für alle durch diese kleinen Details aus dem Kinderleben exemplarisch in die Schule geholt.

Gespräche

Ich möchte nicht, dass die Buben wegen jeder Kleinigkeit raufen. Es nützt nichts, ihnen das gebetsmühlenartig immer wieder zu verbieten, und Strafandrohungen würden schon überhaupt nicht helfen. Denn es geht ja darum, sich selbst in die Hand zu bekommen und Alternativen zu kennen. Ich muss sie also überzeugen, Gespräche mit ihnen führen, ihnen andere Möglichkeiten anbieten, durch mein Vorbild und meine Person deutlich machen: Es geht anders.

In der ersten Klasse mit den vielen ausländischen Kindern provozieren diese kleinen Kerle einander ständig, sagen »Worte«: das berüchtigte »Deine Mutter ist eine Hure« oder »Du blöder Türke, du«. Einer aus Afghanistan reibt dem Serben sein »Du blöder Türke!« hin, damit der ausrastet – und er tut's. Bereits die Kleinsten hören und sehen das bei den Größeren und probieren die Wirkung aus. Es klappt immer.

Ich möchte sie dafür sensibilisieren, wie idiotisch und verletzend das ist. Während eines solchen Gesprächs – wieder einmal haben zwei wütend gerauft wegen solcher »Worte« – soll jeder sagen, woher seine Eltern kommen: Kroatien, Türkei, Afghanistan, Marokko, Tunesien, Bosnien, Serbien, Rumänien, Griechenland, Italien. Jeder nennt sein Land mit einem gewissen Stolz. Zum Schluss bin ich dran und sage – auch stolz – »Rumänien«. Sie staunen nicht schlecht. »Und weil wir fast alle von woanders herkommen, schlage ich vor, wir einigen uns täglich auf ein anderes Schimpfwort. Heute beschimpfen wir uns ›Du blöder Rumäne, du!‹, morgen ›Du blöder Türke, du‹, dann ›Du blöder Marokkaner, du‹ .... Das ist dann gerecht.« Sie finden das sehr komisch. Wir unterhalten uns über nette Menschen, über unfreundliche, und ob Türken schlechtere Menschen sein können als Russen. Plötzlich sind sie friedliebend und tolerant. Es leuchtet ihnen alles ein.

Kurz darauf kommt Paolo mit einem blauen Auge in die Schule. Am Nachmittag davor hat er sich mit Andreas gestritten. Ben wollte Andreas helfen, haute Paolo mit einem Stock auf den Kopf und traf das Auge. Eine schlimme Geschichte. Bei solchen großen Prügeleien rekonstruieren wir die Geschichte: damit ich erfahre, wie es angefangen hat und warum wer wie reagiert hat; damit ihnen klar wird, wie so etwas überhaupt passiert. Denn natürlich, wie bei uns Erwachsenen auch, schuld ist keiner; jeder sagt, der andere war's. Als ich herausgefunden habe, worum es gegangen ist, tippe ich mir an die Stirn: »So was Blödes, wegen so einer Kleinigkeit hast du ein blaues Auge, und es hätte auch noch schlimmer ausgehen können.«

Zu dieser Zeit gab es gerade diesen absurden Streit zwischen Griechenland und der Türkei über irgendeinen Felsen im Meer, auf dem nur Ziegen leben. Etwas unbedacht erzähle ich ihnen davon. Die Kinder rufen: »So was Blödes, da könnte man doch sagen, einer kriegt die eine Seite, der andere kriegt die andere Seite der Insel. Oder man könnte beschließen: Ein Jahr kriegen die einen den Felsen, im nächsten Jahr die anderen. Oder man könnte sagen, wir suchen noch einen Felsen, und jeder kriegt dann einen. Also, wir Kinder könnten das besser, die ganze Kämpferei finden wir blöd, und wenn wir da mitreden könnten, wir würden keinen Krieg machen wegen einem Felsen.« Das

Gespräch entwickelt sich, und alle finden, für Paolo sei es besonders schlimm, dass sie zu zweit auf ihn losgegangen sind. Zwei gegen einen? Ein Tabu.

Und ich erzähle ihnen von einem Jungen, der sehr krank war, in der Schule viel gefehlt hat. Er war sehr schwach und konnte oft kaum stehen, wenn er in der Schule war. Immer mehr wurde er zum Außenseiter, weil ihn niemand beschützte. Die anderen Buben hänselten ausgerechnet ihn. Bis ein neuer Schüler in die Klasse kam, der große Fäuste hatte, viel größer war als die anderen, der stark und ganz lieb war. Als der sah, was los war, sagte er zu den Buben: »Ihr seid Feiglinge, wenn ihr immer den Kranken ärgert! Das ist keine Kunst! Wer den in Zukunft auch nur böse anschaut, kriegt es von jetzt an mit mir zu tun«, und zeigte ihnen seine große Faust. Er war ganz friedlich und wollte gar nicht zuhauen, aber seine Fäuste und sein Auftritt haben diese feigen Typen abgeschreckt, und sie haben sich nicht mehr getraut, den Kranken zu ärgern.

Die Kinder sind tief beeindruckt von der Geschichte. Der eine meint, er würde das auch so machen, wenn er so ein Starker wäre. Das könne er jeden Tag machen, er sei stark, er könne sich jeden Tag für Schwächere einsetzen! »Das könnt ihr alle«, sage ich. Sie sind ganz begeistert, bringen mich auf den Begriff der Ritterlichkeit, und ich erzähle ihnen vom Leben der Ritter und welche Gesetze sie hatten. In diesem Alter sind sie fasziniert von Rittern. Ein Ritter sei sofort aus der Ritterschaft ausgeschlossen worden, wenn er einen Schwächeren angegriffen habe. Ein Ritter durfte nur gegen Gleichstarke oder Stärkere kämpfen. Die wichtigste Aufgabe der Ritter aber sei gewesen, Frauen und Kinder zu beschützen und überhaupt die Schwachen zu verteidigen.

Völlig begeistert und angeregt rufen sie »Ja, und das tun wir auch«, »Ich möchte auch ein Ritter sein« – und dann ist Pause. Nach der Pause hole ich die Kinder aus dem Pausenhof ab. Durch die große Glastür sehe ich, wie mein Türke Sahin und mein Serbe Danijel böse aneinander herumrütteln; sie fangen gerade an zu raufen. Nach dieser schönen Stunde! Einer der beiden sieht mich, hört sofort auf und streckt dem anderen die Hand hin. Der weiß gar nicht, wie ihm geschieht, sieht mich, worauf beide sich eifrig die Hände schütteln. »Was war denn das?«, frage ich sie, »ich bin ja entsetzt.« »Weißt du, es war so: Wir sind rausgegangen nach der Stunde in die Pause, und da sagt der Danijel wegen dieser Geschichte zwischen den Griechen und den Türken zu mir: ›Die Türken sind aber schön blöd!‹, und ich: ›Die Serben sind aber noch blöder, die machen ja schon dauernd Krieg!‹ Und dann haben wir uns gestritten.« Ich zeige mich empört: »Über das alles kann man doch reden. Und man muss dem anderen, der Türke ist, doch nicht sagen, die Türken sind blöd! Man weiß doch, dass das den ärgert, warum also sagt man so was?« Da beschwichtigen mich beide: »Aber vorher haben wir die kleinen Kinder auf dem Pausenhof verteidigt. Also, wir waren schon Ritter.«

Da ist alles wieder in Ordnung. »Also gut, dann habt ihr die Schwachen verteidigt, und das andere könnt ihr dann in Zukunft auch lassen!«

Ich bin überzeugt, dass solche Gespräche in den Köpfen und Herzen bleiben. Es sind Gespräche, Überlegungen, Beispiele und keine Belehrung. Gefühle sind beteiligt, schon deswegen bleibt auf jeden Fall etwas hängen. Ich hoffe auch, dass meine persönliche Intention, der starke Wunsch, diesen Kindern Alternativen zu zeigen, etwas bewirkt.

Diese Gespräche sind nur möglich auf der Basis guter Beziehungen und gehören zu den positiven Erfahrungen, die ihnen weiterhelfen. Sie wissen, dass ich mich für sie interessiere und dass sie mir am Herzen liegen. Ich mag sie ja sehr gern, das spüren sie, und deshalb sind sie bereit, sich mir und dem, was ich sie zu lehren versuche, zuzuwenden.

Manchen Kindern komme ich dabei schneller näher als anderen; manche sträuben sich lange, glauben mir dann aber doch irgendwann, dass ich es ernst mit ihnen meine.

Geregelte Gespräche

Diese Gespräche sind der Anfang; ich gebe den Impuls und bestimme mit meinen Assoziationen den Verlauf. Allmählich können sie aber auch lernen, geregelte Gespräche zu führen und diese selbst zu leiten.

Gemeinsame Vorhaben, Konflikte, ein Streit – was auch immer sie während der Woche nicht alleine regeln können – werden an einem festgesetzten Termin besprochen: ein- oder zweimal in der Woche in der letzten Stunde. Je älter sie sind, desto länger können sie warten; wenn es einmal drängt, kann ich die Runde spontan einberufen.

Eine Gesprächsstunde wöchentlich wird fest installiert. Die Kinder schreiben während der Woche ihre Beschwerden auf einen Zettel, unterschreiben diesen mit ihrem Namen und werfen ihn in ein Kästchen. Gesprächsregeln und Wünsche an die Teilnehmer werden mit der Klasse diskutiert und beschlossen, bei Bedarf ergänzt oder verändert.

Regeln: zuhören, ausreden lassen, zu Wort melden, nicht persönlich angreifen …

Ein Diskussionsleiter wird von den Klassensprechern bestimmt, die mehrmals im Jahr von der Klasse gewählt werden, immer zwei Buben und zwei Mädchen. Alle Teilnehmer haben gleiche Rechte.

Jedes Kind darf seine Meinung sagen, wenn es aufgerufen wird, jede Meinung ist in Ordnung, keine abwertenden Kommentare während des Gesprächs. Ein Zettel kann vor der Diskussion wieder zurückgezogen werden.

Damit sich niemand an den Pranger gestellt fühlt, darf eine Beschwerde gegen ein Kind nicht von mehreren unterzeichnet werden.

Ich halte als Protokollführerin Vorschläge und Beschlüsse schriftlich fest; ansonsten gelten für mich dieselben Regeln.

Jede Beschwerde und die entsprechenden Lösungsvorschläge diskutieren sie ausführlich, und am Ende wird darüber abgestimmt.

Alle Betroffenen müssen sich an die Beschlüsse halten.

Wir formulieren auch Wünsche an die Gesprächsteilnehmer:

Jeder soll sich selbst und den anderen ernst nehmen, den anderen achten. Jeder soll bereit sein, den anderen wirklich zu verstehen, und sofort offen sagen, wenn ihm etwas nicht gefällt, nicht später hintenherum maulen.

Sinn und Ziel dieser Gesprächsrunden sind konstruktive Beziehungen, und dazu gehört, Konflikte zu erkennen, zu klären und zu lösen, Gefühle wahrzunehmen und ausdrücken zu lernen. Die Kinder üben, im Konflikt konstruktiv miteinander umzugehen, Dialoge zu führen, also zuzuhören und sich klar auszudrücken.[50]

Die Kinder lernen, für sich und andere Verantwortung zu übernehmen und kreativ nach Lösungen zu suchen, die ohne Gewinner und Verlierer auskommen.

Solche Konfliktgespräche sind bis zur fünften oder sechsten Klasse angebracht, danach können Kinder, die auf diese Weise geschult sind, leicht zur selbstbestimmten Schülerstreitschlichtung wechseln.

Klassen, die diese Art von Konfliktgesprächen gewöhnt sind, können auf diese Weise Probleme lösen, aber auch jede Art von Gesprächen, auch Fachgespräche, führen oder in Projektgruppen miteinander argumentieren. Die Schüler haben gelernt, andere Ansichten zu tolerieren, darauf einzugehen, selbst Stellung zu beziehen, ernsthaft Probleme anzusprechen und sich gemeinsam Lösungen auszudenken.

Fehlentscheidungen sind eher unwahrscheinlich: Erfahrungsgemäß sind die Schüler bemüht, für *alle* annehmbare Lösungen zu finden.

Kinder sind da oft einfallsreicher als Erwachsene. Sie tauschen im Gespräch ihre Gedanken und Ideen so lange aus, bis die beste Lösung gefunden ist. Aber das glückt nur dann, wenn ich mich aus der Entscheidungsfindung heraushalte und nichts bestimme. Nur dann fühlen sie sich ernsthaft aufgerufen. Sie selbst sind die Meister; ich ordne nicht an, wie es laufen soll.

9 METHODEN UND ERWÜNSCHTE FOLGEN

ALLE SIND ANDERS

Dass wir verschieden sind, weiblich oder männlich, blond, brünett, schwarzhaarig, und uns unterscheiden nach Temperament, Größe, Typ; dass wir groß oder klein sind, gute Esser oder schlechte Esser, Dicke und Dünne, Sportliche und weniger Sportliche, Schöne und weniger Schöne – mit dieser unumstößlichen Tatsache von Differenz kommen Menschen schwer zurecht. Der Wunsch nach gleichem Denken, Wollen, Handeln ist groß; er war immer auch der Wunsch nach einer gemeinsamen »richtigen Überzeugung«, nach dem »allein seligmachenden« Glauben, nach Gleichschritt, gipfelnd in dem Versuch, mit »einem Volk, einem Reich, einem Führer« als einzig relevante »Rasse« die Weltherrschaft zu übernehmen.

Rassen im genetischen Sinne gibt es nicht, sagen zuständige Wissenschaftler; der Mensch ist allerdings so unglaublich flexibel und anpassungsfähig, dass sich je nach Lebensbedingungen unterschiedliche Variationen des Themas *Mensch* entwickeln konnten.

Dass unsere Charaktere unterschiedlich sind, dass es ethnische Unterschiede gibt, verschiedene Religionen und Kulturen – theoretisch ist das klar. Unendlich viele Begründungen für unser aller offensichtliches Anderssein haben wir ge- und erfunden, viele Sortierungen vorgenommen: die Einteilung in Phlegmatiker, Melancholiker, Choleriker etwa oder in Athleten und Pygniker; Horoskope, die die Differenz durch die Einflüsse der Planeten beim Zeitpunkt unserer Geburt erklären wollen. Wir sind sehr darauf aus, unser Staunen über die vielen Unterschiedlichkeiten zu systematisieren, und das lässt auf einen tiefen Widerstand gegen einen allzu offensichtlichen

Tatbestand schließen. Als ob wir's nicht ertragen könnten. Derweil sind wir ja nicht einmal eindeutig wir selber, sind einerseits so, andererseits anders, brauchen unser halbes Leben, um uns eine einigermaßen lebbare Eindeutigkeit zuzulegen. »Es findet sich ebenso viel Verschiedenheit zwischen uns und uns selber wie zwischen uns und den anderen«, sind Montaignes weise Worte dazu. Dagegen die unumstößliche Spießergewissheit: »Wie kann man bloß so sein wie ich nicht bin!?«

Und so wird, wer andere als die allgemein üblichen Verhaltensweisen zeigt, leicht zum Außenseiter, also zu einem, der an der Außenseite der Gemeinschaft lebt, außerhalb der Gruppe. Anderssein ist in unser Bewusstsein nicht als selbstverständlich und natürlich integriert; anders zu sein ist ein Makel.

Aber – eine meiner wunderbaren Entdeckungen – Kinder haben unser Raster noch nicht im Kopf; was »normal« ist oder nicht, der Norm entspricht oder nicht, kümmert sie nicht. Eine Erstklässlerin erzählte ihrer Mutter von einem Mädchen, das irgendetwas in der Schule gemacht hatte – eine Farbige. Da ihr der Name nicht einfiel, beschrieb sie sie als diejenige, »die immer in Schwarz kommt«. Bevor Erwachsene Kinder in ihre Vorurteile eingeweiht haben, sind diese frei davon. Eben weil sie noch nicht entschieden haben, was »richtig« und »falsch«, was »normal« oder »nicht normal« ist.

Für das eine Kind ist es die größte Freude, ein Heft schön zu führen, mit Bildern auszuschmücken, einen besonderen Umschlag darum zu legen. Ein anderes träumt davon, beim Wettlaufen allen davonzurennen, die meisten Büchelchen gelesen zu haben – morgen ist es wieder etwas anderes. Kinder setzen sich ständig ihre Ziele selbst und verfolgen sie mit aller Kraft. Einer schafft es nie, eine Seite schön, ohne Klecks und fehlerfrei zu schreiben, der andere kann das zwar, legt aber keinen besonderen Wert darauf. Die eine findet alles, und ich mache sie zu unser aller »Findevogel«, der andere ist besonders begabt für neue Spiele. Einer kennt alle Sorten von Autos, die andere hat sich auf außergewöhnliche und fantastische Geschichten spezialisiert. Weil sie von Natur aus »Nachahmer« sind, inspirieren sie sich gegenseitig. Und allen wird allmählich klar, dass jeder anders ist; sie rechnen damit, beziehen diese Tatsache in ihre Planungen ein. Es lohnt sich also sehr, Kindern die Chance zu geben, miteinander das »Anderssein« zu erleben und zu genießen. Ohne Vorurteile aufzuwachsen ist angesichts des Zustands unserer Welt ein nicht zu unterschätzender Startvorteil, um nicht zu sagen, Standortvorteil. Eine neue Untersuchung hat ergeben, dass der Respekt vor kultureller Identität der stärkste Beitrag zu internationaler Stabilität ist.

Mädchen und Buben

Das tiefgreifendste Anderssein ist der Unterschied zwischen Mädchen und Buben, und ich fürchte, wir richten unser Augenmerk in der Schule viel zu wenig auf diese Tatsache. Wurden früher die spezifischen Bedürfnisse von Mädchen ignoriert, trifft es heute die Buben. Aus vielerlei Gründen – nicht zuletzt, weil viele fast ausschließlich von Frauen umgeben sind – sind die Buben zunehmend den Anforderungen der Schule weniger gewachsen als Mädchen. Jetzt steht auch statistisch fest, dass sie schlechter lernen und seltener das Abitur schaffen als Mädchen, dass weniger junge Männer ihr Studium beenden als junge Frauen.

Von Anfang an unterscheiden sich ihre Interessen: Die meisten Buben interessieren sich mehr für Abenteuer und Technik, Mädchen immer noch mehr für Soziales und Künstlerisches. Gemeinsam finden sie Tiere und Natur interessant. Wenn Mädchen beim Roboterbauen zuschauen und sich dann anschließen und Buben beim Fingerpuppenspiel, profitieren sie von den Fähigkeiten der jeweils anderen auf ihrem Gebiet. Der Techniker lockt ein Rudel Kinder zum Radiobauen ins Bubenklo, das den Lautsprecher abgibt; Mädchen stecken andere – vorübergehend auch Buben – mit ihrer Leidenschaft für Pferde an, lesen Pferdegeschichten, forschen über die Geschichte der Pferde und verbringen so manchen Nachmittag, so manches Wochenende auf dem Reiterhof. Ein Kind wünscht sich einen Hund, informiert sich über Vorzüge und Nachteile verschiedener Hunderassen und bezieht andere mit ein. Mathematik, Kasperletheater, Malen, Basteln, Schach, Pflanzen ansäen, Ritter, Sterne und Sonne, Regenwald, Motorräder,

Dinosaurier, Indianer, Inkas ... Buben sollen ihren Leidenschaften frönen; gleichzeitig können sie sich an den Interessen der Mädchen beteiligen und umgekehrt. Jeder kommt zu seinem Recht und erfährt die Schule als Quelle der Inspiration, gegenseitigen Verständnisses, von Erfahrung, Wissen und Können. Da sie ihre individuelle Lernmethode entwickeln können, brauchen sie zudem keinen Widerstand gegen unerfüllbare Forderungen zu leisten.

Eine Zeitungsnotiz informiert, Forscher hätten entdeckt, dass auch Affenmädchen besser lernen als ihre Brüder. Die Affenmutter zeigt den Kindern, wie man einen Ast in einen Termitenhügel hält, eine Weile wartet, ihn wieder herauszieht, um dann die daran hängenden Termiten genüsslich zu verspeisen. Die Affenmädchen üben das mit viel Geduld, während die Buben nur kurze Zeit dazu bereit sind. Sie tollen lieber herum, raufen und spielen ihre Spiele. Und dann können sie es natürlich nicht.

Fazit der Forscher: Weil Buben lieber bei den Männern wären, ihnen zuschauen und von ihnen lernen würden, sind sie nicht motiviert, der Lektion ihrer Mutter brav zu folgen. In diesem Alter ist eine eher kontemplative Beschäftigung vielleicht überhaupt nichts für Buben – weder bei Affen noch bei Menschen; der Sinn steht ihnen vielmehr nach körperlichen Aktivitäten und nach »Rang«-eleien, nach Kräftemessen und Abenteuer. Doch auch wissenschaftliche Erkenntnisse der Hirnforschung, die zweifelsfrei ergeben – und damit unser aller Erfahrung bestätigen –, dass jeder Mensch »anders« ist und anders lernt, bleiben ohne Konsequenz – man zieht keine konkreten Schlüsse daraus. Man könnte es längst wissen, weil es offensichtlich ist. Aber stur halten wir daran fest, alle gemeinsam dasselbe lehren zu wollen, innerhalb derselben Zeit, auf dieselbe Weise; der optimale Leistungsnachweis ist identisches Nachmachen, bei dem nichts Eigenes stört, in Rekordzeit. Wir halten am Glauben fest, derjenige sei intelligent, der unser System verinnerlicht hat; der andere, der Eigensinnige, sei das eben nicht. Die Realität ist anders, und endlich wird sie auch von der Forschung bestätigt.

Die Geschlechterrollen sind in sozial schwachen Familien sehr viel strikter fixiert, als das in bürgerlichen Kreisen üblich ist: Die Mädchen sollen zurückhaltend und brav sein oder werden angezogen wie kleine »Barbies«; die Buben erwartet man draufgängerisch, stark, aggressiv und frech. Bei Mittel- und Oberschichtkindern verwischt sich das viel mehr. Da sie viel zusammen sind, beobachte ich im Laufe eines Jahres, dass Mädchen und Jungen sich einander annähern, die festen Rollen aufgeben, einander wahrnehmen und begegnen. Wie wichtig es für sie ist, nicht mit dieser Mauer dazwischen aufzuwachsen. Während Mädchen und Jungen in anderen Klassen sich häufig beschimpfen und bekämpfen, manchmal auf die bösartigste Weise, finden sie bei mir Gemeinsamkeiten und Unterschiede, genießen hier einen »guten Ort für alle«.

Im Tagesheim biete ich einmal nachmittags Volkstanz an. Ich tanze gern und liebe echte Volksmusik. Also muss das doch genau das Richtige sein für diese aus der halben Welt zusammengewürfelte Gesellschaft. Wir tanzen griechische, türkische, arabische, israelische, bayerische Tänze. Die Mädchen voller Hingabe, die Buben mit viel Widerstand. Das heißt, sie machen dauernd Quatsch, schmeißen sich auf den Boden, geben den Mädchen nicht die Hand.

Schließlich dämmert mir, dass sie dieses Tanzen irgendwie überfordert. Mein Gespräch mit ihnen fördert zutage: Für diese Buben ist es vollkommen unnatürlich, die Mädchen anzufassen. Das sei, als ob sie mit den Mädchen »ficken«, meint einer, und die anderen nicken. Welche Tänze sie denn tanzen würden? »Wie Michael Jackson«, und sie tanzen mir den sexistischen Jackson-Solotanz vor, mit festem Griff in den Schritt und abgehackten Bewegungen. Sprachlos lasse ich erst einmal ab von meinen Tänzen, erzähle ihnen aber immerhin von Kampftänzen, Schwertertänzen, dass in Griechenland oder Russland zum Beispiel die stärksten Männer besonders gut und begeistert tanzen. Nach diesem Gespräch, als ihr Unbehagen »heraus« ist, wollen sie doch nicht nur zuschauen, wenn die Mädchen tanzen. Allmählich gesellen sie sich wieder zu den anderen – und ganz selbstverständlich tanzen sie schließlich die gemeinsamen Tänze mit.

Die Unterschiedlichkeit von Mädchen und Buben wird dann positiv erlebt, wenn sie sich ständig auseinander setzen, ihre Kompetenzen und Vorlieben oder Defizite und Abneigungen – die Differenz eben – nicht gegen einen Erwachsenen verteidigen müssen, sondern gemeinsam entdecken und das ausprobieren, was gerade »dran« ist; wenn die Differenz nicht ignoriert wird.

Weil sie immer entscheiden dürfen, weil Differenz ständige Erfahrung ist, gibt es im differenzierten Unterricht nicht die üblichen Streitereien und Raufereien zwischen Mädchencliquen und Bubenbanden. Sie können sich den ganzen Vormittag aus dem Weg gehen, wenn sie wollen oder zusammen arbeiten, wenn sie das vorziehen. Mal haben die Buben eine Idee, und die Mädchen schließen sich an, mal ist es umgekehrt. Oder man schließt sich nicht an.

Am Ende der Grundschulzeit machten wir einen Ausflug nach Burghausen; ich mietete einen ganzen Eisenbahnwaggon. Die Kinder verteilten sich auf die Sechserabteile, und siehe da – zum ersten Mal saßen Buben und Mädchen getrennt. Ohne es zu bemerken. Sie waren zehn, elf Jahre alt, also vorpubertär. Obwohl – oder weil – vorher alles möglich war, hatten sie kein Bedürfnis nach größerer Distanz gehabt.

Ich muss die Prägungen und Erfahrungen der Kinder berücksichtigen, darf sie nicht zwingen, darüber hinauszugehen, wenn es ihnen zu gefährlich erscheint. Doch – ich setze auf das Gespräch, auf ein wirkliches Gespräch, das die Beweggründe ihres Handelns deutlich werden lässt und dadurch Freiräume für neues Handeln eröffnet. Meine Kinder wachsen in vielerlei Hinsicht über die ihnen gesetzten Grenzen hinaus und profitieren gerade von der Vielfalt der versammelten Prägungen.

Die innere Differenzierung des Unterrichts – also nicht die Trennung in Leistungsgruppen – ist eine Antwort auf die vielfach ausgeprägte Differenz, die innerhalb einer Klasse existiert; ist eine Antwort auf die Grundbedürfnisse von Kindern; ist eine Antwort auf die Erkenntnisse der Hirnforschung und die sich daraus ergebenden Forderungen nach einem differenzierten Angebot; berücksichtigt individuell jedes einzelne der Kinder, die im Klassenzimmer sind, nicht den abstrakten Teil einer fiktiven homogenen Gruppe.

Und: Heutige Kinder bleiben weniger denn je brav in Reih und Glied sitzen, nur weil ich das von ihnen verlange. Manche können keine fünf Minuten still sitzen. Viele sind es nicht gewohnt, zu tun, was ihnen jemand sagt. Viele Kinder sind hippelig und zappelig, können sich keine zwei Minuten auf eine Sache konzentrieren. 20 bis 30 Prozent der Schulanfänger seien »auffällig« und »gestört«, ergeben Studien, litten unter Bewegungs- und Koordinationsstörungen, seien zu dick. Und immer mehr Kinder kommen in die Schule, ohne sich artikulieren zu können; verfügen gerade mal über eine rudimentäre, stammelnde Sprache. Fernsehkleinkinder lernen keine Muttersprache, wenn niemand mit ihnen spricht, spielt, ihnen vorliest, wenn sie nichts Spannendes erleben. Wie kann ich alle diese Kinder unter einen Hut bringen? Ich kann es nicht.

Und Kinder mit den unterschiedlichsten Muttersprachen versammeln sich hier: Es ist beides, Chance und Notwendigkeit, in der Schule alle möglichen Variationen des Themas Kind wahrzunehmen und Schwierigkeiten wo irgend möglich zu beheben.

Wenn ich jedem Kind individuell, frei vom Zwang der Gleichzeitigkeit, die Möglichkeit gebe, sich mit dem angebotenen Gegenstand zu beschäftigen, gebe ich ihm die Chance, seine persönliche Beziehung zu diesem Gegenstand zu entwickeln. Was es davon bereits weiß, führt zu anderen Assoziationen als bei einem anderen Kind. So kann es seine Stärken, seine Vorlieben, sein Vorwissen erkennen, einbringen und erweitern. Zum Beispiel kann es, wie Jan, einen ganzen Vormittag damit zubringen, die Schreibschrift zu üben. Er hat an diesem einen Tag den Drang, endlich damit zurechtzukommen. Also holt er sich, er als Einziger in der Klasse, ein Blatt nach dem anderen mit von mir vorgeschriebenen Buchstaben und Wörtern, klemmt es auf die Schreibunterlage, legt ein transparentes Blatt drauf, und hingegeben schreibt er die durchschimmernden Linien und Schwünge nach, kommt in seinen Rhythmus. In der Pause bleibt er drin, weil er nicht aufhören kann. Am Ende des Vormittags kommt er strahlend, glücklich, stolz und erschöpft zu mir und verkündet: »Jetzt kann ich's!« Jeder persönliche Fortschritt kann so erlebt werden, weil er nicht am Fortschritt des schnelleren Kindes gemessen wird. Erfolgserlebnisse aber sind Voraussetzung für die nächste Anstrengung.

Kinder arbeiten im Allgemeinen gern zusammen, helfen einander und erleben dabei, wie angenehm es sein kann, anderen nützlich zu sein. Wenn sie die Unterstützung eines anderen erleben, stärkt das ihr Selbstwertgefühl. Genauso in Ordnung ist es, wenn ein Kind lieber allein arbeitet. Alles ist möglich, je nach Bedürfnis und Fähigkeit. Und so kann im differenzierten Unterricht ein hochbegabter Mathematiker neben einem schwachen Schüler sitzen, und beide können voneinander lernen: Der eine erfährt, welche Probleme das Einmaleins bereiten kann, über das er vielleicht noch nie nachdenken musste; der schwache Rechner hört vielleicht zu seinem Erstaunen, wie schwierig es sein kann, Freunde zu finden. Der Hochbegabte kann seine mathematischen Fragen ungebremst bearbeiten und nebenbei dem anderen beim Einmaleins helfen; der andere profitiert davon und gibt von seinen Fähigkeiten etwas ab, was auch immer das sei. Am Ende des Schuljahrs sind beide ein Stück weiter, auch wenn ihre Ergebnisse meilenweit auseinander liegen – und sie haben voneinander erfahren. Enja Riegel fragte Schüler einer neunten Klasse in der bereits erwähnten Helene-Lange-Schule, wie sie denn damit zurechtkämen, dass manche ihrer Mitschüler in Mathematik oder Englisch oder in Physik dem Grundkurs zugeteilt seien und deshalb bei Klassenarbeiten ›einfachere‹ Aufgaben zu lösen hätten. Die hätten erstaunt geschaut. Kaum einer wusste genau, wen das in der Klasse betraf. Es war ihnen offensichtlich unwichtig. Sie waren seit Jahren daran gewöhnt, »dass jemand manchmal Schwierigkeiten hat und ihm dann von den anderen geholfen wird.«[51]

Differenzierung ist die Antwort auf die Tatsache, dass kein Kind wie das andere ist und das auch beim besten Willen nicht sein kann; dass jedes anders lernt, woanders herkommt, andere Vorlieben hat. Differenzierung kommt dem kindlichen Drang und der Fähigkeit entgegen, selbstständig zu handeln, eigene Interessen und Vorlieben zu entwickeln, selbst zu entscheiden, Verantwortung zu übernehmen, die eigenen Arbeiten selbst zu kontrollieren, mit anderen zusammen zu sein. Kurzum: Eigenheiten, Selbstständigkeit, Freiheit, Kommunikation, eigener Rhythmus, eigene Fähigkeiten, eigene Wege zum Ziel – all das ist erlaubt, erwünscht, ja, ist Kern des Unterrichts.

Da ich nicht für jeden Einzelnen das Richtige parat haben kann, müssen die Kinder selbst für sich sorgen. Also muss ich den Unterricht öffnen und die Verantwortung weitgehend den Kindern übergeben. Selbstständig handelnd, selbst entscheidend und im Team, forschend, am Fehler entlang, suchen die Kinder die für sie passenden Arbeitsbedingungen aus. Das ist in jeder Hinsicht der Königsweg und erfüllt gleichzeitig die Forderungen meines 10-Punkte-Programms für optimales Lernen:

1. Selbstständige Planung, Entscheidung und Konstruktion des Lernens kann das eigene Lernmuster bedenken, wenn es einmal bekannt ist.
2. Eigenständiges Lernen vertieft da, wo es nötig ist, überspringt, wo es möglich ist, baut Aktivität oder Dialog da ein, wo es angebracht ist.
3. Eigene Tätigkeit versorgt das Gehirn mit komplexen Informationen, weil vielen Aspekten eines Themas nachgegangen werden muss.
4. Falsche Entscheidungen werden erkannt, weil der eigene Plan nicht funktioniert – vom Fehler lernt man am meisten.
5. Planungen und Ausführungen im Team fördern Kommunikationsfähigkeit und soziale Kompetenz – beides sind wichtige Komponenten erfolgreichen Lernens.
6. Ein gemeinsames Projekt ermöglicht intensive Einblicke in die Komplexität eines Themas, stärkt den einzelnen und die Gemeinschaft. Kinder machen Erfahrungen mit der Unterschiedlichkeit von Menschen und sehen, dass ein Team mehr erreichen kann als die Beteiligten zusammen.
7. Durch die Präsentation der Ergebnisse mit unterschiedlichen Mitteln wiederum wird das Thema auf so vielfältige Weise beleuchtet, wie das einer allein gar nicht könnte.
8. Eine selbst gestellte Aufgabe erfolgreich, möglichst selbstständig gelöst zu haben, ist ein großes Erfolgserlebnis.
9. Jedes Erfolgserlebnis weckt neue Motivation und Anstrengungsbereitschaft.
10. Das Wissen um eigenes Können, um eigene Stärken und Schwä-

chen ist notwendig, um Verantwortung zu lernen – eine realistische Selbsteinschätzung ist Voraussetzung für Selbstverantwortung.

EIN BEISPIEL AUS DER PRAXIS

Verständlich wird das Prinzip an einem Beispiel. Während zweier Stunden dokumentierte ich die vollkommen freie Arbeit meiner Kinder in München-Freimann. In solchen Stunden sind sie ganz frei, ihre Arbeit zu wählen. Und alle arbeiten – wobei ich unter Arbeit jede konstruktive Beschäftigung verstehe. Alle sind im weitesten Sinn mit Lernen beschäftigt, und sie tun es gern, fliehen nicht, sobald sie keiner zwingt. Es ist so selbstverständlich und eine alte Geschichte, deshalb dazu noch ein Kommentar von G. B. Shaw:

> Wenn das Lernen zum selbst erwählten Vergnügen geworden sein wird, dann wird der Lehrer täglich sagen müssen: »Macht nun, dass ihr fort kommt, und spielt! Ihr habt so viel gearbeitet, wie euch zuträglich ist.« Es wird ebenso schwer sein, die Kinder zum Verlassen der Schule zu bewegen wie zum Schlafengehen. Man wird sie mit dem Gedanken überraschen müssen, dass Lehren Arbeit bedeutet und dass der Lehrer müde ist und spielen oder ruhen oder essen muss; Möglichkeiten, die der elende Schwindler – der landläufige Schulmeister – bisher verheimlicht hat.[52]

Michael und Sebastian rechnen Aufgaben mit Einern (Ein-Cent-Stücke) und Zehnern (Zehn-Cent-Stücke). Sie tauschen beim Zehnerübergang – sehr routiniert. Ich hatte es Sebastian erklärt, weil er das Arbeitsmittel verwenden wollte, aber eigentlich wollte er ein bisschen mit Geld spielen … Seit er den »Kategorienwechsel« (Einer in Zehner in Hunderter in Tausender in Zehntausender tauschen) verstanden hat, erklärt er sein Wissen stolz den anderen Kindern. Sebastian ist ein sehr ängstliches Kind, das schon viel mitgemacht hat. Anfangs traute er sich überhaupt nichts zu. Daneben sitzt Jan, der schwere Legastheniker, und liest das Kinderbuch »Ich bin das kleine

Löwenkind«. Ab und zu fragt er nach einem Wort, das er nicht lesen kann. Wer gerade in der Nähe ist, hilft ihm.

Ich rufe Aziza aus Marokko zu, sie solle bei Sebastian und Michael zuschauen, weil sie die Tauschaktionen von Einern zu Zehnern und umgekehrt noch nicht verstanden hat. Bereitwillig und stolz erklärt Michael ihr Schritt für Schritt die Rechnungen; sie darf unter seiner Obhut die passenden Ein-Cent-Stücke gegen seine Zehner tauschen.

Nebenbei stellt mir Sahin Wissensfragen aus einem Buch: »Welcher der fünf Kontinente hat keine Wüste?«

Paolo aus Italien sucht aus dem Buch »Kein Kuss für Mutter« Wörter mit Doppellauten heraus und schreibt sie sorgfältig und geordnet in sein Heft.

Dijana aus Rumänien kommt zu mir und fragt: »Welches dieser beiden Bücher soll ich lesen?« Ich erwäge mit ihr das Für und Wider, bis sie sich entschieden hat und sich wieder zurückzieht.

Danijel aus Serbien und Paolo vertragen sich – mal wieder – nicht beim gemeinsamen Üben des Wechselns von Zehnern und Einern. Paolo ist sehr ungeduldig; Danijel misstraut ihm und überprüft jede seiner Handlungen genau.

Soner, Türke, ist sehr eigenwillig; nie gibt er zu, wenn er etwas nicht verstanden hat; ich muss ihn immer ganz nah bei mir behalten. Er sucht das Mathearbeitsmaterial »Piccolo Logico«, entdeckt denjenigen, der es gerade hat, fragt, was der rechnet, und sie rechnen gemeinsam weiter.

Jan geht mit Paolo nach hinten zum Lesenüben.

Dann eine Gemeinschaftsarbeit: Alle zusammen schreiben gemeinsam und bedächtig ein Gedicht, das ich langsam und in schönster Schrift an der Tafel vorschreibe, als Schönschreibübung ins Heft. Langsame klassische Musik begleitet die Arbeit. Die Kinder sind sehr konzentriert und bemühen sich um ihre schönste Schrift.

Nach dieser Stunde ist für Stefan und Danijel die Schule aus, weil sie keine Tagesheimkinder sind. Oliver sagt: »Mei, der Stefan hat es gut!« Weil der nach Hause gehen kann. Ich sage: »Aber ihr könnt gleich noch rechnen und lesen!« »Uiii!«, ruft Sahin, der auch nach Hause gehen kann: »Da wär der Stefan sicher froh!«

Melanie, kompetent und eigenwillig, fragt: »Darf ich dir was malen?« Ich: »Oh, bitte!« Dijana und Isolde, beide Rumäniendeutsche, sehr schüchtern: »Von uns kriegst du auch ein Bild!«

Alle drei setzen sich auf große Stühle ans Fensterbrett und malen ab, was sie draußen sehen: unsere Attraktion, die riesige Baustelle mit Kränen, Lastern, Baggern – den entstehenden Stadtteil.

Drei Buben sitzen hinten um den runden Tisch herum und rechnen gemeinsam. Dabei liegt ein kleiner Stofflöwe in der Mitte des Tisches, über den wird während des mathematischen Fachgesprächs ab und zu sanft und gedankenverloren gestreichelt.

Melanie klebt etwas und sagt, während sie es versteckt: »Das kriegst du erst nächste Woche!« Sie schenkt mir jede Woche etwas Selbstgebasteltes oder -gemaltes.

Inzwischen haben Maroua aus Tunesien und Dijana ein »Telefon« aus zwei Plastikbechern gebastelt, die verbindende Schnur entwirrt; eine gibt der anderen über dieses Telefon aus einem Rätselbuch Rätsel auf. Als ihr Gespräch zu laut wird, sage ich: »Das ist doch ein bisschen zu laut, wenn andere lesen und rechnen.« Ohne weiteres stehen sie auf, verkürzen die Schnur und setzen sich näher zusammen. Dadurch wird es leiser.

Sahin sitzt neben meinem Tisch auf dem Bänkchen und liest »Findefuchs«. Ohne sich umzusehen, sagt er zu mir: »Das ist eine traurige Geschichte. Die Mama vom kleinen Fuchs wird erschossen. Aber er findet eine andere Mama. Die hat schon drei Kinder.« Ich antworte: »Dann ist die Geschichte traurig und schön.« Aber er liest schon wieder.

Aziza, die sehr mühsam lesen lernte, steht neben mir und liest aus dem kleinen Buch »Au Panne«. Das nächste Büchlein liest sie Sahin vor, der genau zuhört. Hinten im Eck sitzen mittlerweile Michael, Jan und Paolo und lesen zu dritt ein Buch. Alle drei können es nicht ganz gut, helfen einander aber.

Sahin: »Frau Czisch, sag mir: Ist das so, wenn Füchse groß sind und alles können – laufen, jagen und so –, dass die Mama dann weggeht?« Ich: »Ja.« Er: »Warum denn? Das ist doch schade. Dann ist der kleine Fuchs ja ganz allein.« Ich: »Ja, der will das so, wenn er groß ist.

Und die Mama kriegt dann wieder Junge.« Er: »Aber nicht alle Füchse wollen, dass die Mama weggeht.« Ich: »Doch, alle.« Pause. »Aber manche Füchse nicht.« Und er liest weiter. Später wiederholt er diesen Satz.

Und ich sage: »Wenn du groß bist, willst du sicher auch eine schöne Frau und eine eigene Wohnung.« Sahin strahlend: »Ja!«

Das Gespräch ist zu Ende.

Aziza liest ihm gleich wieder das nächste Buch vor. Er hört zu, und sie sagt: »Schau, die habe ich alle schon gelesen!« Er zeigt sich beeindruckt.

Jan und Paolo haben gestritten und petzen. Sahin: »Ich mag nicht, wenn die petzen.« Der eine sagt: Du hast ... Der andere: Nein, gar nicht, du hast ... Der eine: Doch, du hast ... Immer weiter so, und nach all meinen Fragen waren, wie immer, beide beteiligt. Jan wollte Sebastian ein Geheimnis mitteilen, Paolo wollte auch zuhören, durfte aber nicht.

Ich schlichte den Streit und sage: »Hier hat jedes Kind gleiche Rechte. Wenn einer einem anderen ein Geheimnis anvertrauen will, muss er warten, bis der weg ist, der es nicht hören soll. Das magst du auch nicht, wenn andere vor dir Geheimnisse haben. Und du, Paolo, musst nicht gleich so wütend sein, kannst es vielleicht anders sagen.«

Sahin: »Wenn mein Bruder seinen Freund dahat, muss ich immer raus aus unserem Zimmer.« Ich: »Das ist blöd, aber ich kann deinen Bruder verstehen, dass der seinen Freund auch mal alleine bei sich haben will.«

Sahin: »Aber wenn der Ümit zu mir kommt, will mein Bruder auch in meinem Zimmer bleiben.« Ich: »Das geht natürlich nicht. Gleiches Recht für alle!«

Da geht Sahin, holt Papier und Stifte und malt ab, was er draußen sieht: ein rotes Auto, einen gelben Bagger, einen riesigen Laster, einen riesigen Kran ... ausführlich und kräftig.

Dijana setzt sich neben ihn und schaut ihm zu. Sie unterhalten sich ruhig. Die ganze Zeit, während ich am Tisch sitze und dieses Protokoll schreibe, liest Aziza ein Buch nach dem anderen.

Hinten hat sich inzwischen eine Gruppe von drei Mädchen und drei Jungen um einen Tisch versammelt; sie lesen abwechselnd

Gedichte aus dem ABC-Buch vor und tragen die Gedichte vor, die sie auswendig können.

Isolde schreibt mir einen Brief. Inzwischen steht Celina neben Aziza und korrigiert freundlich, wenn sie falsch liest.

Manuel hat ein Comicheft gelesen – die Erlebnisse Yakaris, eines Indianerjungen –, kommt zu mir und sagt: »Mit der Melanie kommst du nicht mehr mit, die ist schon auf Seite 24.«

»Und wie viele Seiten hat das Rechenheft?« »32.«

»Da hat sie nur noch acht Seiten, da kommst du einfach nicht mehr mit.«

Oliver kommt und liest aus einem Rätselbuch vor: »Mit welchen Stichen kann man nicht nähen?« Ich: »Mit Bienenstichen?« Sahin: »Woher weißt du das denn alles, sag, woher?«

Jetzt löst sich alles auf, die Schule ist aus, es wird aufgeräumt und nach Hause gegangen. Die Tagesheimkinder bereiten sich aufs Essen vor. Trotz aller Unruhe sitzt Aziza da und liest ein Buch nach dem anderen – vor sich hin murmelnd.

Alle Kinder arbeiten während dieser zwei Stunden intensiv, konzentriert, sind hoch motiviert, erfolgreich und zufrieden. Sie haben Einsichten, machen Erfahrungen auf allen Ebenen, kognitiv, emotional und sozial. Ich erfahre viel von ihnen, kann da helfen, dort fördern, hier schlichtend eingreifen, dort zuhören, mit allen zusammen intensiven Kontakt pflegen – auch während der gemeinsamen Schreibphase mit Musik. Unsere guten Beziehungen festigen sich wieder ein Stück. Zufrieden und entspannt setzen sie sich zum Mittagessen oder gehen – zögerlich – nach Hause.

Im Zentrum müssen die Kinder stehen, nicht irgendwelche Richtlinien; die Kinder, nicht der Lehrplan; die Kinder, nicht vorfabriziertes Material; die Kinder, nicht Verwaltungsvorschriften; die Kinder, nicht die Wünsche der Eltern; die Kinder, nicht Lehrerverbandsinteressen; die Kinder, nicht die Ehre des Landes. Dieser Unterricht lindert – mal weniger, mal mehr – manche schlimme Auswirkung von Isolation zu Hause, Mangel an Bindung, an Bewegung, von Regellosigkeit und Fastfood aus allen Kanälen …

Gleichzeitig ist das besondere Kind gemeint, das hier in diesem Raum sitzt, steht, geht – mit seiner eigenen Geschichte, mit seinem »Päckchen«. Das ganze Kind also. Lernen heißt hier, dass Seele, Geist, Körper, Freude und Angst, Leiden, Lachen und Weinen im Unterricht Platz haben müssen, wenn er »nachhaltig« sein soll. Ich verwende gern diesen ökologischen Begriff: »Nachhaltiges Wirtschaften« ist ein Begriff aus der Waldbewirtschaftung und bedeutet, ohne Abfall zu wirtschaften, aber auch, nur so viele Bäume zu schlagen, wie nachwachsen, damit das ökologische Gleichgewicht erhalten bleibt. Wenn Kinder so lernen können, gibt es den Abfall Frustration und Versagen nicht, nicht Langeweile und Konkurrenz, nicht Gewalt und Angst, nicht Stars und Versager. Aggression und Versagen sind der Hauptabfall, den wir im üblichen Unterricht produzieren. Angst und Druck machen aggressiv; die Kinder geben alles an den Nächstschwächeren weiter. Allzu viele versagen, weil sie sich in diesem System nicht entfalten können.

Immer wieder sitzen ein paar Kinder allein oder mit mir am Fenster, und wir verfolgen den Bau des neuen Stadtteils, der in irrsinnigem Tempo wächst. Sie kommentieren mit Begeisterung die Arbeit der riesigen Kräne. In einer solchen Situation sagt Stefan, ein kroatisches Kind: »Mein Vater ist auch Kranführer.« Die Buben reagieren aufgeregt: »Was, dein Vater ist Kranführer, der sitzt da oben?« »Mein Vater war Kranführer.« »Und warum ist er es jetzt nicht mehr?« »Der ist von einem Dach runtergefallen und hat sich ganz schlimm wehgetan und ist lange im Krankenhaus gewesen, jetzt darf er das nicht mehr machen.« Stefan ist ein ganz Stiller, der leicht zu zittern anfängt, wenn man etwas von ihm will. Das Gespräch ist eine Chance herauszufinden, was mit ihm eigentlich los ist. Plötzlich spricht er so ausführlich wie überhaupt noch nie: von der Arbeit seines Vaters auf dem Kran, und alle hören ihm aufmerksam, ja atemlos zu. Stefan ist jetzt die wichtigste Person im Klassenzimmer. Danach hat er eine vollkommen andere Ausstrahlung, arbeitet intensiv, als ob er Versäumtes nachholen wollte, steigert sich in allem. Er hat Schwierigkeiten mit dem Lesen, mit dem Schreiben, mit allem – und am nächsten Tag setzt er sich hin und sagt laut und vernehmlich: »So, jetzt lese ich.« Ich höre zu und lobe ihn. Später kommt er an und verkündet: »Jetzt schreibe ich.« Er zeigt mir regelmäßig, was er geschrieben hat, holt sich meine Anerkennung. Ich nehme ihn ganz anders wahr; unter dieser Aufmerksamkeit kann er sich jetzt entfalten.

Ich konnte sehen, was ihn geängstigt hatte und verstummen ließ: der Unfall des Vaters, eine Katastrophe für die Familie. Wer sollte sie alle ernähren? Hat er nie darüber gesprochen, weil man sich in seiner Familie schämt oder eben nicht darüber spricht? Auch über den Krieg hat er nie gesprochen. Er muss ihm Angst und Schrecken eingejagt haben, denn seine Großmutter ist während eines Kampfs um ihr Dorf umgekommen. Ich habe Angst, daran zu rühren, weil ich nicht weiß, was ich lostrete. Und plötzlich müssen wir gar nicht über den Krieg reden, er hat uns alles Wichtige erzählt. Unterschiedlichste Assoziationen hat seine Geschichte in der kleinen Gesellschaft ausgelöst; das gemeinsame Gespräch hat uns andere mit Stefan vertraut gemacht – und gleich wachsen ihm Flügel.

Jedes Kind kann selbst entscheiden, wann es den nächsten Schritt gehen will, auch wann es redet oder schweigt. Voraussetzung sind Sicherheit und Vertrauen. Ich muss allerdings das Terrain vorbereiten, sichere Beziehungen möglich machen.

Im differenzierten Unterricht entstehen im ständigen Hin und Her zwischen den Kindern konstruktive Beziehungen. Die wiederum leben davon, dass man die eigenen Gefühle und die der anderen einschätzen lernt. Die Kultivierung der Gefühle ist ein Ergebnis, das sich quasi nebenher einstellt. Mitgefühl entwickeln sie, wenn sie die eigenen Gefühle spüren und sich an ihnen orientieren dürfen. Sie verstehen die Verhaltensweisen der anderen besser, wenn sie sich in sich selbst hineinversetzen dürfen. Das lernen sie nur, wenn sich davor andere in sie hineinversetzt haben, um sie besser zu verstehen.

In der Grundschule treffen die unterschiedlichsten Kinder aufeinander. Zwingt man sie unter einen Hut, produziert man Widerstand und Chaos. Wenn sie sich selbstständig organisieren dürfen, nähern und distanzieren sie sich nach ihren Bedürfnissen und Fähigkeiten und finden allmählich, mit Hilfe meiner vorsichtigen Betreuung, ein labiles Gleichgewicht ihrer Beziehungen. Die Neugier aufeinander und die Erfahrungen miteinander verändern unentwegt, kaum merklich, aber konstruktiv, das Beziehungsgefüge. Bis alle einmal mit allen zu tun haben.

Unsere Feste, die Ausflüge und Theaterstücke sind fester Bestandteil unseres gemeinsamen Lebens, immer wiederkehrende gemeinsame Unternehmungen; alle wollen dabei sein, für jeden gibt es eine Rolle, eine Aufgabe; allen sind sie wichtig, und jeder trägt bei, was er kann.

LERNTYPEN UND INDIVIDUELLE STRATEGIEN

Hirnforscher erklären uns, warum jedes Kind anders lernt: Weil das Gehirn sich nach der Geburt durch äußere Einflüsse entwickelt, die bei jedem Kind anders sind – selbst bei eineiigen Zwillingen –, entwickelt jeder Mensch seine spezielle Art, die Dinge aufzunehmen und zu verarbeiten. In der Schule muss dafür gesorgt werden, dass die Kinder herausfinden, wie sie am besten lernen, welcher Lerntyp sie sind. Wenn man sie lässt und ihnen genügend Angebote macht, finden sie allein den ihnen bekömmlichen Weg.

Von meinem Sohn David, der eine Zeit lang auch mein Schüler war, konnte ich in diesem Zusammenhang einiges lernen, denn er war sehr anders, zu Hause, in der Schule, in der Klinik, und traute seinen eigenen Gedanken.

Wir untersuchten die »Entstehung einer Quelle« nach allen Regeln der Kunst, hatten Experimente am Bach gemacht und einen Film angeschaut. Zusammenfassend zeichne ich ihnen eine schematische Skizze an die Tafel – wohl durchdacht und schön bunt. Sie sollen sie in ihre Hefte übertragen. David erdenkt und malt sich seine eigene Version. Die Beschäftigung mit Regen, Wolken, Sonne, Meer, Bergen, Quellen und Lehmboden lässt ihn andere Bilder finden. Ein großartiges Bild entsteht in seinem Heft, das mit meinem nichts zu tun hat. Verblüfft aber stelle ich fest, dass alle Fakten stimmen. Mir wird klar, dass er die Quintessenz dessen, was er vom Kreislauf des Wassers verstanden hat, mit seinen eigenen Bildern besser behalten kann. Seither biete ich meine Version als eine von vielen Möglichkeiten an, nutze die Vielfalt ihrer Assoziationen und ermuntere die Kinder, ihre eigenen Bilder aufzuzeichnen. Wer sich das nicht zutraut, übernimmt meine; die anderen stellen ihre Alternativen vor. Vielfältigkeit ist eine zusätzliche Anregung, dasselbe Thema kann vielfach vernetzt und umso stabiler »verdrahtet« werden. Weil jeder ein anderer Lerntyp ist, hat jeder andere Bilder, andere Assoziationen, braucht andere Informationen.

Wenn wir von Anfang an auf Gleichheit getrimmt werden, haben wir kaum Gelegenheit herauszufinden, welche Lerneigenschaften wir haben, welche Bedingungen wir brauchen. Dass wir etwa am besten bei klassischer oder Rockmusik lernen, wenn die Tür auf ist und/oder wenn wir vorher etwas gegessen haben. Mancher kann besser lernen, wenn es ganz still ist, manche wenn es laut ist, manche wenn sie gemütlich auf einem Sofa oder aufrecht auf einem Stuhl sitzen. Jeder hat andere Präferenzen, die er natürlich nur zu Hause voll ausschöpfen kann. Aber wenn die Kinder in der Schule so frei wie möglich sind, wählen sie das für sie Richtige aus.

Dann sind da noch zusätzliche Unterschiede – die unterschiedlichen Eingangskanäle: Manche Menschen können Informationen durch Zuhören besser aufnehmen, das sind die auditiven Typen; manche können verbal, allein durchs Zuhören, kaum etwas aufnehmen, sie müssen zusätzlich noch etwas sehen und anfassen. Bei einem Vortrag brauchen sie zusätzlich Demonstrationsschaubilder; damit kommen die hervorragend zurecht, die den gesprochenen Text auch noch mitlesen müssen. Das brauche ich zum Beispiel nicht, das stört mich eher, weil ich dann nicht mehr so gut zuhören kann. Ich kann mir etwas am besten merken, wenn ich es zuerst gehört, dann gelesen, Wichtiges unterstrichen, einzelne Punkte schriftlich zusammengefasst und mit anderen diskutiert habe. Deshalb lasse ich mir Manuskripte von Vorträgen kommen, wenn mich das Thema interessiert. Wenn ich selbst die Botschaft verstanden habe, brauche ich jemanden, der mir zuhört. Wenn ich sie zu erklären versuche, kommt in meine Gedanken die letzte Klarheit, der letzte Schliff.

In unseren Grundschulen aber spricht vor allem eine: die Lehrerin. Zusätzlich werden die Ergebnisse irgendwelcher Denkvorgänge auch noch per Overheadprojektoren präsentiert, auf Folien vorfabriziert – in der Regel nach immer demselben Muster. Lerntypen, die damit optimal zurechtkommen, werden dabei immens bevorzugt. Mit der Einschränkung, dass fertige Denkgebäude sowieso nicht zum Denken anregen, allenfalls kurzlebiges Faktenwissen produzieren, das man nicht in neuen Zusammenhängen anwenden kann, also totes Wissen.

Menschen, die am besten speichern, wenn sie zuhören, und bereit und fähig sind, auswendig zu lernen, sind unsere Superkinder und -schüler; die etwas anderes bräuchten, sind die Schlechten. Das ist völlig absurd, kontraproduktiv und ungerecht. Es dürfte einfach nicht mehr sein. Frederic Vester hat 1980 als Erster über Hirnforschung geschrieben; mittlerweile sind Artikel und Bücher darüber Legion. Sie sollten endlich auf den Schreibtischen der Schulministerien und in Lehrerzimmern ankommen, und man sollte die notwendigen Schlüsse daraus ziehen. Wenn man wissenschaftliche Erkenntnisse ernst nähme – wissenschaftliche Untersuchungen nimmt man offenbar nur dann ernst, wenn sie einem passen –, wenn man sich also darauf einließe, müsste man die Schulen längst vollkommen auf den Kopf gestellt haben. Es würde sozusagen kein Stein auf dem anderen bleiben. Abgesehen davon, dass diese Erkenntnisse unseren Erfahrungen und Beobachtungen entsprechen – wenn wir denn hinschauen.

Und so versuche ich, meine Kinder auf unterschiedlichste Weise lernen zu lassen, nach allen Regeln der Kunst, mit allem, was ihnen und mir einfällt. Sie dürfen alle Sorten von Lernmethoden selbst ausprobieren, und in der Regel entdecken sie, was sie brauchen. Es gibt für alle Fächer x Möglichkeiten – am besten, man probiert sie alle aus!

Zum Beispiel Mathematik

Der Aufbau der Zahlen und das Einmaleins werden mit Anschauungsmaterial aller Art zum Schauen und Anfassen – für den haptischen und visuellen Typ – so lange geübt, bis das Lernen mit Kärtchen geht; wann es mit den abstrakten Zahlen arbeiten kann, entscheidet jedes Kind selbst. Es gibt dann ein extra Kärtchen für jede Aufgabe, auf dem hinten das Ergebnis steht – für den visuellen Typ –, eines zum gegenseitigen Abfragen – für den kommunikativen Typ – oder eines zum allein in der Ecke Üben. Ich bespreche eine Kassette mit dem gesamten Einmaleins – für den auditiven Typ –, die hören sich Kinder per Kopfhörer an, wenn es ihnen einfach nicht in den Kopf will, langsam und mit Pausen. Die Eltern sollten so eine Kassette besprechen – wenn nötig, kopiere ich meine –, und die Kinder können sich damit selbst abfragen oder sie vor allem auch abends vor dem Einschlafen einfach nur anhören.

Übungen des Einmaleins hören sie auf der Rückseite der Kassette, mit Pausen fürs eigene Rechnen und Aufschreiben. Mithilfe einer Kontrollkarte können sie sich selbst kontrollieren. Wer gleichzeitig hören und sehen muss, hört das Tonband ab und schaut sich dabei noch die Kärtchen an.

Anschauungs- und Übungsmaterialien stehen jedem Kind zur Verfügung, solange es sie braucht. Heute gibt es davon eine Fülle zu kaufen, und viel unnützes Zeug ist dabei. Deshalb muss man genau hinschauen, um zu wissen, was hilfreich ist und was eher von der Sache ablenkt. Die Kinder suchen den Platz zum Lernen selbst aus, am großen runden oder am eigenen Tisch, arrangieren alles so, wie sie es brauchen.

Rechtschreiben

Die Kinder üben mit Wort-Bild-Kärtchen, anfangs mit Figuren und passenden Wortkärtchen, um genau zu wissen, was das Wort bedeutet: Sie lesen das Wort laut, schauen das Bild zur Kontrolle an oder fassen das Figürchen an, schreiben das Wort auswendig hin und kontrollieren. Dasselbe machen sie mit einzelnen – witzigen – Sätzen auf Streifen: laut lesen – für den visuellen und auditiven Typ –, auswendig schreiben, kontrollieren und korrigieren. Allgemeine Anleitung für die Rechtschreibung ist: Schau ein Wort genau an, mach dann die Augen zu und lass dieses Wort auf einer inneren Tafel erscheinen, dann schreibe und kontrolliere es. Oft mache ich mit ihnen »Blitzdiktate«, schreibe ein Wort groß und deutlich auf ein DIN-A4-Blatt, halte es so lange hoch, bis sich alle das Wort genau eingeprägt haben, lege es weg, und sie schreiben das Wort. Zur Kontrolle hebe ich es wieder hoch, und sie vergleichen, korrigieren oder rufen: »Richtig«! Diese Übungen machen sie dann auch zu zweit oder dritt. Während der gesamten Grundschulzeit entscheiden sie selbst über die Länge ihrer Übungstexte und über die Art und Weise ihrer Übungen, und sie bestimmen den Zeitpunkt für ein Diktat: Diktiert wird, wenn sie sicher sind. Noten fürs Rechtschreiben lehne ich ab. Damit so wenig Angst wie möglich im Spiel ist.

Am Ende muss ich Noten geben, zähneknirschend. Ich bespreche mit den Kindern, warum ich dagegen bin und dass Noten für mich keine Bedeutung haben. Eine Vier bekommt kaum jemand, sodass ich mir treu bleiben kann.

DIE PERSON DER LEHRERIN

»Wenn ihr euer Schaf oder eure Kuh unter Kontrolle halten wollt, gebt ihnen eine große, weite Wiese«, heißt es im Zen. Wenn ihr sicher sein wollt, dass Kinder ihre Möglichkeiten ausschöpfen, lasst ihnen viel Raum für ihre Entfaltung. Und pflegt gute Beziehungen zu ihnen.

Das geht nur, wenn die Lehrerin mit ihrer ganzen Person präsent ist, als aufmerksamer, mitfühlender Mensch. Ihre »Erwachsenheit« ist gefragt, die Fähigkeit, einerseits persönlich beteiligt zu sein, andererseits aber die Schwierigkeiten der Kinder nicht als persönliche Kränkungen zu erleben. Das ist nicht leicht, denn wir alle schleppen die verdrängten Ängste, Verletzungen und Demütigungen unserer eigenen Kindheit mit uns herum. Die Konfrontation mit kleinen Kindern bringt uns immer wieder ins Schleudern, und längst Verdrängtes kommt uns in die Quere. Da steht dann plötzlich das reine Abbild unseres geliebten Grundschulfreundes vor uns – und wir können ihm nichts abschlagen, werben um seine Aufmerksamkeit und bevorzugen ihn, ohne es zu merken. Schwierigkeiten hatte ich am Anfang mit den kleinen süßen Mädchen. Ich war eher ein wildes »Rowdykind«, bin mit vier älteren Brüdern aufgewachsen und mochte diese feinen Mädchen nicht, die nie ein Loch im Strumpf hatten und immer schön geschrieben haben, mit sauberen Händen und Fingernägeln. Die fürchtete ich als Kind schon, und als Lehrerin mochte ich sie auch nicht – am Anfang. Eifrig suchte ich nach einem Fehler, damit ich sie endlich kritisieren konnte. Ich wollte ihnen nicht die Chance geben, immer noch alles richtig zu machen. Bis ich mich durchschaute und mir erlaubte, sie auch entzückend zu finden, und inzwischen liebe ich sie mit ihren Lackschuhen und mit ihren Schleifchen im Haar, wenn sie ankommen und trippeln und trappeln. Ich freue mich, wenn sie ordentlich arbeiten, auch ohne meine Hilfe. Und ich bin immer noch anfällig für die Jungs, die ich schon als Kind besonders mochte. Sie nicht zu bevorzugen fällt mir schwer. Selbstverständlich sind auch die wieder da, die ich nie leiden konnte, die mit den Dauerrotznasen zum Beispiel. Heute habe ich Taschentücher und gebe auch ihnen eine Chance.

Ich muss mich als Lehrerin bewusst darum kümmern, die Kinder meiner Kindheit nicht mit den jetzigen Kindern zu verwechseln. Und es ist bei aller Schwierigkeit auch eine Chance, die eigene Kleinheit, Ängstlichkeit, Fehlerhaftigkeit wieder wahrzunehmen und so die der Kinder besser zu verstehen: Empathie zu entwickeln.

Im Ton meiner Mutter hörte ich mich zu einem Bauernmädchen im Allgäu – sie hatte rote Fingernägel – sagen: »Das machst du aber weg! Das ist nichts für dich!« Ziemlich betreten sah ich den beschämten Ausdruck im Gesicht des Kindes. Meine Mutter hatte hier nichts zu suchen, aber wie, um Himmels willen, war sie hier hineingeraten? Auch diese Verbindungen müssen geklärt werden.

Als »ganze« Person – nicht als reduzierte »Amtsperson«, die perfekt ihr Programm durchzieht – kann ich mich allerdings leichter in einer konstruktiven Umgebung bewegen, in der meine Arbeit anerkannt und gewürdigt wird, wo auch ich Anerkennung und Unterstützung genieße.

Dann bin ich eher gefeit gegen die Gefahr, die Abhängigkeit von Kindern auszunutzen, den eigenen Frust an ihnen auszulassen und zu meinen, sie merkten es nicht. Weil sie so großzügig sind und uns immer wieder verzeihen, ist die Verführung groß, sie zu demütigen, respektlos und hart mit ihnen umzugehen. Und nicht einmal wahrzunehmen, was wir anrichten. Eine Kollegin will von mir wissen, was sie mit einem Viertklässler machen soll, der immer noch nicht richtig lesen kann. »Auf keinen Fall vor der ganzen Klasse vorlesen lassen«, war meine spontane Antwort. »Das macht dem nichts aus«, die ihre. Kein Mensch möchte öffentlich bloßgestellt werden, und wenn man einem Kind nicht mehr ansieht, dass es sich schämt, haben es die Erwachsenen bereits zu weit getrieben. Verletzungen dieser Art sind überflüssig und kontraproduktiv, aber die Lehrerin hat kein Gespür entwickelt für die Gefühle des Kindes, und damit macht sie sich's allzu leicht. Ihre Aufgabe ist es, Kindern das Lesen beizubringen, ohne sie zu beschämen. Und da braucht sie ein bisschen Fantasie, ein bisschen Empathie und Geduld.

Aber auch die Eltern wollen bedacht sein. Sie alle waren einmal Schüler, und wenn die Last ihrer eigenen bösen Erfahrungen wieder auftaucht, kämpfen sie gegen uns, weil sie uns mit der eigenen Lehrerin verwechseln. Das führt dann zuweilen zu einer Art »Generalabrechnung« mit einem längst vergangenen Lebensabschnitt, der viel Wut, Schmerz und Angst in vielen von uns zurückgelassen hat, gegen die wir alle schier machtlos sind. Wenn ich als Lehrerin nicht immer Recht behalten muss, wenn ich bereit bin, die Sorge oder Angst der Eltern zu sehen, und mich nicht dauernd verteidige, sondern zuhöre, kann ich viel zur Beruhigung beitragen. Und ein wenig hilft schon, wenn man von diesen Zusammenhängen weiß. Will man dieses »Perpetuum mobile« aber endgültig anhalten, um ganz neu zu beginnen, bewusst den alten Schrott aufzuräumen und den Kindern ihre eigenen Schulerfahrungen zu gönnen, kann die Beteiligung an einer psychologisch begleiteten Balintgruppe oder einer anderen analytisch geprägten Selbsterfahrungsgruppe für Lehrerinnen sehr hilfreich sein.

Anfang der achtziger Jahre machte ich eine Analyse, weil mich die lebensbedrohende Krankheit meines Sohnes ungeheuer belastete. Die Therapie befreite mich aus alten Begrenzungen, was natürlich auch für meine Arbeit als Lehrerin sehr hilfreich war. Im Zusammenhang mit der Ausbildung von Schülerstreitschlichtern bot ich einige Jahre zusammen mit einer Kollegin Kommunikationsseminare für LehrerInnen an. Trotz der kurzen Zeit, die uns zur Verfügung stand, bekamen die Teilnehmer ein Gespür dafür, dass und wie man auch mit schwierigen Schülern respektvoll umgehen kann und was man anrichtet, wenn man das nicht tut.

Selbstverständlich müssen Vorgesetzte mit Lehrerinnen respektvoll und konstruktiv umgehen, wenn Schule gelingen soll. Auch Lehrerinnen wollen gelobt und dürfen nicht unter Druck gesetzt werden; sie geben ihn allzu leicht an Kinder und Eltern weiter und geraten dann in einen Teufelskreis, aus dem sie schwer wieder herausfinden.

Meine Erfahrungen mit Schulräten, die in Bayern viel Macht haben, waren durchaus gemischt. Am Anfang hatte ich überhaupt keine Beziehung zu der Tätigkeit, die von mir verlangt wurde, und wollte so bald wie möglich wieder aussteigen. Die schlechten Noten waren mir völlig egal; trotzdem beschwerte ich mich bei einem Schulrat über seine Einschätzung meiner Arbeit, ohne Erfolg selbstverständlich. Als ich meinen Unterricht umgestellt hatte, verspürte der dann zuständige Schulrat nicht die leiseste Lust, etwas anderes wahrzunehmen als meine Abweichungen von seinem schmalen und engen Pfad. Seine destruktive Haltung mir gegenüber, die schlechte Note und der bürokratische Text, den er über meine Arbeit verfasste, machten mich wütend, und empört rannte ich aus dem Schulhaus. Um am nächsten Tag umso entschlossener an meiner und der Befreiung meiner Kinder weiterzuarbeiten! Denn vier freie Jahre ohne Behelligung lagen vor mir! Und so folgte der Demütigung ein besonders schöner Tag mit meinen Kindern. Streng kritisierte er nach diesen vier Jahren, dass ich viel zu wenig Noten gemacht hatte und viel zu gute. Bis Weihnachten solle ich jede Probearbeit an ihn einreichen, mit »Notenschlüssel« und Ergebnis: ein »Casus belli«. Das hieß, ich sollte zurechtgestutzt werden und die Kinder aussortieren. Aber ich würde das mir und meinen Kindern nicht antun! Es war gegen meine Würde als kompetente Lehrerin und als Mensch. Also machte ich mich unsichtbar, wann immer er im Haus auftauchte. In der nächsten Zeit lernten meine Kinder, in Windeseile Schuhe und Jacken anzuziehen für einen »Unterrichtsgang«. Dreimal tauchte er in den folgenden Monaten auf, fragte nach mir und hörte immer, ich sei mit der Klasse unterwegs. »Hat die Frau ein Glück«, soll er gesagt haben, und schließlich vergaß er seine erniedrigende Anordnung. Ich war wild entschlossen, mich zu wehren, wenn es mir nicht gelingen würde, ihn abzuschütteln. Doch natürlich hatte ich immer ein wenig Angst, vor Repressalien und um meine Freiheit, auch Angst, dass vielleicht meine Kinder doch nicht so gut abschnitten wie die anderen. Wer aus der Reihe tanzt wie ich, muss beides erfüllen: die Bedingungen der Amtsschule und die eigenen hohen Ansprüche. Ab und zu eine schlaflose Nacht war da schon drin. Um sie zu reduzieren, ließ ich die Kinder immer wieder die Probearbeiten anderer Lehrerinnen bearbeiten. Und stellte erleichtert fest, dass sie genauso gut waren, was ihr Faktenwissen anbelangte. Aber sie konnten so viel mehr, was man nicht prüfen konnte! Wenn Eltern unruhig wurden, weil die vielen Unternehmungen ihnen suspekt vorkamen, konnte ich sie mit diesen Ergebnissen beruhigen und natürlich auch mit dem Hinweis auf die Freude und Begeisterung der Kinder. Ein bisschen Drahtseilakt war immer dabei – aber das schadete mir nicht, hielt mich in Spannung und motivierte mich eher. Und wog leicht die Freude auf, die mir mein Beruf machte!

Was mein jahrelanges Engagement in der »Aktion Humane Schule« nicht erreicht hat, ist jetzt durch Schulleistungsstudien wie PISA eingetreten: Die Öffentlichkeit ist aufmerksam geworden. Deshalb sind die Möglichkeiten einer Lehrerin, ihren Unterricht zu verändern, heute größer. Sie wird trotzdem noch um Anerkennung kämpfen müssen. Aber ein bisschen Kämpfen ist besser als sich ergeben, wenn es einem wirklich ernst ist.

Die individuelle Lebenserfahrung, persönliche Werte und Überzeugungen der Lehrerin sind ein – heimlicher – Teil des Lehrplans; Kinder nehmen meine Haltung, meine Art zu sein, meine persönlichen menschlichen Eigenschaften intensiver wahr als meine verbal verabreichten Botschaften! Als Nachahmer von Natur durchschauen sie diese intuitiv und übernehmen sie. Dieser »unterirdische« Informationsfluss fließt, ob wir es wollen oder nicht, unbewusst. Deshalb brauche ich Freiheit, um mich so verhalten zu können, wie es meiner

Person entspricht; ich brauche Freiheit, um Verantwortung zu übernehmen – Verantwortungsfähigkeit, um unabhängig, persönlich und selbstbestimmt handeln zu können. Lehrerinnen müssen Gelegenheit erhalten, das zu lernen.

Meine Freiheit korrespondiert mit der Freiheit der Kinder. Außer einigen Zielen und Grundsätzen für die Grundschule als Ganzem; außer einer selbstverständlichen Verbindlichkeit allgemeinen Regeln gegenüber; außer der Verpflichtung, keinem Kind zu schaden, jedes so gut wie nur irgend möglich zu fördern, dass es am Ende mindestens das kann, was es können muss, möglichst aber mehr; außer den »Basics« also soll es für mich so wenig Vorgaben oder Einschränkungen bürokratischer, beamtenrechtlicher, verwaltungstechnischer, versicherungsmäßiger Art wie möglich geben. Eine so große Verantwortung kann ich nur als freier, optimal ausgebildeter, gebildeter und selbstbestimmter erwachsener Mensch übernehmen.

Das »Ansehen der Person« tut Not; das heißt, ich muss Partei für das Kind ergreifen, mich in Nöte und Freuden jedes Einzelnen einfühlen, persönliche Beziehungen zu ihnen schaffen. Hilfreich ist, wenn ich weiß, dass es eine besondere Bewandtnis hat, wenn Pauline morgens strahlend in der Tür stehen bleibt und nicht weitergeht. »Pauline hat ein neues Kleid!«, rufe ich. Jubelnd dreht sie sich um sich selbst, und wir alle bewundern ihr Kleid. Mädchen kommen oft mit neuen Sachen, bei ihr ist das selten und darum umso bedeutsamer! Sich persönlich zu beteiligen, gleichzeitig nur immer so weit zu gehen, wie Kinder das aushalten können – darauf müssen Lehrerinnen vorbereitet sein, das kann man nicht einfach so voraussetzen.

Leider sieht es in der Praxis anders aus. Da geht es darum, die Kinder auszusortieren, die nicht »passen«; es geht um »keimfreie« Heftführung, um Fehler und Notenspiegel. Alle diese Formalgeschichten beachten und dabei die Klasse im Gleichschritt halten – das zerstört schließlich die Freude am Beruf und zehrt die meiste Kraft auf. Denn man kann dann nicht gleichzeitig gute, vertrauensvolle Beziehungen zu den Kindern pflegen, die alle so nötig brauchen. Aber Lehrerinnen müssen sich im Spagat üben: das eine – die amtlichen Vorgaben – ohne vorauseilenden Gehorsam einigermaßen erfüllen, um das andere – das Lebendige und Menschliche an diesem Beruf – zu schützen.

Meine komplexe Leistung liegt auf einem Gebiet, das nicht bis ins kleinste Detail kontrolliert und bewertet werden kann, das eigentlich nur an Verhalten, Wohlbefinden und Lernfähigkeit der Kinder abzulesen ist. Ich muss meiner Intuition folgen und meine persönlichen Fähigkeiten nutzen, dabei ständig neue, mir ungewohnte Fähigkeiten erwerben können. Wenn man mich in ein Korsett welcher Art auch immer steckt, mir mit Misstrauen begegnet, das meine Kreativität, Empathie und Spontaneität einschnürt, werde ich versagen, böse werden und »burned out« aufgeben.

SCHULUNG DER GEFÜHLE

> Welche Schritte im Einzelnen auch immer unternommen werden, um Angebote zu organisieren und die Kinder für diese zu interessieren, wie Konflikte auftreten und reguliert werden, Erziehung ist in solchen Projekten nie vollständig abzutrennen von Beziehungsarbeit, denn die wirksame Kultivierung der Gefühle gehört ebenso dazu wie die des Verstandes.[53]

Oskar Negt bringt zusammen, was die Schule systematisch trennt und damit großen Schaden anrichtet. Viele Kinder in der Grundschule sind schon »gezeichnet« von Erfahrungen, die zu schwer für ihre Schultern sind. Viele sind nicht geschützt vor den Nöten und Beladenheiten des Erwachsenenlebens; viele wachsen in Familien auf, die in irgendeiner Form nicht mit dem Leben zurechtkommen. In der Schule kann ein Ort für ein klein wenig Kompensation entstehen, für Ausgleich und Sicherheit. Das Fundament dieses Ortes sind unsere Beziehungen, die wiederum darauf basieren, dass wir unsere eigenen Gefühle und die der anderen wahrnehmen und respektieren.

Abgesehen davon, dass Gefühle jeden kognitiven und jeden körperlichen Akt begleiten, also Dauerbegleitung unserer Existenz sind, die Schulung der Gefühle macht Menschen beziehungsfähig, schafft die Basis zur Erfüllung unseres Grundbedürfnisses dazuzugehören, was wiederum Bedingung fürs Lernen ist. Und kognitives Lernen ist nur möglich, wenn eine ausgewogene Beziehung zwischen emotionalem, sozialem und kognitivem Lernen besteht.

Mit den eigenen und den Gefühlen anderer sinnvoll umzugehen, müssen wir wie fast alles in der Kindheit lernen. Die Möglichkeiten bringen wir zwar mit auf die Welt, nicht aber das Können. Ohne wohlwollende Erwachsene können Kinder die fundamentalen Erfahrungen nicht machen, die sie brauchen, um allmählich emotional kompetent zu werden. Tägliches Abtasten der eigenen und der Bedürfnisse, Wünsche und Vorstellungen, Stärken und Schwächen der anderen; tägliches Ausprobieren, Versuchen und Scheitern helfen ihnen – zusammen mit all den komplexen Erfahrungen und Lernprozessen – sich in der »Gesellschaft im Kleinen« zu orientieren, und sie üben dabei für die Gesellschaft, in die sie hineinwachsen.

Irgendwann in seiner Kindheit muss jeder Mensch die Erfahrung machen, als Person wertgeschätzt zu werden; Kinder sind angewiesen auf eine schützende persönliche Beziehung zur Lehrerin, um dem täglich neuen Nichtkönnen gewachsen zu sein. Emotionale Sicherheit unterstützt alle Arten von Lernprozessen. Vielfältige Beziehungen der Kinder untereinander und zu mir unterstützen und dokumentieren zugleich die jeweiligen Abhängigkeiten voneinander. Differenzierter Unterricht fördert Beziehungen durch Selbstständigkeit und Freiheit: Während die Kinder allein oder in Gruppen arbeiten, kann ich mich mit einzelnen Kindern beschäftigen. Ich führe ständig Gespräche mit ihnen; das ist möglich und in meinem Unterricht auch unerlässlich. Je freier und selbstständiger sie arbeiten, desto sicherer sollen sie meiner Zuständigkeit für sie sein, desto klarer muss sein, dass ich hinter ihnen stehe, ihre Arbeit, ihre Schwierigkeiten und ihre Erfolge kenne. Ich befasse mich mit jedem dieser Kinder regelmäßig ganz persönlich, schaue auf sie. Ich achte darauf, dass ich keinen vergesse, dass die Leisen und Stillen mir nicht entgleiten.

Zakhar Bron, ein russischer Meisterlehrer für Violine, sagte in einem Interview: »Große Künstler müssen menschlich sehr breit entwickelt sein. Deshalb habe ich einen intensiven menschlichen Kontakt zu meinen Schülern.« Ich meine, alle Menschen sollten menschlich so breit wie möglich entwickelt sein. In meiner Klasse habe ich es nicht mit künftigen Musikvirtuosen zu tun. Da aber jedes einzelne Kind am Anfang eines großen Abenteuers mit ungewissem Ausgang steht, möchte ich sie ausstatten wie Meisterschüler. Sie sollen virtuos mit ihren Anlagen umgehen lernen, so viel wie möglich über die Zusammenhänge in der Welt erfahren, und lustvolle Erlebnisse sollen ihre Leidenschaft für das Leben, ihre Neugierde erhalten, ihnen Erinnerungen mitgeben. Boden und Nahrung für die Entfaltung solcher »Meister« aber ist der intensive menschliche Kontakt zu mir und zueinander.

Während meines Unterrichts bekomme ich viele ihrer Freuden und Sorgen mit, entdecke ihre Stärken und Schwächen. Welche Freude, wenn ich Schwächen in dem Maße verschwinden sehe, wie einer seine Stärken erkennt und entfaltet. Erziehung, Beziehung und Lernen sind ineinander verwoben.

Power Rangers

Markus schaute morgens vor der Schule »Power Rangers« an, eine Kindersendung bei RTL, mit ekelhaften Monstern von unglaublicher Brutalität, die deshalb offenbar speziell für die Kleinsten vor der Schule ausgestrahlt wird. Selbstverständlich hat man ihm längst die einschlägigen Figuren geschenkt, und er bringt sie in die Schule mit – zum Glück. Denn so kann ich sie ihm ordentlich madig machen. Das ist aber nicht alles: Mutter und Stiefvater streiten sich ständig, und die Mutter meint, das Beste für ein Kind von sieben Jahren sei, wenn es den Streit der Eltern miterleben könne. Der arme Kerl ist also nicht von ungefähr immerzu gespannt wie ein Flitzebogen. Ununterbrochen in Bewegung, macht er es mir nicht gerade leicht, ihm zugetan zu sein. Die Gesprächskreise sind Gelegenheiten, ihn zu mir zu locken, ihm meine Hände auf die Schultern zu legen, während ich spreche, und ihn so zu beruhigen, die steinharten Muskelpakete zu lockern. Fast täglich gibt es Raufereien mit ihm. Und er findet, er sei an nichts beteiligt, fühlt sich nicht verantwortlich, sondern immer nur angegriffen. Immer wieder erkläre ich ihm das Prinzip von Ursache und Wirkung, den Zusammenhang zwischen seinem Verhalten und dem Streit. Er kann gut lesen und rechnen. Also lobe und bewundere ich ihn und bitte ihn immer mal wieder, etwas vorzulesen oder anderen beim Lesen zu helfen. Selbstbewusst und freundlich tut er das. Und allmählich verebbt der Dauerstress um ihn.

Auch die Mutter kann ich überzeugen, dass weder »Power Rangers« noch laute Beziehungskämpfe gut sind für ihr Kind. Das alles geht nur auf der Basis meiner echten Beziehung zu diesem Kind und meinem Interesse an ihm. Wollte ich die Mutter belehren, würde sie sich schön bedanken.

Zwei Ängstliche

Im zweiten Schuljahr kam ein Mädchen aus dem Kosovo in unsere Klasse. Die Eltern waren innerhalb Münchens umgezogen; das Kind musste die Schule wechseln. Dardanie ist spindeldürr und ängstlich einerseits, andererseits streitsüchtiger als die übrigen Kinder. Sie fühlt sich ständig angegriffen, verpetzt die anderen und findet deshalb keinen großen Anklang bei den Mädchen. Erstaunlich gut drückt sie sich aus, liest ziemlich flüssig und schreibt gestochen sauber und ordentlich.

Die Kinder dieser Klasse haben sich gerade aneinander gewöhnt und einigermaßen gelernt, die anderen so zu nehmen, wie sie eben sind. Sie sind zum Zeitpunkt von Dardanies Auftauchen eigentlich überfordert, eine neue, schwierige Schülerin mit wahrscheinlich schlimmen Erfahrungen einfach an- und aufzunehmen. Dardanie ihrerseits – das ist rasch klar – kommt aus einer Klasse, wo vor allem Leistung, ordentliche Heftführung und Ruhe als mustergültiges Verhalten galten. Auch sie ist überfordert, sich in unser System von freier Arbeit, Zusammenarbeit, gemeinsamem Spiel und Selbstorganisation einzufügen. Offensichtlich hat sie trainiert, sich als Einzelkämpferin über Wasser zu halten.

Das türkische Mädchen Hülja wiederholt das erste Schuljahr und hat ganz ähnliche Verhaltensweisen wie sie, petzt, kontrolliert die anderen und mich und macht sich damit ebenfalls unbeliebt. Bald legt sie sich ständig mit Dardanie an, und beide spielen ihr Spiel nach den Spielregeln, die sie offensichtlich in den vorigen Klassen gelernt haben: Demütigungen und Verletzungen, die sie wohl selbst erfahren haben, an den »Schwächsten« weiterzugeben.

Wenn man dieses System durchbrechen will, muss man als Lehrerin genau diese Kinder unter persönlichen Schutz nehmen, sie nicht bloßstellen, sondern ihnen mit besonderer Sorgfalt begegnen. Das eigene Beispiel ist ein besonders eindrückliches Erziehungsmittel, und so darf ich nicht zulassen, dass ein solches Kind zu einem »Schwächsten« wird.

Ich bemühe mich, mit Dardanie zurechtzukommen, in der Hoffnung, dass sich andere anschließen. Ich bewundere ihre ordentliche Schrift, ihre schön gestalteten Heftseiten und lasse mir von ihr vorlesen. Gedichte lernt sie besonders rasch und trägt sie gewandt vor. Auch dafür erntet sie Anerkennung. Auf ihre Petzereien achte ich nicht, erkläre ihr immer wieder, dass ich genug Verkehrtes selber sehen könne und dass für mich die Fehler der Kinder nicht so wichtig seien.

Ganz allmählich ändert sich ihr Verhalten. Sie versucht ohne Streit auszukommen und merkt, dass ich sie verteidige, wenn zum Beispiel Hülja sie als »Ausländerin« beschimpft, dass ich aber nicht auf sie höre, wenn sie mir erzählt, dass irgendein Kind ein Buch nicht richtig aufgeräumt hat. Von Tag zu Tag wird sie freundlicher und ruhiger. Sema, das äußerst schüchterne türkische Mädchen, das immer wieder weinen musste, aber nicht sagen konnte, weshalb, das sich monatelang nicht zu sprechen getraut hatte – dieses Mädchen nähert sich Dardanie langsam an, ganz vorsichtig und immer wieder zurückweichend. Ich unterstütze ihre zarten Versuche, Freundschaft zu schließen, und bitte sie, einander zu helfen. Die eine kann gut rechnen, die andere gut lesen. Zu zweit schicke ich sie los, um mir etwas beim Hausmeister zu holen, oder bitte sie, mir bei diesem und jenem zu helfen. So finden sich zwei, die sich gegenseitig stärken, sicher machen und eine so unglaubliche Fröhlichkeit entwickeln, dass ich mich zu meinem eigenen Erstaunen eines Tages sagen höre »Sema, nicht so laut!« Monatelang hatte ich sie angefleht, doch etwas lauter zu sprechen oder überhaupt etwas zu sagen! Alle Kinder lachen froh und erleichtert.

Dardanie und Sema – beide nicht in ihrer Mitte, beide verstört durch irgendetwas. Ich muss nicht unbedingt herausfinden, was das ist, dafür fehlt die Zeit, und ich bin keine Therapeutin. Unter den bis zu zweiunddreißig Kindern in der Klasse sind mindestens zwanzig Kinder, die von irgendetwas verstört sind. Ich kann ihnen meine Aufmerksamkeit und Begleitung anbieten, um ihr Vertrauen werben und für Sicherheit sorgen. Und darauf bauen, dass Vertrauen zu Selbstvertrauen wird und Sicherheit zu Selbstsicherheit. Das geht auch in großen Klassen. Wenn Kinder vor Verletzungen sicher sind, vor Degradierung und Missachtung, wenn wir sie da fördern, wo sie schwach, und da loben und beachten, wo sie stark sind, dann fühlen sie sich im Laufe der Zeit stark genug, um erlittene Verletzungen zu vergessen.

... und die Eltern

Auch zwischen Lehrerin und Eltern muss die Beziehung stimmen. Kleine Kinder und ihre Eltern sind eine Einheit, also muss ich ihre Möglichkeiten und Grenzen mit bedenken. Und viele Eltern benötigen Rat und Hilfe, weil sie nicht wissen, was ihre Kinder wirklich brauchen. Ich kann ihnen nur dann eine Hilfe sein, wenn ich die Kinder gut kenne und die Eltern konstruktiv mit ins Boot nehme.

Wenn mir eine Mutter erzählt, sie habe einen Fernseher ins Kinderzimmer gestellt, damit der Sohn morgens vor der Schule schon ein wenig Unterhaltung hat, kann ich nur dann Einspruch erheben, wenn sie mir vertraut. Weil der Junge so schlecht esse, füttere sie ihn, während er fernsehe. Ohne es zu merken, esse er dann mehr.

Sie wird nur dann erzählen, dass er Bettnässer ist, wenn sie keine Angst vor mir hat. Und ich kann im Gespräch auf ihre Probleme, auf deren mögliche Gründe und auf Lösungsmöglichkeiten eingehen, wenn ich mich auf sie einlasse. Konflikte zwischen Eltern und Lehrerinnen gibt es zunehmend wegen höchst unterschiedlicher Erwartungen aneinander. Immer mehr Eltern geben die Verantwortung für die Erziehung an die Schule ab, kümmern sich überhaupt nicht mehr um ihre Kinder, klagen viele Lehrerinnen; andererseits beschweren sich Eltern, die Lehrerinnen gingen nicht auf die Probleme ihrer Kinder ein, überforderten sie, seien zu streng. Den Kindern dazwischen schaden derlei gegenseitige Schuldzuweisungen – sie brauchen beide, Eltern und Lehrerinnen. Deshalb müssen sich die Erwachsenen verständigen: in Einzelgesprächen, wenn es um besondere Probleme geht; auf Elternabenden müssen auftretende Schwierigkeiten immer wieder geklärt und Lösungen gefunden werden.

Alle Beteiligten setzt der »Übertritt« unter einen ungeheuren Druck , vertreibt Gemächlichkeit und gegenseitiges Vertrauen aus der Grundschule. Die meisten Eltern wollen ihre Kinder weiterbringen, die Lehrerinnen aber haben exakte Vorschriften und müssen unentwegt Leistungstests abhalten, um dann die folgenreichsten Urteile zu fällen. Aus diesem Dilemma kann ihnen nur eine vernünftige Schulreform heraushelfen: eine längere gemeinsame Schulzeit. Für dieses Ziel sollten sie sich gemeinsam einsetzen. Bis dahin müssen sich beide Seiten immer wieder zusammensetzen und sich darauf besinnen, dass es um das Wohl der Kinder geht. In konstruktiven Gesprächen müssen beide Seiten auf gegenseitige Verdächtigungen und Verletzungen verzichten, ihre Sicht der Dinge deutlich machen und sich darum bemühen, auch die andere Seite zu sehen.

Lehrerinnen brauchen dringend eine spezielle Ausbildung, um kommunikations- und konfliktfähig zu werden, sollten entsprechende Seminare besuchen. Kommunikationskompetenz brauchen sie für den Umgang mit Schülern und Eltern, das gehört zu ihrer Grundausstattung. Also sollte das auch endlich in ihre Aus- und Weiterbildung Eingang finden.[54]

Höfliche Aufmerksamkeit

»Wider das Rohe in uns« überschreibt Nicolaus Sombart einen Essay über gute Manieren. Der größte Gewinn der Höflichkeit liege nicht einmal darin, dass man den anderen in seiner Eigenheit respektiere und sich damit seiner Gunst vergewissere, sondern dass man sich selber auf das Niveau eines Kulturmenschen erhebe. Gutes Benehmen ist eine Anpassungsleistung des Individuums an die Gesellschaft; diese ist der Preis und die Prämie des Zivilisationsprozesses, der Humanisierung, der Veredelung.

Als Kind spielte ich manchmal »Höflichsein«, steckte beide Hände in die Taschen, bevor ein Erwachsener auf meiner Höhe war, um sie zum Gruß höflich wieder herauszunehmen. Ein Lächeln der solcherart Gegrüßten, zusammen mit einem angenehmen Begleitgefühl, waren mein Lohn und die Gewissheit, ein wohlerzogenes Mädchen, ein gutes Kind zu sein. Zu meinen wenigen Erinnerungen an die Grundschulzeit gehört mein »Grüß Gott, Herr Ott!«, mit dem ich jeden Morgen den Rektor begrüßte, weil er dann immer so nett lächelte – und weil mir der kecke Reim gefiel. Dass ich durch meine Höflichkeit beim Rektor einen Stein im Brett hatte, wusste ich genau. »Das Grundprinzip ist die Rücksicht auf den anderen, die ihre Erwiderung findet in der Rücksicht der anderen auf einen selbst«, bestätigt Sombart meine Erfahrung.[55] Höflichkeit sei die kleinste Form der Menschlichkeit, habe ich einmal gelesen.

Ich beschließe, meinen Kindern mit ausgesuchter Höflichkeit zu begegnen. Morgens vor der Schule strömen sie mir entgegen, ich begrüße jedes Kind aufs Herzlichste und plaudere mit ihnen wie mit alten Freunden. Sie helfen mir, meine Taschen zu tragen, ich halte ihnen die Türe auf und sie mir. Mir macht es Freude zu sehen, wie ihnen meine Höflichkeit schmeichelt. Ich meine nicht die etwas herablassende Freundlichkeit von Erwachsenen gegenüber Kindern. Für mich heißt Höflichkeit, ihnen wirklich zuzuhören und wirklich zu antworten, sie und ihre Belange ernst zu nehmen.

Ich befolge den guten Rat einer Freundin für trübe Tage. Wenn ich schlecht gelaunt bin, müde oder traurig im Auto sitze, lasse ich Fußgänger bereitwillig über die Straße, steige als Radfahrerin extra und lächelnd ab, um Fußgängern oder Radlern höflichst den Vortritt zu lassen. Verblüfftes und freundliches Lächeln belohnt mich immer – und schon bin ich fröhlicher.

Auch die Kinder bestätigen, dass es funktioniert. Für ihre Ordnungsdienste an der Garderobe, in der Leseecke, an den Regalen, an der Tafel bekommen sie die Anweisung, die anderen höflich aufzufordern, Abfall wegzuwerfen, Ordnung zu machen, etwas aufzuräumen. Dialoge wie »Los, Frederic, Schuhe aufräumen!« »Schrei mich nicht so an, ja!« »Frau Czisch, der Frederic räumt schon wieder seine Schuhe nicht auf!« vergiften das Klima. Alle fühlen sich wohler mit »Frederic, deine Hausschuhe liegen rum!« »Könntest du sie bitte aufräumen, ich muss schnell was fertig machen!« »Klar.« »Danke!«.

Höflichkeit macht uns selber froh – und den anderen angenehm.

Positive Höflichkeit bestehe darin, für den Gesprächspartner mit einigem Zeitaufwand menschliches Interesse aufzubringen und es ihm auch zu zeigen, schreibt Baltazar Gracian, ein spanischer Moralist des 17. Jahrhunderts. Diese Form der Höflichkeit beruhe auf der Überzeugung oder Hoffnung, dass jeder Mensch in seiner individuellen Lebensform eine bestimmte Vorzüglichkeit repräsentiere, die entweder, wenn sie offenkundig sei, bestätigt und anerkannt zu werden verdiene, oder aber, wenn sie verborgen geblieben sei, ans Licht gebracht werden sollte. Sie könne sogar, sollte sie etwa gar nicht bestehen, auf diese Weise vielleicht geweckt werden.[56]

Ganz allmählich entstehen Freundschaften unter den Buben, unter den Mädchen, zwischen Buben und Mädchen. Schimpfwörter, kränkende Ausdrücke, gemeine Anspielungen kommen ihnen nicht mehr in den Sinn, weil sie einander mögen. Sie gehören zusammen, auch die »Außenseiter«; stärkende Beziehungen schützen sie alle. Arthur Schopenhauer vergleicht Höflichkeit mit einem Luftkissen. Es mag zwar nichts drin sein, meint er, aber es federt die Stöße des Lebens ab.

Je näher mir ein Kind rückt, je mehr ich von ihm weiß, desto respektvoller gehe ich mit ihm um; je besser ich sie kenne, desto interessierter bin ich an ihnen. Es ist wie im »richtigen Leben«: Wir wollen uns unsere Freunde oder »Fans« geneigt machen; wir werben um sie. Mit meinen Kindern ist das auch so.

Ich bin sicher, dass Kinder sich gegen jede Art von Missbrauch besser wehren können, wenn sie auf diese Weise gestärkt werden. Wer sich geachtet und geliebt fühlt, wird selbstbewusst und immun gegen Überwältigung jeder Art.

Doch trotz der Präambel im Lehrplan, trotz aller verbalen Beteuerungen ist es in unseren Schulen nicht vor allem anderen vorgesehen,

Nähe, Schutz und Wärme für alle herzustellen; Wertschätzung zu erfahren ist Glücksache. Man muss es trotzdem schaffen, muss es dem üblichen Betrieb abtrotzen: Emotional sichere Kinder sind freier; freie Kinder entfalten sich besser; die vielfach beklagten Defizite vieler Kinder können wenigstens ein bisschen gelindert werden.

Freundschaften

Auch Freundschaften stärken Kinder. Die Gewissheit, nicht allein zu sein, eine Vertraute, einen Freund zu haben, macht sie fröhlich, zuversichtlich und leicht.

Während ihrer Ausbildung zu Streitschlichtern tauchten die SchülerInnen einer Haupt- und Realschule für Sehbehinderte alle zu zweit auf; immer gemeinsam übten sie und halfen einander. Diese gehandicapten jungen Menschen haben alle jemanden, zu dem sie gehören; sie stützen und verteidigen einander. Das besänftigt und erzeugt eine Atmosphäre von Selbstbewusstsein und Zartheit. Der große Starke mit der schwarzen Brille und der kleine dünne, wortgewaltige Blinde – cool und selbstbewusst treten sie auf. Sie werden selbstverständlich respektiert, keiner wagt es, ihnen zu nahe zu treten.

Jedes Kind träumt von einem Freund und Beschützer – und wenn es den nicht findet, kann es auch einmal ein imaginierter Adler sein, der in Zeiten der Not zu seinem Schutz die riesigen Flügel ausbreitet.

Viele Lehrerinnen trennen Freunde und Freundinnen während des Unterrichts, weil sie meinen, diese könnten sich nicht konzentrieren, wenn sie nebeneinander sitzen. Auch damit habe ich ganz andere Erfahrungen. Meine Kinder dürfen sich ihren Platz selber aussuchen, und natürlich setzen sich dann Freunde und Freundinnen zueinander. Weil es sie glücklich macht, motivieren sie sich gegenseitig, spornen einander an. Und irgendwann haben sie meistens genug und suchen sich neue Partner. Gerade dadurch lernen sie immer mehr Kinder neu kennen, und am Ende sind alle irgendwie miteinander befreundet.

REGELN

Ich gehöre zu der Generation, die die starren und verlogenen Vorschriften des bürgerlichen Lebens nach dem »Dritten Reich« ablehnte und aufkündigte; hinter der zwanghaften Wohlanständigkeit mussten wir Abgründe vermuten. Wir wollten den schauerlichen Ballast abschütteln, wollten ehrlich, frei, lebendig miteinander umgehen und wussten anfangs nicht, dass wir ohne Übereinkünfte, ohne Verbindlichkeiten, ohne Rechte und Pflichten, ohne Rücksichten auch unsere Freiheit verlieren würden. Ich wuchs mit strikten, nicht hinterfragbaren Regeln auf, widersetzte mich vehement und kämpfte verbissen um meine Freiheit, erlebte die Folgen komplett aufgekündigter Regeln mit – und bin überzeugt davon: Ohne gemeinsam ausgehandelte Regeln lässt es sich nicht konstruktiv zusammen leben. Im Zusammenleben mit Kindern sind Regeln eine stützende, Halt gebende Einrichtung. Aber nur allzu leicht verwenden wir sie *gegen* die Kinder, weil die sie natürlich ständig in Frage stellen. Um immer wieder deutlich werden zu lassen, dass Regeln *uns allen* nützen und keine Schikanen gegen Kinder sind, spielen wir immer wieder mit den Regeln, weichen sie vorübergehend auf oder setzen sie außer Kraft. Beim ersten Schnee, wenn das strikte Schneeballwerfverbot im Pausenhof die Kinder schmerzt, lade ich sie nachmittags zusammen mit ihren Eltern zu einer Schneeballschlacht ein. Im Beisein und unter der Aufsicht vieler Erwachsener können sie sich im Schnee austoben. Das strikte Verbot, mit harten Bällen scharf auf das Gesicht der anderen zu zielen, gilt auch hier, aber in dieser übersichtlichen Gemeinschaft kann sich jeder darauf verlassen, dass es auch eingehalten wird. Sie verstehen die Gründe für das komplette Verbot: Weiche Bälle verletzen niemanden, aber in einem großen Pausenhof mit fünfhundert Kindern kann man sich nicht darauf verlassen, dass alle sich daran halten. Wenn das alle täten, könnten sie auch in der Pause Schneeballschlachten machen. Wir begrüßen den ersten Schnee mit einer Schneeballschlacht und achten dennoch die Regeln. Alle Ordnungsregeln werden rasch einsehbar, wenn sie diese einmal auf den Kopf stellen dürfen und zum Beispiel ihre Schultaschen einfach hinschmeißen, wo es ihnen gerade in den Sinn kommt – man stolpert darüber: Oder wenn sie ihre Jacken und Mäntel irgendwo fallen lassen – die werden schmutzig und/oder man findet sie nicht mehr. Oder Spielkarten herumliegen lassen – man findet sie nicht mehr und/oder sie gehen kaputt. Wenn keiner auf den anderen hört, gibt es keine Verständigung.

Ein Spaß mit großen Einsichten! Mein Unterricht zwingt mich zur Einführung klarer, für alle verbindlicher Regeln, sonst ginge alles drunter und drüber; die Kinder – und ich – wären verloren.

Deshalb mache ich Regeln zum Thema, beginne mit Verkehrsregeln, lasse Spielregeln untersuchen und frage sie nach den Regeln bei ihnen zu Hause; da ernte ich meist erstauntes Kopfschütteln. Nein, Regeln gebe es bei ihnen nicht. Irgendwann ließen mir Eltern mitteilen, so etwas hätten sie nicht nötig. Ich finde das ziemlich erstaunlich. Wer Regeln für das Zusammenleben in guten Zeiten festlegt, wenn die Beziehung stimmt, der profitiert davon in schlechten Zeiten, die es ja in allen Familien gibt. Kinder ohne Regeln aufwachsen zu lassen scheint mir geradezu fahrlässig. Sie brauchen die Sicherheit einsehbarer Grenzen, die man nicht ständig und willkürlich verschiebt, wie es einem gerade passt, nicht dauernd hinterfragt. Ja natürlich, sie rütteln immer wieder an den Grenzpflöcken herum, wollen sie verschieben – zum eigenen Vorteil natürlich. Das ist so. Umso beruhigender, wenn doch immer wieder klar wird, dass Regeln nicht täglich neu festgelegt werden können.

Gemeinsame Regeln schützen Kinder vor der Willkür Erwachsener – und diese vor den Übergriffen der Kinder –, sichern ihre Spielräume, ihre Rechte, erlegen ihnen Pflichten auf und müssen nachprüfbar sein. Die ständige Suche nach Grenzen ist aufreibend für alle und kostet viel Energie.

Wir einigen uns auch auf Wünsche, die nicht nachprüfbar sind, aber zu unserem Kodex gehören:

- R. im Kreis: Wenn einer spricht, hören alle anderen zu.
- R: Flüstere während der Arbeit!
- W: Denke selber noch einmal nach, bevor du Hilfe suchst!

- W: Hilf anderen, wenn du kannst! »Keine Lust« gilt nicht.
- R: Beende eine Arbeit, bevor du eine neue beginnst.
- W: Weiche vor Hindernissen nicht aus, überwinde sie!
- R: Kontrolliere deine Arbeiten selbst, bevor du sie Frau Czisch zur Kontrolle vorlegst.
- R: Halte ein, was du versprichst!
- R: Räume deinen Abfall selber weg!
- W: Räume auch einmal Abfall weg, der nicht deiner ist.
- W: Fühle dich immer auch für das Ganze verantwortlich!
- R: Halte dich beim Spielen an Spielregeln!
- R: Spieleschachteln zumachen und hochstellen!
- W: Sei tapfer und gib zu, wenn du etwas »ausgefressen« hast!

Regelverletzungen ziehen nicht zwangsläufig »Strafen« nach sich. Zuerst gibt's Erinnerungen und Ermahnungen, die Regel einzuhalten. Dann je nach Regel eine zusätzliche Aufgabe im Zusammenhang mit der Regelverletzung. Wenn alles nichts nützt, müssen sie die Regel zehnmal oder zwanzigmal schreiben. Aber das alles ohne große Empörung. Obwohl ich eine strenge Lehrerin bin, halten mich die Kinder verblüffenderweise nicht für streng. Streng nennen sie Lehrerinnen, die gerade eben nicht einschätzbar sind, sondern willkürlich mal böse und sauer sind und ein andermal überhaupt nichts dabei finden, wenn jemand etwas falsch macht. Wohler fühlen sich Kinder, wenn Klarheit herrscht und Regeln das Zusammenleben einigermaßen überschaubar machen. Wenn ich von ihnen viel verlange, sie nicht verwöhne, sondern herausfordere.

Zusätzlich zu unseren gemeinsamen stellen sie eigene Regeln auf, die sich aus ihrer Zusammenarbeit ergeben. Die eigenen Regeln werden am striktesten eingehalten. Wenn etwa im Sport viele Kinder an einem Gerät anstehen, werden Vordrängler deutlich in ihre Schranken verwiesen.

Wenn Kinder gewöhnt sind, zu zweit oder zu dritt zu arbeiten, denken sie sich eigene Regeln für diese vorübergehende Zusammenarbeit aus. Damit etwa der schnellste Rechner nicht alle Aufgaben allein löst, kommt einer nach dem anderen dran; wer nicht dran ist, rechnet im Kopf. Oder alle rechnen eine Rechnung, schreiben das Ergebnis auf, und einer nach dem anderen darf das Ergebnis sagen oder das LÜK-Plättchen legen ... In jedem Fall wird dabei viel mehr gelernt als nur rechnen: Sie achten selbst besser auf einen reibungslosen Ablauf, als wenn ein Erwachsener als »Alleswisser« daneben sitzt und ungeduldig anschiebt. Sie lernen den Wert sinnvoller Regeln kennen, lernen, diese im eigenen Interesse einzuhalten, Rücksicht zu nehmen, auch wenn das alles manchmal mühsam ist. Dieses Lernen ist außerdem verbunden mit Spaß und Gemeinsamkeit; Fairness und Solidarität werden ganz nebenbei gelernt.

Vereinbarungen

Gemeinsame Unternehmungen, gemeinsame Erfahrungen, Vorbereitungen, Gruppenarbeit, Einzelgespräche ... das alles gelingt nur, wenn man sich aufeinander verlassen kann. Deshalb treffen wir vielerlei Vereinbarungen, die alle Beteiligten einhalten müssen. Das ist ein langwieriger Prozess, der viel konsequente Aufmerksamkeit und Sorgfalt von allen verlangt. Ich muss unerbittlich mit mir sein – und den Kindern viel nachsehen. Aber sie können es nur »by doing« lernen – auch das –, müssen angeleitet, begleitet und immer wieder herausgefordert werden. Es verunsichert und verführt Kinder, wenn sich Beliebigkeit einschleicht, auch wenn sie sich natürlich dauernd vor lästigen Pflichten drücken, genauso wie Erwachsene. Meine Aufgabe ist es, dieses sich Drücken nicht zu akzeptieren, sie auf ihre Zusagen festzulegen. Während der Fortbildungen für Lehrerinnen übrigens staune ich darüber, dass diese sich oft genauso wie ihre Schüler verhalten: schwätzen, zu spät kommen und undiszipliniert sind.

Wenn ein Kind längere Zeit krank ist, frage ich nach einigen Tagen: »Wer erzählt mir morgen, wie es dem Soundso geht?« Ich verlange eine feste und klare Zusage, dass ich morgen höre, wie es ihm geht. Sie rufen ihn an und erzählen mir am nächsten Tag, was mit ihm los ist. Ihre Verpflichtung hilft ihnen, daran zu denken. Sie brauchen sich nicht neu zu entscheiden, lange überlegen, ob sie wollen oder nicht: Wenn sie sich einmal entschieden und mir zugesagt haben, wissen sie, dass ich diese verbindliche Zusage ernst meine und wirklich wissen will, wie es dem Kranken geht. Sie wissen, ich freue mich, wenn ich es morgen höre, und machen es auch deshalb. Wenn ein Kind länger krank ist, bitte ich sie, dieses Kind zu besuchen, ihm zu schreiben oder es öfter anzurufen. Auch das wollen sie – und lernen, es auch zu tun. Sie fühlen sich gut und wichtig, und alle profitieren von der Einübung von Zuverlässigkeit für unser Zusammenleben und für ihr Leben.

Immer wieder muss Geld eingesammelt, ein Papier von den Eltern unterzeichnet werden. Ich hasse es hinterherzulaufen. Deshalb werden reihum Kinder beauftragt, die das erledigen – und es klappt.

Die hohe Leiter: Freiheit und Verantwortung

Ein Trödelladen, bis unter die Decke vollgestopft mit alten Hüten, Kleidern und Möbeln. Eine junge Frau mit ihrem etwa zweijährigen Kind verkauft. Ich schaue mich im Laden um und sehe ein Kind hoch oben auf einer Leiter sitzen. Erstaunt frage ich die Frau, ob das in Ordnung sei. Lächelnd antwortet sie: »Wenn sie das nicht könnte, könnte ich sie nicht hierher mitnehmen, also auch selbst nicht hier sein.«

Die Freiheit der Mutter hängt von der Selbstständigkeit des Kindes ab! Und die Freiheit des Kindes nimmt mit zunehmender Fähigkeit zu, verantwortlich zu handeln.

Diesem Kind wird zugetraut, eine hohe Leiter hinaufzuklettern und sich oben auf die kleine Plattform zu setzen, weil es notwendig ist, weil die Mutter nicht ständig auf das Kind Acht geben kann. So ist gesichert, dass es das nicht in einem unbewachten Augenblick ausprobiert, ohne klettern zu können. Das Kind war anfangs wohl zwei oder drei Sprossen hochgeklettert, vielleicht einige Male heruntergefallen – um es wieder zu versuchen. Schließlich war es sicherer und schaffte es bis ganz nach oben. Es lernte die richtigen Bewegungen, lernte, das Gleichgewicht zu halten und sich vorsichtig zu bewegen. Selbstständig erkundete es die Leiter und lernte so deren Eigenschaften kennen, wurde immer gewandter. Es machte die köstliche Erfahrung, immer höher hinauf zu kommen, genoss den Zuwachs an Können und Selbstständigkeit, den Blick hinunter von hoch oben.

Auf diese Weise lernt es seine Grenzen kennen, ohne dass jemand ständig hinter ihm her ist: »Pass auf! Sei vorsichtig! Du fällst runter!« Es wird nicht runterfallen, weil es ausprobiert hat, dass es nicht loslassen darf, dass es darauf achten muss, wohin es seinen Fuß setzt. Es lernt, dass es ständiger Nachbesserung bedarf, um das Gleichgewicht zu halten. Die wichtigste Erfahrung aber ist, dass seine Mutter ihm das alles zutraut. Gestützt auf das Vertrauen der Mutter kann sich das Kind auf das Wagnis mit der hohen Leiter einlassen. Die Mutter als Schutz- und Sicherheitsinstanz hat ihm die Verantwortung übergeben. Und damit sich selbst und dem Kind eine große Portion Freiheit gesichert.

Eine kleine Parabel für meine Intentionen, die Kinder betreffend. Mein Ziel ist ihre Selbstständigkeit im Denken und Handeln, ihre Verantwortung für sich selbst, basierend auf Erfahrung und Können.

Viele Kinder lernen das zu Hause nicht; es werden ihnen kaum echte Pflichten anvertraut, und sei es für noch so kleine Dienste in der Familie, für ihre Hausaufgaben oder die Ordnung im Schulranzen … Ihre Mitarbeit wird in der Regel nicht gebraucht; sie würde eher den routinierten Ablauf im Haushalt stören. Für die Erledigung der Hausaufgaben ist die Hilfe von Müttern bereits eingeplant; schaffen sie es nicht, wirft das ein sehr schlechtes Licht fast mehr auf sie; und es steht dann auch im Zeugnis, dass die Hausaufgaben zu wünschen übrig lassen.

Die Mutter ist verantwortlich, die Lehrerin gibt die Anordnungen und kontrolliert. Und das Kind? Zwischen den Pflichten der Frauen – Lehrerin und Mutter – gibt es kaum ein Plätzchen fürs Kind, für das ausführende Subjekt. Spielräume hat es kaum, wird gegängelt und kontrolliert – und dennoch allein gelassen. Aber es wird Widerstand leisten, in der einen oder anderen Form, gegen diese Einschnürung seines Bedürfnisses nach Selbstbestimmung und Freiheit, gegen die Beschneidung seiner Fähigkeiten.

Ihre Kinder bräuchten alle Kraft und Energie für die Schule, mehr könne man von ihnen nicht verlangen, vertritt eine junge Hausfrau ihre Rolle als Mutter von drei Kindern. Ihre Hauptaufgabe sei es, die Kinder fit zu machen für den täglichen Kampf in der Schule. Und es hielte eigentlich nur auf und nerve, wenn man von ihnen Mithilfe verlange, man müsse ständig hinter den Kindern her jammern, denn freiwillig täten sie nichts.

Dadurch macht sie sich zur Bedienerin ihrer Kinder, macht sie gleichzeitig abhängig und behindert ihre Entwicklung zu selbstbewussten Menschen. Die Kinder lernen eine wichtige Lektion: Auf mich kommt es nicht an! Niemand zieht mich zur Rechenschaft; hinter mir geht immer jemand her, der die Dinge in Ordnung bringt, die ich vermasselt habe. Die Kontrolle über mich haben immer andere. Zunehmend wird geklagt, Kinder seien unselbstständig, unbeherrscht und träge. Wie sollen sie anders sein, wenn sie das andere nirgends lernen können?

Ohne Aufgaben und Pflichten im konkreten Alltag, ohne sich zu erproben, wachsen sie als »Zombies« heran, als halb lebendige Wesen, die wie ferngesteuert das Leben durch eine unrealistische Brille wahrnehmen. Verantwortung lernt man nur, indem man von klein auf Verantwortung übernimmt.

Es macht einen großen Unterschied, ob ich einem Kind zutraue, eine Zeituhr einzustellen, um eine halbe Stunde Hausaufgaben zu machen, oder ob ich der Mutter ins Heft schreibe: »Ihr Kind muss das Einmaleins üben!« Übernimmt es selbst die Verantwortung, lernt das Kind, sich zu überwinden, selbstständig zu arbeiten, lernt sich kennen und gewöhnt sich daran, sich mit mir direkt auseinander zu setzen. Wir begegnen uns sozusagen auf Augenhöhe. Es lernt abzuwägen, was möglich und machbar ist, muss sich entscheiden und die Folgen der Entscheidung tragen. Wenn eine halbe Stunde Hausaufgaben fünf Rechnungen hervorgebracht hat, muss mir das Kind das erklären. Wenn sie etwas noch nicht können, verabreden wir, es zu üben. Wenn sie es nicht tun, müssen sie mir das erklären, nicht ihrer Mutter, denn sie haben mit mir ein Abkommen getroffen. Wenn ich ihnen ausnahmsweise erlaube, ein Buch aus der Bücherei mit nach Hause zu nehmen, und sie vergessen es am nächsten Tag, müssen sie das mit mir regeln. Wenn sie ihrer Arbeitsgruppe zusagen, am nächsten Tag etwas Wichtiges mitzubringen, sind auch andere betroffen, wenn sie das vergessen; und die beschweren sich dann.

Exzessiver Medienkonsum täuscht eine virtuelle Welt vor, die im Computer leicht gelöscht werden kann. Im wirklichen Leben aber hinterlässt unser Handeln Spuren, die nicht so einfach wieder zu löschen sind; manchmal haben sie gravierende Folgen, auch für andere. Und das muss man einfach erfahren, am eigenen Leibe.

Meine Kinder arbeiten ständig selbstverantwortlich, haben viel Freiheit, treffen eigene Entscheidungen und verantworten, was sie tun. Freiheit und Verantwortung bedingen einander; sie sind Unterrichtsprinzip. Und ich sehe, es klappt alles besser, wenn sie zuständig sind für sich und für andere; auch weil ich nicht hinter allem her bin. Ohne Kommandozentrale können sich vielerlei Kompetenzen entfalten.

Sie wählen ihren Übungstext fürs Rechtschreiben und entscheiden über seine Länge – und werden dabei immer mutiger, weil sie lernen, sich einzuschätzen. Sie entscheiden auch, wann sie ihn diktiert haben wollen. Sie sollen richtig schreiben lernen, nicht bei Fehlern ertappt werden. Also sollen sie so lange üben, bis sie die Wörter richtig schreiben können. Und ich finde es großartig, wenn sie das selbst genau wissen. Letzten Endes müssen sie selber lernen, ich kann ihnen Hilfen und Tipps geben, aber lernen müssen sie. Das geht am besten, wenn sie sich nichts vormachen. Manche Erwachsene haben das nie gelernt und müssen es später mühsam nachholen. Besser man lernt es gleich.

Und so kommt Sebastian täglich zum Lesenüben zu mir, weil er sich ärgert, dass er seine geliebten Textaufgaben nur mühsam entziffern kann. Er kann gut rechnen und tut es gern. Freiwillig unterzieht er sich jetzt den mühsamen Leseübungen, weil er verstanden hat, dass er es lernen muss. Wenn er sich drückt, leidet er selbst darunter, dass er nicht lesen kann, sonst niemand. Aber er will es, und so übt er.

Und Simon genießt die Lust an der Schreibschrift an zwei Wörtern: *lesen* und *leise*. Das Schreibschriftprogramm ist in einem Ordner gesammelt, Schreibunterlagen mit Klemmen und ein Stapel Computerpapier liegen bereit. Die Kinder können, wann immer sie wollen, die Vorlagen einklemmen und nachschreiben. Simon hat die Schreiblust erfasst, und er kann nicht mehr aufhören. Auf einer Seite fährt er meine vorgeschriebenen Wörter nach, dann schreibt er ohne Vorlage weiter, vollkommen versunken. Zu Hause dann ins Heft vier Seiten immer abwechselnd *lesen* und *leise*, manchmal aus Versehen auch *leisen* und *lese*. Dann kann er es und ist stolz auf sich!

Die Lust auf Perfektion und Meisterschaft entwickelt sich und damit Durchhaltevermögen, wenn ein Kind Vertrauen in seine Möglichkeiten hat, Angebote, Gelegenheiten, Freiheit und Anerkennung.

Ordnung und Chaos

Ordnung ist ungeheuer hilfreich, weil sie das Leben erleichtert, durch Übersichtlichkeit Freiheit ermöglicht. Ordnung, zum Prinzip erhoben, ist zerstörerisch, macht Menschen zu Objekten der jeweiligen Ordnungshüter und -prinzipien.

Eine Schule braucht einsehbare Ordnungen, damit die vielen Menschen konstruktiv zusammen leben und arbeiten können. Eine Klasse braucht sie auch. In unseren Regalen und Schränken muss jedes Kästchen, jedes Spiel seinen Platz haben und behalten, damit man sie findet, wenn man sie braucht. Ordnung in den Schultaschen ist gut, damit das Pausenbrot nicht das Schönschreibheft verdreckt. Ordnung im Federmäppchen ist sinnvoll, damit die Stifte nicht herausfallen, wenn man es öffnet.

Maria Montessori weiß durch Beobachtung, wovon sie spricht:

> Man möchte sagen, die Ordnung stellt für das Kind einen Anreiz, eine Aufforderung zum Handeln dar. Aber darüber ist sie fraglos eines von den Bedürfnissen des Lebens, deren Befriedigung wirklichen Genuss bereitet. […] Ordnung bedeutet, die Lage der Gegenstände im Raum kennen, sich an die Stelle erinnern, wo jedes Ding sich befindet. Das wieder bedeutet, sich in seiner Umwelt zurechtzufinden und sie in allen Einzelheiten zu besitzen. Besitz der Seele ist nur diejenige Umwelt, die man kennt, in der man sich mit geschlossenen Augen bewegen und jeden gesuchten Gegenstand wiederfinden kann. Nur wenn es seine Umwelt auf diese Weise besitzt, ist das Kind ruhig und glücklich. Offenbar ist die Ordnungs-

liebe, wie Kinder sie verstehen und empfinden, etwas, das weit über den kalten und trockenen Begriff hinausgeht, den wir Erwachsenen uns davon machen.[57]

Die »kalte und trockene« Ordnung macht mir Angst und lähmt mich. Ich möchte meine Umgebung mit meinen Dingen mir zugehörig machen, sonst fühle ich mich fremd. Das sieht manchmal für andere chaotisch aus, ist es für mich aber nicht. Zwar kenne ich den Anspruch der Bürokratie, weigere mich aber, auf sie verpflichtet zu werden. Meine Kinder haben von mir da nichts zu befürchten. Ich liebe die Ästhetik und liebevolle Freundlichkeit einer wärmenden Ordnung, strebe täglich nach ihr und bin glücklich, wenn ich sie für einige Momente des Tages habe.

Ordnung in meinen Planungen ist hilfreich, damit mein komplexes System überschaubar bleibt. Ich liebe sie und gehe dennoch oft im Chaos unter. Chaos ist unproduktiv und ungeheuer anstrengend, deshalb kämpfe ich täglich um meine Ordnung – auch als Voraussetzung für die Ordnung der Kinder. Dennoch halte ich die panische Angst vor dem Chaos, die manche Leute in starre Ordnungen treibt, für vollkommen übertrieben; sie ist wohl nur tiefenpsychologisch zu erklären, vielleicht als Angst vor Kontrollverlust. Kindern schadet sie.

Kinder brauchen klare Strukturen, und eine ganze Weile erhalten sie eine vorgefundene Ordnung selbst aufrecht. Erst wenn die ordnende Hand überhaupt nicht mehr sichtbar wird, bricht die Ordnung zusammen. Aber das geht nicht so schnell.

Deshalb: Der Ordnung halber Kinder bloßzustellen, wenn sie zu spät kommen, sie zu zwingen, alle zur selben Zeit dasselbe zu schreiben, damit in allen Heften unter demselben Datum dasselbe steht, unter jeden Eintrag ein lachendes oder weinendes Gesicht zu stempeln, die Fehlerquote aufzuführen und dergleichen mehr, ist kontraproduktiv und widerspricht der Aufgabe der Schule, Kinder in die Welt einzuführen. Der Ordnung halber Kinder zu zwingen, sich vor dem Klassenzimmer erst aufzustellen, um zwei und zwei in den Pausenhof zu gehen, behindert die ohnehin eingeschränkte selbstbestimmte Bewegung im Schulhaus ohne Not zusätzlich. Die unnötige

Warterei macht sie zudem aggressiv. Motor für all diese unnötigen Zwänge scheint die Angst vor dem Chaos zu sein, womöglich aber vor allem vor Lebendigkeit und Freiheit. Wenn ein Kollegium allen Ernstes darüber diskutiert, ob man Erstklässlern ermöglichen soll, auch während des Unterrichts auf die Toilette zu gehen, geht das wirklich zu weit. Der Schulrat wolle das nicht, gab man mir zur Antwort, als ich auf meiner Art und Weise bestand, damit umzugehen. Ich entscheide, dass mein Otto aufs Klo darf, wenn er »muss«, und der Schulrat darf seine zwanghaften Wünsche woanders austoben. Die Ordnung eines Kasernenhofs hat in einer Grundschule nichts zu suchen.

Kurz vor seinem endgültigen Stillstand schlägt unser Herz seinen regelmäßigsten Takt, ordentlich. Zwischen Ordnung und Chaos also pulsiert das Leben. »Dieser Bereich zwischen Ordnung und Chaos umfasst alles in allem das, worüber zu reden sich lohnt, all das, was wir im Alltag erleben und worüber wir sprechen: lebendige Wesen, veränderliches Wetter, wunderbare Landschaften, freundschaftliche Gespräche, leckere Salate und lustige Spiele«, schreibt Nørretranders in seinem Buch über die Wissenschaft vom Bewusstsein.[58] Das heißt, alles Lebendige, also auch Kinder, Fantasie und Kreativität sind ohne eine gute Portion Chaos nicht zu haben …

Die unflexible äußerliche Ordnung der Schule, die nicht mehr nach dem Sinn von Ge- und Verboten fragt, will auch Lehrerinnen disziplinieren. Sie werden danach beurteilt, ob sie sich den von oben verfügten Anweisungen unterwerfen, etwa jede schriftliche Äußerung eines Kindes nach Fehlern absuchen und mit ihrem Rotstift kommentieren. Dem Kind hilft das nachgewiesenermaßen nicht. Die Jagd nach dem Fehler also dient keiner sinnvollen Ordnung, stört sie vielmehr gewaltig. Ein ordentliches und sauberes Schriftbild lernt man, wenn einem eine leichte Hand gegeben ist, so Gott will durch viel Übung im Laufe eines langen Schülerlebens. Und wenn nicht, ist das auch keine Katastrophe. Ich konnte als Schülerin nie schön, sauber, ordentlich und ohne Kleckse schreiben – dafür aber von Anfang an fehlerfrei. Für meine Schrift wurde ich ständig geschimpft, obwohl es einfach nicht in meiner Macht lag, sie zu ändern; für meine Rechtschreibung wurde ich immer gelobt, obwohl ich ehrlicherweise auch dafür nichts konnte. Diese unsinnigen Kämpfe!

Rituale

Die Woche beginnt mit einer Montagsrunde auf unserem runden Teppich und endet mit einer Freitagsrunde am selben Ort. Wochenbeginn und -ende werden mit Gesprächen eingeleitet; die Kinder wissen, dass diese Gesprächsrunden immer wiederkehren. Ich sitze auf einem kleinen Stühlchen, die Kinder meistens auf dem Teppich, bedürftige Kinder eng neben mir, vor mir, mit meiner Hand auf der Schulter. Was auch immer die Kinder vom Wochenende erzählen wollen – jetzt, am Montag früh, können sie das ausführlich. Der Wochenplan für die kommende Woche wird besprochen, Fragen werden geklärt.

In der Freitagsrunde besprechen wir, was von den vergangenen Tagen übrig ist, was noch geklärt werden muss, was in die nächste Woche hinüber reicht. Sie erzählen mir, was sie am Wochenende vorhaben, und ich lese ihnen ausführlich vor.

Ausführlich wird auch besprochen, was in der vergangenen Woche wichtig, besonders schön, besonders schlimm oder mühsam war. Selbstvergewisserung und Rechenschaft – Erfahrungen werden geordnet, können sortiert und dadurch zur Handlungsbasis werden.

Morgens nach der Spielphase treffen wir uns alle im Kreis. Einige Kinder tragen das Gedicht vor, das sie gerade lernen, lesen einen Text vor, der ihnen besonders gefällt oder eine mathematische Erkenntnis. Und wir besprechen, was für den heutigen Tag geplant ist.

Auch nach jeder Pause treffen wir uns im Kreis. Kurze Bilanz und Vorausschau oder konkret ein Thema werden dann besprochen. Wenn es einen Streit gegeben hat, setzen wir uns gleich danach zusammen, klären den Konflikt und suchen eine Lösung, in der Regel in der großen Runde. Da niemand »in die Pfanne gehauen« wird, müssen die Gespräche nicht abseits stattfinden, es sei denn, ein Kind will das ausdrücklich. Auf diese Weise machen alle Kinder ständig die Erfahrung, wie man einen Streit beenden kann.

Bevor ich sie mittags entlasse, lese ich täglich mindestens 15 Minuten aus einem Buch vor.

Alle Geburtstage feiern wir am schön gedeckten Tisch, mit Tee, mit Liedern und einer Geschichte, speziell vorgelesen für das Geburtstagskind. In der ersten Klasse bringen die Mütter Kuchen oder Plätzchen mit. Danach sind die jeweiligen Gruppenmitglieder des Geburtstagskinds dafür verantwortlich. Es klappt meistens wunderbar – wenn nicht, springe ich ein.

Damit sie nicht wie die Wilden über die Köstlichkeiten herfallen, gilt die Regel: Jede/r bedient das Kind links von ihm und beginnt mit der Frage: »Was hättest du denn gern?« So gerät alles ziemlich manierlich und angenehm. Vor vielen Jahren sah ich im Fernsehen während eines von Mao Tse-Tungs großen Festgelagen für ausländische Staatsbesuche, dass jeder Gast seinen Nachbarn zur Linken aufs Höflichste bediente. Das mache ich ihm nach, und so lernen heutige Kinder auch noch etwas von Mao …

Einmal im Monat gehen wir in die städtische Bibliothek. Ich besorge mir einen Extraausweis für die ganze Klasse; jedes Kind kann zwei Bücher ausleihen, die in der Schule bleiben, weil ich für sie verantwortlich bin. Manchmal allerdings mache ich eine Ausnahme: Wenn ein eher zaudernder Leser nicht aufhören kann, weil die Geschichte so spannend ist, darf er das Buch einmal mit nach Hause nehmen, verbunden mit dem großen Schwur, es morgen wieder mitzubringen. Das klappt immer.

Am Frühlings-, Sommer-, Herbst- und Winteranfang machen wir Ausflüge in die Natur. Sinnlich sollen sie wahrnehmen, was der Wechsel der Jahreszeiten konkret heißt. Und wir feiern die Veränderungen: Sie zeichnen einen bestimmten Baum ohne Blätter, mit den ersten Blättern, im vollen Ornat und mit bunten Blättern, lernen Frühlings-, Sommer-, Herbst- oder Wintergedichte.

Einmal im Monat stellen abwechselnd Mädchen und Buben – allein oder zu zweit – das »Buch des Monats« vor. Sie erzählen uns den Inhalt und warum gerade dieses Buch so besonders ist, begründen ihre Wahl, weisen auf besondere Details hin und lesen eine besonders schöne oder bedeutsame Stelle vor.

LEISTUNG UND KONTROLLE

Kontrolle und Selbstkontrolle

Eine Kollegin klagt, jeder Tag beginne mit Ärger und Frust, weil viele Kinder die Hausaufgaben nicht richtig oder gar nicht machten. Auf meine Frage, warum sie dann den Tag damit beginne, meint sie, man müsse die Hausaufgaben doch kontrollieren. Es mag schon sein, dass man Aufgaben kontrollieren muss, wenn man welche aufgibt. Aber die Frage ist, welcher Art Hausaufgaben sein müssen. Aufgaben, die sie sicher können und für die sie nicht zu viel Zeit brauchen, werden sie wahrscheinlich machen. Wenn Kinder in der Grundschule ihre Aufgaben nicht machen, stimmt etwas nicht. Ich muss herausfinden, was das ist. Nur deshalb ist Kontrolle wichtig. Um sicherzustellen, dass wirklich alle so weit sind, wie es mir scheint.

Ich übernehme die Verantwortung für meine gute Laune und unterstütze die Selbstständigkeit der Kinder, wenn morgens nicht ich die Hausaufgaben kontrolliere, sondern die Kinder selbst. Ich frage nur, wer sie nicht gemacht hat, und bespreche die Gründe mit dem einzelnen Kind. Wenn es etwas vorzulesen gibt, geschieht das jetzt. Ich gebe Hilfen, kläre dies und das. Wer viel falsch gemacht hat, kommt zu mir, und wir klären das Problem gemeinsam. Und regelmäßig, nicht täglich, schaue ich ihre Hefte an, um ihre Arbeit gebührend anzuerkennen – ich zeichne dann mit einem roten Herzchen ab – oder mehr Sorgfalt anzumahnen, wenn ich sehe, dass nicht alles so besonders schön ist. Aber das ist so. Denn sie sind auf dem Weg.

Wenn die Aufgabe war, etwas zu beobachten, zu protokollieren oder Gedichte zu lernen, tragen oder lesen die Kinder vor. Das alles in größter Gelassenheit und ohne Zwang zur Perfektion – immer bleibt das Ziel, die Kinder zu unterstützen, ihnen Brücken zu bauen und vor allem zu verhindern, dass Berge unerledigter Aufgaben anwachsen.

Notenbüchlein, Rotstift, Leistungskontrollen, Noten gehören nicht zu meinem Instrumentarium – das wäre die völlige Umkehrung meines Auftrags. Ich muss wissen, was ein Kind kann, wo es steht, wo es Hilfe braucht und wo es Meister ist. Dieses Wissen verschaffe ich mir täglich während des Unterrichts und danach. Ich weiß, wie ein Kind lesen kann, was es liest und was es davon erzählen kann. Ich kenne seine Aufsätze, ich weiß, was es rechnen kann, und ich mache immer wieder kleine mündliche oder schriftliche Tests, die sie selbst korrigieren, damit sie auch genau wissen, wo sie stehen, und damit sie verstehen lernen, dass sie üben müssen, wenn sie unsicher sind. Aber ich benote das alles nicht, sondern lobe sie oder erkläre ihnen, was sie wie besser machen können. Ich möchte Kindern Einblicke in Zusammenhänge und die Chance geben, ihre Fähigkeiten zu entfalten, durch meine Anerkennung ein stabiles Selbstbewusstsein zu entwickeln. Ich möchte ihre Wahrnehmung schulen und ihnen die Möglichkeit geben, sich selbst und andere zu verstehen, miteinander gute Beziehungen zu pflegen. In ständigen Leistungskontrollen kann ich keinen Sinn erkennen. Wenn sie Vertrauen zu mir haben, werden sie mir sagen, was sie nicht verstehen; sie werden mir auch einmal gestehen, dass sie keine Lust hatten. Und das ist dann auch einmal in Ordnung.

Ich schaue mir die Arbeiten der Kinder ausschließlich an, damit mir nichts Wichtiges entgeht. Unvermögen muss ich erkennen, um zu helfen; Erfolge, kleine Fortschritte und Meisterleistungen möchte ich loben und anerkennen. Nicht Misstrauen, sondern Vertrauen ist mein Motor. Ich will sie nicht ertappen, sondern erkennen. Hausaufgaben sind kein Verwaltungsakt, sondern sollen einfach nur eine selbstständige häusliche Übung sein – das ist alles. Und wenn sie mal nicht gemacht ist – morgen kann man die neue Hausaufgabe dann machen.

Die neuerdings bereits im ersten Schuljahr praktizierten »Lernzielkontrollen« – ein irreführender Begriff, da es sich in Wirklichkeit bereits um standardisierte Leistungstests handelt – lehne ich ab. Bereits nach drei Wochen wird ständig kontrolliert, ob die Kinder das lesen und rechnen können, was »durchgenommen« wurde. Das wäre gut und schön, wenn es ausschließlich der Information diente und sich vor allem die Lehrerin aufgerufen fühlte, ihrem Schützling weiterzuhelfen! Aber sich gleich am Anfang mit rot gebrandmarkten Heftseiten konfrontiert zu sehen und die penible Auflistung der Fehler auszuhalten, statt sich allmählich eingewöhnen zu dürfen, nützt einfach niemandem. Und die Lehrerin macht unabhängig vom Resultat weiter mit ihrem Plan, übergeht die Lücken – man kann sich gut vorstellen, wie einem Kind, das den Anschluss verpasst hat, nach kurzer Zeit zumute ist. Der Berg seiner Niederlagen wächst, bis er unüberwindbar geworden ist und es sich verweigern muss.

Es reicht, wenn Kinder entweder auf dem Wochenplan oder in einer Tabelle ankreuzen, was sie erfolgreich erledigt haben, und ihre Hefte in die dafür vorgesehenen Körbe legen. Ich schaue regelmäßig nach, was angekreuzt und damit erledigt ist.

Während der Woche legen die Kinder ihre fertigen, selbst kontrollierten Arbeiten in ein Körbchen mit der Aufschrift FERTIG. Sie haben mit einem rosa Stift korrigiert und abgehakt. Das tun sie gern; sie fühlen sich zuständig und selbst verantwortlich. Und ich möchte gern sehen, welche Fehler das Kind entdeckt hat, wo es kritisch hingeschaut hat. Das ist aufschlussreich für mich. Angefangene Arbeiten kommen in das ANGEFANGEN-Körbchen. Die holen sie am nächsten Tag wieder heraus und arbeiten weiter. Meine Botschaft von Anfang an: Auf dich kommt es an! Du bist nicht mein Erfüllungsgehilfe, sondern der Meister!

Den Überblick behalten

Eine Mappe für jedes Kind in einer Hängeregistratur hat sich am besten bewährt. Dort trage ich regelmäßig ein, was dieses Kind erfolgreich erledigt hat. Diese Notizen helfen mir, einigermaßen im Bilde zu bleiben und einzelne Kinder nicht aus den Augen zu verlieren.

Da ich aber nicht auf Kontrolle fixiert bin, entgeht mir natürlich ab und zu, wenn ein Kind sich eine Weile vor einer Arbeit drückt, die es sich nicht zutraut. Aber das ist keine Katastrophe! Wir vereinbaren einen Stopp. Alles wird erst einmal wieder geordnet und besprochen, wo Unsicherheiten sind, da oder dort geholfen, wiederholt und nachgehakt, damit bereits ein beginnender Hügel erkannt und rechtzeitig abgetragen werden kann

Und manche Kinder sind zuweilen unglaublich produktiv, wenn ich sie nicht ständig gängele, und mir entgeht dann, was sie alles machen. Aber es kann nur sinnvoll sein, wenn sie so konzentriert und gefesselt sind.

Im Zuge der verschiedenen aufwändigen Unternehmungen verliere ich manchmal den Überblick über tatsächlich Geleistetes – und muss ab und zu alle Kinder wieder sammeln. Dann wird geordnet: gesichtet, was erledigt und registriert, was nicht erledigt ist. Dann wissen alle wieder, wo sie stehen – und ich auch. Die einen holen Versäumtes nach, die anderen vertiefen sich in ihr aktuelles Thema oder machen Ausflüge in andere Welten. Bis alle wieder beieinander sind – damit sie nicht zu weit auseinander driften. Dann kann die Karawane weiterziehen.

Wichtig ist, dass jedes Kind das geübt hat, was es braucht, um weiterzukommen. Aber nicht alle Kinder müssen alle meine vorgesehenen Schritte gehen! Ich erhebe keinen Anspruch auf Vollständigkeit um der Vollständigkeit willen. Kinder machen Sprünge und große Sätze – dann wieder stagniert ihre Entwicklung. Das muss man aushalten.

Kein Kind ist wie das andere; auch wenn alle dasselbe zur selben Zeit tun, erreicht jedes Kind ein anderes Ziel. Also bleibt das wichtigste Kriterium für meine Planungen, wo die Kinder mit ihrem Verständnis, ihrem Wissen und Können stehen.

Manchmal wollen Kinder tagelang nur rechnen oder nur Schreibschrift üben, ein Projekt planen oder über Tage an einem Aufsatz schreiben, manchmal zu zweit ein Bild malen. Mir gefällt das, und ich störe diesen »Flow« niemals ohne triftigen Grund. Wenn Kinder ein Thema bis zum Grund ausgelotet haben, sind sie so glücklich und »satt«, dass sie andere Aufgaben in kürzester Zeit nachholen. Erfolgs- und Glücksgefühle sind der stärkste Motor!

Das Zerlegen der Zahlen, das Einmaleins oder die Textaufgaben, das schriftliche Teilen und Malnehmen, Lesen, Rechtschreiben, Aufsätze verfassen und korrigieren – diese Dinge müssen regelmäßig und ausführlich gemacht werden. Ich muss darauf achten, dass regelmäßig gelesen wird; die schlechten Leser sollen es möglichst täglich tun. Sie lesen selbstständig; ich zwinge niemanden, öffentlich vorzulesen, der das nicht kann. Also muss ich auf die Pirsch gehen und »Drückeberger« locken. Ich locke sie zu mir und lasse mir vorlesen – wenn es Sicherheit gibt, im ersten Schuljahr auf meinem Schoß. Ein gutes Lockmittel, denn sie fühlen sich geschätzt, wenn ich mich extra mit ihnen beschäftige.

Korrekturen, Noten, Zeugnisse

Wer viel und selbstständig denkt und arbeitet, macht natürlich mehr Fehler als einer, der Lückentexte ausfüllt. Kümmert er sich dann selbst um seine Fehler, gehört die Beschäftigung mit dem Fehler selbstverständlich zum Arbeitsprozess dazu, lernt er am meisten genau über diesen »Umweg«. Deshalb machen wir den Fehler zu einem Freund, der liebevoll bedacht sein will. Nachdem die Kinder ihre Arbeiten mit distanziertem Blick durchgesehen und verbessert haben – ich rate ihnen, so zu schauen, als ob es das Heft eines anderen wäre – und eventuell ein anderes Kind noch »Korrektur« gelesen hat, schaue ich sie an, weil die Kinder meine Anerkennung brauchen und mir nicht entgehen darf, wenn sie unsicher sind. Dann komme ich mit Bleistift oder Füller, je nachdem, womit sie selbst geschrieben haben. Bei Rechtschreibübungen, die sie mit Bleistift schreiben, um Fehler ausradieren zu können, mache ich mit Bleistift einen Punkt an den Rand der Zeile mit dem Fehler; sie finden und verbessern ihn. Aufsätze lasse ich weitgehend, wie sie sind. Ich habe nicht im Sinn, Kindern ein perfektes Deutsch oder gar Amtsdeutsch aufzudrücken. Ihre Sprache respektiere ich, und wenn es etwas zu verändern gibt, mache ich das mit dem Füller. Im dritten und vierten Schuljahr schlage ich bei allzu großen Holprigkeiten einen anderen Verlauf des Satzes vor. Oder rege an, ein Synonym zu suchen, wenn ein Wort schon dran war. Ich gebe ihnen immer wieder allgemeine Formulierungshilfen, schmiere aber nicht mit Rot in einem Aufsatz herum. Wenn ein Kind den Faden verliert, mache ich eine Notiz an die Stelle, wo er gerade noch vorhanden war; alles weitere kann mündlich geklärt werden. Kinder, die sich nur ganz mühsam ausdrücken können, bekommen kleinere Aufgaben – ich setze mich zu ihnen und helfe beim Abfassen der eigenen Geschichten. Dann lernen sie etwas. Und dafür sind wir – sie und ich – ja da.

Notendruck und Zeugnisse in der Grundschule lehne ich inbrünstig ab, muss sie am Ende aber geben und leide darunter, dass ich sie nicht vollkommen vermeiden kann. Entgegengehalten wird mir oft, Kinder liebten und wollten Noten, sie bräuchten das als Ansporn und Belohnung, hätten ein Recht darauf. Ich habe jedoch die Erfahrung gemacht, dass Kinder nichts vermissen, wenn sie sich auf vielfältig erfolgreiche, sinnliche und selbstbestimmte Weise mit den Gegenständen beschäftigen. Am Beispiel unserer Beschäftigung mit der Blumenwiese möchte ich deutlich machen, wie nachhaltiges Lernen vor sich geht, wie man Arbeitseifer auslösen kann, was alles gelernt wird und weshalb es da nichts zu benoten gibt:

Im Lehrplan des ersten Schuljahrs steht »Heimatliche Wiesenblumen«.

Anfang Juni im ersten Schuljahr machen wir bei schönem Wetter einen kleinen Ausflug und suchen im Englischen Garten eine Wiese, auf der es blüht, krabbelt und schwirrt. Ziel ist zunächst einmal wahrzunehmen, was da los ist. Eine große Wiese, eingesäumt von Büschen und Bäumen; Radfahrer, Fußgänger, Hunde sind unterwegs – eine vertraute Umgebung. Sie haben Schreibzeug dabei, »Brotzeit«, Decken, Lupen, Bestimmungsbücher wie »Was blüht denn da?«. Wir setzen uns an den Rand der wunderschönen Blumenwiese und lassen sie erst einmal auf uns wirken, legen uns auf den Rücken, um aus dieser Perspektive zu sehen und zu hören, was hier los ist. Es ist viel los. Nase, Augen, Ohren, Haut nehmen viel wahr.

Ein Ausschnitt fesselt dann die gesamte Aufmerksamkeit: Sie legen sich auf den Bauch und schauen mit ihren Lupen in die Wiese hinein. Was da brummt und summt, kriecht und fliegt, nehmen sie einige Zeit ausschließlich ins Visier, trennen wie mit einem Passepartout einen Teil vom Ganzen und geben ihm dadurch größere Bedeutung. Die Vielfalt drum herum wirkt aber weiter auf sie ein: Die Sonne scheint, Blätter rauschen, Vögel zwitschern vielstimmig in den Bäumen und fliegen umher, die anderen Kinder robben neben ihnen herum. Sie notieren, was sie sehen, suchen Blumen im Buch und schreien »Frau Czisch, Frau Czisch, ich hab eine!«, wenn es ihnen gelingt, einige zu identifizieren: das Gänseblümchen, den Hahnenfuß, die Wiesenkerbe, den Bocksbart, die Margerite, den Rotklee, den Weißklee, den

Sauerampfer, die Tauben-Skabiose – und die verrücktesten Käfer und Insekten. Jedes Kind pflückt seine Lieblingsblume; wir binden sie zu einem Strauß. Begeistert zeigen sie einander ihre Entdeckungen, lassen Käfer über ihre Hände krabbeln und spielen ein wenig mit dem Regenwurm – oder ekeln sich vor ihm. In der Schule zeichnen sie diese hinreißenden Miniaturen akribisch genau vom mitgebrachten Strauß ab und beschriften sie, auch den einen oder anderen Käfer, eine Mücke oder Biene.

Begriffe wie Stängel, Blatt, Wurzel, Blüte, Blütenblatt am Ende sind nicht verkehrt, aber nicht zum Auswendiglernen und Abfragen. Gedichte werden sie hören, lernen und nebenbei einsehen, warum man in Sommerwiesen nicht herumtrampeln darf. Sie würden es überhaupt nicht mehr wollen.

Wir sprechen über Erde, Sonne und Wasser – die Bedingungen für Wachsen, Blühen und Gedeihen von Pflanzen. Nicht überall gibt es Wasser in Hülle und Fülle wie bei uns. Die Bitte eines Papago-Indianers um Wasser mit Tanz und Gesang berührt die Kinder, und es entwickelt sich ein Gespräch über das so ganz andere Leben vieler Kinder in der Welt. Und über die Macht von Gesang und Tanz und die Zuversicht, dass »der Himmel« – was auch immer das sein mag – mich sieht:

ICH WEINE VOR DURST
Ich weine, ich weine vor Durst.
Singend bitte ich um Regen.
Tanzend bitte ich um Regen.
Der Himmel beginnt,
seine Tränen zu vergießen,
denn er sieht mich,
wie ich singe,
denn er sieht mich,
wie ich tanze
auf der trockenen,
aufgesprungenen Erde.
Alonzo Lopez [59]

Solche Gespräche und ein Gedicht über die Wiese sind die Begleitmusik zu ihren Erlebnissen, Erfahrungen und Erkenntnissen.

DIE WUNDERSCHÖNE WIESE

Lobt der Landmann seinen Grund,
lobt der Jäger seinen Hund,
lobt der Hirtenbub die grünen Paradiese,
lobe ich bei Tag und Nacht,
was mir größre Freude macht:
Meine Wiese, meine wunderschöne Wiese!
Löwenzahn, Maßliebchen,
Klee und Fingerhütchen
blühen auf der wunderschönen Wiese!

Lobt der Fischer seinen Strand,
lobt der Schneider sein Gewand,
lobt der Gärtner seinen Kohl und sein Gemüse,
lobe ich bei Tag und Nacht,
was mir größre Freude macht:
Meine Wiese, meine wunderschöne Wiese!
Löwenzahn, Maßliebchen,
Klee und Fingerhütchen
blühen auf der wunderschönen Wiese!

Lobt der König seinen Thron,
lobt der Vater seinen Sohn,
lobt der Bursche seine Lene oder Liese,
lobe ich bei Tag und Nacht,
was mir größre Freude macht:
Meine Wiese, meine wunderschöne Wiese!
Löwenzahn, Maßliebchen,
Klee und Fingerhütchen
blühen auf der wunderschönen Wiese!

Aus Irland[60]

Sie malen ein Wiesenblumen- oder Blumenwiesenbild, lernen und schreiben das Gedicht, und wir tanzen ein bisschen auf seinen Rhythmus. Sie denken, arbeiten, sprechen, singen, lernen auswendig, schreiben viel, sind dabei aufmerksam und konzentriert, profitieren viel für ihre emotionale Entwicklung – was will ich mehr!?

Später, wenn Prozesse wie Photosynthese dran sind, wenn Chlorophyll ins Spiel kommt, wird ihnen die frühe Erfahrung der Blumenwiese weiterhelfen. Sie werden sich daran erinnern, zusammen mit der Begeisterung, mit der Freude an ihren Entdeckungen – und das Neue, die biochemischen Prozesse, kann daran andocken. Es ist die Aufgabe der Grundschule, Wahrnehmungsfundamente zu legen für Späteres.

Noten brauche ich bei all dem nicht, noch motivierter als meine Kinder bei diesem Thema kann man gar nicht sein. Und jedes tut sein Bestes. Zerstörerisch und schädlich wäre es, wenn sich in die unbefangenen und eifrigen Studien um des Gegenstands willen sachfremde Intentionen mischten! Wenn ich die ganze Unternehmung so organisieren würde, dass Merksätzchen zum Auswendiglernen dabei herauskommen würden. So aber kann ich mich in aller Ruhe dem Lernprozess der Kinder widmen, ohne sie zu kränken oder zu drängeln – und ich kann alle Zeit dafür verwenden. Die ewige Prüferei verbraucht viel Zeit.

Die Last der Noten

Da ich aber in diesem Schulsystem arbeite, muss ich Noten geben. Und das ist eine der Schwierigkeiten, für die ich Lösungen finden muss: Ich kann Proben verträglich abhalten, nach Gedanken und Begründungen fragen, Zusammenhänge ergründen lassen. Ich kann damit warten, bis alle so weit sind, und jedes Kind die Chance hat, die Aufgaben zu lösen. Und ich kann einen Maßstab anlegen, der vielen die Möglichkeit bietet, erfolgreich abzuschneiden. Ich kann während des Unterrichts Noten vollkommen vernachlässigen, sie nicht erwähnen, den Kindern nicht ins Heft schreiben. Ich kann Kinder für alles Mögliche loben und anerkennen, für jede »gute« Tat, jede Überwindung, für jeden guten Einfall. Ich muss für ein freundliches und liebevolles Klima sorgen, in dem alle sich wohlfühlen. Damit kann ich den Schaden für die Kinder minimieren. Und ich muss natürlich die Eltern auf meine Seite ziehen. Denn sonst sind auch sie ein Teil des Systems, gegen das man die Kinder verteidigen muss.

Aber vor allem muss ich meinen Unterricht so attraktiv machen, dass kein Kind sich verweigern will, und ich muss mich um jedes einzelne Kind kümmern. Dann sind sie alle erfolgreich. Also vor allem meine Meisterleistung ist gefragt!

Wann immer ich mit Lehrerinnen über Freiarbeit und offenen Unterricht spreche, spüre ich die Sehnsucht nach ein bisschen mehr Freiheit und Freude, Nähe zu den Schülern und Spaß an der Arbeit. Aber die bange Frage nach der Benotung beendet meistens allzu waghalsige Träume.

Man kann sich freimachen vom Zwang, alles aus der Notenperspektive zu betrachten, allerdings muss man sich dann vor allem selbst befragen: Haben die Arbeiten der Schüler erst Bedeutung, wenn dahinter meine Bewertung steht, oder liegt ihr Wert nicht vielmehr in ihrer Bedeutung für das Kind? Bin ich sicher, dass meine Angebote den Ansprüchen der Kinder genügen, dass sie herausgefordert und motiviert genug sind, um echte und notwendige Fortschritte zu machen? Dann brauche ich keine Noten als Druck- oder Motivationsmittel. Souveränität im Umgang mit dem Komplex Kinder–Schule–Lernen–Leistung und Selbstbewusstsein helfen weiter, also die eigene Persönlichkeit, nicht noch perfektere und korrektere Strategien und Methoden. Ein großer Schritt wäre bereits, mehr Vertrauen in die Neugier und Lust der Kinder am Erforschen der Welt zu entwickeln, mehr Neugier auf die eigene Kraft und Kreativität! Und ein bisschen Mut im Umgang mit amtlichen Vorgaben. Vor allem aber Respekt und Achtung vor dem kindlichen Menschen, der sich durch die dauernde Bewertung entwertet fühlen muss.

Die Frage: Wie kann ich das Können der Kinder abfragen und beurteilen, wenn nicht alle dasselbe getan, geübt, gelernt haben?, unterstellt, dass dann, wenn ich allen zur gleichen Zeit dasselbe angeboten habe, auch alle dasselbe verstanden haben und also können. Wie gesagt, sie können nie alle zur selben Zeit dasselbe – und im traditionellen Unterricht ist das ja auch gar nicht gewollt! Man wäre ganz schön entsetzt, wenn das einträte, und würde die Latte sofort höher legen. Denn die Kinder müssen sortiert werden. Geradezu pervers mutet an, dass man trotzdem die Kinder, die nicht erfolgreich sind, die dauernd hinterherhinken, die »es« einfach nicht bringen, dass man diese Kinder nicht leiden kann, sie verhöhnt oder ins Eck stellt. Es muss sie aber doch geben, das System basiert darauf! Meine Kinder würden sagen, die haben »die Arschkarte gezogen«. Warum, um Himmels willen, müssen sie das?

Was für eine heilsame Revolution wäre es, wenn wir die Prämisse ändern würden und sagten: Wir w o l l e n , dass alle so viel wie möglich lernen! Dann geht es nur noch darum, wie ich auf optimale Weise fördere und fordere. Das wäre endlich eine positive Herausforderung, die eine Menge positiver Kräfte freisetzen würde.

Ich muss nur mich selbst unentwegt kontrollieren, ob ich allen gerecht geworden bin, nicht dauernd die Kinder. Um sie nicht einzuschüchtern, die Noten auf den ihnen gebührenden Platz verweisend, machen meine Kinder Tests unter normalen Übungsbedingungen; sie korrigieren sie, wir besprechen die Ergebnisse und gehen gemeinsam ihren Fehlern auf den Grund. Jeder übt dort noch einmal, wo er sich noch nicht sicher fühlt. Einzelnen Kindern mache ich zur Pflicht oder rate ich, das eine oder andere bis zur nächsten Woche zu üben, weil sie dann einen Test machen müssen. Sie können zu mir kommen oder andere bitten, aber sie müssen sich selbst darum kümmern, eventuelle Lücken zu schließen. In der nächsten Woche wird ein zweiter Test mit gleichen Aufgaben und anderen Zahlen geschrieben, und der wird dann benotet.

Aber niemals müssen sie Schultaschen als Sichtschutz zwischen sich stellen. Ich verlange viel mehr von ihnen: Sie sollen sich vollkommen auf ihre eigene Stärke konzentrieren, sich einlassen auf die Aufgaben, nicht mich und auch nicht sich selbst betrügen. Also nicht in Nachbars Heft schauen. Aber ich verlange von ihnen, ihre Nachbarn abschauen zu lassen, falls die das versuchen sollten. Weil ich sie nicht zu Komplizen der Notengeberei machen will. Ich bin die Einzige, die aufpasst – weil ich nicht will, dass sie mir und sich selbst etwas vormachen.

So mache ich das in allen Fächern. Rechtschreibtests mit geübten Texten schreiben sie, wenn sie sicher sind. Sie üben allein; zur Probe diktieren sie sich's gegenseitig. Sie entscheiden, wie gesagt, selbst, wie viel Text sie sich zutrauen. Ich diktiere, wann immer ein paar Kinder so weit sind, nicht allen zur selben Zeit. Devise ist: Lieber wenig richtig können als viel nur halb oder gar nicht können. Und sie schreiben täglich viel, alles Mögliche, auch die Texte zum Sachunterricht. Diese dauernde Übung ist wichtiger als dauernde Tests, die der Übung viel zu viel Zeit und Kraft wegnehmen.

Im Sachunterricht mache ich mir die Mühe, komplexe Fragen nach Zusammenhang und Verständnis zu stellen, die komplexe Antworten verlangen. Die Korrektur dauert länger, aber sie lernen: Auf das Denken kommt es an, nicht auf »dummes« Faktenwissen, das ohnehin bald wieder vergessen ist.

Ich denke mir Aufgaben oder Fragen für Tests auch erst aus, wenn ein Komplex erschöpfend bearbeitet ist, wenn ich sicher bin, dass alle Bescheid wissen. Dann formuliere ich die Fragen. Damit der Test auch tatsächlich auf das Erfahrene und Gelernte folgt – und nicht umgekehrt. Damit nicht nur das gelernt wird, was der bereits festgelegte Test abfragen wird.

»Er konnte Gelerntes nachvollziehen, beteiligte sich aber kaum an der Erarbeitung«, heißt es in einem so genannten »Wortgutachten«. Was heißt das? Wie soll er etwas lernen, das er erst hinterher nachvoll ziehen kann? Er muss doch, um es zu lernen, etwas kapiert haben. *»Mit Interesse begegnete er der Schularbeit, auf direkte Fragen wusste er meist die richtige Antwort.«* Die Lehrerin muss das Interesse wecken, nicht irgend eine »Schularbeit« anbieten und dann schauen, ob jemand diesen Dingen mit Interesse »begegnet«. Was sind direkte Fragen? Und was »richtige Antworten«? Diese Wortgutachten entlarven, wie wenig der herkömmliche Unterricht die Kinder meint.

Abstempeln

Ich verwende Tests nicht dazu, Kinder als Gute oder Schlechte »abzustempeln«, »Rangunterschiede« etwa noch zu veröffentlichen. Ich nehme keinem den so notwendigen Mut weiterzulernen, indem ich ihm gnadenlos eine Fünf verpasse, weil er etwas noch nicht kann, was andere schon können. Täglich unterstelle ich jedem Kind, dass es sein Bestes gibt – Voraussetzung ist allerdings, dass zuerst ich mein Bestes gebe! Wie kann ich von Kindern so viel Einsatz verlangen, wenn ich mich mit langweiligen, abgestandenen Angeboten begnüge, es den Kindern quasi »hinschmeiße«, weil ich keine Lust und keine Motivation habe, mir etwas Attraktives und Sinnvolles auszudenken?

Ständig werden sie »abgestempelt«, in dieser oder jener Form. Die Stempel mit einem lachenden oder weinenden Gesicht, die sich in den Heften ausbreiten, sind kein bisschen besser als Noten, auch wenn das vielleicht so aussehen soll. Wenn das Gesicht wenigstens lacht, scheint ja alles in Ordnung zu sein, obwohl mich schon wundert, dass man die Anstrengungen der Kinder mit Stempeln quittiert, mit dümmlich grinsenden oder weinenden Vollmondgesichtern. Aber was sagen sie dem Kind? Wer lacht, wer weint und warum? Bringt das Kind etwa die Lehrerin zum Weinen mit seinen miserablen Leistungen, oder sollte es selbst weinen? Aus Gründen der »Gerechtigkeit« gibt es dann womöglich Kinder, die nie ein lachendes Gesicht ergattern, deren Arbeiten nie ausgestellt werden, weil sie einfach nie perfekt sind. Und woher sollen sie dann eigentlich den Mut nehmen, dazubleiben und weiter zu machen?

In seinem Buch »Unser Ziel: Humane Schule« schreibt Martin Wagenschein

> [Der Lehrer] wird niemals einschüchtern. Er wird den so genannten ›Schwachen‹ nicht als solchen begegnen. Er wird sie genauso ernst nehmen, wie die so genannten ›Guten‹, und zwar wirklich, nicht gespielt. Er weiß, dass bei der üblichen straffen Flüchtigkeit des Vorgehens mancher schwach wird, nicht ›mitkommt‹, weil er keine flüchtige Natur ist, sondern bedächtig, nachdenklich,

gründlich – also langsam und zuletzt enttäuscht und abgestoßen. Er weiß auch, der Lehrer, aus Erfahrung, dass die so genannten ›Guten‹ manchmal nur intelligent sind und sonst nichts.[61]

In unseren Schulen werden vielerlei Methoden angewandt, die Guten anzuspornen und den Schlechten zu zeigen, was man von ihnen hält.

Nur die »schönen« Bilder aufhängen, die »beste« Geschichte vorlesen; »Depperltische« für die Aufgegebenen; die »Hippeligen« sitzen extra hinten, mit dem Gesicht zur Wand ... Nachsitzen während der Pause, weil der türkische Erstklässler in seiner dritten Schulwoche keine Hausaufgabe gemacht hat; im ersten Schuljahr eine ganze Seite freiwillig Selbstgeschriebenes mit einer Soße aus roter Tinte übergießen ... Ich meine, alle Kinder haben Anspruch auf die faire Hilfe der Lehrerin als Halteseil bei ihrem Aufstieg auf den steilen Berg. Denn immer geht es auch um die Kultivierung der Gefühle, hier des Mitgefühls und des Selbstwertgefühls; beide schwinden, wenn einzelne Kinder von der Lehrerin vor der ganzen Klasse quasi bei lebendigem Leibe aussortiert werden. So werden Menschen geschwächt.

Leistungsdruck ist notwendig mit Konkurrenz gekoppelt und zerstört die Integrität aller Kinder, denn Konkurrenz verbraucht viel Energie und raubt ihnen die so motivierende Lust an der Sache, am eigenen Ziel und am eigenen Erfolg. Konkurrenz teilt Klassen in Gewinner und Verlierer ein; die soziale und emotionale Entwicklung wird gestört zugunsten eines höchst fragwürdigen und nebulösen Sieges über andere. Wir produzieren mit diesem abstrakten, sachfremden und menschenfeindlichen Konkurrenzunternehmen selbst die Schäden, die wir dann beklagen: Verweigerung, gewalttätiges, gnadenloses Mobbing, Suchtverhalten aller Art.

Zeugnisse in der Grundschule halte ich deshalb für zerstörerischen Unsinn. Doch der »Übertritt« wirft lange Schatten voraus. Bereits am Anfang der dritten Klasse warnt die Lehrerin einen Aspiranten für das Gymnasium, er könne sich keine Drei mehr im Diktat leisten, sonst könne er das Gymnasium vergessen.

Im dritten Schuljahr, also bereits nach zwei Jahren Schule, eskaliert das System willkürlicher, ungerechter und zerstörerischer »Leistungsabgaben«, damit ja kein falsches Kind das Gymnasium erreicht. Der Notendurchschnitt beginnt das Feld zu beherrschen, persönliche Eigenschaften verschwinden hinter Ziffern. Und so wird aus der großzügigen Annette das 2,5-Kind, aus dem scheuen und nachdenklichen Andreas das 3,5-Kind, und der Clou ist die 2,66-Maria. Was fangen wir bloß mit ihnen allen an? Wie dirigieren wir die so nummerierten »Schülerströme«? Sollen wir das 2,66-Kind tatsächlich noch in die Realschule aufnehmen? Kommen dann nicht zu viele in diesen Genuss für Auserwählte?

Die allgegenwärtige – offene oder versteckte – Botschaft an die Schüler lautet: Nur wer die «richtige« Note bringt, ist etwas wert. Und was nicht benotet wird, ist nichts wert. Was keine Note bringt, wird sie schließlich nicht mehr interessieren, nach dem Motto: Was nichts einbringt, mache ich nicht. So wollten wir doch Kinder nicht erziehen. Oder doch?

Bei »gnadenloser« Berechnung von Noten, wo es um zwei Stellen hinter dem Komma geht, ohne Ansehen der Person, ohne jede Rücksicht auf die Lebensumstände eines Schülers – wie können wir da von Persönlichkeitsentwicklung reden? Von Einübung von Verantwortungsbereitschaft, sozialer Kompetenz, emotionaler Intelligenz? Auch wenn diese Begriffe in der Präambel stehen, in der Wirklichkeit der Schule zählen sie nicht.

Angst

Eine ältere Kollegin zeigte mit ihrem Daumen nach unten – wie Nero im Circus Maximus –, während sie mir den großartigen Rat gab: »Niederhalten, von Anfang an, sonst gehen Sie unter!«

Diesen Rat bekam ich in Variationen immer wieder. Glücklicherweise hatte ich es nie nötig, ihn zu befolgen, ich hatte nie Angst vor Kindern. Die Angst vor dem »Untergehen« lässt einen mit Sicherheit auf die eine oder andere Weise irgendwann scheitern. Um »oben« zu bleiben, muss man den anderen Angst einjagen, sie niederhalten, demütigen, bloßstellen, verängstigen, verspotten, beschimpfen, sie sich vom Leibe halten. Man kann das, solange man mächtig genug ist. Irgendwann aber und irgendwie werden sie sich rächen.

Die Mutter einer Neunjährigen berichtete mir neulich von den Strategien einer Lehrerin, der die Angst fest im Nacken sitzen muss. Weil sie vor allem das ewige »Schwätzen« nicht mehr ertragen kann, versucht sie die Kinder mit drastischen Mitteln zum Schweigen zu bringen: An die Wandtafel zeichnet sie zwei Bomben mit Zündschnüren, eine Mädchen- und eine Bubenbombe. Wann immer ein Bub oder ein Mädchen etwas Falsches tut, wischt sie ein Stück der jeweiligen Zündschnur weg – die Bombe tickt. Wenn die ganze Zündschnur verbraucht ist, explodiert die Bombe, und es gibt kollektiv für alle Mädchen oder alle Buben eine Strafarbeit. Es ist schier nicht zu glauben, aber es ist wahr! Und die Eltern sind ratlos, weil sie nicht wissen, wie sie mit solch einer Lehrerin umgehen sollen. Sie haben Angst, ihren Kindern mit Interventionen noch mehr Schwierigkeiten zu machen. Die Eltern müssen jetzt strategisch klug vorgehen, die Lehrerin ja nicht verschrecken oder kränken. Doch es sind die Kinder, die vor Angst, Kränkungen und Schrecken sicher sein sollten!

Dressur besteht explizit aus Belohnung und Bestrafung, bedient sich der Angst vor Schmerz und der Hoffnung auf Belohnung. Lernen ist mehr, ist ein selbst gesteuerter Prozess des einzelnen Kindes in Verbindung mit seiner Umgebung. Angst stört diesen Prozess und zerstört Zuversicht und Selbstvertrauen. Und Vertrauen.

In seinem Buch »Auf der Seite der Kinder« weist David Gribble auf das unverhohlene Vergnügen hin, das Erwachsene, ja selbst Eltern dabei haben, in Anwesenheit der Kinder von deren Schnitzern zu erzählen:

> Dora Russell, die zusammen mit ihrem Mann, Bertrand Russell, in Beacon Hill eine Schule gründete, schreibt: Kinder vor Ängsten zu bewahren oder ihnen ihre Ängste zu nehmen, gehört wohl zu den wichtigsten Erziehungsaufgaben. Sie haben so leicht Angst – vor dem Unwillen der Erwachsenen, vor Versäumnissen und Missgeschicken, davor, etwas Falsches zu tun oder zu sagen, in so-

zialen Begegnungen nicht standhalten zu können. Es ist die dritte Angst – die, etwas Falsches zu tun oder zu sagen –, die wir oft so gefühllos übersehen. Wenn Kinder solche Fehler machen, werden sie gewöhnlich unverzüglich und in aller Öffentlichkeit getadelt oder ausgelacht. Im Umgang mit ihnen gilt nicht, was Erwachsene untereinander für gutes Benehmen halten: ein taktvolles Gespräch nach dem Vorfall, um auf den gemachten Fehler hinzuweisen und diesen Hinweis mit einem Rat für künftige ähnliche Situationen zu verbinden.[62]

Takt und Höflichkeit als kleine Form der Menschlichkeit – alle Beteiligten profitieren davon, auch die Lehrerinnen. Ohne Angst haben auch sie ein besseres Leben.

Aber die Schule als Gebäude und Institution ist ein Hort der Angst. Im Grunde hat jeder vor jedem Angst; man hält einander damit in Schach. Angst zur Disziplinierung oder Abschreckung ist unverbesserlichen Schwerverbrechern gegenüber vielleicht angebracht, im Zusammenhang mit lernenden Kindern ist das abwegig. Denn Angst macht dumm, krank, stumm und gewalttätig.

Kinder haben Angst: vor Niederlagen, vor Fehlern, sich vor den anderen zu blamieren, vor deren Häme und Verachtung, vor dem Zorn der Lehrerin, vor Liebesentzug der Eltern …

Viele Lehrerinnen haben Angst vor den Kindern, vor deren Eltern, vor Kollegen, vor Vorgesetzten …

Eltern haben Angst vor den Lehrerinnen, vor anderen Eltern, vor dem Versagen ihrer Kinder, vor deren Zukunft.

Kinder unterscheiden sich da nicht wesentlich von Erwachsenen, nur dass sie ihnen hilflos ausgeliefert sind. Es böte sich also an, miteinander die Angst anzuschauen und gemeinsam zu überwinden. Genau hinschauen, wo versteckte Ängste ihr Unwesen treiben. Perfektionismus, Arroganz, Zynismus und Anpassungsbereitschaft, Starrheit und Sturheit, Aggressivität und Lethargie als mögliche Abwehr von Angst zu identifizieren, wäre ein erster klärender Schritt. Rollenverständnis und Lehrmethoden gehören immer wieder auf den Prüfstand: Was will ich auf welche Weise, und was kommt dabei heraus, positiv und negativ. Diese Fragen muss sich jede Lehrerin immer wieder stellen und Konsequenzen ziehen, wenn da etwas nicht mehr stimmt.

Gespensterfest

Angst ist jedenfalls ein wichtiges Thema.

Mir wurde das durch Zufall bewusst, als ein Kind vom Wochenende auf dem Land einen Kürbis mitbrachte. Gemeinsam höhlen wir ihn aus, ritzen eine Fratze hinein – und als wir eine Kerze hineinstellen und anzünden, fängt unser kleinster und ängstlichster Bub an zu zittern und versteckt sich hinter den anderen. Das bringt mich auf die Idee, Angst zum Thema zu machen: Die Kinder erzählen, was ihnen wann Angst macht und wie sich das anfühlt. Einer prahlt, dass er nie Angst hat. Sie erzählen von ihren Strategien gegen die Angst, schreiben Geschichten über ihre Angst, malen Bilder, wir lesen Gedichte, singen Lieder, ich lese Gruselgeschichten vor, sie erfinden selbst welche. Sie spielen Stegreif- und Rollenspiele, basteln Gespensterlaternen, Gruselmasken. Und zum Schluss feiern wir ein Gespensterfest. Wir schieben alle Tische zu einem großen zusammen, bedecken ihn mit schwarzem Krepppapier und Teelichtern. Wunderkerzen halten wir bereit. Die Kinder verkleiden sich als Gespenster, setzen ihre Masken auf, und mit den Laternen machen wir uns in der Dämmerung auf den Weg in den Englischen Garten. Inzwischen bauen die Eltern ein Gespensterbuffet auf und erwarten uns. Als Oberhexe führe ich den Zug an und fahre vor Schreck zusammen, als mit »huhuu« und »hohoo« aus einem Gebüsch zwei Gruselgestalten springen – ein Elternpaar. Nicht ganz geheuer ist es so manchem Kind, und erleichtert betreten alle dann wieder das erleuchtete Schulhaus. Beruhigend, dass die Eltern schon warten. Entzückt setzen wir uns alle an den Tisch voller herrlich grauslicher Speisen: blaue Nudeln mit rosa Soße, grüner Wackelpudding, in roter Soße schwimmend, schwarzer Kuchen mit Totenkopfverzierungen, Gespensterkuchen in allen Variationen, Glibbertorten und Warzenkuchen, Kröten in Aspik…

Angst, so genüsslich erlebt und eingebettet in diese fürsorgliche

Gemeinschaft, spielerisch und künstlerisch ausgedrückt und wirklich erlebt im Park – auch meine kreativen Bedürfnisse kommen auf ihre Kosten. Ich kann mich austoben und Spaß haben. Die Frage, was Kinder dabei lernen, stellt sich nicht: Es ist auf jeden Fall so viel mehr als bei wochenlanger Paukerei irgendwelcher Belanglosigkeiten.

Das Kind mit seiner Angst nachts im Bett, vor dem Gewitter, vor dem Tod und dem Lauf der Welt, vor dem Verlust geliebter Menschen, vor Gespenstern, vor dem Knacken der Dielen in der Nacht, vor Räubern und Mördern, vor dem Allein- und Verlassensein: All das ist präsent in der Schule, wird mit den anderen geteilt und unterschiedlichst be- und verarbeitet. Das Fest ist fröhlicher Ausdruck unserer Gemeinschaft. Angst haben wir alle, und wir müssen sie alle irgendwie bewältigen. Man kann das lernen.

Manchmal habe auch ich Angst.

In meiner Freimanner Schule musste ich vier Stunden in der Woche in einer straff organisierten vierten Klasse unterrichten. Die Klassenlehrerin wartet streng auf mich, wenn ich mich auf dem Weg von meiner ersten Klasse einige Minuten verspäte – man kann die Viertklässler keine Minute unbeaufsichtigt lassen. Anfangs empfinde ich diese 27 fremden Kinder als feindselige Mauer; sie bemerken mich nicht einmal, wenn ich das Klassenzimmer betrete. Wild durcheinander brüllend, sich gegenseitig attackierend, erscheinen sie mir furchterregend groß. Später im Pausenhof erkenne ich sie zunächst nicht, weil sie dort zu ihrer natürlichen Größe geschrumpft sind. Es macht mir Angst, eine fremde Klasse, fremd geprägt, vor mir zu haben, die weder mir noch sich zuhören will. Erst als ich es geschafft habe, persönliche Beziehungen zu einzelnen Kindern zu knüpfen und die Klasse zu aktiver Arbeit zu motivieren – erst da weicht mein Gefühl des Bedrohtseins. Manche Kinder mag ich dann sogar. Unterrichten aber wird erst möglich nach einem Gang in das kleine Wäldchen im Rahmen des Projekts »Ökosystem Wald«. Rechts und links von mir laufen je sechs Kinder, und alle wollen gleichzeitig mit mir reden. Sie gieren nach Kontakt, wollen sich mir zeigen. Ich versuche, jedem Kind einzeln zuzuhören. Danach kann ich mit ihnen arbeiten, trotz ungünstigster Umstände, in einzelnen 45-Minuten-Stunden. Wie bedroht müssen sich GymnasiallehrerInnen fühlen, die stündlich die Klasse wechseln!

Es müsste sich viel ändern, wenn wir die Angst aus der Schule vertreiben wollten. In einem Zeitungsartikel mit dem Titel »Der Weg aus der Krise führt durch Neuland« schrieb Dieter Frey, Lehrstuhlinhaber für Sozial- und Wirtschaftspsychologie in München, vor zehn Jahren:

> Das Gegebene und Traditionelle, das Formale und Bürokratische, das heißt die alten Strukturen, werden zu wenig in Frage gestellt. Bestehende Unsicherheit und Angst – das Merkmal einer Gesellschaft mit hohen Perfektions- und Korrektheitsansprüchen – werden durch rigide Verfahrensregeln kompensiert ... Wir brauchen eine erhöhte Wertigkeit von Fantasie, Kreativität, Querdenken und gesundem Chaos. Diese Eigenschaften gilt es zu fordern und zu fördern – in den Kindergärten, den Schulen, den Universitäten ebenso wie in den Betrieben ... Eine Fußballmannschaft, die sehr rigide daran festhält, dass die Verteidiger in der Verteidigung bleiben und die Stürmer im Sturm, wird langfristig kaum erfolgreich sein. Es geht um Flexibilität, Schnelligkeit und intelligentes Vorausdenken.[63]

Höchste Zeit also, endlich die alten Zöpfe abzuschneiden.

Fördern, nicht aussondern

Jedes Kind in meiner Klasse hat das Recht, unter meiner Anleitung und mit meiner Hilfe so viel wie möglich zu lernen: das Recht – und nicht zuallererst die Pflicht, so zu sein, dass es mir ins Konzept passt und keine Probleme macht. Für mich sind ihre Unterschiedlichkeiten eine große zusätzliche Herausforderung: Ich lege mich ins Zeug, um jedem Kind zu beweisen, dass es viel mehr kann, als es ahnt. Und da ich Recht behalten will, sind mir die Erfolge der hartnäckig Langsamen genauso teuer wie die der ganz Schlauen und Schnellen.

Aziza aus Marokko, deren Eltern offensichtlich Analphabeten sind, deren vier ältere Geschwister bereits in der Grundschule gescheitert sind, hat nur ganz mühsam lesen gelernt. Sie kommt jeden Tag zu mir, um mit mir zu üben. Wir setzen uns dann ins Eck, und sie liest mir vor. Irgendwann jeden Tag steht sie mit einem glücklichen Strahlen vor mir und fragt: »Les ma?« Wir suchen uns ein stilles Plätzchen und lesen. Ich lese ihr ein bisschen vor, dann liest sie mir vor, das heißt, sie versucht es hartnäckig und gibt nicht auf. Ihre Schwierigkeiten verhelfen mir zu vielen neuen Erkenntnissen über das Lesenlernen. Weil sie die ganzen Wörter einfach nicht lesen kann, mache ich für sie Silbenkärtchen. Sie übt die *Silben ba, be, bi, do, du, ga, ge …* aus zwei Buchstaben; *bau dau bam, bem, bor, bur, bit, bat …* aus drei Buchstaben. Alle möglichen Kombinationen. Dazwischen immer wieder der Versuch, einen Satz zu lesen: *Aziza kann alles. Aziza kann lesen.*

Wenn ich keine Zeit habe, sucht sie ein anderes Kind, der oder die sich gern daneben setzt; dann liest sie eben dem vor. Vor allem Maroua aus Tunesien fühlt sich aufgerufen mitzuhelfen, dass Aziza es auch noch schafft. Aber einmal jeden Tag bin ich es, und sie ist selig. Auf diese Weise hat Aziza Zeit, ohne Diskriminierung, über ein Jahr, und sie kann Mitte des zweiten Schuljahrs lesen – ganz plötzlich kann sie es, nach den Weihnachtsferien. Für mich ist das ein absoluter Glückstag. An diesem Tag habe ich Pausenaufsicht. Glücklich erzähle ich einer Kollegin von unserem, Azizas, meinem und Marouas, Erfolg, irgendwie auch vom Erfolg der ganzen Klasse. Die Kollegin findet mich geradezu verrückt. Bei ihr wäre die längst weg, meint sie. Wenn ein Kind in der Mitte des ersten Schuljahrs nicht lesen kann, wird es getestet, es wiederholt oder kommt in die Sonderschule.

Aber ich weiß doch genau, dass dieses Kind lesen lernen kann; ich weiß doch, wer sie ist nach einem halben Jahr; und ich weiß, dass sie klug genug ist, lesen zu lernen. Ich konnte nicht annehmen, dass sie einen schweren Defekt hat. Alles sprach dagegen. Allerdings weiß ich, dass in ihrer Familie alles ein bisschen drunter und drüber geht und dass dort nicht gelesen und kein Wort Deutsch gesprochen wird. Also war das meine Herausforderung! Und wir beide haben sie bestanden.

So ist das in unserer Schule. Wer das für alle verordnete, oft dürftige Angebot in der vorgesehenen Zeit mit den eingeplanten häuslichen Hilfen nicht schafft, hat ausgespielt, Pech gehabt. »Die falschen

Schüler in der Klasse zu wähnen ist geradezu eine Obsession deutscher Lehrer«, schreibt Jürgen Baumert, der die PISA-Studie in Deutschland organisiert hat. Und so wandern sie von der Grundschule rasch in die Sonderschule.

Es gibt sie, die Miniförderprogramme – vor allem eingerichtet, um auf dem Papier zu stehen. Denn sie gehen alle mit der Aussonderung von Kindern einher, weil man auf dieser absurden Gleichzeitigkeit beharrt. Aussonderung allerdings kann man auch umkehren:

Eine aus allen vierten Klassen zusammengestellte Gruppe so genannter Leserechtschreibschwacher – was für ein schauerliches Wort! abgekürzt »LRS-Kinder« – soll von mir mittwochs in der letzten Stunde unterrichtet werden. Welchen Effekt diese höchstens 35 Minuten haben, ist vollkommen ungeprüft. Die Kinder jedenfalls empfinden sie als Strafe, wenn alle anderen um zwölf Uhr heimgehen dürfen. Unter Strafbedingungen lernt man aber nichts. Es muss also eine Attraktion her; ich will sie zu einer Verwöhnstunde einladen! Zwei Kinder aus meiner Klasse stellen Tassen und Plätzchen aus unserem Vorrat bereit, decken unseren Tisch, ich koche Tee. Einige meiner Kinder wollen lieber mit uns Tee trinken und üben als nach Hause gehen. Aber ich reserviere diese Teestunde für meine »LRS-Kandidaten«. Neidisch trollen sich die anderen schließlich. Etwa zehn Minuten trinken wir Tee und unterhalten uns, dann fangen die »LRS-Kandidaten« mit ihren speziellen Übungen an, mit Karteien, Übungsheften, speziellen Materialien. Was die intensive und konzentrierte Arbeit in der halben Stunde pro Woche fürs Rechtschreiben bringt, weiß ich nicht. Meine Botschaft aber kommt an: »Ihr seid mir willkommen. Ich empfange euch als meine Gäste, interessiere mich für euch persönlich. Schwierigkeiten beim Rechtschreiben sind behebbar.« Womöglich stärkt diese Erfahrung sie so, dass sie ein paar Fehler weniger machen oder einmal extra üben. Die anderen Kinder lernen, dass es für mich kein Beurteilungskriterium ist, ob jemand richtig schreiben und lesen kann oder nicht.

Interessant nebenbei, dass einige Mädchen aus einer anderen Klasse, die auf Geheiß der Eltern eine zusätzliche Übungsstunde mitmachen sollten, sehr bald wegbleiben. Die Eltern empfinden die Teestunde als vertane Zeit; sie waren aufs Trimmen aus gewesen. Das war hier nicht zu haben.

PLÄDOYER FÜR EINEN ANDEREN LEISTUNGSBEGRIFF

Wir spielen Leistung gegen Lust oder Spaß oder Vergnügen aus. Dabei gibt es für meine Erstklässler nichts Nachhaltigeres, keine größere Begeisterung, nichts Sinnvolleres, als diese ziemlich anspruchsvollen Aufgaben bewältigt zu haben. Nichts wird besser behalten als solche komplexen Erfahrungen, die sich vernetzen können mit anderen, ähnlichen.

Leistung wird definiert als Arbeit, die in einer bestimmten Zeit verrichtet wird. Effizient ist demnach, wer in so kurzer Zeit wie möglich so viel wie möglich erreicht. Mit diesem Leistungsbegriff kann man die Leistung eines Industriearbeiters messen, die Fähigkeiten und den Lernprozess von Kindern kann man damit nicht erfassen, und die Leistung der Lehrerin bleibt völlig im Dunkeln. Nichts von dem, was ein Kind ausmacht, wovon es bereits geprägt ist oder woran es Mangel leidet, welche Möglichkeiten es hat, findet sich darin wieder. Aufwand und Zeit sind dabei keine Kriterien. Denn Lernen ist nicht Arbeit und Leistung im Sinne von Effektivität, sondern ein Prozess, ist Teil des Lebens von Kindern. Lernen heißt, mit der Hilfe und durch das Vorbild erwachsener Personen und über Erfahrungen mit der Wirklichkeit aus latenten Fähigkeiten Kompetenz zu machen, manifeste Fähigkeiten, Können und Wissen. Lernprozesse haben viel mit Anstrengung zu tun, aber wieder nicht im Sinne der oben beschriebenen Arbeit. Anstrengung heißt in unserem Zusammenhang, alles Sinnen und Trachten darauf zu richten, die Beschaffenheit von Dingen zu entdecken, Zusammenhänge zu erkennen oder Strategien zu ihrer Erforschung und Fertigkeiten zur Dokumentation zu entwickeln, Macht über den eigenen Körper zu gewinnen, Stimmungen zu beherrschen und damit sich selbst, die anderen und die Welt zu verstehen. Lust an Leistung kann nur da entstehen, wo die Wirklichkeit zugänglich und erfahrbar, wo Vorstellungen nachprüfbar und Gesetze einsehbar werden, wo weder Druck noch Angst den Drang nach Können, Wissen und Verstehen begrenzen, und wenn andere die Ergebnisse der Anstrengung wahrnehmen und anerkennen.

Dieser Prozess ist bei jedem Kind einmalig, findet bei jedem heute und jetzt statt; er ist mit keinem anderen Maßstab zu messen als dem Erfüllungsgrad der eigenen Möglichkeiten. Kinder sind bereit und fähig und geradezu gierig, auch große Herausforderungen anzunehmen, verfolgen lohnende Ziele ausdauernd und erfindungsreich. Zugkräfte sind ihr Interesse an der Welt und das Interesse der Welt an ihnen. Da sie neugierig sind, interessiert sie eigentlich alles, was neu, aber nicht allzu fremd und in Reichweite ist.

Die große Bereitschaft, alles auf den Zuwachs an Können und Wissen zu setzen, ist allerdings vollkommen abhängig von inneren und äußeren Kräften: Medium zwischen der Wirklichkeit und den Kindern ist die Person der Lehrerin. Was ihr die Blumenwiese bedeutet, was sie mit ihrem Angebot bezweckt, was sie den Kindern zutraut, wie sie deren Zugang zur Wiese und dem ganzen Drumherum gestaltet und welche Beziehung sie zu den Kindern selbst hat – das alles ist verantwortlich für Intensität und Ausgang des Lernprozesses. Lockt sie die Kinder und spüren diese ihre eigene Faszination an der Sommerwiese, machen sie sich voller Interesse an die Arbeit und hören freiwillig erst auf, wenn sie todmüde sind. Sie brauchen die Freiheit, sich auf ihre Weise, aus ihrer Perspektive und mit ihren vorhandenen Fähigkeiten mit dem Thema zu beschäftigen, und sie geraten in einen Sog aus Aufmerksamkeit, Interesse, Neugier und Lust. Lust an Leistung entsteht also aus der Begegnung mit dem Gegenstand, aus dem spezifischen Interesse der Lehrerin daran, aus der gesamten, auch emotionalen Atmosphäre und aus der vorhandenen Bereitschaft der Kinder.

Deshalb habe ich Schwierigkeiten mit dem mechanischen Begriff Leistung, wenn es um den Lern- und Bildungsprozess von Kindern geht. Wenn ich von den Erfolgen meiner Schüler schwärme, meine ich nicht das, was man unter den üblichen Bedingungen abfragen kann. Dann meine ich ihre große Bereitschaft, sich auf Neues einzulassen, mit Witz und Charme, Begeisterung und großer Leichtigkeit Hürden zu nehmen. Oder sich tagelang zu plagen und nicht lockerzulassen, um sich danach jubelnd und stolz feiern zu lassen – also mal mit leichter Hand, mal in zähem Ringen ihr Ziel zu verfolgen. Und ich preise ihre Fähigkeiten und die Ergebnisse ihrer Arbeit: Bilder, Geschichten, Nachsicht, Aufsätze, Gedichtvorträge, Hilfsbereitschaft, Schönschriften, Tänze, Fairness, Freundlichkeit, Humor und Witz, mathematisches Können, Verzeihen, Aufmerksamkeiten, Großzügigkeit, Fürsorge und Begeisterung. Schwierigkeiten gibt es auch: Über Drückebergerei, Begriffsstutzigkeit, Trägheit oder Sturheit kann man sich fürchterlich ärgern; sie zerren an den Nerven, zehren die Kraft auf. Aber das ist so, weil sie Kinder sind. Und für die riesige Kraftanstrengung, die das manchmal erfordert, mache ich die Verhältnisse verantwortlich, nicht die Kinder. Die Mühe fiele kaum ins Gewicht, wenn sie weniger wären und meine Zwänge auch. Ihre Marotten also sind erträglich und immer wieder überwindbar, wenn der Rahmen stimmt: kleinere Klassen, nicht so viele einengende Vorgaben, vor allem keine Auslese, keine Zensuren.

»Leistungsfeststellung« reduziert die Fähigkeiten von Kindern auf die Stufe pingeliger Verwaltungsvorgänge. Sie beruht auch in der Schule auf dieser rein mechanischen Leistungsformel, und das ist einfach zu wenig: Das über eine bestimmte Zeitspanne hinweg verabreichte Wissen wird an einem festgesetzten Tag innerhalb einer bestimmten Zeiteinheit abgefragt. Der Maßstab wird willkürlich festgelegt und dient der »Selektion« der Schüler – man benutzt tatsächlich diesen durch die Rampe in Auschwitz so überaus kontaminierten Begriff – und dazu, die Kinder zu vergleichen, um sie anzustacheln; obwohl gerade hier jeder Vergleich hinkt und sie eher zusätzlich unter Druck geraten. Das Ergebnis ist die »Leistung«, die dem Kind dann in Form einer Note zwischen Eins und Sechs attestiert wird. Braucht das Kind mehr Zeit, um die Fragen zu beantworten, bedeutet das »nicht gekonnt«. Auch wenn es das abgefragte Wissen eine Woche später kann – für eine gute Note ist es dann zu spät. Ein einziger Maßstab wird an alle Kinder gleichermaßen angelegt, obwohl jedes Kind anders lernt, obwohl es Sprünge und Verzögerungen in ihrer Entwicklung gibt. Und der Maßstab wird so angesetzt, dass ein bestimmter Prozentsatz scheitern muss. Die Gauß'sche Normalverteilungskurve liegt dem Ganzen immer noch zugrunde: Ein kleinerer Teil soll gut abschneiden – die Qualifizierung »hervorragend« ist dabei nicht vorgesehen –, ein größerer Teil mittelmäßig, und ein kleinerer Teil muss schlecht bis miserabel sein. Diese Prämisse widerspricht meinen Intentionen als Lehrerin und dem Ziel einer humanen und erfolgreichen Schule.

Was die Lehrerin getan hat, auf welche Weise sie das Kind motiviert, unterstützt oder herausgefordert hat, gehört in das Ergebnis selbstverständlich mit hinein. Macht man das in der Wirtschaft nicht auch so, aus der dieser Leistungsbegriff ja stammt? Ich kann mir nicht vorstellen, dass sie den »Output« messen, ohne den »Input« zu berücksichtigen. Mit Kindern macht man das. Und entscheidet auf diese stümperhafte und zugleich brutale Weise mit leichter Hand über Schicksale.

Angst vor einer Niederlage, vor einer Blamage und Druck können Erwachsene vielleicht zu Leistungen stimulieren. Manche Menschen brauchen einen gewissen Druck und dringende Termine, um sich aufzurappeln, denn Trägheit und Bequemlichkeit, die Freude am Entkommen aus den Tretmühlen sind groß. Kinder sind anders; sie leben im Augenblick und geben sich dem Lauf der Dinge hin. Tauchen ein in den Sog eines persönlichen Zieles und »leisten« dann unglaublich viel, wenn man das unbedingt so nennen will. Messen kann man diese Leistung nicht – schon gar nicht mit den üblichen Instrumenten.

»Anstrengung ohne Lust macht [...] krank, aggressiv, drogensüchtig«, schreibt Felix von Cube. »Nein, die richtige Losung heißt weder Lust ohne Anstrengung, noch Anstrengung ohne Lust, sie heißt einzig und allein: Lust in der Anstrengung, Lust an Leistung. Dass Lust an Leistung möglich ist, zeigen zahlreiche Beispiele – Bergsteiger, Ärzte, Manager, Künstler, Handwerker u. a. [...].«[64]

Ein Künstler würde mich nicht verstehen, wenn ich ihm anerkennend sagen würde, er habe eine großartige Leistung erbracht. Er freut sich oder ist glücklich, wenn sein Werk geglückt ist. Ist es nicht vor allem die Lust am Malen, Musizieren oder Schreiben, die ihn antreibt, die Lust an der Vervollkommnung seiner Technik, an der Umsetzung seiner Vorstellungen? Das Ergebnis ist sein Kunstwerk.

Leistung ist Lust – und Last. Lust ist sie, wenn man gefunden hat, was einen fasziniert und begeistert, wenn man sich identisch fühlt mit seiner Aufgabe. Last ist sie dennoch, weil wirklich große Befriedigung nicht zu bekommen ist ohne große Anstrengung. Und das müssen und können Kinder nur erfahren, wenn sie sich ohne Angst und Druck, aus eigenem Antrieb und mit vollem Einsatz an die Enträtselung der Welt begeben dürfen.

Dabei entstehen gleichzeitig Meisterleistungen und werden anerkannt; und es gibt winzige Fortschritte, die auch anerkannt werden. Anerkennung wird der Anstrengung gerecht und zugleich dem Ergebnis; Noten stufen ein. Die Meisterleistung wäre eine Eins, meistens ungerecht, weil die Grundlage dafür ja nicht nur in der Schule gelegt wurde; den winzig kleinen Fortschritt aber erfasst vielleicht nicht einmal eine Sechs, obwohl vielleicht eine viel größere Anstrengung dahinter steckt! Da jedes Kind ein Recht auf Entfaltung seiner Fähigkeiten hat, darf ich die eine Meisterleistung nicht mit der anderen vergleichen, muss also auf Noten verzichten. Die Kinder selbst legen ihre eigene Messlatte immer höher.

Wenn es sich sorgt, dass es sie nicht wird überspringen können, wird ein Kind verweigern, wie Springpferde das tun. Auch die brauchen dann ein Zuckerl und den besonderen Zuspruch des Reiters, um es noch einmal zu versuchen. Wenn Kinder sicher sind zu scheitern, fangen sie gar nicht erst an. Wenn ihnen etwas total gegen den Strich geht, verweigern sie. Ganz einfach!

Leistungsbereitschaft beruht deshalb auf der Gewissheit: Wenn die Latte zu hoch ist, gibt es keine Strafe, nicht Spott und Hohn, ist das keine Schande; ich darf selbst entscheiden, ob ich sie niedriger und wann ich sie höher lege. Und ich kann immer wieder neu springen.

Und Leistungsbereitschaft entsteht auf der Basis guter Beziehungen und der Sicherheit, respektiert und geachtet zu werden, unabhängig davon, wie großartig meine Leistung ist und auf welchem Gebiet ich sie erbracht habe.

Ich kann keine Befreiung aus dem Dilemma anbieten, eine Lehrerin in einem Schulsystem zu sein, das keine Ahnung von Kindern hat, nicht haben will und nicht richtig mit ihnen umgeht. Plädieren will ich aber immer wieder dafür, dieses System zu überwinden. Die Finnen, Schweden, Norweger machen es uns vor mit ihrer Devise: »Kein Kind darf beschämt werden!«, die sogar in der finnischen Verfassung steht. In ihren Schulen kommt es auf jedes Kind an; sie sondern keines aus. Jedes wird gefördert, um jedes wird gekämpft. Und selbstverständlich sind sie damit sehr erfolgreich.

Das ist auch meine Devise, auch in diesem System! Die Kinder der Klasse, die ich während der gesamten Grundschulzeit unterrichten durfte, kamen alle ins Gymnasium – zu meiner Überraschung ein empörendes Ergebnis. Erstaunt stellte ich fest, dass das durchaus nicht erwünscht war. Zwei Jahre später hieß es, der Schulrat werde die Ergebnisse einer Lehrerin überprüfen, wenn sie überdurchschnittlich viele Kinder aufs Gymnasium lässt. Unsere Schule ist ein von Misstrauen geprägtes, wasserdichtes Auslesesystem, dem keiner entkommen soll.

Meine damaligen Schüler waren in allen Gymnasien Klassensprecher – ihre sozialen Fähigkeiten wurden rasch erkannt – und haben alle das Abitur gemacht. Sie sind jetzt gerade mit ihren Examina fertig, und wie ich höre, absolvieren sie auch die mit überdurchschnittlichem Erfolg. Felix K. schrieb mir:

> Das wohl Wichtigste und mich immer noch am meisten Prägende ist die Selbstständigkeit, die Du uns schon so früh beigebracht hast. Die Freiarbeit fand ich das Erstaunlichste an Deinem Unterricht. Denn nach allem, was ich nachher so mitbekommen habe, widerspricht Dein Konzept so ganz und gar dem »klassischen« Unterrichtsansatz. Und genau diese Freiarbeit prägt mich noch heute.
>
> Dein ganzes Lern- und Lehrkonzept hat, glaube ich, Leute hervorgebracht, die sich jeder Zeit gern und viel mit neuen Denkansätzen beschäftigen können und wollen. Leute, die für jede Idee offen sind und sich schnell und flexibel in neue Herausforderungen einarbeiten können. So zumindest ist es für mich. Und ich hatte bei unserem Treffen neulich den Eindruck, dass das auch für die anderen gilt.

> Eine andere wunderbare Sache war die Tatsache, dass Du uns von klein auf gezeigt hast, dass wir trotz der ganzen riesigen Unterschiede zwischen uns doch alle gleich im Sinne von gleichberechtigt sind. Dass man so gleich ist, dass man miteinander reden kann und muss. Dass man gleich ist im Sinne von »jeder hat seine Stärken und Schwächen«, und dass man das akzeptieren kann. Und Du hast uns gezeigt, dass man sich gegenseitig helfen muss und vor allem kann. Womit wir dann wieder bei der Freiarbeit wären ... Ich glaube, dass wir dadurch alle so etwas geworden sind, was man heute als »Teamplayer« bezeichnet.

Noten haben bei alldem keine Rolle gespielt, sie liefen fast unbeachtet nebenher und wurden kaum registriert. Alle waren »gut« – nach unseren Maßstäben. Und nach allgemeinen Maßstäben wurden sie »sehr gut«.

Die Überzeugung, Kinder, denen das Lernen Spaß macht, leisteten zu wenig, wenn sie spielend, mit Hilfe ihrer Wahrnehmung, fragend und forschend lernen und dabei Kinder sein dürfen, diese Überzeugung ist schwer zu erschüttern. Man nennt einen solchen – hoch effizienten – Unterricht abwertend »Kuschelpädagogik«. Die Angst vor und das Misstrauen gegenüber kindgemäßen Lernbedingungen sind immer noch groß. Die traditionelle Ignoranz gegenüber alternativen Lehrmethoden, das vorprogrammierte Scheitern der üblichen »Leistungsschule« und eine vollkommene Gefühllosigkeit gegenüber den – ständig missachteten – Grundbedürfnissen junger Menschen, das alles hat miteinander zu tun.

Man suggeriert, in einer gnadenlosen Leistungsgesellschaft könne nur bestehen, wer von früh an nichts anderes will, als der Beste zu sein, wer sich strategisch schlau und rücksichtslos durchzusetzen versteht. Auch nach PISA scheint der Glaube unausrottbar, Kinder müsse man von Anfang an gehörig unter Druck setzen, ständig kontrollieren und vor allem benoten, weil das Gros im Grunde keine Lust habe zu lernen, faul, unbegabt und aufsässig sei ... und weil Lernen eben keinen Spaß mache. Ein unerschütterlicher Irrglaube! Kinder drücken sich, wenn für sie kein »Gewinn« herausspringt, keine interessanten Erkenntnisse oder Spaß und Spannung, Anerkennung. Noten sind da kein Ersatz. Auf – gute – Noten stürzen sie sich, wenn die Sachen allzu reizlos daherkommen, um wenigstens irgendein Stimulans zu haben, vielleicht auch nur, um wenigstens dann ein bisschen Erfolg zu haben! Und sie drücken sich, wenn ihre persönlichen Probleme überhand nehmen.

Genauso verhalten Erwachsene sich auch.

Eine Hochleistungsjugend wird ständig angemahnt, ist dringend gefragt, aber das »System« hat noch nie wirklich definiert, worin diese Hochleistung besteht, ist unfähig, sie auch wirklich hervorzubringen. Also wird monoman immer nur an dieser einen mechanischen Leistungsschraube gedreht – Meisterleistungen sind dabei nicht herausgekommen.

Aber viele Verlierer werden produziert. Wie sie es schaffen sollen, weiter neugierig zu sein, offen auf andere zuzugehen, sich selbst und anderen zu vertrauen, danach wird nicht gefragt. Viele haben nicht die Kraft wie die kleinen ausgemergelten Marathonläufer, die, mehrmals überrundet, vollkommen erschöpft, mit schlotternden Knien, als Bilder des Jammers ihre einsamen, zähen Runden drehen, während die – immer häufiger gedopten – Sieger bereits auf dem Treppchen stehen, vom Publikum umjubelt. Viele Jugendliche steigen aus und verweigern sich.

10 ÜBER DIE ACHTSAMKEIT

Zugleich mit den vielen Fertigkeiten müssen Kinder auch lernen, bewusst mit ihren Stimmungen, mit den eigenen und den Gefühlen und Empfindlichkeiten der anderen umzugehen. Emotionale Intelligenz ist die Basis für ihr Denken, Wissen und Können. Die Schulung der Gefühle ist kein Luxus, sondern Bedingung für die optimale Entfaltung des Verstandes, Voraussetzung auch für ein glückendes Leben. Sie bedingen einander: Verstand und Gefühl sind eng verknüpft, eins ist ohne das andere nichts wert; gemeinsam machen sie den Menschen aus. Gefühle sind zunächst körperliche Reaktionen auf positive oder negative Erfahrungen: Magendruck, Herzklopfen, Schwäche, Blutleere im Kopf ... Diese Empfindungen müssen wir wahrnehmen und benennen, müssen die Wahrnehmung und Sprache für Gefühle lernen. Im Idealfall als Kleinkind von den ersten Erwachsenen. Und spätestens in der Kindheit, gemeinsam im gemeinsamen Leben mit anderen. Die Hilfe zur Entfaltung emotionaler Intelligenz ist eine zentrale Aufgabe der Grundschule, und mein erwachsenes Vorbild spielt hier selbstverständlich eine große Rolle. Wie ich mit ihnen umgehe, so gehen sie miteinander um.

Emotionale und soziale Meisterschaft ist kein Beiwerk zu Intelligenz und Know-how, nicht nur die Basis für ein erfülltes Privatleben; »emotionale Intelligenz« ist eine der vielen Spielarten von Intelligenz, die zusammen eine Persönlichkeit ausmachen. Dass sie bei uns »Soft Skills« genannt werden, ist meiner Ansicht nach bezeichnend für unsere Schwierigkeiten im Umgang mit Gefühlen. Teamfähigkeit, Empathie, Kreativität, Einfühlungsvermögen, Integrationsbereitschaft, Höflichkeit, Selbstbeherrschung, Neugier oder Kommunikations- und Konfliktfähigkeit halte ich für so entscheidende Fähigkeiten, dass man dafür ein gebräuchliches deutsches Wort benutzen sollte, Achtsamkeit vielleicht, damit jeder weiß, was gemeint ist und es sich als wichtig herumspricht. Auf diese Weise völlig verfremdet, spielen die Kernfähigkeiten eines gebildeten Menschen eine winzige Nebenrolle in unseren ansonsten auf Ausbildung bedachten Schulen. In Randstunden beschäftigt man sich an Realschulen und Gymnasien mit diesem zentralen menschlichen Potenzial: »Skillstunden« heißen sie – und werden bei Bedarf als erste aus dem Stundenplan gestrichen.

Fähigkeiten wie soziales Wahrnehmungsvermögen seien Talente, die eine Erziehung pflegen könne, statt sie zu übergehen oder gar zu unterbinden, schreibt Daniel Goleman. »Indem sie die Kinder ermutigt, ein breites Spektrum jener Fähigkeiten zu entwickeln, die sie später einmal wirklich brauchen, um erfolgreich zu sein oder auch nur in dem, was sie tun, Erfüllung zu finden, wird die Schule zu einer Bildungsstätte für Lebenskenntnisse.« Und er zitiert aus einem Gespräch mit Howard Gardner, der mit seinen Studien die Macht des IQ brach:

> Es ist an der Zeit, unsere Vorstellung über das Spektrum der Talente zu erweitern. Das Wichtigste, was Erziehung zur Entwicklung eines Kindes beitragen kann, ist, ihm zu einem Bereich zu verhelfen, in dem seine Talente ihm am besten zustatten kommen, wo es zufrieden und kompetent sein wird. Das haben wir völlig aus den Augen verloren. Wir unterwerfen jeden einer Erziehung, bei der man sich, wenn man erfolgreich ist, am besten zum Professor eignet. Und dabei bewerten wir jeden danach, ob er diesem kleinkarierten Erfolgsmaßstab genügt. Wir sollten weniger Zeit darauf verwenden, die Kinder nach ihren Leistungen einzustufen, und ihnen stattdessen helfen, ihre natürlichen Kompetenzen und Gaben zu erkennen und diese zu pflegen. Es gibt Hunderte und Aberhunderte von Wegen zum Erfolg und viele, viele verschiedene Fähigkeiten, mit denen man ihn erreicht.[65]

VERTRAUEN MACHT STARK

Vertrauen ist ein Grundelement jeder Beziehung und für Kinder Lebenselixier. Vertrauen in die Menschen hat zunächst jedes Kind, dessen Grundbedürfnisse nach Nahrung, Liebe und Sicherheit erfüllt werden. Im Laufe des »Erziehungsprozesses« verlieren viele Kinder dieses Vertrauen, wenn sie auf unzuverlässige, egoistische, lieblose Erwachsene treffen. Sie sind aber so furchtbar angewiesen auf uns, brauchen unseren Schutz so unbedingt und können in einem emotionalen Vakuum nicht gedeihen; sie brauchen uns, um über unser Beispiel sich und die Welt zu verstehen. Sie brauchen unsere Zuwendung, Zuversicht und Gewissheit, dass ihnen das Leben gelingt.

Vertrauen hat eine magische Kraft. Zwischen dem Erfolg von Kindern und der Erwartung der Erwachsenen an sie besteht ein unausgesprochener, aber direkter Zusammenhang. Der Dokumentarfilm »Rhythm is it!« lässt uns die Entfaltung eines Haufens unmotivierter und verunsicherter Jugendlicher aus sozial schwachen Berliner Familien verfolgen. Kraftlos und ohne jede Energie, können sie anfangs kaum gerade stehen. Ihre feste Überzeugung ist, nichts zu können. Die Bereitschaft der Tanzmeister und des Choreografen, den Jugendlichen alles zuzutrauen und sie herauszufordern, lässt diese über sich selbst hinaus wachsen. Und dann tanzen sie leidenschaftlich, diszipliniert und voller Energie; und ein außergewöhnliches Tanztheater – Strawinskys »Le Sacre du Printemps« – ist das umjubelte Ergebnis des Vertrauens, das man in sie gesetzt und der Aufmerksamkeit, die man jedem Einzelnen geschenkt hat. Ein bewegender Film, auch weil die Erwachsenen durchdrungen sind von dem Wunsch, den Jungen eine Perspektive zu geben.

Das Vertrauen der Lehrerin in ihre Fähigkeiten gibt Kindern eine Chance, ist die Basis für ihr Selbstvertrauen. Selbstwertgefühl kann sich erst richtig entfalten durch das Vertrauen der anderen. Wenn Eltern oder Lehrerinnen sicher sind, dass ein Kind scheitern wird, ist die Wahrscheinlichkeit zu scheitern ungleich höher, als wenn sie es mit ihrer Zuversicht begleiten.

Misstrauen aus Prinzip ist der Kern der »schwarzen Pädagogik«;

und dieses Misstrauen bekommt ständig neue Nahrung, denn Kinder sind umso niederträchtigere Monster, je unentrinnbarer sie dem Misstrauen und der Brutalität Erwachsener ausgeliefert sind. Sie scheinen es immer wieder neu zu rechtfertigen– ein Teufelskreis. Sensibel und aufmerksam verfolgt der Film »Die Kinder des Monsieur Mathieu« die Eskalation von Gewalt und Gegengewalt zwischen den wahrhaft bösartigen Zöglingen eines Internats und ihren verrohten Lehrern. Und wie das geradezu naive Vertrauen des neu angekommenen Lehrers Monsieur Mathieu schließlich alles verändert: Er studiert mit diesen Jungs seine selbst komponierten Chöre ein. Dieser eine bescheidene Mensch mit seiner heimlichen Leidenschaft für Chormusik traut ihnen einfach zu, diese singen zu wollen und zu können; weil er die systematische Zerstörung seiner Schüler nicht erträgt und seine Musik endlich hören will. Sie brauchen gerade das: Vertrauen und Herausforderung – und sie singen wie die Engel.

Ich setze die Kraft meines Vertrauens bewusst ein: Manchen Kindern vertraue ich meinen Schulschlüssel an, um sie zu stärken. Einmal in der Woche haben wir vor der großen Pause Sport, danach muss ich Aufsicht führen. Ein Dilemma, weil ich die geliebte Sportstunde mindestens zehn Minuten früher beenden müsste, um die Turnhalle abzusperren, die Kinder aus dem Klassenzimmer ihr Pausenbrot holen zu lassen, zu warten, bis der Letzte damit fertig ist, die Klassenzimmertüre wieder abzusperren und pünktlich im Pausenhof aufzutauchen. Aus diesem Dilemma hilft mir eine komplexe Lösung, die vielen Bedürfnissen dient. Ich übergebe jeweils einem besonders bedürftigen Kind meinen heiligen Schlüssel, Teil der Schließanlage – 1000 Euro wert –, mit dem Auftrag, das Klassenzimmer abzuschließen, wenn alle ihr Pausenbrot geholt haben, und ihn mir in den Hof zu bringen.

Das klappt immer! Mit inbrünstiger Zuverlässigkeit erfüllen sie meinen Auftrag – und wachsen daran, als »Lordschlüsselbewahrer« sozusagen. Mein Vertrauen macht sie selbstbewusst und zuverlässig, und ihre Ernsthaftigkeit dabei rührt mich.

Florian hat jegliche Zuversicht verloren, als er im zweiten Schuljahr zu mir kommt. Wie geprügelt zuckt er zusammen, wenn ich ihn auch nur anschaue. Ihn haben sie im ersten Jahr zu einem vor Angst geradezu bebenden Jungen gemacht, weil er nicht lesen und schreiben lernen konnte. Die Lehrerin in der ersten Klasse hat ihn gezwungen vorzulesen, obwohl er kein Wort lesen konnte, ihn gezwungen, wöchentliche »Nachschriften« zu schreiben, obwohl er nicht schreiben konnte, und sein Unvermögen jedes Mal mit einer roten Sechs kommentiert. Damit und mit anderen ausgetüftelten Grausamkeiten demütigte sie ihn in einer Weise, dass ihm aller Mut abhanden kam; dann wollte sie ihn in die Sonderschule abschieben. In einer so genannten »Diagnose- und Förderklasse« landete er nur nach ausdauerndem Kampf seiner Eltern. Dort zeigte sich, dass er aus irgendeinem Grunde die Form der Buchstaben und ihren Klang einfach nicht zusammenbringen konnte, also auch Wörter nicht lesen oder gar verstehen konnte. Er hat – wie man das in diesem Spezialjargon nennt – eine »Teilleistungsschwäche«. Nach zwei Jahren in dieser Klasse kommt er in unsere dritte Klasse. Mit Panik in den Augen verfolgt er das Geschehen. Ihm das Vertrauen in sich und die Welt zurückzugeben ist eine große Herausforderung für mich: niemals bloßstellen, niemals überfordern, ihn jeden seiner Schritte selbst entscheiden lassen, um die Schwäche herum starke Sicherheiten bauen. Meine Strategie für dieses Kind hat Erfolg – ich entwickle sie zu meiner Gesamtstrategie.

Beim Volkstanz ist Florian mein Partner, weil er viel größer ist als die anderen, und diese Bevorzugung genießt er natürlich. Und er wird unser »Lordaquariumsbewahrer«. Umsichtig und liebevoll mit den Fischen, dem Wasser und den anderen Kindern versorgt er sowohl die Fische mit dem Nötigsten als auch die Kinder mit Aufgaben, nach denen alle gieren.

Ich vertraue Florian die Fische an, um sein Selbstbewusstsein zu stärken und ihm bei den anderen Anerkennung zu verschaffen, was er am meisten braucht. Er wiederum vertraut den anderen das Füttern an, weil die das auch brauchen.

Aus lauter Dankbarkeit übernimmt Florians Mutter zeitweise die Betreuung eines Kindes aus der Klasse, dessen Mutter sterbenskrank ist. Dieses Kind hat dort einen festen Platz in der schlimmsten Zeit.

Ich gebe deutschen Kindern den Auftrag, Neuankömmlingen aus

fremden Ländern beim Eingewöhnen zu helfen – eine höchst erfolgreiche Doppelstrategie. Alle lernen viel dabei.

LANGMUT UND AUSDAUER

Es ist wie bei allen anderen Lernzielen. Hat man stehen gelernt, will man laufen. Kann man sicher laufen, will man Rad fahren. Kann man Rad fahren, will man schnell fahren und sich in die Kurven legen. Schließlich will man freihändig fahren oder zu zweit – jeder auf einem Pedal. Schulkinder lernen so, wenn es sich lohnt.

Entdecken sie, dass es Spaß macht, Buchstaben zu schreiben, merken sie, dass das einmal besser gelingt und einmal schlechter. Dann wollen sie es besser können. Sie probieren und üben so lange, bis es immer gelingt. Aus eigener Lust am Können! Sind sie einander wohlgesonnen, spornen sie einander an, ohne Konkurrenzgefühle. Wettbewerb allerdings gibt es. Wenn einer sieht, dass der andere etwas besser kann, will er das auch schaffen. Aber nicht unbedingt besser, weil das bei uns kein Kriterium ist.

Diese Leidenschaft entsteht, wenn Kinder die freie Wahl haben. Die eigene Entscheidung und der Austausch untereinander setzen enorme Durchhaltekräfte frei, die sie auf Anordnung kaum entwickeln würden. Sie spornen einander an, präsentieren ihre Ergebnisse und sonnen sich in der Anerkennung der anderen. Sie ruhen nicht, bis sie ihre Form der Meisterschaft gefunden haben.

Carla ist ein unglaublich schwieriges Mädchen. Sie kann sich nur entwickeln durch meine konsequente Bereitschaft, auf sie einzugehen, ihr verkehrtes Benehmen nicht durchgehen zu lassen, mich ihr trotzdem immer wieder zuzuwenden und Alternativen anzubieten. Andauernd streitet sie mit den anderen Mädchen, streckt ihnen grundlos die Zunge heraus und zwickt sie, heimlich, ganz nebenbei, dass die entsetzt aufschreien, so unerwartet kommt der Schmerz. Sie macht sich sehr unbeliebt, und auch mich kostet es ziemliche Überwindung, trotzdem noch freundlich mit ihr umzugehen. Ich lobe sie, wo immer es geht, ich setze sie als Lesehelferin ein, weil sie gut lesen kann. Ich versuche, Kontakte zu anderen Mädchen herzustellen – es wird nur sehr langsam besser. Der erste Durchbruch kommt, als sie nach monatelangem Üben Seilhüpfen kann. In jeder Turnstunde übt sie Seilspringen, lässt nicht ab, findet schließlich Mithüpferinnen. Wann immer ein Kind etwas unermüdlich üben muss, rate ich ihm: »Üb wie Carla!« Ich sporne sie an, bewundere sie, hebe sie vor der Klasse als Beispiel für Konsequenz und Durchhaltekraft hervor. Schließlich kann sie es! Am nächsten Tag schenke ich ihr ein kleines Buch als große Anerkennung; die ganze Klasse applaudiert. Das ist ihr erster großer Schritt in die Gemeinschaft. Den nächsten Schritt tut sie, nachdem sie im Krankenhaus war. Ich bitte die Kinder, sich abzusprechen und ihr abwechselnd täglich ein Briefchen zu schreiben. Das tun sie bereitwillig, malen ihr Bilder dazu, erzählen ihr, was sie in der Schule gerade machen. Diese täglichen Briefe verändern das Kind. Als sie zurückkommt, ist sie sanft und freundlich, offen und bereit, mit den anderen friedlich auszukommen.

Irgendwann hat sie einen Rückfall und zwickt ein Mädchen sozusagen aus dem Hinterhalt; überraschend für mich selbst zwicke ich fix zurück. Erschrocken fährt sie zusammen – es tut ihr weh – und ist endgültig geheilt.

Kurze Zeit später sagt sie zu mir: »Seit ich lieb bin, macht mir die Schule jeden Tag Spaß.« So einfach ist das!

Als Lehrerin der ersten Schuljahre kann ich sehr viel erreichen, wenn ich ausdauernd durchhalte. Wenn man diese Kinder als Kinder wahrnimmt, die auf dem Weg sind, und wenn man mit Humor auf all diese kleinen und größeren »Macken« reagiert. Beim einen oder anderen Kind, wenn es zu Hause vollkommen anders zuging als bei mir, konnte ich vielleicht nicht viel erreichen, aber ich bin sicher, dass positive Erfahrungen tagein, tagaus nicht spurlos bleiben.

ERKENNEN UND ANERKENNEN

Sahin tritt seinen allerersten Schultag in einem schwarzen Anzug an, einem Festtagsanzug; um den Kragen seines weißen Hemdes ist eine

Fliege gebunden, und seine schwarzen Haare sind mit Wasser oder Brillantine geglättet. Genauso sieht auch sein sehr viel kleinerer Freund Ümit aus. Stumm und mit großen, staunenden Augen verfolgen beide, was in der Schule vor sich geht. Sahins Mutter, eine stattliche Türkin, bringt ihn die ersten Wochen jeden Tag bis an seinen Tisch, stellt ihm mit resoluter Gebärde die Schultasche hin, macht sie auf, holt das Federmäppchen und ein Heft heraus, zeigt ihm sein Pausenbrot, grüßt mich flüchtig und geht wieder. Für mich ist klar: Mamakind; überbordende Mutter traut ihrem Sohn nichts zu, hält ihn unter ihren Fittichen! Wird schwierig werden. Die Lehrerin nimmt sie überhaupt nicht wahr. Sind Türken so?

Ich hatte noch nie türkische Kinder in meiner Klasse gehabt, von anderen Lehrerinnen aber gehört, die türkischen Buben seien verwöhnt, von ihren Müttern verhätschelt und fürchterliche Machos. Wenn sie älter würden, hätte man als Lehrerin überhaupt keine Autorität. Die Auftritte von Sahins Mutter verwandeln dieses vage Hörensagen in ein zartes Vorurteil. Sahin ist unselbstständig – bei dieser Mutter nur zu verständlich –, ein bisschen dicklich, ein bisschen ängstlich, vorsichtig…

Ich habe den kleinen Jungen zunächst einmal festgelegt, mir rasch ein Bild gemacht, das wird er schwer wieder loswerden. So weiß ich immer, wie ich ihn behandeln muss, und werde keine unliebsamen Überraschungen erleben. Von Amts wegen sind wir gehalten, »Schülerbeobachtungen« anzufertigen. Die verwenden wir selbst oder geben sie an die nächste Kollegin weiter, damit jede gleich weiß, wie die Kinder und die dazugehörigen Eltern einzuschätzen sind.

Gleichzeitig übersehen wir aber, dass wir dann immer gleich hinschauen, obwohl Kinder sich doch ständig verändern; dass wir Zeichen missdeuten könnten; dass wir vielleicht überhaupt nichts verstehen. Vor allem ignorieren wir, dass unsere Festlegungen Kinder lähmen und neue Entfaltungen unter Umständen gar nicht mehr zulassen. Oder dass wir diese nicht mehr sehen.

Sahin und Ümit, die beiden türkischen Buben, sitzen nebeneinander, lieb und aufmerksam, helfen einander und finden – natürlich – die Schule im fremden Land mit der fremden Lehrerin und den vielen anderen Kindern aus den vielen verschiedenen Ländern beängstigend. Da bei ihnen zu Hause Türkisch gesprochen wird, müssen sie jeden Morgen einen weiten Weg zurücklegen, bis sie in der deutschsprachigen Schule ankommen. Es spricht sehr für ihren Mut und ihre Tapferkeit, dass sie das schließlich allein, ohne den Rockzipfel der Mutter wagen – jeden Tag. Und sie schaffen es, im Klassenzimmer nicht Türkisch miteinander zu sprechen, aus freien Stücken, obwohl sie ja Deutsch nicht richtig können. Eine unglaubliche Leistung!

Ich merke, dass sie mich einigermaßen verstehen können. Aber ich weiß nicht, was sie nicht verstehen. Ich weiß, dass viele Türken aus kleinen Dörfern stammen. Also nehme ich an, dass Sahins und Ümits Eltern auch aus einem Dorf nach München gekommen sind – Welten liegen dazwischen. Sie sind scheu, und ich bin scheu. Aber ich will sie kennen lernen, und so taste ich mich vorsichtig an sie heran.

Sahin zeigt mir eine neue Seite, als ich im Sportunterricht die Kinder »spaßraufen« lasse. Auf einer dicken Matte dürfen immer zwei Kinder miteinander raufen, im Spaß, mit der eisernen Regel, einander nicht wehzutun. Wenn der Gegner am Boden liegt, zählt man bis zehn, und der Kampf ist zu Ende. Deshalb ziehen die Kinder vor Beginn des Kampfes die Schuhe aus. Die Buben lieben dieses Spiel; die meisten Mädchen brauchen einige Zeit, bis sie sich trauen, auch mitzumachen.

Sahin steht da, dribbelt wie ein Boxer behend und leichtfüßig hin und her, gelassen und ruhig, packt seinen »Gegner« und legt ihn mit geschicktem Fuß- und Handgriff auf die Matte. Sofort will es der Nächste wissen und stellt sich zum rituellen höflichen Gruß auf. Sahin dribbelt locker und schon selbstbewusster, packt den neuen Gegner und legt ihn mit einer geschickten Bewegung wie den ersten auf die Matte. Alle Buben werden aufmerksam. Sie stellen sich in einer Reihe auf, und einer nach dem anderen muss sich von Sahin besiegen lassen: ernsthaft, sachlich und fair, als erledige er ein wichtiges Geschäft.

Das macht uns allen großen Spaß, und Sahin ist der König der Turnstunde, ja des Tages. Keiner kann ihn auf die Matte legen. Sahin ist stolz auf sich; selbstbewusst spricht er mich in der folgenden Pause auf seinen Erfolg an und lässt sich loben. Vielleicht fühlt er sich ein bisschen besser »erkannt« von uns, das heißt, er konnte uns zeigen, was er »kann«. Er ist kein hilfloses Mamakind, sondern ein körperbewusster und in sich ruhender Junge. Von da an wird er zunehmend sicherer mit den Kindern und mit mir, auf allen Gebieten. Die anderen respektieren ihn; mit der Erfahrung, geachtet zu werden, kann er sich frei bewegen.

Einmal mehr habe ich erfahren und gelernt, dass es für mich und die Kinder besser ist, nicht zu schnell über sie Bescheid zu wissen. Und vor allem, dass jedes Kind wahrgenommen werden will, dass es aus der Gruppe heraustreten und sich zeigen will. Meine Freude an ihnen ist Bestätigung, Ansporn und bereichert die Beziehung.

DAS BESTE FÜR JEDES KIND

Ümit war sehr klein, als er in die Schule kam. Seine Finger waren ungelenk, und er konnte lange Zeit die Buchstaben nicht richtig schreiben. Sehr verspielt, wollte er immer nur mit seinen Freunden herumtollen. Die Mutter hatte mir schon in der ersten Schulwoche erzählt, sie glaube nicht, dass er schulreif sei.

Mein eiserner Vorsatz ist, jedem Kind, das mir anvertraut wird, zunächst alles zuzutrauen, es mit all meinen Kräften zu unterstützen und seine Stärken zu nutzen, um Schwächen auszugleichen. Ümit ist rasch sehr beliebt, weil er so lustig ist; auch ich bin entzückt von ihm. Er kann wunderschöne, witzige und eigenwillige Bilder malen. Aber alles andere rauscht mehr oder weniger an ihm vorbei. Eigentlich versteht er überhaupt nicht, was von ihm erwartet wird; zunehmend verunsichert ihn das. Schließlich lernt er durch konsequentes tägliches Üben mit mir doch allmählich ein bisschen lesen, und am Ende des ersten Schuljahres liest er, mühsam noch, kleine Sätzchen. Dann kommen die großen Ferien; sieben Wochen verbringt die Familie in der Türkei.

Am Anfang des zweiten Schuljahrs kann Ümit kein Wort mehr lesen, nicht schreiben, und das Rechnen hat er auch vergessen. Tagelang sitzt er wie geistesabwesend auf seinem Stuhl. Besorgt beobachte ich ihn.

Schließlich setze ich mich mit ihm in eine Ecke und frage ihn nach seinen Erlebnissen in der Türkei, lasse mir genau erklären, wie es dort aussieht.

Ganz allmählich kann ich mir Ümits Lebensumstände ein wenig vorstellen. Sein Großvater, den er über alles liebt, ist sehr krank, lag immer im Bett, und Ümit hat viel Zeit bei ihm verbracht. Dieser Großvater hat ihm einen Hund geschenkt, Ümits große Liebe. Er erzählt mir lange Geschichten über diesen Hund und malt Bilder von ihm. Und mit all seinen Gedanken, mit seiner ganzen Seele ist er in diesem Dorf geblieben. Alles, was er hier in München gelernt hatte, musste er vergessen – vielleicht aus Protest, vielleicht aus Solidarität mit dem türkischen Großvater. Genau weiß ich es nicht.

Er malt mir ein Bild von seinem Dorf, das Bild seiner ganzen Sehnsucht, mit allem drauf, was ihm lieb und teuer ist. Ich schreibe darunter: *Meinen Sassa, meinen Opa, das Haus und den Garten vermisse ich sehr. Und bald fahre ich wieder hin.*

Die Worte entziffert er mit meiner Hilfe, liest sie immer wieder, versteht schließlich, was da steht, und lächelt mich zum ersten Mal wieder an.

Das Lesen und Schreiben aber hat er fast verlernt. Schließlich spreche ich mit der Mutter, und wir verabreden, noch eine Weile zu warten, dann aber mit ihm über die Möglichkeit zu sprechen, das Schuljahr zu wiederholen. Eine Kollegin ist bereit, Ümit eine Woche in ihre erste Klasse zu nehmen. Die Kinder bitte ich, ihm zu helfen, weiter mit ihm in der Pause zu spielen, ihn, wenn nötig, zu beschutzen.

Nach dieser Woche möchte er zu uns zurück. Es sei ihm zu langweilig, er könne schon alles, und die Kinder dort seien »zu laut«. Ich versuche ihm den Wechsel schmackhaft zu machen, aber er kommt oft zu mir und wirkt unglücklich. Seine Mutter erzählt mir mehrmals sorgenvoll, er sei traurig, habe häufig Nasenbluten und könne nicht einschlafen.

Ich werde wieder unsicher, entscheide aber, noch etwas zu warten, bevor ich ihn eventuell wieder in meine Klasse zurücknehme. Ich hätte Ümit gern vorübergehend wieder eine Woche zu mir genommen, damit er besser hätte entscheiden können: ob es für ihn schöner ist, in der anderen Klasse alles gut zu verstehen oder bei uns immer unsicher zu sein und hilflos ständig zuschauen zu müssen, wie andere viel mehr können. Trotz der Freiarbeit, die es möglich macht, ohne »Sieger« und »Verlierer« zu arbeiten, bin ich doch unter dem Druck, ein bestimmtes Pensum zu erreichen. Ich muss Noten geben und weiß, dass ab dem dritten Schuljahr in unserem System dann der Schock umso größer werden würde für den Jungen. Einen allzu großen Leistungsunterschied – bei 27 Kindern – würden die nächste Lehrerin und die Schulleitung nicht tolerieren.

Mein Wunsch, Ümit wieder zur Probe zu mir zu nehmen, wird von der Schulleitung als übertriebene Rücksicht aufgenommen, man hat keinerlei Verständnis dafür. Also entscheiden wir uns schweren Herzens, Ümit in der anderen Klasse zu lassen und ihn weiter liebevoll zu betreuen. Sein Freund Sahin ist die Verbindung zwischen ihm und uns, und um Weihnachten herum hat Ümit den Wechsel auch innerlich geschafft und beginnt davon zu profitieren. Jetzt kann er souverän mit all den Anforderungen der Schule umgehen, wird selbstsicher und wieder fröhlich.

Es geht um jedes einzelne Kind, mit seinen individuellen Lebensumständen; jedes Kind braucht besondere Antworten auf seine Schwierigkeiten. Gäbe es nicht den »Übertritt«, diesen tiefen Einschnitt nach dem vierten Schuljahr, Ümit hätte Zeit gehabt, sich in aller Ruhe zu entwickeln. Eine andere Schule hätte für Ümit noch andere Wege gefunden. Wenn es im Tagesheim einen Platz für ihn gegeben hätte, hätte er mehr Deutsch gesprochen, am Nachmittag mit deutschen Kindern gespielt. Einer wie Ümit hätte nicht wiederholen müssen. Aber wir haben ihm wenigstens gezeigt, dass er uns wichtig ist, und dass wir ihn nicht für einen Versager halten.

AUSSENSEITER

Ein Vormittag in einer Montessorischule. Ich schaue einem Viertklässler eine halbe Stunde zu. Ohne Pause arbeitet er an einer großen Multiplikation – 927 x 39 – am großen Multiplikationsbrett. Ein komplizierter Vorgang. Es wird nicht, wie bei der schriftlichen Multiplikation, mit Einern malgenommen und das Ergebnis einfach an die entsprechende Stelle, die Einer-, Hunderter-, Tausenderstelle etc., geschrieben. Auf diesem Brett werden jeweils 10 Einerkügelchen umgetauscht in ein Zehnerstäbchen, 10 Zehnerstäbchen in 1 Hunderterstäbchen etc. und in die entsprechenden Bereiche gelegt. Es ist der Umgang mit reiner Mathematik, was wir in der Regelschule nicht machen. Bei vielen Buben kommt die Beschäftigung mit Mathematik ihrer Fähigkeit entgegen, die linke Gehirnhälfte mehr zu benutzen, auch spielerisch mit mathematischen Zusammenhängen umzugehen.

Dieser Junge erklärt mir nebenbei, wie man das macht, probiert dann weiter und gibt nicht auf, obwohl er nicht zurechtkommt. Nach etwa vierzig Minuten geht er ruhig zur Lehrerin, die mit anderen Kindern beschäftigt ist, und sagt: »Ich hab's nicht hingekriegt.« Sie: »Das haben wir gleich, ich komm gleich zu dir.«

Sie erzählt mir, er sei aus der Regelschule als totaler Außenseiter gekommen, vollkommen verzweifelt und wütend und destruktiv. Er habe tagelang mit einer Mütze über dem Kopf unter dem Tisch gesessen und nur gebrüllt, wenn ihn jemand angesprochen habe. Nur wenn sie um seine Hilfe gebeten habe, habe er kurz seine Schutzzone verlassen und bereitwillig geholfen. Allmählich habe er gemerkt, dass niemand ihm übel wolle, und sich vorsichtig und das Terrain sichernd zu ihnen gesellt.

Und jetzt sitzt er gelassen und konzentriert da, kämpft sich entschlossen durch, genießt seine Erfolge und erträgt seine Misserfolge. Am Ende aller Hoffnung war er aus der Regelschule gekommen, mit letzter Kraft, und nach kurzer Zeit, ohne aufwändige Therapie, müht er sich selbstbewusst, zielstrebig und ausdauernd um ein Geheimnis der Mathematik. Weil er als gleichwertig respektiert und wertgeschätzt wird. Weil ihn niemand aussondern will. Wertschätzung und Mitgefühl haben ihn geheilt; niemand hat ihn ausgelacht, weil er nicht mehr konnte.

Im normalen Schulalltag steht der Außenseiter rasch fest; manche Kinder kommen bereits als solche aus dem Kindergarten. Und bereitwillig nehmen alle die Möglichkeit wahr, sich ihren Außenseiter zu erhalten. Denn es ist angenehm, alles Böse und Schlechte, alles Versagen dem Außenseiter aufzuladen. Der »Sündenbock« – er zieht sich durch die Rituale der Menschheitsgeschichte – übernimmt die Sünden der anderen, wird an ihrer Stelle geprügelt; sie behalten ihre liebe und brave Außenansicht und bleiben unter sich. Nur, diese Selbsthygiene macht unempfindlich für die Not anderer, macht hart, unehrlich, verlogen und kleinlich. Die Existenz eines Außenseiters verleitet die Mehrheit zur Überheblichkeit; sie lernen zu heucheln, zu treten, zu quälen. Die Existenz eines Außenseiters sagt viel über den Geist in einer Klasse, sie prägt die Beziehungen und Gesichter der Kinder.

Außenseiter sind manchmal die Stillen, die sich ängstlich zurückziehen; die »Angeber«, die immer vorneweg sein, sich vordrängeln und das große Wort führen müssen, die keine Ahnung von ihrer störenden Wirkung haben; die Aggressiven, die ihre Angst durch heftiges Auftreten und ständige Raufereien überwinden wollen. Und die Ehrgeizigen. Manche Kinder erobern sich im Handumdrehen jedes Terrain. Immer sind sie vorn, schnell registrieren sie, was verlangt wird, und schon haben sie die Lösung. Während andere noch nachdenken, besetzen sie bereits die vorderen Plätze.

Anna kommandiert gern die anderen Kinder herum und erwartet selbstverständlich, dass sie ihr folgen. Die einen tun das anstandslos, bei anderen stößt sie auf Widerstand. Der intelligenten Anna steht der Anspruch im Weg, Erste sein zu müssen. Sie kann keine wirkliche Beziehung eingehen, keine Freundschaft schließen, ist Einzelgängerin und leidet darunter. Sehnsüchtig schaut sie den anderen zu, die gelassener und fröhlicher sein können. Anna braucht den Ansporn, sich sozial zu verhalten. Ich sage ihr, dass ich es großartig finde, was sie alles könne, wie sie ihre Aufsätze schreibe, wie gut sie turnen und malen könne. Und ich bräuchte sie zur Unterstützung. Für jede kleine hilfsbereite Geste lobe ich sie, für jede Freude, die sie einem anderen Kind macht. Allmählich findet sie Gefallen daran und kommt den anderen ein bisschen näher.

Außenseiter haben kein Selbstvertrauen, sind immer auf der Hut, sind sich ihrer wirklichen Fähigkeiten nicht bewusst. Es kommen immer mehr in dieser Weise »verstörte« Kinder in die Schule. Und meistens verstärken sich hier ihre Defizite, weil von ihnen genau das verlangt wird, was sie nicht können: sich bezähmen, zusammennehmen, Wünsche aufschieben, bescheiden auch einmal warten, bis sie dran sind, dauernde Niederlagen aushalten, sich in die Gruppe einordnen …

Einer dieser »Gezeichneten« outet sich bereits am zweiten Schultag nach Schulbeginn in meiner Klasse als Außenseiter. Nähert er sich einem Mädchen, schreit das schon von weitem: »Lass! Hör auf!« und ruft mich um Hilfe, obwohl er überhaupt nichts getan hat. Sie haben dieses Spiel offensichtlich bereits im Kindergarten eingeübt. Aber dann sehe ich am nächsten Tag, wie Christian mit leicht sadistisch gefärbtem Grinsen auf einen Jungen zugeht, ihm auf den Kopf schlägt und aufmunternd ruft: »Spielst du heut mit mir?« Der dreht sich um und haut zurück – hinterher hat der Angreifer keine Ahnung, was eigentlich geschehen ist.

Ich entwickle eine gemischte Strategie. Um den Kampf zu stoppen, stelle ich mich neben Christian, lege meine Hand auf seine Schulter, beruhige den anderen und biete ihm an, Christians Attacke vielleicht nicht ganz so schlimm zu finden: »So ganz schlimm war's nicht, oder?« Und zu Christian sage ich: »Lass es, das mag niemand!« Aber ich lasse meine Hand auf seiner Schulter.

Den allzu eifrigen Petzern kein Ohr leihen, dem »Schwierigen« seine unpassenden Verhaltensweisen bewusst machen. Wenn die Dinge eskalieren, mit allen ein ruhiges Gespräch führen. Wir setzen uns auf den runden Teppich, eng beieinander; jeder darf sagen, was er zu sagen hat, und die anderen müssen zuhören. Ich höre vor allem erst einmal zu. Der Dialog unter den Kindern ist wichtig.

Nicht selten melden sich dann auch Verteidiger des »Missetäters«, die wissen, dass er heimlich provoziert wurde. Allmählich relativieren sich die Positionen – Täter und Opfer –, und alle müssen genau hinschauen. Beruhigend wirkt, dass nichts unter den Teppich gekehrt wird, dass ich gegen niemanden Partei ergreife; wenn sie spüren, dass alle dazugehören.

Adrian, ein Pole, der rasch lesen und rechnen lernt, bleibt in den ersten Wochen isoliert und wirkt einsam. Das macht mir Sorgen, weil ich auch nicht so richtig an ihn herankomme. Beruhigend, wenn wenigstens andere ein Kind mögen, das mir nicht so liegt. Aber den anderen geht es ähnlich; sie haben ähnliche Erfahrungen mit ihm: Er gehört nicht dazu, und keiner mag ihn so recht. Obwohl er niemandem etwas tut. Immer wieder bemühe ich mich um ihn, kann ihn mir aber nicht vertraut machen.

In einer ersten Stunde dann hängt er blass und fast weinend in seinem Stuhl. In der zweiten Stunde kommt der Religionslehrer; ich muss in eine andere Klasse. Adrian kommt weinend auf mich zu: »Mir geht's so schlecht.« Herr Marticz muss sich kümmern, ich muss los. Er holt den Hausmeister, und gemeinsam bringen sie ihn ins Krankenzimmer. Nach meiner Stunde in der anderen Klasse finde ich ihn auf einer Plastikliege ohne Decke schlafend liegen. Ich besorge eine Decke, bringe ihm etwas zu trinken und setze mich zu ihm. Er öffnet die Augen, ich nehme seine Hand, er hält meine Hand ganz fest, bis er einschläft. Ein bisschen weint er und klagt, er habe keinen Freund. Ich höre seiner Klage zu, biete ihm meine Hilfe an bei der Suche nach einem Freund. Erleichtert und fiebrig schläft er ein. Das Unverständnis zwischen uns ist überwunden; aus dieser gemeinsamen Erfahrung entsteht die Basis für eine Beziehung. Sein Vertrauen zu mir und meine Hinwendung lassen gemeinsam etwas Neues entstehen.

Wieder gesund, tritt er selbstbewusst mit anderen in Kontakt; plötzlich lohnt es sich, das zu versuchen, mit mir hat er es ja auch geschafft.

Sein erster eigener Text dann, etwa vier Wochen später: »Liebe Frau Czisch, lieber Herr Gloger (der Hausmeister), lieber Herr Marticz (der Religionslehrer)«; in seiner Schrift: *Lbe fra czs, Lba her gloga, lba her Mtcz.* Er schreibt seine wichtigste Erfahrung auf und bedankt sich bei uns, nach vier Wochen. Für mich eine große Freude und eine wichtige Information, welch immense Bedeutung unsere Beziehung für ihn hat.

KLEINE UND GROSSE FREIHEITEN

Von unserem großen Raum kann man einen kleineren Teil durch eine Falttür abtrennen. Wo diese Falttür zusammengeschoben wird, entsteht ein kleines, verschwiegenes Eck. Dort sitzen manche Kinder besonders gern, wenn sie in kleinen Gruppen arbeiten; sie sind dann ein bisschen verborgen vor den anderen. Irgendwann arbeiten alle, da und dort, versunken und zufrieden. Hinter dem Mauervorsprung sitzen ein paar Mädchen und schreiben Gedichte ab. Ganz leise erklingt ein zartes kleines Gesumme. Niemand achtet zunächst darauf, die anderen arbeiten konzentriert weiter, hören das offensichtlich gar nicht. Plötzlich stehen drei Mädchen auf, das Summen wird etwas lauter, und dann tanzen die drei einen afghanischen Tanz. Aziza hat plötzlich Lust zu tanzen, weiß, dass sie das darf, und die beiden anderen tanzen mit. Sie machen Azizas Bewegungen nach, ganz leise geht alles vor sich, sie stören überhaupt niemanden. Die drei Mädchen – aus Marokko, Afghanistan und Tunesien – stellen sich nebeneinander auf, breiten ihre Arme aus, und Aziza zeigt ihnen diesen Tanz. Dabei summt sie bereits etwas lauter, die anderen summen mit, und schließlich werden alle Kinder aufmerksam. Sie hören auf zu arbeiten und schauen interessiert und bewundernd zu, klatschen am Ende. Nach dem Tanz widmen sich alle wieder ihren Beschäftigungen. Sie erleben jeden einmal in seiner Einmaligkeit – das lehrt sie, offen und großzügig miteinander umzugehen, einander zu achten und das Anderssein zu genießen.

Und mich freut diese kleine Episode, zeigt sie mir doch, dass sie sich wohl fühlen, entspannt und gelassen sind und die Gewissheit haben, dass sie ihren Bedürfnissen folgen dürfen; dass sie einander anerkennen, voneinander lernen und wissen, wie sie sich selbst Freude machen können. Aziza möchte tanzen, fängt an, und andere machen mit; sie zeigt ihnen, wie es geht. Die anderen schauen zu, applaudieren anerkennend. Dann arbeiten alle weiter …

Das kann auch ganz anders ablaufen. Die Mehrheit einer Klasse darf auf absoluter »Gerechtigkeit« bestehen, einer gnadenlosen Gerechtigkeit. Dahinter steckt das Prinzip: Die Mehrheit hat Recht, der

Einzelne hat sich anzupassen. Mich schaudert bei dem Gedanken, dass junge Menschen bereits das Mitgefühl eingebüsst haben, das sie zumindest als Potenzial auf die Welt mitbringen. Es könnte erhalten und kultiviert werden, wenn man ihnen liebe- und rücksichtsvoll begegnete, wenn auf ihre Bedürfnisse eingegangen würde. Wenn nicht, gönnen sie keinem anderen einen Ausweg aus der starren, leb- und lieblosen Ordnung. Sie bestehen dann auf ungerechter »Gleichbehandlung«. Gerecht und fair ist, wenn die »Starken« andere Pflichten und Aufgaben bekommen als die »Schwachen«, die »Mühseligen und Beladenen«; fair wäre, wenn die Kinder selber für einander plädierten, weil sie sehen, was der je andere zu bewältigen hat. Deshalb gibt es in meinem Unterricht für jedes Kind die »Extrawurst«; es gibt aus Prinzip die Ausnahme von der Regel. Denn nur dann sind Regeln lebbar, einsehbar und menschlich. Und das sollen meine Kinder lernen.

FÜRSORGE

Als Grundschullehrerin bin ich auch Sozialpädagogin und Fürsorgerin. Da man Lernen nicht vom Leben trennen kann, muss ich mein Augenmerk auf das ganze Kind richten und alle möglichen Strategien entwickeln, um den Kindern aus ihren Sackgassen zu helfen. Paolo aus Neapel ist eins von fünf Geschwistern; die Mutter ist allein erziehend, spricht kein Deutsch und lebt von der Sozialhilfe. Paolo ist nicht gut versorgt. Er wiederholt bei mir das erste Schuljahr. Paolo kommt oft zu spät, und irgendwann erzählt er mir ganz nebenbei, dass er morgens allein aufstehen muss und ohne Frühstück kommt. Ich beobachte das alles mit Sorge, habe aber das Gefühl, nicht viel für Paolo tun zu können. Paolo hat bis jetzt nicht viel gelernt, ist auch ein bisschen brutal, schlägert manchmal heftig herum … Eines Tages im Winter sehe ich zwei riesengroße Löcher in seinen Strümpfen, die Ferse schaut heraus, und er ist offensichtlich in der Schlafanzughose gekommen, obwohl es draußen eiskalt ist. Eine ganz dünne, gestreifte Hose und zwei Löcher im Strumpf!

Paolo hat außerdem ständig die notwendigen Hefte nicht dabei, oder sie sind ganz verdreckt. In seinem Schulranzen sieht es grauenhaft aus … Ein Schüler also, der in keiner Weise »stimmt«. Wo nun einfach alles nicht stimmt, versuche ich den gordischen Knoten zu durchschlagen! Ich werde einmal etwas ganz anderes machen. Also nicht schimpfen und ständig wiederholen: Du musst doch das Heft mitbringen, und wo ist denn dein Radiergummi, und warum hast du keinen Bleistift? Ich probiere es einfach andersherum. Am Nachmittag kaufe ich ihm ein komplett eingerichtetes Federmäppchen; zu Hause habe ich noch einen Schulranzen, den mir eine Freundin für so einen Fall geschenkt hat; ich kaufe ihm zwei Paar Strümpfe und alle Hefte mit Umschlägen, die wir in der Klasse haben. Das alles packe ich in den Schulranzen. Am nächsten Tag nehme ich ihn beiseite und sage nebenbei: Ich habe da was geschenkt bekommen, magst du es haben?

Das wird ein Tag in Paolos Leben, wie er wohl nicht viele hatte. Dieser ganz besondere Schulranzen hat im Deckel noch ein extra Schächtelchen, keiner von den anderen hat so einen extravaganten Ranzen. Also kommt die ganze Klasse, ein Kind nach dem anderen – sie stehen Schlange – zu ihm, und er führt ihnen diesen neuen Schulranzen immer wieder vor, stolz wie Graf Cox. Gemeinsam beschriften wir beide die Hefte. Nun hat er plötzlich auch alles, was die anderen mehr oder weniger immer haben; aber er hatte das einfach nicht geschafft. Von dem Moment an legt er los, erledigt so akkurat wie möglich seine Aufgaben, übt ausdauernd, kommt pünktlich, wird verträglich. Das ganze Kerlchen ist vollkommen verwandelt.

Den Religionslehrer, der sich ständig bei mir beschwert hatte, weil Paolo zu spät in die erste Stunde kam, der ständig über die schrecklichen Einträge ins Religionsheft geklagt hatte – diesen Religionslehrer weihe und schwöre ich darauf ein, das jetzt einmal alles zu vergessen. Er gibt ihm nach etwa vierzehn Tagen einen Zettel mit nach Hause, auf dem steht: »Paolo macht seine Aufgaben sehr fleißig und sehr gut.« Und es ist ein solches Glück um dieses Kind, dass ich mich zerknirscht frage: Was haben wir Erwachsenen da versäumt, warum haben wir so lange zugewartet? Warum gibt man einem Kind diese Chance nicht früher?

Ein großer Erfolg. Der Junge erfährt seine Schulzeit entscheidend anders; das ganze Kind verändert sich. Eines Tages erzählt mir der Religionslehrer, Paolo sei wieder eine Viertelstunde zu spät gekommen. Er habe zu ihm gesagt, er solle weiter darauf achten, pünktlich zu sein. Paolo habe geantwortet: »Eigentlich wollte ich gar nicht kommen, ich bin nur dir zuliebe gekommen. Es war so kalt in der Wohnung, und ich wollte nicht raus aus meinem warmen Bett. Dann habe ich an dich gedacht, und dann bin ich aufgestanden und bin gekommen.« Eine Riesenleistung von Paolo und eine große Liebeserklärung. Auch das Herz des Religionslehrers dürfte da schneller geklopft haben!

Wir haben so viele Möglichkeiten, wir sind ja die Erwachsenen. Mir hat es großen Spaß gemacht, diesem Kind auf diese Weise einmal zu sagen: »Als deine Lehrerin erwarte ich mehr von dir, als du bis jetzt anbietest, aber ich möchte dir eine neue Starthilfe geben, weil mir an dir liegt.« Mein Lohn neben vielen täglichen Liebeserklärungen ist dann, wenn die »Wiederholer« in meiner Klasse mir irgendwann sagen: »Ich habe gar nicht gewusst, dass ich so gut bin.«

ALLES HAT SEINE ZEIT

Geradezu zwanghaft gehen wir der Warnung auf den Leim, auf die uns Sprichwörter so eindringlich hinweisen: »Was Hänschen nicht lernt, lernt Hans nimmermehr« oder »Früh krümmt sich, was ein Häkchen werden will«. Die kleinste Verzögerung im programmierten reibungslosen Wachstum eines Kindes versetzt uns in Panik. Ständig steht das Scheitern vor der Tür! Darum spielt der Zeitfaktor bei der Beurteilung von Leistung eine so große Rolle! Das Kind muss »in der Zeit« bleiben. Schleierhaft ist mir, warum trotz stetig zunehmender Lebenserwartung, trotz zunehmender Arbeitslosigkeit die Kinder durch die Schule gejagt und nicht ausführlich und umfassend gebildet werden. Die Fülle der Möglichkeiten nimmt ständig zu, aber wir lassen sie bestenfalls dran schnuppern und jagen die Kinder stattdessen von Test zu Test. Wir könnten uns auf die Kinder verlassen; jedes hat seine eigene innere Zeit. Wenn das Angebot attraktiv ist und die Atmosphäre konstruktiv, lernt jedes Kind im Lauf der Zeit, was es braucht, lernt, eventuelle Widerstände zu überwinden. Begleitung und Herausforderung fördern, Ungeduld hemmt die Entwicklung.

Valentin wartete drei Jahre, bis er sich voller Begeisterung und hocheffizient ins Getümmel stürzte. Davor schaute er meistens zu, beschäftigte sich aber selten mit den Dingen, die mir wichtig waren; im allgemeinen friedlich und freundlich, tat er eigentlich nicht viel. Im vierten Schuljahr dann schrieb er von heute auf morgen lange, gut durchdachte Aufsätze, konnte alle Sorten von Textaufgaben lösen und beteiligte sich aktiv und enthusiastisch an unseren Unternehmungen. Nach einem Schuljahr in einer Montessorischule wechselte er aufs Gymnasium und machte ein gutes Abitur. Immer wieder hatte ich Zweifel, ob es richtig war, ihn bei mir zu behalten; selbst für meine Verhältnisse verweigerte er sich allzu lange. Aber ich wusste letztlich genau, dass er intelligent genug war, das Pensum der Grundschule zu erfüllen.

Oder Sema, die sehr stumm, sehr aufmerksam, mit großen Augen dasaß, ohne jemals das Gesicht zu verziehen, ohne jemals etwas zu sagen. Sie machte mir am Anfang große Sorgen. Nach etwa vierzehn Tagen hat sie noch keinen Ton gesagt, und da sie Türkin ist, denke ich, vielleicht versteht sie mich gar nicht, obwohl mir gesagt worden ist, alle Kinder könnten einigermaßen Deutsch verstehen. Deshalb setze ich mich immer wieder zu ihr und versuche ein Gespräch anzuknüpfen: »Sema, verstehst du mich eigentlich? Fühlst du dich wohl hier bei uns?« Wochenlang sagt sie einfach nichts. Irgendwann flehe ich sie geradezu an: »Bitte, Sema, sprich mit mir.« Und sie legt ihre Hand auf meinen Arm und sagt begütigend: »Später.« Da bin ich beruhigt und denke mir, na ja, Gott sei Dank ist alles in Ordnung.

Dieser Dialog ist möglich, weil wir miteinander in Kontakt sind, auch ohne Sprache. Sie registriert meine Bemühungen um sie, kann sie auch einschätzen. Sie hat entschieden, wann sie schweigen will, wann sprechen. Ich hetze sie nicht, sondern werbe um sie, und das gibt ihr Sicherheit.

Konsequente Übung ermutigt die Kinder, selbstbewusst Verantwortung für einen Fehler zu übernehmen oder einen Blödsinn zu gestehen. Mit Lob bedenke ich jeden, der das wagt, und verlange nur, den eventuell angerichteten Schaden zu beheben. Manchmal bettle ich: »Ich will nur wissen, wer es war!« Und sie wissen, dass ich nicht strafe. Dennoch reagieren sie mit geradezu verbissenem Schweigen, mit Pokerface sitzen alle da. Viele Gespräche und Lockmittel sind nötig, bis sie sicher genug sind, »ich« zu sagen und einfach den Apfelbutzen in den Papierkorb zu werfen oder die Kakaopfütze aufzuwischen. Wenn sie verstanden haben, dass Zivilcourage anerkannt wird, werden sie immer mutiger.

Kompliziert wird es allerdings, wenn ich von ihnen verlange, ein von mir ungerecht behandeltes Kind gegen mich zu verteidigen.

Während der Adventszeit steht auf jedem Tisch eine Kerze, die wir morgens oder mittags anzünden, zum Liedersingen, Vorlesen und Gedichteaufsagen. Strengstens verboten ist, mit der Kerze zu zündeln. Während eines Diktats läuft Moritz dauernd zum Wasserhahn, um seinen Daumen zu kühlen. Die Unruhe und das Wasserhahngeräusch stören mich, und ich nehme ohne zu fragen an, dass er gezündelt hat. Schließlich untersage ich ihm, zum Waschbecken zu gehen; wer nicht hören könne, der müsse eben fühlen.

Erstaunt registriere ich, dass einige Kinder mich daraufhin sehr böse anschauen, geradezu entsetzt, habe aber – noch – keine Lust, dem nachzugehen. Schließlich meldet sich Teresa und erklärt mir aufgebracht, Moritz könne nichts dafür. Sie hätten in der Stunde davor, bei einer anderen Lehrerin in Heimatkunde, Pergamentpapier »angekokelt«, um es wie eine alte Urkunde aussehen zu lassen. Dabei habe Moritz sich den Daumen verbrannt. Erst jetzt – Moritz weint inzwischen – schaue ich mir den Daumen mit einer dicken Brandblase an. Bestürzt entschuldige ich mich, bringe ihn zur ersten Hilfe zum Hausmeister und rufe die Mutter an, damit sie ihn holt.

Das folgende Gespräch ist sehr wichtig. Ich bin ehrlich entsetzt und sage ihnen das auch. Warum sie ihn nicht gleich gegen meine ungerechten Vorwürfe und meine Härte verteidigt hätten; sie hätten es doch alle gewusst, nur ich nicht. Ich sei so streng gewesen. Ja, das stimme, streng und ungerecht. Weil Moritz sich nicht verteidigt habe, hätte ich ohne zu fragen angenommen, er habe tatsächlich gekokelt.

Sie müssten riskieren, etwas »abzukriegen«, wenn es ihnen um Gerechtigkeit ginge und um Solidarität untereinander, ist meine leider unbequeme Antwort. Zivilcourage werde nicht automatisch mit einem Orden bedacht. Dass ich mich selbst auf den Prüfstand stelle, beeindruckt sie sehr. Einer dieser damaligen Schüler erinnert mich zwanzig Jahre später an diese Geschichte und meint, die damalige Erfahrung habe er nie vergessen: Teresas Kritik an mir und meine Reaktion seien eines der »Highlights« seiner gesamten Schulzeit gewesen.

Isabel probiert die neue Erkenntnis am Rektor aus. Er hat ein Kind ihrer Meinung nach ungerecht verdächtigt, im Flur in einen Blumentopf gepinkelt zu haben. Sie stellt sich vor ihn hin und sagt streng: »Sie wissen doch gar nicht, ob er das war!« Daraufhin fährt er sie an: »Du hältst dich da raus! Was glaubst du überhaupt?« Bestürzt rennt sie zu mir, um mir vorzuwerfen, es sei keine gute Idee gewesen, sich einzumischen. Über Form und Bereitschaft, auch Nachteile in Kauf zu nehmen, wenn man jemand anderen beschützen will, muss nach einem »Ernstfall« immer wieder gesprochen werden.

Im »wirklichen Leben« folgt auf Zivilcourage eben nicht unbedingt Anerkennung. Die Sache wird nicht einfacher dadurch, dass ich selbst natürlich auch hier mit gutem Beispiel vorangehen muss. Sie messen meine Worte an meinen Taten – und beide sollten schon einigermaßen übereinstimmen. Und wenn nicht, muss ich das eingestehen.

Wenn eine Kollegin meinen türkischen Schüler mehrmals auf dem Flur anfährt: »Was bist du denn für einer?«, ohne ersichtlichen Grund, während ich daneben stehe, dann muss ich mich offen auf seine Seite stellen und ihn schützen. Und wenn der Schulrat mich »visitiert«, darf ich es ihm nicht eilfertig recht machen wollen, muss zu meinem freien Unterricht stehen und damit den Kindern zeigen, dass ich Verantwortung für mein Handeln auch diesem »Herrscher über alle Lehrerinnen« gegenüber übernehme.

SCHLUSS

ÜBER DIE AUSBILDUNG VON LEHRERINNEN

Als ich aus dem eher nebenbei und ungern erlernten Beruf mein persönliches Anliegen gemacht hatte, freute ich mich jeden Morgen auf die Kinder und ihre Ideen, auf ihre Lust am Lernen und die Fülle ihrer Fähigkeiten. Die Klassen wurden kleiner, und es wurde möglich, echte Beziehungen einzugehen; ich konnte persönlichen Anteil an der Entfaltung der Kinder nehmen und fühlte mich verantwortlich für den Erfolg jedes einzelnen Kindes. Höchst erfreulich war, dass ich gerade dadurch ihre Entwicklung positiv beeinflussen konnte. Ich konnte wahrnehmen, dass sie bereits viele Möglichkeiten und Fähigkeiten mitbrachten, die ich nur zu fördern brauchte. Und ich sah, dass sie Fortschritte auf allen Ebenen gleichzeitig machten: intellektuell, praktisch, emotional und sozial. Sie lernten gleichzeitig lesen, schreiben, rechnen, sich selbst zu disziplinieren, sich anzustrengen und an unsere Regeln zu halten, die anderen zu respektieren, einander zu helfen. Sie waren brennend interessiert an meinen Angeboten und hatten viele eigene Ideen. Leidenschaftlich stürzten sie sich in die Arbeit. Sie organisierten ihre Angelegenheiten immer selbstständiger und wurden dabei souverän und selbstbewusst. Alle Kinder hatten am Ende ihrer Grundschulzeit viel mehr gelernt als verlangt war, ohne Stress und Angst.

Wie dieser Unterricht gelingen und auf welche wissenschaftlichen Erkenntnisse und praktischen Erfahrungen man sich dabei stützen kann, gebe ich jetzt als Lehrbeauftragte am Lehrstuhl für Grundschulpädagogik an künftige Lehrerinnen weiter – und leider an ganz wenige künftige Lehrer. Dass so wenig Männer sich in diesen Beruf wagen, ist ein großes Manko der Grundschule. Zunächst war ich hier sehr vorsichtig mit meinen Plädoyers für einen freien Unterricht, weil ich selbstverständlich annahm, dass die Studentinnen aus eigener Erfahrung wussten, was das ist; ich fürchtete ein bisschen, offene Türen einzurennen. Aber es stellte sich schnell heraus, dass nur einzelne von den jeweils vierzig Studentinnen meines Seminars in ihrer Schulzeit so etwas wie Freiarbeit erlebt hatten. Auch während ihres Schulpraktikums, das sie jeden Dienstag in ausgesuchten Klassen absolvieren, erleben sie kaum einmal wirkliche Freiarbeit. Das verblüffte mich, denn schon vor Jahren, als ich für die »Aktion Humane Schule« werbend unterwegs war, fiel man mir häufig mit dem ärgerlichen Einwand ins Wort, man praktiziere bereits seit Jahren flächendeckend offenen Unterricht. Auch die jeweiligen Schulminister behaupten seit Jahren, es hieße Eulen nach Athen tragen, wolle man in Bayern irgendwelche alternativen Methoden einführen; auch die Montessorimethode sei eingeführt. Ich glaubte diesen Beteuerungen zwar nie, aber ein bisschen vorsichtiger wurde ich im Lauf der Jahre doch mit meinen Attacken gegen Frontalunterricht und Auslesedruck.

Aber sie haben tatsächlich zwanzig Jahre verschlafen, nichts hat sich bewegt. Weder die Erfolge der »Laborschule« noch die Ergebnisse aus der Hirnforschung noch Teile der Montessoripädagogik werden ernsthaft wahrgenommen. Und die Ergebnisse der PISA-Studie führen nur dazu, »mehr vom Gleichen«, also noch mehr Druck zu machen, mehr zu pauken in noch kürzerer Zeit. Man hat also mittlerweile sogar das Rad zurückgedreht: So ist in Bayern der Auslesedruck seit der Einführung der sechsjährigen Realschule vor zwei Jahren zusätzlich verschärft worden. Und Sonderschulen haben Zuwachs bekommen: Nicht nur durch Krankheit »Behinderte«, sondern auch immer mehr aus der Regelschule nach unten »Ausgesonderte« landen dort, weil man in der Grundschule nicht mit ihnen umzugehen weiß. Aber auch in den Sonderschulen erleben die so unterschiedlich Ausgesonderten vor allem Frontalunterricht, obwohl die individuelle Betreuung ja gerade für Kinder wichtig wäre, die sich aus irgendeinem Grunde schwer tun.

Ich vertrete also immer noch etwas Fremdes, Bizarres, eine immer noch »alternative« Unterrichtsform.

Am Anfang des letzten Seminars bat ich die Studentinnen, Erinnerungen an ihre eigene Schulzeit in zwei Listen einzutragen: positive Erfahrungen – was angenehm, interessant und schön war; und negative – die unangenehm und lästig waren oder Angst machten. Die meisten erinnerten sich spontan an konkrete unangenehme Ereignisse. Diese hingen fast immer mit Noten- und Leistungsdruck oder auch dem demütigenden Verhalten der Lehrer zusammen. Dagegen bezogen sich positive Erinnerungen viel allgemeiner auf die sozialen Bereiche, auf Gemeinschaft und Anerkennung durch Mitschüler und einzelne Lehrer. Ans Lernen selber hatte niemand positive Erinnerungen. Jede Studentin leitete ihren Beitrag allerdings mit der Feststellung ein: »Eigentlich habe ich an meine Grundschulzeit nur schöne Erinnerungen«, um erstaunt festzustellen, dass alle negativen Erinnerungen, Langeweile, Demütigungen, Druck und Angst mit dem Lernprozess zu tun hatten. Lehramtsstudenten müssen im Abitur einen Notendurchschnitt von mindestens 2,2 haben, sind also gute Schüler gewesen. Im Zusammenhang mit dem Lernen aber hatten alle ausgesprochen negative Erinnerungen. Wie erst muss das bei denjenigen aussehen, die während ihrer Schulzeit zu den »Schlechten« gehörten! In unserer Gesellschaft sind offensichtlich negative Erfahrungen in der Schule so wenig außergewöhnlich, dass ihr Gedächtnis die Erinnerung daran einfach weggeräumt hat und zunächst eine positive Bilanz präsentiert. Erst meine Dokumentation ihrer Aussagen an der Tafel und unser Gespräch machten ihnen das beklemmende Ergebnis unserer kleinen Umfrage bewusst: Lernen war nichts positiv Erlebtes, hat eigentlich nie Spaß gemacht. Eine niederschmetternde Erkenntnis!

Und eine Aufforderung, sich intensiv mit dem Lernprozess an sich zu befassen und damit, was man als Lehrerin dazu beitragen kann, um ihn lustvoll und erfolgreich zu gestalten.

Künftige Lehrerinnen und Lehrer sollten sich mit ihrer Einstellung zu den »Versagern« ihrer eigenen Schulzeit auseinander setzen, Gründe für Versagen erforschen und dabei erfahren, dass man weder als Versager noch als Gewinner geboren, sondern dazu gemacht wird.

Wenn mich die Studentinnen und die wenigen Studenten fragen, wie sie es anstellen können, ihren künftigen Beruf zu einer erfüllenden Aufgabe zu machen, antworte ich sinngemäß: »Mach dich breit im Leben, interessiere dich für die Menschen und die Welt, lerne ein Instrument und spiele in einer Band oder einem Orchester mit. Gehe ins Theater, lerne kochen und jonglieren, tanzen und Theater spielen. Lies Zeitungen und Bücher, lerne neue Sprachen ... Gehe deinen Neigungen nach, auch zusammen mit anderen, mache Reisen, finde Freunde, lade sie zu Festen ein ... Du musst eine Menge können, damit du als Person viel anzubieten hast. Und mache dir ein ideales Bild von deinem künftigen Beruf!

Besuche an der Universität die notwendigen Kurse mit vollem Einsatz, aber überlasse es niemand anderem, dich auf deinen Beruf vorzubereiten. Nimm deine Ausbildung selbst in die Hand; deinen Beruf kannst nur du selbst kreieren. Und Verantwortung für die Kinder trägst du persönlich, du kannst sie an niemanden abtreten. Deshalb mach dich frei von vorauseilendem Gehorsam, um selbst wieder das liebe Kind zu sein. Sortiere aus, was nicht zu dir passt oder dich von deiner idealen Vorstellung wegführt. Es gibt viele unterschiedliche Unterrichtskonzepte, die zu kennen sinnvoll ist, auch wenn man sie nicht alle direkt umsetzen kann. Irgendetwas ist an jedem dran; jedes kann als Puzzleteil für deine Idealvorstellung von Schule hilfreich sein. Und trau vor allem deiner eigenen Wahrnehmung!

Dann mache dich frei von Überzeugungen oder Prinzipien – Kinder müssen ... Eltern müssen ... Lehrer müssen ... – und schau genau hin, bevor du etwas genau weißt! Mach ein Praktikum in einem schönen Kindergarten und lass die Kinder auf dich wirken! Mach ein Praktikum in einer Montessorischule oder einer Waldorfschule, schau dir die Laborschule in Bielefeld oder die Helene-Lange-Schule in Wiesbaden an. Oder lies zumindest die Bücher über diese Schulen und schau dir ihre Videos an.

Befrage dich mit Hilfe einer Selbsterfahrungsgruppe, wie das Kind, das du warst, die Schule erlebt hat, prüfe dich, ob du anderen Kindern alles Gute gönnst. Wenn nicht, dann kümmere dich darum, frei zu werden von der Angst, der Wut und dem Neid deiner Kindheit.

Du musst das nicht alles hintereinander absolvieren, aber alles das hilft dir, aus dem Lehrerberuf deinen eigenen Beruf zu machen.

Du hast Glück, man braucht gerade mal wieder viele Lehrer, also werden sie dich nicht auf irgendwelche absurden Notendurchschnitte mit einer Eins vor dem Komma festnageln. Vielleicht kannst du längere Zeit als Assistentin in einer freien Schule arbeiten, damit du spürst, wie anders sich dort alles anfühlt als in einer Regelschule.

Du wirst dich bewegen müssen, aber es lohnt sich! Die Arbeit mit freien Kindern, die ohne Angst ins Leben hineinwachsen, miteinander gute Erfahrungen machen und geradezu aufblühen, wenn du sie wertschätzt und achtest, diese Arbeit ist bei aller Anstrengung reich an Lohn und Anerkennung, bereichert dich und macht viel Freude. Begib dich mitten hinein – alles sieht anders aus und fühlt sich anders an, als wenn du dich immer und überall heraushältst.

Und du kannst dann als in diesem Sinne erfolgreiche Lehrerin außerdem dazu beitragen, dass dieser wichtige und schöne Beruf in unserer Gesellschaft mehr geschätzt wird – was dieser und wir alle dringend brauchen.

DIE POESIE DER SCHULE

Louis Germain, der erste Lehrer Albert Camus', empfand eine besondere Verpflichtung den Kindern seiner im Ersten Weltkrieg gefallenen Kameraden gegenüber. Fürsorglich und aufmerksam begleitete er das besonders begabte Kind Albert, »und jedenfalls hatte er in einem bestimmten Moment diesen Vater zu ersetzen gewusst. Deshalb hatte Jacques ihn nie vergessen, als habe er zuerst als Kind und dann sein ganzes Leben lang […] trotzdem die einzige, zugleich bedachte und entscheidende väterliche Geste, die in seiner Kindheit vorgekommen war, unbewusst erkannt. Denn Monsieur Bernard, sein Lehrer in der letzten Volksschulklasse, hatte in einem bestimmten Moment sein ganzes Gewicht als Mann eingesetzt, um das Schicksal dieses Kindes zu ändern, und er hatte es tatsächlich geändert«, schreibt Camus in seinem stark autobiografischen Roman »Der erste Mensch«[66]. Und über den wunderbaren Unterricht dieses Lehrers, den er Monsieur Bernard nennt:

> Dann begann der Unterricht. Bei Monsieur Bernard war der Unterricht aus dem einfachen Grund, dass er seinen Beruf leidenschaftlich liebte, ständig interessant. Draußen mochte die Sonne auf den fahlroten Wänden brüllen, während die Hitze im Klassenzimmer knisterte, obwohl es von Vorhängen mit breiten gelbweißen Streifen abgedunkelt war. Ebensogut mochte der Regen, wie er es in Algerien tut, sintflutartig fallen und die Straßen in eine dunkle, feuchte Grube verwandeln – die Klasse war kaum zerstreut. Nur die Fliegen bei Gewitterschwüle lenkten die Kinder manchmal ab. Sie wurden eingefangen und landeten in den Tintenfässern, wo ein abscheuliches Sterben für sie begann, ein Ertrinken im violetten Schlamm in den kleinen Porzellantintenfässern mit kegelförmigem Rumpf, die in die Löcher im Tisch eingelassen waren. Doch Monsieur Bernards Methode, die darin bestand, im Betragen nichts durchgehen zu lassen und seinen Unterricht hingegen lebendig und amüsant zu machen, triumphierte sogar über die Fliegen. Er verstand es, immer im rechten Augenblick die Mineraliensammlung, das Herbarium, die konservierten Falter und Insekten, die Karten oder … aus seinem Schrank mit den Schätzen zu holen, die das nachlassende Interesse seiner Schüler wiedererweckten. Er hatte als einziger an der Schule eine Laterna magica bekommen und machte zweimal im Monat Vorführungen zu naturkundlichen oder geographischen Themen. […] Und diese Kinder, die nur den Schirokko, den Staub, die kurzen, gewaltigen Regenschauer, den Sand der Strände und das in der Sonne lodernde Meer kannten, lasen, mit deutlich hörbaren Kommas und Punkten, voller Hingabe für sie mythische Erzählungen, in denen Kinder mit Wollmütze und -schal, die Füße in Holzschuhen, bei Eiseskälte Reisigbündel über verschneite Wege hinter sich herzogen, bis sie das schneebedeckte Dach des Hauses erblickten, dessen rauchender Schornstein ihnen mitteilte, dass die Erbsensuppe auf der Feuerstelle kochte. Für Jacques waren diese

Erzählungen absolut fremdartig. Er träumte davon, bevölkerte damit seine selbstverfassten Beschreibungen einer Welt, die er nie gesehen hatte, und hörte nicht auf, seine Großmutter über den Schnee auszufragen, der zwanzig Jahre zuvor einmal eine Stunde auf die Gegend von Algier gefallen war. Diese Erzählungen waren für ihn ein Teil der mächtigen Poesie der Schule, die auch vom Geruch des Lacks der Lineale und Federkästen gespeist wurde, vom köstlichen Aroma der Riemen seines Ranzens, auf dem er lange herumkaute, während er sich mit seiner Arbeit plagte, vom bitteren, herben Geruch der violetten Tinte, vor allem wenn er an der Reihe war, die Tintenfässer aus einer riesigen dunklen Flasche nachzufüllen, in deren Korken ein gekrümmtes Glasröhrchen steckte, und Jacques schnupperte beglückt an der Öffnung des Röhrchens, vom weichen Anfühlen der glatten, satinierten Seiten mancher Bücher, aus denen ein guter Geruch nach Druck und Leim aufstieg, und schließlich an Regentagen von jenem Geruch nach feuchter Wolle, der den Wollregenmänteln hinten im Klassenzimmer entstieg, gleichsam einer Ahnung von jenem paradiesischen Universum, in dem die Kinder in Holzschuhen und mit Wollmütze durch den Schnee auf das warme Haus zuliefen.

Nur die Schule schenkte Jacques und Pierre diese Freuden. Und was sie zweifellos so leidenschaftlich an ihr liebten, war das, was sie zu Hause nicht fanden, wo Armut und Unwissenheit das Leben noch härter, trüber, wie in sich selbst gekehrt machten; das Elend ist eine Festung ohne Zugbrücke. […]

Nein, die Schule bot ihnen nicht nur eine Ausflucht aus dem Familienleben. In Monsieur Bernards Klasse jedenfalls nährte sie in ihnen einen Hunger, der für das Kind noch wesentlicher war als für den Mann, den Hunger nach Entdeckung. In den anderen Klassen lehrte man sie wahrscheinlich vieles, aber ein wenig so, wie man Gänse mästet. Man setzte ihnen fix und fertige Nahrung vor und bat sie, sie gefälligst zu schlucken. In Monsieur Bernards Klasse fühlten sie zum erstenmal, dass sie existierten und Gegenstand höchster Achtung waren: Man hielt sie für würdig, die Welt zu entdecken. Und ihr Lehrer ließ es sich sogar nicht nur angelegen sein, ihnen das beizubringen, wofür er bezahlt wurde, er eröffnete ihnen sogar sein Privatleben, er lebte es mit ihnen, erzählte ihnen seine Kindheit und die Geschichte von Kindern, die er gekannt hatte, legte ihnen seine Ansichten dar und nicht seine Ideen, denn er war zum Beispiel antiklerikal wie viele seiner Kollegen und sagte im Unterricht doch nie ein einziges Wort gegen die Religion oder gegen etwas, was eine Wahl oder Überzeugung betraf, aber er verurteilte um so vehementer, was indiskutabel war, nämlich Diebstahl, Denunziation, Taktlosigkeit, Unanständigkeit.[67]

ANMERKUNGEN

1 GRASS, GÜNTER in: *Weisheit und Wahnwitz*, Frankfurt am Main, Wien, Zürich 2002, S. 9
2 SHAW, BERNARD: *Die Schule*, in: Unterbrochene Schulstunde, Frankfurt am Main 1972, S. 8
3 SHAW, BERNARD: a.a.O., S. 8f.
4 FEIDL-MERZ, HILDEGARD (Hrsg.), *Schulen im Exil*, Reinbek bei Hamburg 1983
5 MANN, ERIKA: *Zehn Millionen Kinder. Die Erziehung der Jugend im Dritten Reich*, München 1986, S. 48. © Rowohlt Taschenbuch Verlag GmbH, Reinbek bei Hamburg 1997
6 MANN, ERIKA, a.a.O., S. 49
7 ZWEIG, STEFAN, aus: *Die Welt von gestern*, © Bermann-Fischer Verlag A.B., Stockholm 1944. Alle Rechte vorbehalten S. Fischer Verlag GmbH, Frankfurt am Main
8 TYROLIEN, GUY: *Gebet eines Negerjungen*, in: Schwarzer Orpheus, hrsg. von Jahn, Janheinz, Frankfurt am Main 1960, S. 81. © Carl Hanser Verlag, München-Wien 1958
9 RIEGEL, ENJA: *Schule kann gelingen*, Frankfurt am Main 2004, S. 9f.
10 *Lehrplan für die Grundschulen in Bayern*, Sondernummer 1, Jahrgang 2000, S. 7f., in: Amtsblatt des Bayerischen Staatsministeriums für Unterricht und Kultus und Wissenschaft, Forschung und Kunst
11 *Geo*, Sonderheft »Wissen« Nr. 31, S. 54
12 VON HENTIG, HARTMUT: *Die Schule neu denken*, Weinheim, Basel, Berlin 2003, S. 32
13 KRUSE, MAX, in: *Im Mondlicht wächst das Gras*, Ravensburg 1991, S. 48, © Max Kruse
14 VON HENTIG, HARTMUT, a.a.O. S. 226
15 VON HENTIG, HARTMUT, a.a.O., S. 216
16 MASLOW, ABRAHAM H.: *Motivation und Persönlichkeit*, Reinbek bei Hamburg 2002, S.8
17 MASLOW, ABRAHAM H., a.a.O., S. 81. © Patmos Verlag GmbH & Co KG / Walter Verlag, Düsseldorf und Zürich 1977
18 VESTER, FREDERIC: *Denken, Lernen, Vergessen*, München 2002
19 GRIBBLE, DAVID: *Auf der Seite der Kinder*, Weinheim und Basel 1991
20 ANDRESEN, UTE: *Lesekurs Wort, Welt, wir*, München 2002
21 BETTELHEIM, BRUNO, *Kinder brauchen Bücher*, München 1986, S. 47
22 Aus: ANDRESEN, UTE, *ABC und alles auf der Welt*, Ravensburg 1993, S. 138

23 Andresen, Ute, a.a.O., S. 108
24 Andresen, Ute: *Lesekurs Wort, Welt,* wir, a.a.O., © Atelier für Unterricht, München 2002
25 Gernhardt, Robert: *Mit dir sind wir vier,* © Insel Verlag, Frankfurt am Main 2003,
26 Ebenda
27 Ebenda
28 Vester, Frederic: *Denken, Lernen, Vergessen,* a.a.O., S. 102
29 Böhle, Fritz: *Süddeutsche Zeitung* vom 16./17.3.1996
30 Grefe, Christiane, in: *die tageszeitung* vom 12.11.1997
31 Brecht, Bertolt, aus: *Werke. Große kommentierte Berliner und Frankfurter Ausgabe,* Band 12, © Suhrkamp Verlag, Frankfurt am Main 1988
32 Morgenstern, Christian, in: *Das große deutsche Gedichtbuch,* hrsg. v. Karl Otto Conrady, Königstein/Ts. 1978, S. 607
33 Weerth, Georg, in: *Das große deutsche Gedichtbuch,* S. 513
34 Walther von der Vogelweide, *Frau Welt ich hab von dir geträumt,* Berlin o. J., S. 133
35 Guggenmos, Josef, aus: Guggemoos, *Ich will dir was verraten,* © Beltz und Gelberg in der Verlagsgruppe Beltz, Weinheim und Basel 1992
36 Montessori, Maria: *Kinder sind anders. Il Segreto dell'Infanzia,* bearb. v. Helene Helming. Aus dem Italienischen von Percy Eckstein u. Ulrich Weber, © Klett-Cotta, Stuttgart 1952, 13. Auflage 1993
37 Guggenmos, Josef © Beltz und Gelberg in der Verlagsgruppe Beltz, Weinheim und Basel
38 Saner, Hans: *Geburt und Fantasie,* © Lenos Verlag, Basel 1995
39 Saner, Hans, a.a.O., S. 114
40 Rundfunksendung, *Bayerischer Rundfunk,* 7.12.1998
41 Flitner, Andreas: *Kinderzeichnungen und moderne Kunst,* in: *Neue Zürcher Zeitung* vom 26.10.1995
42 Kreusch-Jacob, Dorothee, *Klangwerkstatt,* München 2003
43 Mörike, Eduard, in: *Das große deutsche Gedichtbuch,* S. 449
44 Hebbel, Friedrich, in: *Das große deutsche Gedichtbuch,* S. 517
45 Rilke, Rainer Maria, in: *Das Buch vom Sommer,* Wien, München 1985, S. 191
46 Dauthendey, Max, in: *Das Buch vom Sommer,* Wien, München 1985, S. 184
47 Vester, Frederic, *Denken, Lernen, Vergessen,* a.a.O., S. 81. © Deutsche Verlagsanstalt, Stuttgart 1975
48 Hacks, Peter, in: *Der Flohmarkt,* © Eulenspiegel Verlag, Berlin 2001
49 Rundfunksendung, *Bayerischer Rundfunk,* 9.3.2000
50 Anregungen für diese Gesprächsform bekam ich durch Karin Beers »Meckerstunde«
51 Riegel, Enja, a.a.O., S. 150 f.
52 Shaw, Bernard, a.a.O., S. 28
53 Negt, Oskar, *Kindheit und Schule in einer Welt der Umbrüche,* Göttingen 1997, S. 191
54 Siehe auch Schulz von Thun, Friedemann: *Miteinander reden 1,* Reinbek bei Hamburg 1981

55 Sombart, Nicolaus, in: *Focus* 43, 1994
56 Weinrich, Harald, in: *Süddeutsche Zeitung* vom 4./5.10.1997
57 Montessori, Maria, a.a.O., München 1987, S. 63
58 Nørretranders, Tor: *Spüre die Welt*, Reinbek bei Hamburg 1994, S. 111
59 Lopez, Alonso, aus: Käthe Recheis / Georg Bydlinski, *Weißt du, daß die Bäume reden?*, © Verlag Herder, Freiburg im Breisgau, 25. Auflage 1995,
60 Aus Irland
61 Wagenschein, Martin: *Unser Ziel: Humane Schule*, hrsg. von Ernst Meyer, Hohengehren 1991, S. 73
62 Gribble, David, *Auf der Seite der Kinder*, © Beltz Verlag, Weinheim und Basel 1991
63 Frey, Dieter, in: *Süddeutsche Zeitung* vom 12.7.1994
64 von Cube, Felix: *Lust an Leistung*, München 2003, S. 7
65 Goleman, Daniel: *EQ. Emotionale Intelligenz*, aus dem Amerikanischen von Friedrich Griese, © Carl Hanser Verlag, München-Wien 1996
66 Camus, Albert: *Der erste Mensch*, aus dem Französischen von Uli Aumüller, Reinbek bei Hamburg 2003, S. 119, ©Rowohlt Verlag GmbH 1995
67 Camus, Albert, a.a.O., S. 125 ff.

LITERATUR ZUM THEMA

Andresen, Ute, (Hrsg.): *Im Mondlicht wächst das Gras. Gedichte für Kinder und alle im Haus*, Ravensburg 1991

Andresen, Ute: *ABC – und alles in der Welt*, Ravensburg 1993

Andresen, Ute: *Ausflüge in die Wirklichkeit*, Weinheim und Basel 2000

Ariès, Philippe: *Geschichte der Kindheit*, München 1988

Bauer, Jutta: *Opas Engel*, Hamburg 2003

Bettelheim, Bruno: *Kinder brauchen Bücher*, München 1986

von Cube, Felix: *Lust an Leistung*, München 2003

Das Buch vom Sommer, hrsg. von Hans Domengo und Hilde Leiter, Wien, München 1985

Das Buch vom Winter, hrsg. von Helmut Leiter, Wien, München 1984

Das große deutsche Gedichtbuch, hrsg. von Karl Otto Conrady, Königstein/Taunus 1978

De Amicis, Edmondo: *Cuore. Eine Kindheit vor hundert Jahren*, Berlin 1996

Die schönsten Kindergedichte, hrsg. von Max Kruse, Berlin 2003

Eliot, Lise: *Was geht da drinnen vor? Die Gehirnentwicklung in den ersten fünf Jahren*, Berlin 2002

Enquist, Per Olov: *Großvater und die Wölfe*, München, Wien 2003

Enzensberger, Hans-Magnus: *Der Zahlenteufel*, München, Wien 1997

Gedichte für Kinder, hrsg. von Günter Stolzenberger, Frankfurt am Main und Leipzig 2004

Gebauer, Karl/Gerald

seldorf und Zürich 2004

Gelberg, Hans-Joachim (Hrsg.): *Großer Ozean, Gedichte für alle*, Weinheim und Basel 2000

Goleman, Daniel: *EQ. Emotionale Intelligenz*, München 1997

Gribble, David: *Auf der Seite der Kinder*, Weinheim und Basel 1991, Heidelberg, Berlin 2002

von Hentig, Hartmut: *Die Schule neu denken*, Weinheim, Basel, Berlin 2003

ders.: *Warum muss ich zur Schule gehen?*, München, Wien 2001

Hüther, Gerald: *Bedienungsanleitung für ein menschliches Gehirn*, Göttingen 2004

Hüther, Gerald: *Biologie der Angst*, Göttingen 2004

Hüther, Gerald: *Die Macht der inneren Bilder*, Göttingen 2004

Kempowski, Walter: *Unser Herr Böckelmann*, Hamburg 1979

Korczak, Janusz: *Von Kindern und anderen Vorbildern*, Gütersloh 2001

Kreusch-Jacob, Dorothee: *Klangwerkstatt*, München 2003

Mann, Erika: *Zehn Millionen Kinder*, München 1986
Maslow, Abraham: *Motivation und Persönlichkeit*, Reinbek bei Hamburg 2002
Meier-Seethaler, Carola: *Gefühl und Urteilskraft*, München 1997
Montessori, Maria: *Kinder sind anders. Il Segreto dell'Infanzia*, Stuttgart 1993
Montessori, Maria: *Schule des Kindes*, Freiburg, Basel, Wien 2002
C. Fisgus/ G. Kraft: *Montessoripädagogik in der Regelschule: Hilf mir, es selbst zu tun!*
Negt, Oskar: *Kindheit und Schule in einer Welt der Umbrüche*, Göttingen 1997
Riegel, Enja: *Schule kann gelingen*, Frankfurt am Main 2004
Roth, Gerhard/Wolfgang Prinz (Hrsg.): *Kopf-Arbeit*, Heidelberg, Berlin, Oxford 1996
Saner, Hans: *Geburt und Fantasie*, Basel 1995
Schulz von Thun, Friedemann: *Klarkommen mit sich selbst und anderen*, Reinbek bei Hamburg 2004
Singer, Wolf: *Der Beobachter im Gehirn*, Frankfurt am Main 2002
Skiera, Ehrengard, (Hrsg.): *Schule ohne Klassen. Das Beispiel Jenaplan*, Heinsberg 1985
Spitzer, Manfred: *Lernen. Gehirnfunktionen und kognitive Leistungen*, Heidelberg; Berlin 2002
Thurn, S. und K-J. Tillmann: *Unsere Schule ist ein Haus des Lernens. Das Beispiel der Laborschule Bielefeld*, Hamburg 2002
Unterbrochene Schulstunde: Schriftsteller und Schule, hrsg. von Volker Michels, Frankfurt am Main 1995
Vester, Frederic: *Denken, Lernen, Vergessen*, München 2002
Wagenschein, Martin: *Verstehen lehren*, Weinheim und Basel 1999

Meiner Lektorin Susanne Eversmann danke ich herzlich für ihre kompetente und klärende Hilfe beim Ordnen meiner komplexen Gedankengänge.

Lizenzausgabe für die Büchergilde Gutenberg,
Frankfurt am Main, Wien und Zürich
Mit freundlicher Genehmigung der
Verlag Antje Kunstmann GmbH, München

Foto Seite 2: Fee Czisch
Typografie + Satz: Frese, München
Druck + Bindung: Pustet, Regensburg
Printed in Germany 2005
ISBN 3-7632-5618-0
www.buechergilde.de